COMMON CORE BASICS

Desarrollo de destrezas esenciales de preparación

LECTURA

mheonline.com

Send all inquiries to:
McGraw-Hill Education
8787 Orion Place
Columbus, OH 43240

ISBN: 978-0-07-670236-7
MHID: 0-07-670236-7

Printed in the United States of America.

1 2 3 4 5 6 7 8 9 QVS 20 19 18 17 16 15

Contenido

UNIDAD 2

TEXTOS LITERARIOS

Al estudiante

Common Core Basics: Edición en español, Lectura te ayudará a aprender o reforzar las destrezas y conceptos necesarios para la preparación de tus exámenes de equivalencia de la escuela secundaria u otros exámenes, tu formación después de la educación secundaria y tus objetivos de trabajo en el futuro. Este libro te ayudará a aprender cómo analizar textos literarios e informativos, incluyendo documentos de trabajo.

Antes de comenzar con las lecciones de este libro, haz el **Examen preliminar**. Este examen te ayudará a identificar las áreas en las que debes concentrarte. Usa la tabla al final del Examen preliminar para identificar los tipos de preguntas que respondiste en forma incorrecta y determinar cuáles son las destrezas o conceptos que debes estudiar más. Puedes concentrarte en áreas específicas de estudio o estudiar los temas siguiendo el orden del libro. Es muy recomendable que sigas el orden del libro para desarrollar una base sólida de conocimientos en las áreas en las que serás evaluado.

Common Core Basics: Edición en español, Lectura está dividido en cinco capítulos:

- **Capítulo 1: Textos funcionales** es una introducción a las circulares, los formularios, los documentos de trabajo, las instrucciones, los sitios web, los documentos gráficos y los textos de referencia.
- **Capítulo 2: Textos expositivos** te muestra las características de los libros de texto, los artículos de periódicos y de revistas y los textos técnicos.
- **Capítulo 3: Textos persuasivos** te enseña acerca del lenguaje que se usa en publicidades, editoriales, blogs y reseñas; todos estos son textos diseñados para modificar tu opinión acerca de un tema.
- **Capítulo 4: No ficción literaria** provee práctica de lectura de prosa de no ficción, biografías y autobiografías.
- **Capítulo 5: Ficción** describe los elementos de la ficción (trama, ambiente, personajes, punto de vista, lenguaje literal y figurado, tema y estructura del texto).

Además de esto, *Common Core Basics: Edición en español, Lectura* tiene características diseñadas para que te familiarices con los exámenes orientados a estándares estatales y para ayudarte en la preparación del examen.

- La **Introducción al capítulo** presenta un resumen del contenido y una actividad para establecer objetivos.
- Los **Objetivos de la lección** presentan lo que serás capaz de lograr cuando completes la lección.
- El **Vocabulario** esencial para comprender la lección aparece en una lista al comienzo de cada lección. Las palabras en negrita del texto suelen encontrarse en el Glosario.
- El **Concepto clave** resume el contenido en el que se centra la lección.

- En cada lección, las **destrezas principales** y las **destrezas de lectura** se ejercitan con actividades específicas en el contexto de cada lección. Las destrezas principales se relacionan con los Estándares comunes estatales.
- En cada lección, los recuadros especiales con actividades de **Destrezas del siglo XXI, Conexión con la tecnología, Conexión con el trabajo** e **Investígalo** te ayudarán a activar destrezas de razonamiento de orden superior mediante una aplicación al mundo real.
- Las preguntas de **Aplica la lectura** te permiten comprobar tu comprensión del contenido a medida que avanzas con la lección.
- Las actividades de **Escribir para aprender** te brindan un propósito para escribir.
- El **Repaso de vocabulario** al final de la lección te permite comprobar tu comprensión del vocabulario importante de la lección, mientras que el **Repaso de destrezas** te permite comprobar tu comprensión del contenido y las destrezas presentadas en la lección.
- Los ejercicios de **Práctica de destrezas** y **Práctica de escritura** aparecen al final de cada lección y te ayudan a aplicar tus conocimientos fundamentales del contenido y las destrezas.
- El **Repaso del capítulo** y la **Práctica de escritura de ensayos** al final del capítulo evalúan tu comprensión del contenido del capítulo y te brindan una oportunidad para reforzar tus destrezas de escritura.
- Las tablas de **Comprueba tu comprensión** te permiten evaluar tu conocimiento de las destrezas que practicaste.
- La **Guía de respuestas** explica las respuestas a las preguntas del libro.
- El **Glosario** y el **Índice** contienen listas de términos clave del libro y permiten repasar destrezas y conceptos importantes con facilidad.

Cuando termines de trabajar con el libro, haz el **Examen final** para saber qué tan bien aprendiste las destrezas presentadas en este libro.

¡Buena suerte con tus estudios! Recuerda que saber leer y analizar varios tipos de materiales de lectura es una destreza que vale la pena aprender.

Lectura

El Examen preliminar es una guía para usar este libro. Te permitirá echar un vistazo previo a las destrezas y los conceptos con los que trabajarás en estas lecciones. El Examen preliminar consiste en una instancia para verificar tu nivel actual de conocimiento y comprensión. Te servirá como punto de partida a medida que trabajes con estas lecciones y desarrolles tus destrezas de lectura.

El Examen preliminar consiste en 20 preguntas de opción múltiple. Estas preguntas se basan en textos informativos y literarios.

Instrucciones: Lee cada pregunta con atención. Luego elige la mejor respuesta.

Cuando hayas completado el Examen preliminar, verifica tu trabajo con las respuestas y las explicaciones de la página 9. Usa la Tabla de evaluación de la página 10 para determinar a qué áreas necesitas prestarle especial atención a medida que avanzas en el libro.

EXAMEN PRELIMINAR

Lectura

Instrucciones: Para responder las preguntas **1** a **3**, consulta el siguiente pasaje.

El medio o proceso que marca nuestra época (la tecnología eléctrica) está reformando y reestructurando los patrones de interdependencia social y todos los aspectos de nuestra vida personal. Nos obliga a reconsiderar y reevaluar prácticamente cada pensamiento, cada acción y cada institución que antes dábamos por sentado. Todo está cambiando: tú, tu familia, tu vecindario, tu educación, tu trabajo, tu gobierno, tu relación con "los demás". Y ellos están cambiando mucho.

Las sociedades siempre han sido más influidas por los tipos de medios usados por el hombre para comunicarse que por el contenido de las comunicaciones. El alfabeto, por ejemplo, es una tecnología que los niños asimilan a muy temprana edad de manera completamente inconsciente, o por ósmosis. [...] Las palabras y el significado de las palabras predisponen [preparan] al niño a pensar y actuar automáticamente de determinadas maneras. El alfabeto y las tecnologías de impresión impulsaron y promovieron un proceso de fragmentación, un proceso de especialización y desapego. La tecnología eléctrica fomenta y alienta la unificación y la participación. Es imposible comprender los cambios sociales y culturales sin un conocimiento del funcionamiento de los medios.

El antiguo entrenamiento de la observación se ha vuelto bastante irrelevante en la actualidad, porque se basa en las respuestas y los conceptos psicológicos condicionados por la tecnología anterior: la mecanización.

—Extracto de *El medio es el mensaje*, por Marshall McLuhan y Quentin Fiore

1. ¿Cuál es la idea principal del pasaje?
   - A. La tecnología provoca división en la sociedad.
   - B. La tecnología provoca cambios en las relaciones sociales y la vida personal.
   - C. El alfabeto es una tecnología absorbida por los niños.
   - D. La tecnología eléctrica confunde a la sociedad actual.

2. Las líneas **15** a **18** dicen: "El alfabeto ... es una tecnología que los niños asimilan a muy temprana edad de manera inconsciente, o por **ósmosis**." ¿Qué significa la palabra **osmosis**?
   - A. imaginación
   - B. trabajo duro
   - C. aprendizaje inconsciente
   - D. tecnología

3. De acuerdo con el fragmento, ¿qué medio afecta todos los aspectos de nuestra vida personal y social en la actualidad?
   - A. los periódicos
   - B. la televisión
   - C. los libros
   - D. el alfabeto

Lectura

Instrucciones: Para responder las preguntas **4** a **6**, consulta el siguiente pasaje.

—No tienes miedo, ¿verdad? —preguntó Max, cuando estaban a punto de ponerse el casco.

—No tanto como para ensuciarme el traje. Fuera de eso, sí.

5 Max se rio entre dientes.

—Diría que está bien para este trabajo. Pero no te preocupes... te haré llegar entero y a salvo con mi... ¿cómo se dice?

—Escoba. Porque se supone que las brujas
10 vuelan en ellas.

—Ah, sí. ¿Alguna vez usaste una?

—Una vez lo intenté, pero se me escapó. A todos los demás les pareció muy gracioso.

Algunas profesiones han desarrollado
15 herramientas únicas y características: el gancho de los estibadores, el torno de los alfareros, la paleta de los albañiles, el martillo de los geólogos. Los hombres que tenían que pasar gran parte de su tiempo en proyectos de
20 construcción con gravedad cero inventaron la escoba. Era muy simple: un tubo hueco de apenas un metro de largo, con una almohadilla en un extremo y un bucle de retención en el otro. Al tocar un botón, se extendía hasta cinco
25 o seis veces su longitud normal, y el sistema interno de absorción de golpes permitía que un operador capacitado realizara las maniobras [movimientos] más sorprendentes. La almohadilla también podía convertirse en una
30 garra o un gancho de ser necesario; había otros refinamientos, pero ese era el diseño básico. Se veía fácil de usar, pero no lo era.

Las bombas de aire de la cámara de descompresión terminaron de reciclar, se
35 encendió el letrero de SALIDA, se abrieron las puertas externas y lentamente se adentraron en el vacío. El *Discovery* giraba a aproximadamente doscientos metros, siguiéndolos en órbita alrededor de Io, que llenaba medio cielo. Júpiter
40 era invisible del otro lado del satélite.

—Extracto de *2010: Odisea dos*, por Arthur C. Clark

4. Según el texto, ¿qué enunciado describe la relación entre Júpiter y Io?

A. Io es más pequeño que Júpiter.
B. Io está más alejado de Júpiter.
C. Io tiene el mismo tamaño que Júpiter.
D. Io es más grande que Júpiter.

5. En las líneas **24** y **25**, el autor dice que "se extendía hasta cinco o seis veces su longitud normal". ¿Qué significa la palabra **extender**?

A. enfocarse
B. tender la ropa
C. prolongarse
D. alejarse

6. ¿Cuál de las técnicas del autor es la más efectiva para identificar el ambiente?

A. incluir una descripción de un satélite y un planeta
B. incluir un diálogo en el que los personajes comenten sus sentimientos
C. contrastar el palo de escoba con la escoba de una bruja
D. enumerar las herramientas características de varias profesiones

Lectura

Instrucciones: Para responder las preguntas **7** a **9**, consulta el siguiente pasaje.

De: Martin Franzen <mfranzen@wp.com>

Para: Carla Brown <cbrown@wp.com>

CC: Jeff Hall <jhall@wp.com>,
Meg Ruiz <mruiz@wp.com>,
Tanya Glass <tglass@wp.com>

Asunto: Políticas para clima inclemente

Jefes de departamento:

Por favor, informen a su equipo de las políticas actualizadas en relación con el cierre debido al clima inclemente.

Si se desata o se pronostica algún suceso climático severo, llamaré a cada jefe de departamento a las 6 a. m. Ustedes deberán ponerse en contacto con los miembros de su equipo. Si no pueden comunicarse con alguno, deben intentar dejar un mensaje telefónico o un mensaje de texto.

Como plan alternativo, enviaré un correo electrónico a todos los miembros del equipo y publicaré el estado de la oficina en el sitio web de la empresa.

Los empleados registrados para trabajar desde sus casas podrán conectarse a la red en el horario usual. Los demás deberán marcar "Código 3" en su hoja de registro los días que la oficina permanezca cerrada.

En otro orden de cosas, todos los jefes de departamento se encontrarán en mi oficina el martes próximo a la 1 p. m. para planear la jornada de "Trae a tu hijo al trabajo". Yo me encargaré de suministrar los refrescos.

Si tienen preguntas, no duden en contactarme.

Saludos,

Martin Franzen, Presidente

7. ¿Qué enunciado resume mejor el mensaje del presidente?

A. Todos los niños serán bienvenidos al trabajo.
B. El correo electrónico es el medio más confiable para comunicarse con el equipo.
C. Los jefes de departamento son responsables de la comunicación con los miembros del equipo.
D. Los miembros del equipo no saben cómo actuar en caso de clima inclemente.

8. ¿Cuál es el objetivo de este correo electrónico?

A. Un jefe de departamento quiere saber qué refrescos traer a la reunión.
B. Un empleado quiere hallar cómo llegar al trabajo en caso de mal clima.
C. Un empleado quiere traer a su hijo al trabajo.
D. El presidente alerta a los jefes de departamento para que cambien las políticas de la empresa.

9. ¿Cuál de las siguientes opciones describe mejor este documento laboral?

A. un informe oficial sobre un procedimiento
B. una evaluación de desempeño
C. un memorándum entre empleados
D. la orden del día de una reunión

Lectura

Instrucciones: Para las preguntas **10** y **11**, consulta las siguientes instrucciones.

Felicitaciones por su compra de la cortadora de césped autopropulsada True Cut. Antes de usarla por primera vez, asegúrese de leer los siguientes procedimientos para el funcionamiento seguro de la máquina. A medida que lee, mire la figura 1 para familiarizarse con los controles y las características de la máquina.

Encender el motor

5 Siempre verifique los niveles de aceite y gasolina antes de empezar a cortar el césped y haga una recarga según sea necesario. Para encender el motor, primero mueva la palanca de embrague a la posición N, es decir, la posición neutral. Luego mueva el acelerador a la posición Cebador. Después, gire la llave para encender el motor. Asegúrese de que la palanca de control de la cuchilla esté hacia abajo, porque si está hacia arriba, el motor no se encenderá. Luego de que haya movido el acelerador 10 hacia Encendido, mueva la palanca de embrague al cambio que desee. Finalmente, jale la palanca de control de la cuchilla. Ahora la cuchilla está engranada y lista para cortar el césped, así que ya puede empezar.

Cortar el césped

Su cortadora de césped True Cut tiene una transmisión de cuatro velocidades y una reversa. Si está cortando césped alto y mojado o en una pendiente, escoja una velocidad lenta, como la primera o 15 segunda velocidad. Para las áreas abiertas, puede usar una velocidad más alta. Si necesita retroceder, mueva la palanca de embrague a la posición R, es decir, la posición de Reversa.

Detener el motor

Cuando haya terminado de cortar el césped, guarde la cortadora en un lugar seguro y protegido. Para detener el motor, primero mueva la palanca de control de la cuchilla hacia abajo para desengranarla. Luego, mueva la palanca de embrague a la posición N, es decir, la posición Neutral. Mueva el 20 acelerador a la posición Inactiva. Por último, gire la llave a la posición de Apagado para que no se descargue la batería.

10. Según la información de las instrucciones, ¿qué habría que hacer si la máquina no corta el césped una vez que se la enciende?

A. verificar los niveles de aceite y gasolina
B. mover el acelerador a la posición Cebador
C. mover la palanca de embrague a la posición N, es decir, la posición Neutral
D. jalar la palanca de control de la cuchilla hacia abajo

11. A partir de lo visto sobre esta cortadora de césped, ¿cuál sería el mejor consejo para alguien que la usa por primera vez?

A. No uses la cortadora de césped autopropulsada True Cut para cortar el césped en una pendiente.
B. Usa la cuarta velocidad solo si estás cortando el césped tras una lluvia fuerte.
C. Si tienes poco espacio y debes dar un giro cerrado, usa la reversa.
D. Pon la primera velocidad antes de girar la llave a la posición de Encendido.

Lectura

Instrucciones: Para responder las preguntas **12** a **14**, consulta el siguiente pasaje.

–Me mira –dijo ella–. Suspira y me mira. –Sé cómo se viste mi esposa para ir al parque infantil. Lleva un abrigo viejo a cuadros, cubiertas de calzado, guantes del Ejército y una bufanda anudada justo debajo del cuello. El parque infantil es un lote cercado y pavimentado entre un barrio bajo y el río. La imagen del doctor bien vestido y de mejillas rosadas que se enamora de Ethel en este ambiente fue
5 difícil de tomar en serio. No lo mencionó por varios días, y supuse que había puesto fin a sus visitas. El cumpleaños de Ethel fue a fin de mes, y olvidé esa fecha, pero cuando llegué a casa esa noche, había un montón de rosas en la sala. Me dijo que se las había regalado Trencher. Me enfadé mucho conmigo mismo por haberme olvidado de su cumpleaños, y las rosas de Trencher me sacaron de quicio. Le pregunté si lo había visto recientemente.

10 –Ah, sí –me dijo–. Sigue viniendo al parque infantil casi todas las tardes. No te lo dije, ¿cierto? Se me ha declarado. Me ama. No puede vivir sin mí. Caminaría sobre brasas encendidas para escuchar mi voz –Ella se rio–. Eso fue lo que dijo.

–¿Cuándo dijo eso?

–En el parque. Y de camino a casa. Ayer.

15 –¿Hace cuánto que sabe?

–Eso es lo gracioso –dijo–. Lo supo antes de conocerme en lo de los Newsomes esa noche. Me había visto esperando el autobús hacía tres semanas. Me dijo que apenas me vio lo supo, en ese mismo instante. Por supuesto que está loco.

–Extracto de "Tiempo de divorcio", de John Cheever

12. ¿Cuál es el tema principal de este pasaje?

A. el comportamiento de Ethel en el parque infantil
B. una relación entre Ethel y Trencher
C. una discusión entre Ethel y su esposo
D. el cumpleaños de Ethel

13. ¿Cuál de las técnicas del autor es la más efectiva para desarrollar el personaje de Trencher?

A. comparar y contrastar a Trencher y el esposo de Ethel
B. dar una descripción de la apariencia de Trencher
C. describir los sentimientos de Trencher con sus propias palabras
D. incluir las descripciones que hacen los personajes sobre las acciones de Trencher

14. ¿Qué enunciado describe mejor los sentimientos del narrador sobre la particular relación que tiene Trencher con Ethel?

A. Al principio no se interesa, pero se molesta cuando Trencher envía rosas.
B. Su enfado anticipado da lugar a un sentimiento de felicidad por su esposa.
C. Cree que es gracioso que Ethel imagine una relación con Trencher.
D. Está alterado porque Ethel está mintiendo acerca de Trencher.

Lectura

Instrucciones: Para responder las preguntas **15** a **17**, consulta el siguiente editorial.

Hasta ahora, el lago Crystal en Clearwater ha sido un lago privado con acceso exclusivo para los residentes de la ciudad. Durante la reunión de concejales del mes pasado, se sugirió que se abriera el lago al público. (5)

El lago Crystal es un lago glaciar. Se formó cuando el hielo glaciar quedó enterrado durante la Era de hielo. Cuando el hielo se derritió, la depresión se llenó de agua y se originó el lago Crystal. (10) En la actualidad, el agua del lago Crystal refleja su nombre. Como resultado, es un lugar muy popular para nadar y navegar en velero, canoa y kayak. Un lugar de recreación como ese debería atraer visitantes de todas partes.

(15) La entrada al lago Crystal es gratis para todos los residentes de Clearwater. Si el lago estuviera abierto al público, se podría cobrar una entrada similar a la de los parques estatales. Solo los ingresantes que no fueran residentes (20) tendrían que pagar entrada. Por lo tanto, los residentes de Clearwater podrían usar el lago sin cargo. El dinero recolectado de las entradas de los visitantes no residentes ayudaría a solventar los gastos de los servicios y los salarios (25) de Clearwater. De esa manera, el lago Crystal sería una valiosa fuente de ingresos para la ciudad.

Hay quienes se preocupan por los residuos que podrían provocar contaminación. Si el lago (30) Crystal estableciera una política de que los visitantes se lleven sus residuos, no se acumularía más basura en la ciudad. Otra preocupación es el tránsito. Como el lago está ubicado en la esquina noroeste de la ciudad, el (35) tránsito adicional no causaría ningún problema en la ciudad.

Por favor, asista a la próxima reunión de concejales y dé su opinión.

15. Según los argumentos de este editorial, ¿qué conclusión se puede sacar acerca de la parcialidad, es decir, la opinión, del autor?

A. Habría que cobrar entrada a los visitantes no residentes.
B. Debería permitirse el ingreso de los residentes de Clearwater solamente.
C. Todos los visitantes del lago Crystal deberían pagar entrada para ayudar a solventar los gastos que implica mantener el lago en condiciones.
D. Tanto los residentes como los no residentes deberían tener permiso para navegar en el lago.

16. Si los concejales debatieran sobre un tema relacionado con el bosque, ¿qué es probable que haga el escritor del editorial?

A. irse de Clearwater
B. pasar la noche de la reunión en el lago Crystal
C. asistir a la reunión y expresar una opinión
D. debatir sobre temas relacionados con la eliminación de residuos en la ciudad

17. A partir de las opiniones que se expresan en el editorial, ¿cuál de estas opiniones es más probable que tenga el escritor?

A. Los concejales no deberían escuchar a la opinión pública con respecto a este tema.
B. Deberían permitirse lanchas en el lago Crystal.
C. Los visitantes no residentes llenarían la ciudad y la contaminarían.
D. Cobrar entrada a los no residentes podría contribuir a bajar los impuestos municipales.

Lectura

Instrucciones: Para responder las preguntas **18** a **20**, consulta el siguiente pasaje.

Al principio me sentía muy incómodo en ese país extraño. Aunque me desenvolvía bien con el idioma, terminé cometiendo muchos errores por alguna razón. Era evidente que las personas empezaban a creer que yo era frío, a pesar de que sentía que actuaba de manera amistosa hacia los demás. De a poco, empecé a darme cuenta de que mi sentido de la distancia era distinto del de ellos.

Un día vi que un hombre que casi no conocía se me acercaba en la calle. Me hizo un gesto de saludo con el brazo cuando todavía estaba a cuarenta pies de mí y empezó a hablarme cuando todavía lo tenía a veinte pies. No le respondí nada hasta que lo tuve a diez pies: lo saludé con la mano. Le dije "hola" cuando estaba a cinco pies. Ni siquiera me había dado cuenta de que había estado saludándome desde esa distancia. No sabía que me había estado hablando a una distancia de veinte pies. Para cuando respondí al verlo, él ya pensaba que yo lo estaba insultando.

Otra vez, cuando me presentaron a alguien, extendí el brazo para saludarlo. Me apretó la mano durante tanto tiempo que me empezó a incomodar y tuve que soltarlo. La charla no duró demasiado. Al hombre le parecí descortés. Mi experiencia me decía que un apretón de manos debía durar alrededor de dos segundos; su cultura establecía que un apretón de manos debía durar casi medio minuto y, durante los últimos veinte segundos, tenía que parecerse más a andar de la mano que a un apretón.

Cuando aprendí a saludar con la mano desde más lejos y a mantener el apretón por treinta segundos, dejé de dar la imagen de frío. Pero tuve que modificar la idea de distancia con la que había crecido. Tuve que entender que cuarenta pies es una distancia lo suficientemente cercana para saludar con la mano y que sostenerle la mano a un extraño no era más que un gesto de cortesía común y corriente.

18. ¿Qué compara este pasaje?

- **A.** dos extraños en la calle
- **B.** saludar y dar un apretón de manos
- **C.** las costumbres de dos culturas
- **D.** el tiempo y la distancia

19. ¿Por qué el autor se acostumbró a saludar desde una distancia más alejada y a sostenerle la mano a alguien durante más tiempo?

- **A.** No quiere ofender a nadie.
- **B.** Está cansado de decir "hola".
- **C.** Así lo establece la ley.
- **D.** Está aprendiendo un nuevo idioma.

20. ¿Con qué estaba más cómodo el autor al principio?

- **A.** con las maneras de saludar a las personas
- **B.** con el idioma
- **C.** con los cambios en la dieta
- **D.** con el clima frío

Guía de respuestas

1. **B.** El pasaje indica que el medio que marca nuestra época es la tecnología eléctrica (líneas 1 y 2) y que los medios reforman la sociedad (líneas 12 a 14).
2. **C.** Las claves del contexto indican que *ósmosis* significa "de manera inconsciente" (líneas 17 y 18).
3. **B.** La televisión es un ejemplo de tecnología eléctrica, que es el medio que marca nuestra época (líneas 1 y 2). La televisión tiene un gran impacto en nuestra vida social y personal.
4. **D.** Como Io "llenaba medio cielo" y Júpiter "era invisible" (líneas 39 y 40), se puede inferir que Io es más grande que Júpiter.
5. **C.** Como la escoba se hace más larga, *prolongarse* es el mejor sinónimo de *extenderse*.
6. **A.** En la línea 20 se usa el término "gravedad cero" para describir un proyecto de construcción. La línea 38 describe el *Discovery* como "en órbita". Las líneas 39 y 40 dicen que Io "llenaba el medio cielo" y Júpiter estaba "al otro lado del satélite".
7. **C.** En este documento laboral, el presidente informa que los jefes de departamento son responsables de notificar a los miembros de su equipo sobre las políticas en caso de mal tiempo.
8. **D.** Este es un mensaje del presidente para los jefes del departamento donde se les informa sobre la nueva política con respecto al cierre de la oficina en caso de mal tiempo.
9. **A.** Este es un informe oficial de un procedimiento laboral. Esboza los pasos a seguir por el presidente, los jefes de departamento y los empleados.
10. **D.** La palanca de control de la cuchilla engrana y desengrana la cuchilla. Si no se corta el césped, la palanca de control de la cuchilla no se está engranando.
11. **C.** Para dar un giro cerrado, es posible que sea más fácil retroceder antes de girar. Se usa la reversa para retroceder.
12. **B.** La mayor parte de la descripción y toda la conversación tratan sobre la relación entre Ethel y Trencher, el doctor que observa a Ethel en el parque infantil.
13. **D.** El narrador, el esposo de Ethel, describe la apariencia de Trencher (línea 4) y lo que hace Trencher para el cumpleaños de Ethel. Ethel describe lo que hace Trencher en el parque ("Me mira", línea 1), lo que le dice y cuándo decidió que la amaba. Así es cómo el lector conoce a Trencher.
14. **A.** Hasta que Trencher envió las rosas, al narrador le pareció que esta relación era "difícil de tomar en serio" (línea 5). Pero una vez que vio las flores, empezó a hacer preguntas.
15. **A.** Todos los argumentos son a favor de permitir que los no residentes usen el lago. Es evidente que el escritor quiere que la entrada al lago sea gratis para los residentes de la ciudad pero quiere que los no residentes paguen entrada.
16. **C.** El escritor parece estar interesado en temas que afectan a la ciudad y le gusta expresar opiniones sobre esos temas. Es probable que el escritor asista a la reunión de concejales.
17. **D.** Como el escritor brinda argumentos que apoyan la idea de que los no residentes usen el lago si pagan entrada, es posible que esté a favor de bajar los impuestos tras las nuevas ganancias del gobierno municipal.
18. **C.** Este pasaje enfatiza las diferencias entre las costumbres de la tierra natal del autor y las costumbres del "país extraño" (línea 2).
19. **A.** El autor menciona que antes de que él cambiara su comportamiento, las personas creían que era frío y descortés. El nuevo comportamiento del autor mejoró la situación.
20. **B.** En las líneas 2 y 3, el autor dice que se desenvolvía bien con el idioma.

EXAMEN PRELIMINAR

Tabla de evaluación

Comprueba tu comprensión

En la siguiente tabla, encierra en un círculo las preguntas que hayas respondido de forma incorrecta. Junto a los números de las preguntas, verás las páginas que puedes estudiar para responder las preguntas correctamente. Presta particular atención a las áreas en las que no respondiste correctamente la mitad o más de la mitad de las preguntas.

Capítulo	Número de pregunta	Páginas de repaso
Textos funcionales	7, 8, 9, 10, 11	12–83
Textos expositivos	1, 2, 3	86–113
Textos persuasivos	15, 16, 17	116–152
Textos literarios	18, 19, 20	156–185
Ficción	4, 5, 6, 12, 13, 14	188–247

UNIDAD 1

Textos informativos

CAPÍTULO 1
Textos funcionales

CAPÍTULO 2
Textos expositivos

CAPÍTULO 3
Textos persuasivos

CAPÍTULO 1

Textos funcionales

Se te presenta la oportunidad de postularte al trabajo de tus sueños. Estás entusiasmado con la idea de presentarte y presentar tus habilidades de la mejor manera posible. Pero tu primer obstáculo es completar el formulario de solicitud. ¡Parece interminable! Esta es tu mejor oportunidad para destacar tus habilidades y talentos especiales, así que quieres hacerlo bien.

Aprender a leer y completar documentos funcionales puede ayudarte a cumplir tareas en tu trabajo. También puede ayudarte en tu casa, cuando tengas que pagar cuentas en Internet, leer manuales de instrucciones o solicitar ayuda financiera en tu escuela.

¿Por qué estudiar los textos funcionales? En el mercado laboral de hoy, las empresas buscan empleados que puedan comprender normas y reglas, así como formularios y material de capacitación. El Capítulo 1 te dará consejos e información valiosa para que te familiarices con los distintos tipos de documentos con los que te encontrarás en tu ámbito laboral y tu vida personal.

En este capítulo estudiarás estos temas:

Lección 1.1: Circulares y formularios
¿Puedes completar una solicitud para un trabajo de voluntario o para obtener una tarjeta de crédito? ¿Cómo debes pedir días de vacaciones a tu empleador? Encontrarás documentos como estos a menudo. Aprende a usarlos de manera efectiva.

Lección 1.2: Instrucciones
¿Qué pasaría si tu impresora deja de funcionar justo cuando estás terminando un proyecto importante? ¿Qué puedes hacer? Leyendo y siguiendo instrucciones para resolver problemas podrías arreglar tu impresora y salvar tu proyecto.

Lección 1.3: Sitios web
Puedes enviar correos electrónicos a personas de otros países simplemente haciendo clic en un mouse. En pocos segundos puedes encontrar información en Internet sobre prácticamente cualquier tema. Aprende cómo los sitios web te ayudan a navegar por los caminos de la información.

Lección 1.4: Documentos de trabajo
Las oficinas, las fábricas y otros negocios usan documentos de trabajo como formularios e instrucciones. Saber cómo leerlos y usarlos te ayudará a ser más eficiente en el trabajo.

Lección 1.5: Documentos gráficos
Los documentos gráficos incluyen carteles, mapas y otras imágenes visuales. Aprende a interpretar los datos al leer formatos visuales.

Lección 1.6: Textos de referencia
¿Dónde buscarías el sinónimo de una palabra? ¿Dónde podrías hallar información detallada sobre un tema de investigación? Aprende qué texto de referencia debes usar para un propósito específico.

Lección 1.7: Comparar textos de distintos medios
Tienes una variedad de medios que puedes usar para buscar información: medios impresos, audio, video y medios digitales. Aprender a usar esta variedad de formatos te será útil para tu comprensión del tema.

Establecer objetivos

¿Qué esperar aprender al leer este capítulo? Piensa detenidamente en documentos funcionales que hayas usado en tu trabajo o en tu casa. ¿De qué manera estas lecciones pueden mejorar la manera en la que usas documentos funcionales?

¿Qué tipos de documentos funcionales usas en tu vida diaria? Menciona todos los que puedas.

____

____

____

____

____

____

¿Por qué crees que es importante saber leer documentos funcionales? ¿De qué manera puede serte útil en tu vida diaria?

____

____

____

____

LECCIÓN 1.1

Circulares y formularios

Objetivos de la lección

Serás capaz de:

- identificar el objetivo y la estructura de los documentos de negocios.
- comprender y utilizar formularios.

Destrezas

- **Destreza principal:** Utilizar formularios
- **Destreza de lectura:** Sacar conclusiones

Vocabulario

categorías
falta
funcional
interpretar
opcional

CONCEPTO CLAVE: Las circulares y los formularios son documentos que los empleadores utilizan con frecuencia para compartir información con sus empleados.

¿Has completado alguna vez una solicitud de empleo o has recibido un mensaje de tu empleador? De ser así, estás familiarizado con las circulares y los formularios. Estos son dos de los documentos de negocios más comunes. Cuando lees circulares y formularios, debes interpretar la información que contienen para poder usarlos correctamente.

Texto informativo

Los documentos de negocios son textos informativos. Entre ellos, dos de los tipos más comunes son las circulares y los formularios.

Una de las formas en las que las empresas se comunican con sus empleados es a través de circulares. Las **circulares** son mensajes breves en los que se notifican desde reuniones hasta cambios en las políticas de la empresa. En la actualidad las circulares suelen enviarse por correo electrónico. Una buena circular debe contener la siguiente información: el nombre del destinatario, el nombre del remitente, la fecha y el asunto.

Esta circular contiene información sobre el contrato de un empleado.

CIRCULAR

Para: **Janice Gonzalez**
De: **Ida Francese, Directora de Recursos Humanos**
Fecha: **10 de febrero de 2014**
Asunto: **Términos del contrato de trabajo**

Por la presente, certifico que el Gimnasio Phoebe's Fitness contratará a Janice Gonzalez como profesora de gimnasia. La señorita Gonzalez trabajará este año durante tres temporadas: otoño, invierno y primavera. Dictará al menos dos cursos durante cada período. Las tareas a realizar pueden variar de acuerdo a la cantidad de clientes que soliciten un entrenamiento personalizado.

El Gimnasio Phoebe's Fitness podrá prescindir de los servicios de la empleada por cualquiera de los siguientes motivos:

- Ausencias reiteradas e injustificadas
- Falta de puntualidad
- Mal desempeño profesional

En caso de que surgieran quejas por parte de los clientes, se las analizará pertinentemente con la empleada.

COMPRENDER LA INFORMACIÓN

A diario puedes encontrarte con muchos tipos de información que influyen en tu vida cotidiana. Miras los horarios de los autobuses o de los trenes para saber cómo llegar a tiempo a un lugar. Lees en una página de Internet las instrucciones para descargar tu música favorita.

La información no es solo textual sino que también puede presentarse de forma visual, como, por ejemplo, en tablas, gráficas, imágenes y mapas. Los elementos visuales ayudan a que la información sea transmitida con claridad. En una tabla, por ejemplo, los datos se organizan en grupos denominados **categorías** según las características que comparten, de modo que puedas compararlos. Estas categorías se organizan en filas o columnas.

Lee la siguiente tabla. **Interpreta** la información. ¿Qué información brinda esta tabla? ¿Quién podría utilizar esa información?

Ocupación	Formación y requisitos	Rango salarial
Mecánico	escuela profesional instituto terciario prácticas profesionales certificación	$24,800–$43,600 por año
Enfermero	1 año de escuela profesional; 1 año de instituto terciario	$28,200–$53,500 por año
Empleado de correos	examen escrito; diploma de escuela secundaria	$43,800–$53,000 por año

La tabla provee información acerca de tres ocupaciones. Se utilizan categorías para comparar la formación requerida y el rango salarial de las ocupaciones. Este tipo de tabla sería de utilidad para alguien que está eligiendo una carrera profesional o pensando en cambiar de profesión.

Destreza de lectura
Sacar conclusiones

Las circulares que se envían a los empleados contienen información valiosa. La circular de la página **14** fue enviada por la directora de Recursos Humanos a una persona que la empresa acaba de contratar. En la circular se explican los términos del contrato de trabajo entre el empleador y el empleado.

Mientras lees la circular, hazte las siguientes preguntas: *¿Cuáles son las responsabilidades de la empleada? ¿Qué puede esperar si cumple con sus responsabilidades? ¿Qué puede esperar si no lo hace?*

Destreza principal
Utilizar formularios

Para realizar una compra por Internet o abrir una cuenta bancaria, debes usar formularios. Los formularios tienen espacios en blanco que deben completarse. También pueden tener una lista de ítems para marcar.

Generalmente los formularios se usan en el ámbito laboral. Por ejemplo, en una tabla de horarios se anota cuántas horas trabajó un empleado en una semana.

Sigue estos pasos para completar un formulario correctamente:

- No comiences a completar el formulario hasta que no hayas leído todas las instrucciones.
- Presta atención a los encabezados que separan una sección de otra.
- Presta atención a las secciones **opcionales**, es decir, secciones que no es necesario completar.
- Identifica números y letras que indiquen una secuencia.
- Busca las palabras que no conozcas en el diccionario.

ESCRIBIR PARA APRENDER

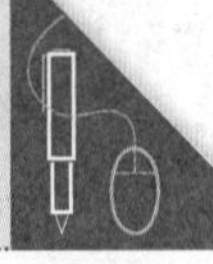

¿Qué sucedería si no existieran los formularios? ¿Qué sucedería si la información se comunicara de otro modo? Piensa en algún formulario que hayas completado. ¿Sería más fácil o más difícil proveer la información requerida sin ese formulario?

Escribe una entrada de diario comentando las ventajas y desventajas de usar ese formulario.

Los **formularios** se completan con determinada información. Contienen espacios en blanco en los que puedes escribir la información necesaria, a mano o por computadora. Los formularios como las solicitudes de empleo se denominan documentos **funcionales,** porque están diseñados para cumplir con una función o propósito específico: proveer la información necesaria en un determinado formato.

Lee el siguiente formulario de negocios en el que se describen las posibles faltas a la política de una empresa. Una **falta** es una acción que no cumple con una de las políticas específicas de una compañía.

Formulario de acción disciplinaria

Por favor, complete este formulario y entréguelo en la Oficina de Recursos Humanos. Los gerentes pueden firmar sus formularios, mientras que los empleados deben primero hacerlos firmar por un gerente antes de entregarlos. La información que se provea tiene un carácter confidencial a excepción de que se emita la autorización correspondiente.

Sección A

Nombre del empleado que firma el formulario: __________ Fecha: __________

solicita que se emprendan las sanciones disciplinarias correspondientes a

Nombre del empleado: ____________________

Departamento: ____________________

Supervisor: __________ Fecha de contratación: __________

Fecha actual: __________ Fecha del incidente (si corresponde): __________

Sección B

Razones que justifican la sanción requerida (marcar las que correspondan):

____ impuntualidad

____ uso personal de los bienes de la empresa

____ ausencias reiteradas

____ acoso a compañeros de trabajo

____ desobediencia a la autoridad

____ violación del código de vestimenta

____ violación de la norma anti-tabaco

____ otros (especificar) ____________________

Sección C

Por favor, describa el o los incidentes en detalle, incluyendo la fecha, la hora y el contexto en el que ocurrió la falta. Indique también el nombre de los testigos, así como otras instancias en que se llamó la atención sobre conductas inadecuadas.

____

____

Sección D (opcional)

Comentarios adicionales: ____________________

____

Firma del empleado que solicita la sanción: ____________________

Firma del gerente:: ____________________

APLICA LA LECTURA

Instrucciones: Responde a las siguientes preguntas:

1. ¿Cuál es la función del formulario de acción disciplinaria?
   A. pedir una licencia
   B. pedir vacaciones
   C. pedir que se evalúe el comportamiento de un empleado
   D. pedir que un empleado deje de trabajar para la empresa
2. ¿En qué circunstancia es posible entregar el formulario con una sola firma?
   A. cuando la entrega un empleado
   B. cuando la entrega un gerente
   C. cuando la falta es menor
   D. cuando la falta es grave
3. ¿Qué tipo de falta no está especificada en el formulario?
   A. acosar a un compañero de trabajo
   B. vestir ropa inadecuada
   C. revelar información confidencial
   D. usar la oficina para hacer llamadas telefónicas personales
4. Escribe tres detalles necesarios para completar la Sección C.

   ____

   ____

   ____
5. Menciona una sección del formulario que no sea obligatorio completar.

   ____

   ____

ESCRIBIR PARA APRENDER

Lee el formulario de acción disciplinaria de la página **16**. Un formulario de acción disciplinaria está diseñado para evaluar el comportamiento de un empleado.

Imagina que eres un gerente que debe entregar un formulario de acción disciplinaria sobre un empleado que siempre llega tarde al trabajo. En un cuaderno, escribe en una lista la información que necesitarás para completar el formulario.

CONEXIÓN CON LA TECNOLOGÍA

Formularios en línea

Hoy en día, casi todo puede hacerse a través de Internet. Puedes registrar tu automóvil, pagar los impuestos, pedir un seguro y controlar tus cuentas bancarias. Para hacer todo esto es necesario completar formularios.

Los formularios en línea se asemejan a los formularios impresos, pero en lugar de completar la información a mano es necesario escribirla por computadora. El resto de las normas para completarlos sirven para los dos tipos de formularios.

Repaso de vocabulario

Instrucciones: Completa las oraciones con las siguientes palabras:

categorías **falta** **funcional** **opcional**

1. Organizar la información utilizando ____________ es un buen modo de comparar datos.
2. Un formulario que da una información específica es un documento ____________.
3. Completar la Sección C de este formulario es ____________.
4. Tanya fue despedida porque cometió una ____________ grave en la empresa.

Repaso de destrezas

Instrucciones: Lee el siguiente fragmento de un manual de trabajo para empleados. Luego, responde a las preguntas.

Circular para los empleados del zoológico

El Zoológico Metropolitano se enorgullece de responder a las necesidades de sus empleados y sus familias. En caso de que un problema de salud, como una operación programada o un parto, le impida trabajar por más de 10 días laborales consecutivos, usted puede pedir una licencia de trabajo por razones de salud. Esta licencia puede extenderse hasta un año. Todos los empleados que ya hayan cumplido los seis meses de contrato pueden solicitarla.

Los requisitos para que la licencia por razones de salud sea otorgada son los siguientes:

- Presentar un certificado de salud elaborado por un médico del zoológico.
- Completar los formularios requeridos por el departamento de recursos humanos.
- De ser necesario, comprometerse a seguir un programa de rehabilitación (ver sección 5A, sobre abuso de sustancias).
- Presentar un alta médica antes de reanudar el trabajo.

En caso de una urgencia médica (por ejemplo, apendicitis) que requiera una licencia más prolongada, usted (o un familiar) debe notificar a su supervisor tan pronto como le sea posible y mantenerlo informado durante su ausencia. Si falta al trabajo por más de 10 días consecutivos (una licencia por razones de salud), su supervisor deberá reorganizar las tareas que le corresponden a usted. En esos casos se valora que usted notifique la situación con suficiente margen de tiempo.

Cuando regrese al trabajo después de su licencia, volverá a su puesto habitual, si está disponible, o a un puesto similar. De haber otros puestos disponibles en ese momento, usted podrá postularse al que considere apropiado.

Repaso de destrezas (continuación)

1. ¿Durante cuánto tiempo debe haber trabajado un empleado en el Zoológico Metropolitano para poder pedir una licencia por razones de salud?

   A. un año
   B. un mes
   C. seis meses
   D. seis semanas

2. ¿Cuál de las siguientes opciones no es un requisito para pedir una licencia prolongada por razones de salud?

   A. asistir a sesiones de recuperación física
   B. completar formularios
   C. obtener un alta médica para volver al trabajo
   D. asistir a sesiones de rehabilitación en caso de abuso de sustancias

3. ¿Por qué un manual de trabajo es un buen lugar para incluir un documento en el que se explique cómo pedir una licencia por razones de salud?

4. Trabajas en el Zoológico Metropolitano y te han pedido que diseñes un formulario para que los empleados puedan presentarlo a su gerente en caso de necesitar una licencia por razones de salud. ¿Qué información incluirías en ese formulario?

Práctica de destrezas

Instrucciones: Elige la mejor respuesta para cada pregunta. Para las preguntas 1 a 4, consulta la siguiente circular:

CIRCULAR

Para: Empleados de las Tiendas Peyton
De: Samantha Peyton, propietaria de Tiendas Peyton
Fecha: 30 de enero de 2014
Asunto: Robos en la tienda

Luego del intento de robo registrado en la sección de electrónica de Louisville el mes pasado, creo necesario recordarles los pasos a seguir en caso de que detecten un robo en una de nuestras tiendas.

Por favor, recuerden que si la persona sospechada de robo todavía se encuentra en la tienda, 5 deben concentrar sus esfuerzos en no dejarla salir, de modo tal que las autoridades correspondientes tengan tiempo para llegar. De todos modos, nunca debe ponerse en riesgo la seguridad de los clientes. El ladrón no debe ser amenazado, acusado ni impedido de salir de la tienda.

Si un ladrón logra escapar, los empleados deben permanecer dentro de la tienda y seguir las 10 instrucciones del supervisor. Estas instrucciones pueden incluir anotar el número de patente o el modelo del vehículo que el ladrón haya usado para escapar y registrar las características físicas distintivas del ladrón (como altura, peso y color de pelo). Para que nuestra tienda no sea "blanco fácil" de los ladrones, permanezcan a la vista de los clientes todo el tiempo. Esto puede desalentar a potenciales ladrones, pues por lo general prefieren pasar desapercibidos.

15 Su cooperación con estas medidas de seguridad es muy importante. Contamos con ustedes.

Práctica de destrezas (continuación)

1. ¿Cuál es la mejor descripción de este documento?
   - A. un formulario para pedir una licencia por razones de salud
   - B. una circular sobre las políticas de la empresa
   - C. una solicitud de empleo
   - D. una carta de queja

2. Si un sospechoso de robo salió de la tienda, ¿cuáles son las medidas que deben tomar los empleados?
   - A. irse de la tienda y esperar a la policía afuera
   - B. enfrentar al ladrón
   - C. seguir el vehículo del ladrón
   - D. seguir las instrucciones del gerente

3. ¿Cuál es el trabajo de Samantha Peyton?
   - A. Es una guardia de seguridad.
   - B. Es una cajera.
   - C. Es la jefa del departamento de recursos humanos.
   - D. Es la propietaria de la tienda.

4. Se pide la colaboración de los empleados para que la tienda "no sea 'blanco fácil' de los ladrones" (líneas 12 y 13). ¿Qué significa esto?
   - A. estar siempre a la vista para desalentar a los posibles ladrones
   - B. hacer que los clientes se sientan incómodos
   - C. seguir a los clientes dentro de la tienda
   - D. poner en riesgo la seguridad de los clientes

5. ¿Cuál es la función de una circular de una empresa?
   - A. entretener
   - B. confundir
   - C. informar
   - D. criticar

Práctica de escritura

Instrucciones: Imagina que eres el presidente de una empresa pequeña y tienes buenas noticias para compartir con tus empleados. Por ejemplo, quieres compartir la noticia de que las ganancias aumentaron durante el año, lo cual significa que los salarios también se incrementarán. Escribe una circular a tus empleados para compartir la buena noticia y para explicar lo sucedido. Usa la circular de esta lección como modelo.

LECCIÓN 1.2

Instrucciones

Objetivos de la lección

Serás capaz de:

- reconocer la secuencia de pasos correcta.
- seguir instrucciones.
- comprender cómo se organizan las instrucciones.

Destrezas

- **Destreza principal:** Comprender diagramas
- **Destreza de lectura:** Ordenar sucesos

Vocabulario

currículum vítae
diagrama
instrucciones
secuencia

CONCEPTO CLAVE: Los textos de instrucciones explican cómo hacer algo.

Imagina que acabas de comprar un programa de computación nuevo. Antes de poder usarlo, tienes que instalarlo en tu computadora. ¿Qué podrías hacer para entender cómo instalar el programa? Probablemente empieces leyendo las instrucciones de la parte de atrás de la caja. Cada vez que lees un manual, sigues una receta o lees instrucciones, estás leyendo textos instructivos.

Instrucciones

Las **instrucciones** explican cómo hacer algo. Al leer instrucciones es útil recordar estos pasos:

1. Lee todos los pasos antes de hacer nada.
2. Luego, vuelve al principio y relee cada paso. Asegúrate de entender qué te pide que hagas cada paso. Completa cada tarea antes de pasar al siguiente paso.
3. Mientras lees, ten presente la tarea que intentas cumplir. Eso te ayudará a comprender los pasos.
4. Siempre sigue los pasos en **secuencia**, es decir, en orden. Busca palabras como *primero, luego* o *finalmente* o números que indiquen el orden de los pasos.

Lee las siguientes instrucciones para cambiar un neumático. Busca palabras que indican secuencia para comprender el orden.

Cómo cambiar un neumático

Imagina que estás en el carro en camino a la casa de un amigo. De repente, se te empieza a hacer difícil maniobrarlo. El carro da saltos y la dirección parece estar fuera de eje. Cuando te detienes a un costado del camino, descubres que el carro tiene un neumático pinchado. No te asustes: un neumático pinchado es fácil de arreglar.

Elige un lugar seguro

Primero, aparta el carro del camino para que no esté en medio del tránsito. Asegúrate de estar en una parte del camino en la que los otros automovilistas puedan verte. Debes estar en un lugar nivelado, ya que es peligroso trabajar en un carro si estás en una pendiente, es decir, en un lugar con una inclinación. Luego, enciende las balizas para avisar a otros conductores que están reparando tu carro. Las balizas son luces que parpadean e indican a otros conductores que el carro no está en funcionamiento. El comando que enciende estas luces suele estar cerca del volante.

SEGUIR UNA SECUENCIA DE PASOS

Las instrucciones describen los pasos necesarios para completar una actividad. Antes de seguir una secuencia de pasos, lee todas las instrucciones. Descubrirás que a menudo debes comprender todas las partes de la secuencia antes de empezar.

Según la actividad, puede que necesites obtener suministros o información antes de empezar. En muchas tareas tal vez no puedas detenerte para conseguir materiales una vez que hayas empezado. Tal vez debas empezar de nuevo desde el principio o hagas esperar innecesariamente a otras personas.

También puede ocurrir que los pasos no estén en orden. Si lees todas las instrucciones al principio, podrás identificar este problema. De esa manera puedes saber el orden correcto de pasos.

Lee estas instrucciones para hacer una conferencia telefónica de tres personas. ¿Qué sucede con las instrucciones?

Hacer una conferencia telefónica de tres personas

Llama al primer participante.

Llama al segundo participante.

Pon al primer participante en espera oprimiendo el botón de conferencia.

Oprime el botón de conferencia nuevamente.

Los lectores no podrán seguir estas instrucciones. No pueden llamar al segundo participante antes de poner en espera al primer participante.

Ahora corrige las instrucciones de manera que los pasos estén en el orden correcto.

¿Usaste las palabras *primero, luego* y *finalmente*? Usar números y palabras clave puede ayudar al lector a entender las instrucciones y seguirlas eficientemente.

CONEXIÓN CON EL **MUNDO REAL**

Interpretar instrucciones visuales

Internet ha hecho que nuestro mundo sea más pequeño. Las personas de distintos países tienen acceso a la misma información.

Debido a esto, algunas instrucciones se escriben sin palabras. Las ilustraciones y las fotografías indican la secuencia.

El desafío es interpretar el significado de estos elementos visuales. ¿Qué te indican que debes hacer?

Con un compañero, haz dibujos sencillos que muestren al menos tres pasos de un proceso. Pide a un amigo que "lea" las instrucciones.

Destreza principal
Ordenar sucesos

Cuando sigas una secuencia de pasos, intenta reformular cada paso con tus propias palabras para asegurarte de que entiendes todo. Puede resultarte útil hacer una lista numerada de los pasos para llevar registro de cada uno. Lee tu lista para asegurarte de no haber dejado afuera ningún paso.

Lee las instrucciones para cambiar un neumático en esta página. En un cuaderno, escribe una lista numerada de la secuencia de pasos usando tus propias palabras.

ESCRIBIR PARA APRENDER

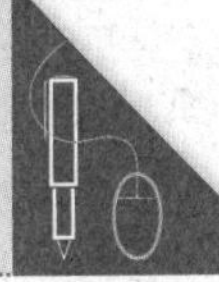

Piensa en una tarea que realices todos los días y que requiera varios pasos. Podría ser algo sencillo, como hacer tu comida y guardarla para después, o algo más complejo.

En tu cuaderno, escribe instrucciones que expliquen los pasos en secuencia. Pide a un compañero que lea tus instrucciones e indique si son fáciles de seguir.

Toma tus herramientas

Una vez que el carro esté en un lugar seguro, estás listo para cambiar el neumático. Toma el neumático de repuesto, el gato y una llave cruz. Si no sabes en qué parte de tu carro se encuentran estos elementos, mira el manual. Esta guía te indicará dónde encontrar las herramientas que necesitas.

Cambia el neumático

Primero, si el neumático tiene tapacubos, debes sacarlo. Luego, usa la llave cruz para aflojar las tuercas de la rueda, pero no totalmente. La intención es que sostengan el neumático cuando levantes el carro. Ahora estás listo para levantar el carro. Mira el manual para saber dónde debes poner el gato. Sitúalo en la posición que corresponde debajo del carro y levanta el carro hasta que el neumático se encuentre a aproximadamente 6 pulgadas del suelo. Ahora quita las tuercas de la rueda y saca la llanta. Reemplaza el neumático pinchado con el neumático de repuesto y ajusta las tuercas lo suficiente como para sostener el neumático al bajar el carro. Baja el carro con el gato hasta que quede apoyado sobre los cuatro neumáticos. Finalmente, usa la llave cruz de nuevo para ajustar las tuercas de la rueda hasta el final.

Esta fotografía muestra dónde situar el gato al cambiar un neumático.

Limpia

Primero, pon el neumático pinchado donde estaba el neumático de repuesto. Luego, guarda las herramientas y comprueba que no estés dejando nada en el lugar.

APLICA LA LECTURA

Instrucciones: Responde las siguientes preguntas.

1. ¿Qué dos pasos están en el orden correcto?
   - **A.** Quita las tuercas de la rueda. Luego saca el tapacubos.
   - **B.** Afloja las tuercas de la rueda. Luego sube el carro.
   - **C.** Ajusta las tuercas de la rueda hasta el final. Luego baja el carro.
   - **D.** Enciende las balizas. Luego lleva el carro a un costado del camino.
2. ¿Qué paso de cambiar un neumático puede ayudarte a comprender la fotografía?

____

Instrucciones: Lee este pasaje. Presta atención a la secuencia de pasos en las instrucciones.

Solucionar un atasco de papel en una fotocopiadora

Si has usado una fotocopiadora, es probable que alguna vez te hayas encontrado con un atasco de papel. Las fotocopiadoras usan mucho papel, y a veces el papel se atasca adentro de la máquina. Si se produce un atasco mientras estás usando una fotocopiadora, es una buena idea solucionarlo para que la siguiente persona que use la máquina no se encuentre con un inconveniente.

Solucionar un atasco de papel suele ser bastante fácil. Pero hay algunos pasos que debes seguir para hacerlo correctamente. Es importante seguir estos pasos para no dañar la fotocopiadora.

Primero debes intentar localizar el lugar donde se produjo el atasco de papel. Abre la tapa de la fotocopiadora y la bandeja de papel con cuidado para ver exactamente dónde se atascó el papel. Una vez que hayas encontrado el atasco, apaga la fotocopiadora.

Cuando la fotocopiadora esté apagada, intenta sacar el papel de la máquina. ¡Jálalo despacio! Si usas mucha fuerza, la hoja podría romperse o el interior de la fotocopiadora podría dañarse. Es importante jalar la hoja en la dirección opuesta a la dirección en la que entró en la fotocopiadora.

Luego, comprueba que hayas quitado la hoja entera. Asegúrate de que no hayan quedado fragmentos de papel en la máquina. Comprueba con atención que ninguna parte de la fotocopiadora haya quedado suelta o rota.

Después, vuelve a poner la tapa y la bandeja de papel en su posición original y enciende la máquina nuevamente. Oprime el botón para cancelar el mensaje de atasco de papel. El visor de la máquina debería indicarte qué botón debes presionar.

Finalmente, es buena idea fotocopiar una hoja para testear que el atasco se haya solucionado. Si puedes realizar la copia sin inconvenientes, el atasco fue solucionado. Si obtienes otro mensaje de error, tal vez debas repetir los pasos de arriba.

¡Feliz copiado!

Destreza principal
Comprender diagramas

Los **diagramas** son imágenes que muestran cómo es una cosa, cómo son sus partes o cómo está organizada.

Para comprender un diagrama, lee el título y los rótulos. El título te indicará de qué trata el diagrama. Los rótulos identificarán las partes del diagrama. Suele haber líneas o flechas desde un rótulo hasta la parte que describe.

Este es un diagrama de secuencia. Muestra el orden de los pasos.

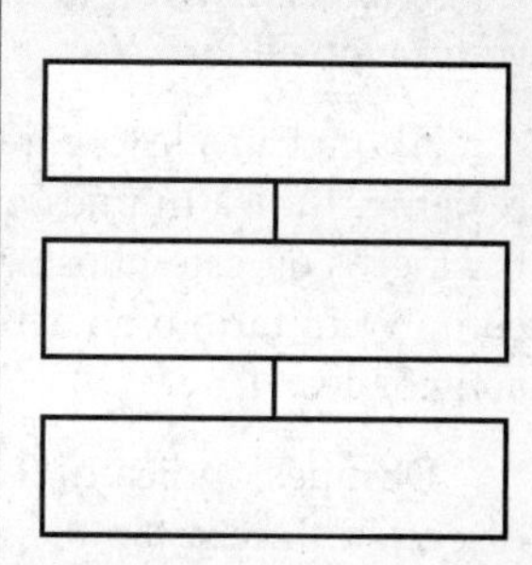

En un cuaderno, crea un diagrama de secuencia que muestre los pasos para solucionar un atasco de papel.

APLICA LA LECTURA

Instrucciones: Responde las preguntas en el espacio provisto.

1. ¿Qué debes hacer primero para solucionar un atasco de papel?

____

2. ¿En qué situación deberías repetir estas instrucciones?

____

____

Repaso de destrezas

Instrucciones: Lee este pasaje y responde las preguntas que siguen.

Cómo escribir un currículum vítae

Ya sea que estés intentando conseguir tu primer empleo o tratando de conseguir un empleo mejor, un buen currículum vítae puede ayudarte a destacarte entre la multitud. Un **currículum vítae** es una lista de todas tus destrezas que puedan servir para realizar un trabajo. Tu currículum vítae es tu primera oportunidad de causar una buena impresión en un empleador, así que tómate el tiempo necesario para hacerlo bien.

Primero, indica tu nombre, dirección, número de teléfono y dirección de correo electrónico. Asegúrate de escribir estos datos correctamente. Un empleador necesita la información correcta para contactarte.

Luego, escribe tu declaración de objetivos. Esta declaración consiste en una o dos oraciones que indican qué tipo de trabajo estás buscando. Asegúrate de que esta declaración se corresponda con el empleo que estás solicitando. Por ejemplo, si estás solicitando un empleo de mesero, podrías escribir: *Me gustaría un empleo de servicio a clientes en la industria de restaurantes*. Escribe tu declaración de objetivos con cuidado. Es una de las primeras cosas que ve un empleador.

Ahora estás listo para indicar tu formación y experiencia. Empieza con tu trabajo más reciente. Indica tu puesto y el período en el que te desempeñaste en este trabajo. Luego, indica tus logros en este puesto. Si estás buscando obtener tu primer empleo, indica tu experiencia como voluntario o en actividades escolares. Describe lo que hiciste cuando participaste en estas actividades.

Después, indica tu formación. Nombra las escuelas a las que hayas concurrido e indica su dirección. Indica también todos los certificados o licenciaturas que hayas recibido.

Si tienes destrezas especiales, lístalas a continuación. Puedes incluir programas de computación que sabes usar. También puedes incluir todos los cursos especiales de los que hayas participado, como RCP o guardavidas, y todas las actividades en las que hayas participado como voluntario.

Por último, incluye referencias. Las referencias son las personas que tu futuro empleador puede llamar o contactar para saber más de ti. Las referencias pueden ser las personas para las que hayas trabajado, los maestros o las personas que te conozcan desde hace mucho. Elige personas que puedan explicar por qué podrías ser un buen empleado.

Antes de enviar tu currículum vítae, repásalo con cuidado. Comprueba que esté prolijo y bien organizado y que no tenga errores. Recuerda que tu empleador usará tu currículum vítae para decidir si te realizará una entrevista de trabajo. Asegúrate de mostrar por qué eres la persona indicada para el puesto.

Joseph Kline
Calle Principal 12 • Anytown, N.Y. 12201
555-1234 • joseph_kline@email.com

OBJETIVO
Un puesto de asistente administrativo que requiera destrezas de organización y planeamiento para dar apoyo a un vicepresidente en la industria financiera.

EXPERIENCIA LABORAL
Compre Aquí, Centro Comercial Colonial, Anytown, N.Y.
Ejecutivo de venta, diciembre de 2011 a la actualidad

- Mantener y reabastecer el inventario
- Proveer servicio de atención al cliente
- Operar el sistema de caja registradora computarizada

EDUCACIÓN
Escuela Superior Anytown, Anytown, N.Y.
septiembre de 2009 a mayo de 2012

DESTREZAS ESPECIALES
- Manejo de Microsoft Word, Excel y Powerpoint

REFERENCIAS
- Carla Mendez, jefe de tienda, Compre Aquí: 555-2121
- Dr. Louis Jones, maestro de inglés, Escuela Superior Anytown: 555-8989

Repaso de destrezas (continuación)

1. ¿Qué es lo primero que debes hacer cuando escribes un currículum vítae? ¿Por qué es importante hacer eso?

____

____

2. ¿Por qué debes escribir un objetivo?

____

____

3. ¿Qué debes indicar en un currículum vítae luego de describir tu formación?

____

____

4. Mira el diagrama al final del pasaje. ¿Qué te indica este diagrama?

____

5. Según el pasaje y el diagrama, ¿qué viene después de tu objetivo?

____

Repaso de vocabulario

Instrucciones: Usa estos términos para completar las siguientes oraciones.

el diagrama **la secuencia** **las instrucciones** **un currículum vítae**

1. ______________ mostró a Amir cómo armar una estantería.

2. ______________ bien escrito es una herramienta importante para hallar un empleo nuevo.

3. Los números indicaban ______________ de pasos para conectar el lector de DVD.

4. Es importante leer todas ______________ antes de empezar.

Instrucciones: Elige la mejor respuesta para cada pregunta. Para las preguntas **1** a **4**, consulta el siguiente pasaje.

Usar el temporizador de una cámara digital

¿Cuántas veces has tomado fotografías de tus amigos y tu familia y has deseado que pudieras estar tú también en la fotografía? Una vez que aprendas a usar el temporizador de tu cámara digital, podrás formar parte de una foto grupal siempre que quieras.

Primero, ordena en un grupo a las personas que quieres que salgan en la fotografía. Deja
5 un espacio para ti. Luego, oprime el botón del temporizador de tu cámara. Probablemente se vea como un cronómetro.

Apoya tu cámara en una superficie plana. Ahora, oprime el disparador hasta la mitad para poner la imagen en foco. Mira la pantalla para asegurarte de que la imagen se vea como deseas. Luego, oprime el botón hasta el final y dirígete a tu lugar prefijado. Asegúrate de no
10 cambiar la posición de la cámara cuando oprimas el botón.

Tendrás aproximadamente 10 segundos para llegar a tu lugar.

Práctica de destrezas (continuación)

1. Según el pasaje, ¿cuál es el primer paso que debes seguir para usar el temporizador de una cámara digital?
   - A. Dirigirte a tu lugar prefijado en la foto.
   - B. Apoyar tu cámara en una superficie plana.
   - C. Oprimir el botón del temporizador de tu cámara.
   - D. Ordenar a las personas que saldrán en la fotografía.

2. ¿Qué sucedería si te olvidas de realizar las dos partes del primer paso?
   - A. Te olvidarás de situarte en la fotografía.
   - B. Tu fotografía no saldrá en foco.
   - C. No habrá lugar para ti en la fotografía.
   - D. El botón de temporizador no funcionará.

3. ¿Qué podría ocurrir si presionas el disparador hasta el final en vez de hasta la mitad?
   - A. Tu fotografía no saldrá en foco.
   - B. Tu temporizador no funcionará.
   - C. No habrá lugar para ti en la fotografía.
   - D. Tu cámara no estará en una superficie plana.

4. ¿Qué debes hacer luego de oprimir el disparador hasta la mitad?
   - A. Oprimir el disparador hasta el final.
   - B. Situarte en tu lugar prefijado en la foto.
   - C. Comprobar que la imagen se vea como deseas.
   - D. Asegurarte de que tu cámara esté en una superficie plana.

Práctica de escritura

Instrucciones: Piensa en algo que hayas leído recientemente. Puede ser un cuento, una novela, un artículo periodístico o un correo electrónico de un compañero de trabajo. Cuando leíste ese texto, tuviste que analizar lo que decía y comprenderlo. Este proceso incluye varios pasos. Piensa en lo que debes hacer para analizar y comprender un texto. Luego escribe instrucciones para hacerlo correctamente. Cuando termines, comparte tus instrucciones con un compañero. ¿Puedes seguir los pasos?

LECCIÓN
1.3

Sitios web

Objetivos de la lección

Serás capaz de:

- comprender cómo usar sitios web para obtener información.
- evaluar la fiabilidad de los sitios web.

Destrezas

- **Destreza principal:** Sintetizar ideas de varias fuentes
- **Destreza de lectura:** Analizar información visual

Vocabulario

fiabilidad
fuente de referencia
Internet
margen
palabra clave
sintetizar

CONCEPTO CLAVE: Un sitio web es una colección de páginas web que dan información sobre un tema.

Imagina que estás planeando tomarte unas vacaciones. Probablemente quieras saber qué atracciones ver, dónde comer y dónde hospedarte. Puedes encontrar toda la información que necesitas en Internet. Los sitios web dan información sobre un tema y también pueden llevarte a otros sitios acerca de ese tema. Los sitios web hacen que obtener información sea rápido y sencillo.

Sitios web

Los sitios web son distintos de otras fuentes de información. Esto se debe a que cualquier persona puede cargar lo que sea en **Internet**, que es un sistema mundial de redes de computadoras. Por lo tanto, es muy importante comprobar la **fiabilidad** (presentación de datos verdaderos) de cualquier sitio web en el que quieras buscar información. Hazte las siguientes preguntas:

- ¿El sitio web tiene un autor? ¿El autor es un experto, es decir, alguien cuyo trabajo sea saber mucho acerca del tema?
- ¿La información es verdadera? ¿Las fechas y los datos con correctos?
- ¿El sitio web está actualizado? ¿Cuándo fue actualizado por última vez?
- ¿Cuál es el propósito del sitio web?

Una manera de evaluar la fiabilidad de un sitio web es mirar su dirección o **URL**. Los museos, los centros científicos y otras organizaciones suelen tener direcciones web que terminan en *.org*. Las URL de las escuelas y las universidades suelen terminar en *.edu*. Las direcciones web de las oficinas del gobierno terminan en *.gov*. Las URL de las empresas terminan en *.com*.

Cuando realizas búsquedas, los sitios cuyas direcciones web terminan en *.edu* o *.gov* probablemente sean las fuentes de información más fiables, es decir, confiables. Ten en cuenta que la intención de los sitios con direcciones que terminan en *.com* es que compres algo. La información de esos sitios puede no ser fiable.

DAR UN VISTAZO RÁPIDO PARA HALLAR INFORMACIÓN

Cuando hagas una búsqueda en un motor de búsqueda en línea, no leas cada ítem que aparece en la lista de resultados. En lugar de ello, da un vistazo rápido a la pantalla para hallar palabras o frases que se relacionen con tu tema. Al hacer esto, no lees cada palabra, sino que das una hojeada para hallar información específica.

Dar un vistazo rápido es útil cuando estás usando una **fuente de referencia**, como una enciclopedia o un sitio web, que contiene información real. De esta manera puedes determinar rápidamente si el texto tiene la información que estás buscando. Si es así, puedes leer más detenidamente.

Cuando des un vistazo rápido, busca:

- **palabras clave**, es decir, palabras que son centrales para la idea principal
- definiciones
- números y fechas
- encabezados y enlaces
- ejemplos específicos, como gráficas, tablas y diagramas

Da un vistazo rápido al siguiente párrafo. Subraya términos a partir de los cuales obtienes rápidamente información sobre un sistema de posicionamiento global.

> Los carros son más "inteligentes" que nunca. Un nuevo aparato que tienen muchos carros se llama **Sistema de Posicionamiento Global** o **GPS**. El GPS se desarrolló en 1973. Usa satélites para obtener la ubicación de un vehículo. Los conductores pueden ingresar la dirección a la que desean viajar y el GPS mapea el camino. La mejor manera de llegar aparece en una pantalla.

Tal vez hayas subrayado GPS, 1973, *satélites* y *camino*. Ahora puedes leer el párrafo más detenidamente para aprender qué es un GPS.

CONEXIÓN CON LA TECNOLOGÍA

Noticias de Internet

Mira la portada de periódico local o de un periódico nacional. Ahora visita el sitio web de ese mismo periódico.

Compara y contrasta las dos versiones. ¿Los titulares y las fotografías son los mismos? ¿Hay información que se encuentre en una versión pero no en la otra?

Haz una lista de todas las semejanzas y diferencias entre las dos versiones. Luego, escribe una conclusión que puedas sacar acerca de las diferencias entre los sitios web de noticias y los periódicos impresos.

APLICA LA LECTURA

Instrucciones: Responde estas preguntas.

1. ¿Cuál es el propósito de un sitio web con una dirección que termina en *.com*?

   ____

2. ¿Dónde puedes hallar las fuentes de información más fiables de la web?

   ____

   ____

Destreza de lectura
Analizar información visual

Cuando estás dando un vistazo rápido a un sitio web, las características de los textos pueden ayudarte a ubicar ideas importantes rápidamente. Busca palabras en **negrita** o en *itálica*.

Estudia el sitio web de esta página. Observa que los encabezados y las palabras clave están en negrita. La tipografía negrita hace que estas palabras se destaquen de manera que se vean fácilmente.

Algunos sitios web muestran ideas clave en pestañas que aparecen en la parte superior de la página o en el **margen** (columna angosta que se encuentra en un costado de la página). A estas pestañas también se las llama barras de menú.

En un cuaderno, menciona tres pestañas de este sitio web y describe qué encontrarías al hacer clic en cada una de esas pestañas.

Dar un vistazo rápido para encontrar información

Cuando estás mirando un sitio web, generalmente estás buscando una información específica. Antes de empezar a buscar en Internet y leer sitios web, asegúrate de tener claro qué estás buscando. Piensa en las preguntas que podrías responder al mirar esta página.

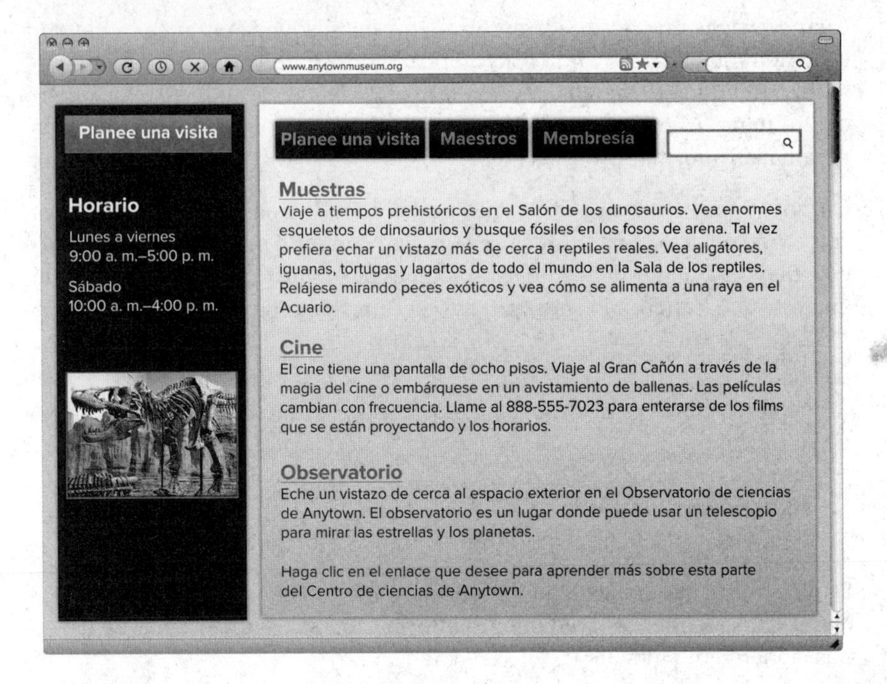

APLICA LA LECTURA

Instrucciones: Mira el sitio web de esta página. Luego responde las preguntas.

1. ¿Qué debes hacer si quieres aprender más acerca del Observatorio de ciencias de Anytown?

____

2. ¿Qué características te ayudan a dar un vistazo rápido a la información del sitio web?

____

____

ESCRIBIR PARA APRENDER

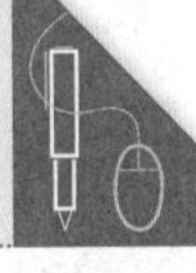

Escribe un párrafo que describa un sitio web que estás diseñando para tu restaurante favorito. Haz una lista de la información que debe incluirse. Describe cómo podrías organizar la información y los elementos visuales en la página para hacer que las personas quieran visitar tu sitio web. Describe las características especiales que incluirías.

Richard Cummins/Lonely Planet Images/Getty Images

Fiabilidad de la información

Las preguntas más importantes que debes hacerte al dar un vistazo rápido a sitios web y leerlos son *¿Quién me está dando la información?* y *¿Por qué?* Ten en cuenta estas preguntas mientras lees el sitio web de abajo.

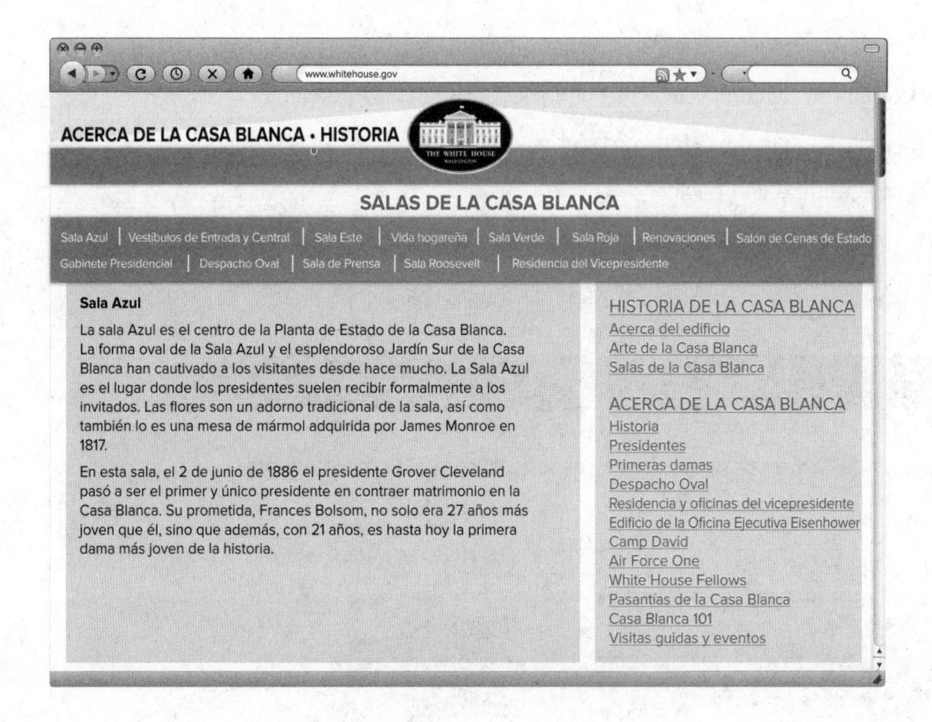

APLICA LA LECTURA

Instrucciones: Escribe una respuesta breve para cada pregunta.

1. Da un vistazo rápido a esta página web para hallar información sobre la Casa Blanca. ¿Qué es lo principal que aprenderás al visitar esta página?

   ____

2. ¿Qué sucede en la Sala Azul? Mira los enlaces del margen. ¿Qué enlace usarías para aprender más sobre las salas de la Casa Blanca?

   ____

   ____

3. ¿Este sitio web es fiable? ¿Cómo lo sabes?

   ____

Destreza principal
Sintetizar ideas de varias fuentes

Cuando realizas una investigación, siempre debes usar más de una fuente. De esa manera puedes **sintetizar** (combinar) las ideas y usarlas para crear una idea propia.

Antes de empezar con tu investigación, escribe varias preguntas de las que quieras encontrar respuestas. Al leer, toma notas relacionadas con tus preguntas. Luego, sintetiza la información para responder tus preguntas.

Podrías visitar el sitio web de esta página si quisieras responder la pregunta *¿Cómo se ve la Casa Blanca por dentro?*

A menudo los sitios web incluyen enlaces a sitios relacionados. Por ejemplo, este sitio tiene enlaces a Arte de la Casa Blanca y Primeras Damas.

Escribe una pregunta sobre la Casa Blanca de la que quieras saber la respuesta. Luego busca en Internet otras dos fuentes de información relacionada con este tema. Menciona estas direcciones de sitios web en tu cuaderno.

Repaso de vocabulario

Instrucciones: Empareja los términos con las definiciones.

1. fiabilidad
2. fuente de referencia
3. Internet
4. margen
5. palabra clave

A. libro o sitio web que da información verdadera
B. gran red de computadoras que conecta redes más pequeñas
C. presentación de datos verdaderos
D. costado de una página
E. palabra que es importante para la idea principal

Repaso de destrezas

Instrucciones: Da un vistazo rápido a estos dos sitios web. Luego responde las siguientes preguntas.

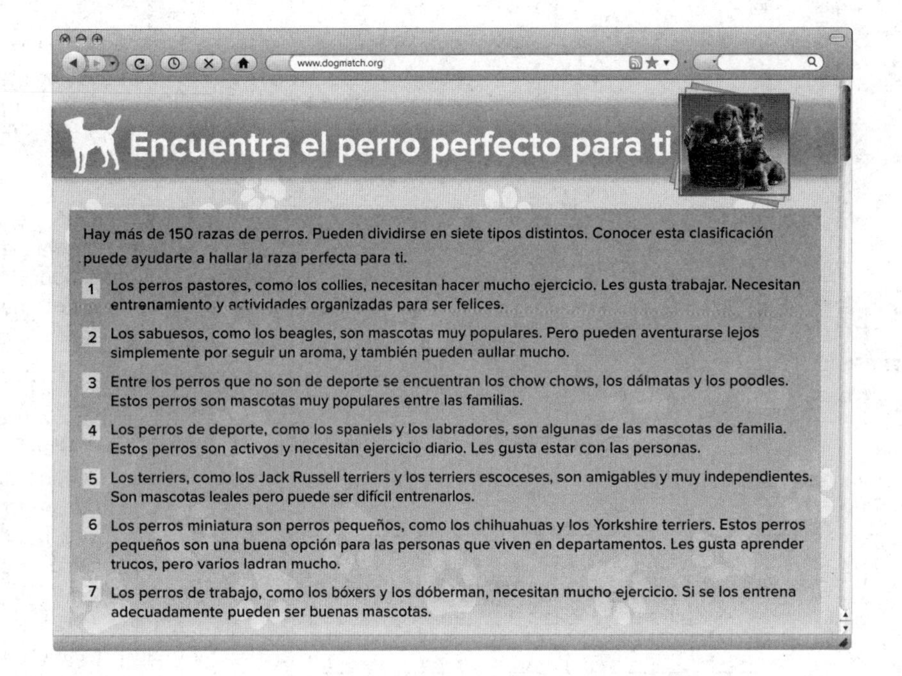

Jupiterimages/Workbook Stock/Getty Images

Repaso de destrezas (continuación)

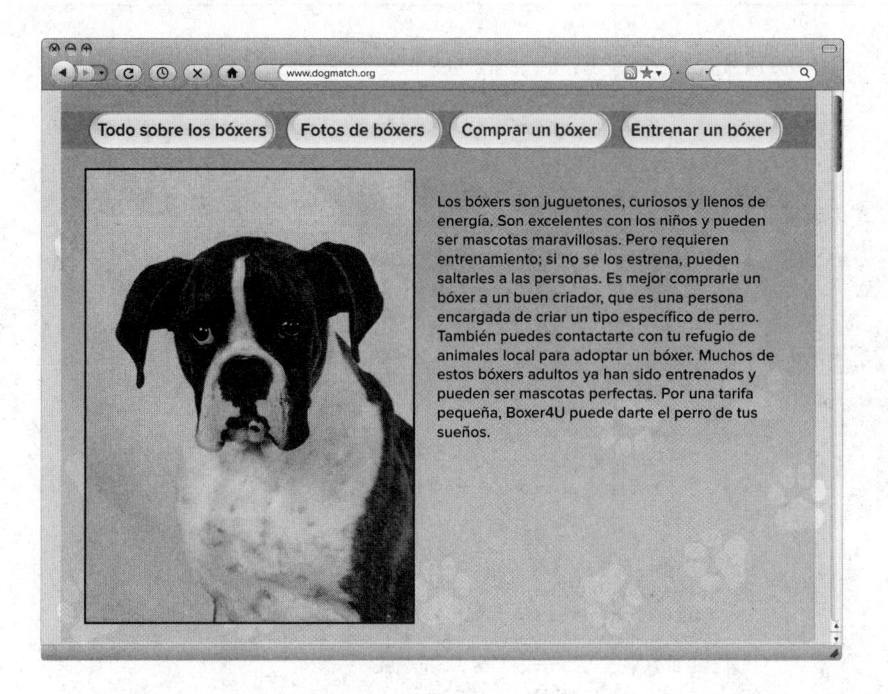

1. En el sitio web **1**, ¿cuántos grupos de perros de raza hay? ¿De qué manera el autor te ayudó a hallar esta información rápidamente?

____

____

2. Da un vistazo rápido al sitio web **1** y menciona cuatro o cinco palabras clave.

____

____

3. ¿Qué sitio conviene usar para decidir qué raza de perro es la adecuada para ti? Explica tu respuesta.

____

____

4. ¿Qué conclusión puedes sacar sobre los bóxers a partir de estos sitios web?

   A. Los bóxers son perros de trabajo que necesitan entrenamiento.
   B. Los bóxers son los perros perfectos para todos.
   C. Boxer**4**U es la mejor manera de hallar un perro.
   D. Los bóxers son perros de deporte que puedes comprarle a un criador.

Práctica de destrezas

Instrucciones: Elige la mejor respuesta para cada pregunta. Para las preguntas 1 a 4, consulta los siguientes sitios web.

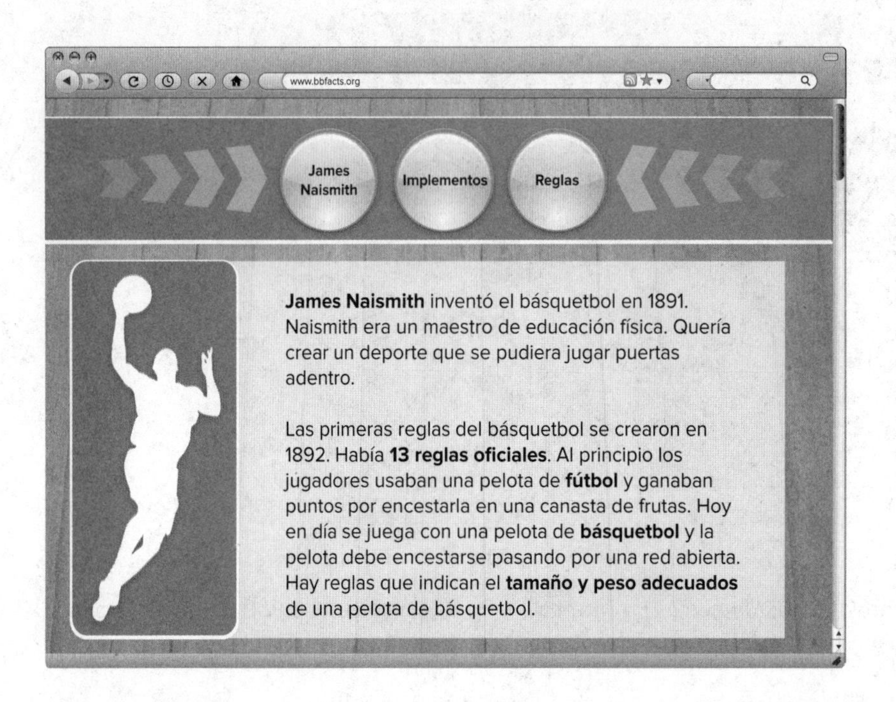

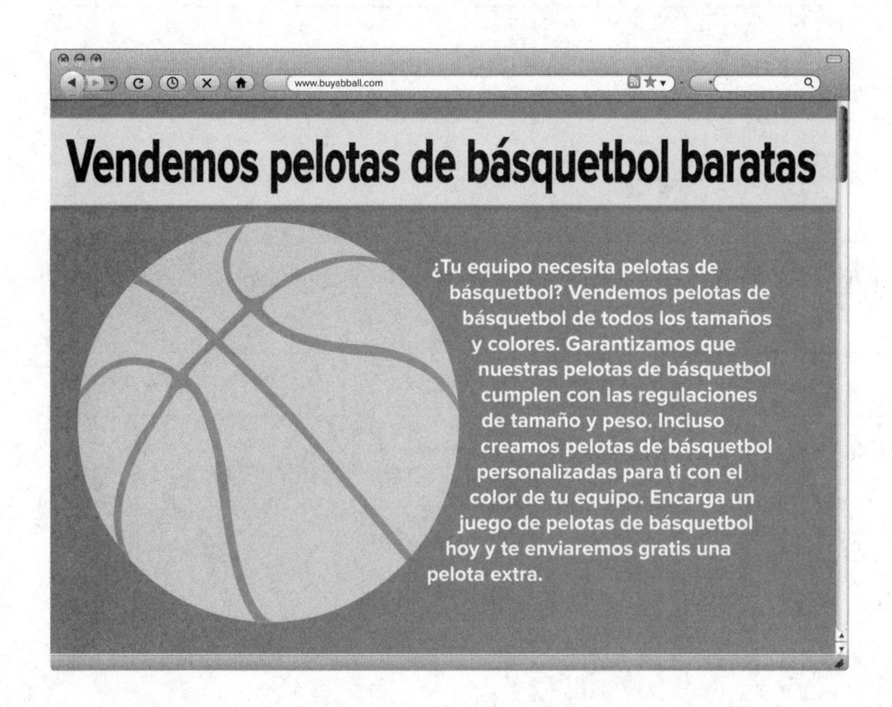

Práctica de destrezas (continuación)

1. Imagina que estás creando un sitio web sobre James Naismith. ¿Cuál es la información más importante que debes incluir?
   - **A.** las reglas del básquetbol
   - **B.** el tamaño correcto de una pelota de básquetbol
   - **C.** la fecha en la que Naismith inventó el básquetbol
   - **D.** lo que pensaba Naismith acerca de otros deportes

2. ¿Cuál es el mejor sitio web que puedes usar para hallar un informe sobre el básquetbol?
   - **A.** el sitio web 1, porque provee datos y detalles sobre la historia del básquetbol
   - **B.** el sitio web 1, porque también menciona otros deportes, como el fútbol
   - **C.** el sitio web 2, porque describe las pelotas de básquetbol
   - **D.** el sitio web 2, porque menciona el tamaño y el peso de las pelotas de básquetbol

3. ¿Qué producto promociona el sitio web 2?
   - **A.** aros de básquetbol
   - **B.** pelotas de básquetbol de colores
   - **C.** uniformes de equipos
   - **D.** pelotas de básquetbol autografiadas por jugadores profesionales

4. ¿Cuál es el propósito del sitio web 1?
   - **A.** persuadirte de que compres una pelota de básquetbol
   - **B.** explicar las reglas del básquetbol
   - **C.** describir distintos tipos de deportes de interior
   - **D.** dar información sobre el básquetbol

Práctica de escritura

Instrucciones: Piensa en una escuela o empresa de la que solo conozcas unos pocos datos. Visita el sitio web de esa escuela o empresa. Da un vistazo rápido a la página de inicio y lee rápidamente otras páginas del sitio. ¿Cuán útil es el sitio web? ¿Puedes hallar información fácilmente? ¿Es atractivo visualmente? Escribe una carta a la escuela o empresa en la que describas tus opiniones (ya sean positivas o negativas) acerca del sitio web.

LECCIÓN 1.4

Documentos de trabajo

CONCEPTO CLAVE: **Los documentos de trabajo son documentos (impresos o digitales) que se usan en oficinas, fábricas y otros lugares donde trabajan las personas. Dos ejemplos de documentos de trabajo son las instrucciones y los formularios.**

En tu trabajo tal vez hayas leído y escrito varios correos electrónicos. ¿Alguna vez has leído solicitudes de empleo o instrucciones? Estos documentos suelen verse mucho en los lugares de trabajo. Es importante comprender el propósito de documentos como los manuales para empleados y las agendas.

Objetivos de la lección

Serás capaz de:

- reconocer el propósito de los documentos de trabajo.
- explicar y aplicar información de documentos de trabajo.

Destrezas

- **Destreza principal:** Resumir información
- **Destreza de lectura:** Determinar el propósito del autor

Vocabulario

agenda
alternativa
diseño
documentos
estructura
identificar
manual para empleados
resumir

Documentos de trabajo

Las personas suelen ver documentos de trabajo casi todos los días, ya sea que trabajen en una oficina del gobierno, una tienda, una fábrica o una escuela. Los **documentos** como los correos electrónicos, los **manuales para empleados** (que explican las reglas de una empresa), las **agendas** (que explican lo que se debatirá en una reunión) y las normas de seguridad proveen información necesaria para el trabajo. El **diseño**, es decir, la apariencia visual, de los documentos debe ayudar al lector a comprender la información que se presenta.

A continuación se mencionan algunos documentos de trabajo. Se dividen en dos grupos: documentos que podrías encontrar diariamente y documentos que proveen información específica acerca de tu trabajo o tu lugar de trabajo.

Comunicación diaria	**Documentos de trabajo específico**
Correo electrónico	Anuncio de empleo
Circular	Descripción de empleo
Carta comercial	Formulario de evaluación de **desempeño**
Agenda de reunión	Formulario de autoevaluación
Formulario de solicitud	Manual para empleados
	Normas de seguridad

Es importante **identificar**, es decir, reconocer, el propósito de un documento de trabajo y la audiencia para la cual fue escrito.

¿Por qué se escribió el documento? (¿Cuál es su propósito?)

¿Para quién está pensado? (¿Cuál es la audiencia?)

Cuando ya sabes el propósito y la audiencia de un documento, es muy útil identificar su **estructura**. En otras palabras, ¿cómo está organizada la información? Reconocer la estructura del documento hace que hallar la información que necesitas sea más fácil. Las viñetas, los pasos numerados, los encabezados y las tablas suelen usarse para organizar la información de los documentos de trabajo.

DETERMINAR EL PROPÓSITO DEL AUTOR

El propósito del autor para escribir un texto **varía**, es decir, cambia, según lo que se quiere comunicar. Los autores generalmente escriben para entretener, informar, enseñar o persuadir de algo a sus lectores.

Es importante entender el propósito de los documentos de trabajo que leas. Pregúntate: ¿quién escribió el documento? ¿Qué información contiene? ¿Qué es lo que el autor quiere que yo haga después de leer el documento?

Instrucciones: A medida que lees cada documento, identifica el propósito del autor.

A: Equipo de marketing

De: Fernando Torres

Asunto: Reunión de lanzamiento del producto modelo IP300

Equipo de marketing,

¡Buenos días! Solo quiero recordarles a todos de la reunión de hoy. Encontrémonos a las 2:00 en la sala de conferencias del tercer piso. Por favor, ¡traigan nuevas ideas para el lanzamiento del modelo IP300!

Fernando Torres
Director de Desarrollo de nuevos productos

Agenda de la reunión de marketing

Aquí está la agenda para la reunión de hoy de las 2:00.

1. Actualización: Shelly (10 minutos)
2. Resultados de la encuesta en línea: Jermaine (10 minutos)
3. Introducción al lanzamiento del producto IP300: Fernando (20 minutos)
4. Sesión de lluvia de ideas: todos los integrantes del equipo (30 minutos)
5. Disposición de pasos a seguir: Fernando (10 minutos)

Fernando Torres
Director de Desarrollo de nuevos productos

En un cuaderno, responde las siguientes preguntas acerca de cada documento. ¿Quién es el autor? ¿Cuál es el propósito del autor? ¿Cuál es la audiencia? ¿Qué es lo que el autor quiere que haga la audiencia después de leer el documento? **Compara** y **contrasta** los documentos. ¿En qué se parecen? ¿En qué se diferencian?

CONEXIÓN CON LA
TECNOLOGÍA

Documentos de trabajo en línea

Cada vez más los documentos de trabajo pueden encontrarse en línea o en formato digital. A veces los documentos impresos se reemplazan con **alternativas**, es decir, sustitutos, digitales. Como los correos electrónicos son más fáciles y cómodos que las cartas comerciales escritas y enviadas manualmente, han reemplazado a la mayoría de las cartas tipeadas a mano.

Los empleados pueden usar correos electrónicos para enviar a sus empleados documentos interactivos, como los cuestionarios. Los empleados leen, completan y devuelven estos formularios sin entregar ni una hoja impresa.

En tu cuaderno, compara y contrasta la lectura de textos en papel y la lectura de textos en la pantalla de una computadora. ¿En qué se diferencian las experiencias? ¿En qué se parecen? Explica por qué es más probable que en un lugar de trabajo se usen documentos en línea que documentos impresos.

Destreza principal
Resumir información

Cuando **resumes** información de un texto, expones brevemente los puntos principales del texto. Los resúmenes no incluyen opiniones personales o información que no forma parte del texto. Escribir un resumen te ayudará a comprender y recordar el texto.

A medida que leas, busca la idea principal de cada párrafo o sección. Busca los lugares donde el autor repitió ciertas ideas. Al terminar de leer, podrás escribir un enunciado resumen que responda la siguiente pregunta: ¿qué es lo que el autor quiere que comprendas y recuerdes?

El proceso para resumir información de documentos de trabajo es el mismo que para resumir información de otros textos de no ficción. A medida que lees la descripción del puesto de esta página, piensa en la información de cada sección. ¿Qué es lo que el autor quiere que comprendas acerca de este empleo? ¿Cuáles son las partes más importantes del trabajo? Haz una tabla como la de abajo para anotar tu resumen.

Idea importante	Idea importante
Resumen	

Instrucciones: A medida que lees esta descripción de empleo, piensa en el propósito y la audiencia esperada. Luego responde la pregunta de abajo.

Descripción de empleo: Asistente administrativo

Propósito del empleo: Proveer servicios de oficina implementando sistemas administrativos y monitoreando proyectos administrativos

Tareas del empleo:

- Organizar la agenda manteniendo actualizados los calendarios de los supervisores de departamento.
- Organizar reuniones, teleconferencias y viajes
- Preparar informes departamentales, correos electrónicos, facturas y otros documentos, usando procesadores de texto u otros programas de computación
- Abrir y distribuir la correspondencia
- Organizar las llamadas telefónicas entrantes y recibir a los visitantes departamentales
- Archivar documentos de cada departamento
- Mantener los suministros de oficina y hacer pedidos de suministros cuando sea necesario

Destrezas: Destrezas de comunicación escrita y verbal; destrezas de organización, agenda, computación y tareas de oficina; profesionalismo

APLICA LA LECTURA

Instrucciones: Repasa la descripción de empleo de arriba. ¿Cuál es el propósito de este documento? ¿Cuál es la audiencia? Responde estas preguntas en el espacio provisto.

____

____

____

____

____

Instrucciones: A medida que lees este documento, piensa en su propósito y considera cómo se usa el documento en el lugar de trabajo.

PEDIDO DE RESERVA DE LA SALA DE CONFERENCIAS

Este formulario debe presentarse al menos 3 días laborales antes de la fecha del evento.

Información general

Departamento	Fecha(s) del evento
Persona de contacto	Hora de inicio
Correo electrónico	Hora de finalización
Teléfono	Público estimado
Fax	Equipamiento técnico requerido
Título del evento	

Tipo de evento

- Por favor marque las palabras que describan mejor al evento.

☐ Reunión	☐ Conferencia	☐ Película
☐ Seminario	☐ Seminario web (presentación en línea)	☐ Desayuno
☐ Recepción		☐ Almuerzo
		☐ Cena

Presentar

Destreza de lectura
Determinar el propósito del autor

El formulario de esta página es un documento de trabajo muy usual. Piensa en el propósito del autor para crear este formulario. El formulario requiere información del lector. Otros formularios que requieren que los completes con información son los formularios W-4 para deducciones sobre impuestos sobre nóminas y los formularios de solicitud de seguro médico.

Muchos de estos formularios están disponibles en línea. Generalmente se diseñan para completarse y enviarse por Internet o por correo electrónico.

Compara y contrasta formularios en línea y los mismos formularios pero impresos en papel. ¿Alguna de las dos versiones es más conveniente que la otra?

En un cuaderno, escribe acerca de una ocasión en la que completaste un formulario impreso. ¿Crees que podrías haber dado la misma información usando un formulario en línea? ¿Por qué? ¿En qué se parecen y en qué se diferencian completar un formulario impreso y completar un formulario en línea?

APLICA LA LECTURA

Instrucciones: ¿Cuál es el propósito del documento para pedido de reservas de la sala de conferencias? ¿De qué manera usar este documento facilitará el trabajo para los empleados? Responde en el espacio provisto.

____

____

____

____

ESCRIBIR PARA

APRENDER

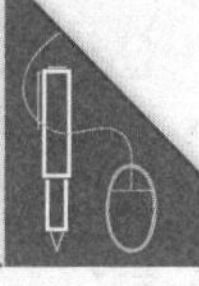

Lee el mensaje de esta página. Imagina que la persona que envía este correo electrónico es tu supervisor. Escribe una respuesta en la que respondas cada una de sus preguntas.

Organiza tu respuesta de manera que parezca un correo electrónico. Como eres el autor de este documento, piensa en tu propósito para escribir. Ten en cuenta a tu audiencia (tu supervisor) y usa un lenguaje adecuado.

Instrucciones: A medida que lees este documento, identifica el autor, la audiencia y el propósito. Hacer esto te ayudará a responder las preguntas de abajo.

De: Carolyn Smith <csmith@workplace.com>
A: Brian Yamamoto <byamamoto@workplace.com>
CC:
Asunto: Reunión de la Junta del Directorio

2:42 p. m.

Brian,

¡Feliz lunes! Espero que hayas tenido un buen fin de semana.

Necesitamos empezar a pensar en la reunión de la semana que viene con la Junta del Directorio. Me gustaría agendar un encuentro hoy o mañana para que nos reunamos a hablar sobre tu presentación. Podemos hacer una lluvia de ideas. ¡Tal vez se nos ocurra algo fantástico!

¿Crees que necesitarás una computadora para la reunión? ¿Quieres realizar una proyección? ¿Mostrarás un video? Si es así, debemos pedir el equipo para que esté listo a tiempo.

En otro orden de cosas, ¿recordaste completar tu planilla de asistencia de la semana pasada? Tengo que aprobarla para el final del día.

¡Gracias!

Carolyn

Carolyn Smith
Directora de Recursos
ABC Corporation
Calle Principal 123, Nueva York, NY

APLICA LA LECTURA

Instrucciones: Responde estas preguntas acerca del correo electrónico de Carolyn Smith a Brian Yamamoto.

1. ¿Cuál es el propósito de este correo electrónico?
   - **A.** Un/a supervisor/a quiere saber acerca del fin de semana de un/a empleado/a.
   - **B.** Un/a supervisor/a quiere debatir con un/a empleado/a acerca de una próxima reunión.
   - **C.** Un/a empleado/a quiere debatir con un/a supervisor/a acerca de una próxima reunión.
   - **D.** Un/a empleado/a quiere hacerle una pregunta a un/a supervisor/a acerca de su planilla de asistencia.
2. ¿Cuál es el propósito de las preguntas que hace Carolyn en el tercer párrafo?
   - **A.** recordar a Brian que complete su planilla de asistencia
   - **B.** encontrar un momento para concertar una reunión
   - **C.** convencer a Brian de incluir elementos visuales
   - **D.** ayudar a Brian a planear la reunión por anticipado
3. ¿Cuál de las siguientes opciones describe mejor este documento de trabajo?
   - **A.** una comunicación oral cotidiana
   - **B.** un informe oficial de un evento de trabajo
   - **C.** una comunicación diaria por escrito
   - **D.** un documento técnico
4. ¿Qué detalles del documento identifican el autor? ¿Cuál es la relación del autor con la audiencia?

____

____

____

Repaso de vocabulario

Instrucciones: Empareja cada término con su definición.

1. ______ agenda	**A.** forma y organización de un texto
2. ______ alternativa	**B.** reconocer algo
3. ______ diseño	**C.** lista de temas para debatir
4. ______ documentos	**D.** apariencia de algo
5. ______ estructura	**E.** texto
6. ______ identificar	**F.** texto que explica las reglas de una empresa y los beneficios de los empleados
7. ______ manual para empleados	**G.** reemplazo de una cosa por otra

Repaso de destrezas

Instrucciones: Lee los documentos de abajo. Luego responde las siguientes preguntas.

Circular para todas las instalaciones de la Compañía ABC

Reglas de salud y seguridad de la Compañía ABC

El propósito de esta norma es desarrollar los mayores estándares posibles de seguridad en todas las operaciones de la Compañía ABC. Nuestra dirección le da una prioridad fundamental a la prevención de accidentes o enfermedades.

Nuestra intención en la Compañía ABC es iniciar y mantener programas intensivos de prevención de accidentes y entrenamiento de seguridad. Los empleados son responsables por su salud y su seguridad y por la salud y la seguridad de sus compañeros. Aceptando la responsabilidad mutua de operar de manera segura, cada uno de nosotros contribuye al bienestar de todos.

Sinceramente,

Shaundra Wright
CEO
Compañía ABC

Puntos principales del programa de seguridad de la Compañía ABC

Orientación de seguridad: A todos los empleados nuevos se les dará una orientación, es decir, una introducción, de seguridad para que estén familiarizados con nuestras reglas de seguridad y nuestro programa de prevención de accidentes.

Todos los empleados deben seguir estas reglas básicas de seguridad:

- Nunca haga nada que no sea seguro. Si una tarea es peligrosa, avísele a su supervisor. Hallaremos una manera menos peligrosa de realizar esa tarea.
- No quite o desactive ningún aparato de seguridad.
- Nunca opere ningún equipo hasta que no haya sido entrenado y autorizado para usarlo.
- Use su equipo personal cuando así se requiera.
- Obedezca todas las señales de precaución.
- Está prohibido trabajar bajo la influencia del alcohol o de drogas ilegales o usarlas en el trabajo.
- No se permiten armas de fuego ni explosivos en propiedad de la compañía.
- Está prohibido correr y pelear.
- Limpie cualquier pérdida de inmediato. Reemplace todas las herramientas y suministros después de usarlos.
- Si se lastima o se enferma durante su horario de trabajo, avísele a su supervisor en forma inmediata.
- Todos los supervisores deben tener entrenamiento en primeros auxilios.

Repaso de destrezas (continuación)

1. ¿Cuál es el propósito del primer documento? ¿Cuál es la audiencia esperada?

2. Compara y contrasta los dos documentos de trabajo. ¿En qué se parecen? ¿En qué se diferencian?

3. Resume cada documento. Indica los puntos principales de manera sencilla y clara.

4. ¿De qué manera la estructura de cada documento ayuda a la audiencia a comprender la información presentada?

Práctica de destrezas

Instrucciones: Lee el siguiente documento. Luego elige la mejor respuesta para cada pregunta.

Anuncio de contratación del Departamento de Seguridad Pública

Contratación para	Centro estatal de entrenamiento
Clasificación	Empleado personal (contractual; sin beneficios)
Salario	$13.50 por hora
Fecha de cierre	Abierta hasta cubrir el puesto
Puestos	El empleado deberá ayudar al Departamento de Recursos Humanos. Deberá realizar varias tareas de oficina para asistir al departamento en el objetivo de dar servicios de recursos humanos a todos los empleados.
Educación	Título de una escuela de nivel superior acreditada o certificado equivalente
Experiencia	Un año de asistencia general de oficina o administrativa
Habilidades especiales	Debe tener experiencia en computación, incluyendo el uso de Microsoft Office, y debe poseer las siguientes destrezas: • Conocimiento de inglés comercial, incluyendo un uso correcto de ortografía y la gramática • Conocimiento de procedimientos estándares de oficina y de uso de equipos • Habilidad de comprender e **interpretar**, es decir, explicar, reglas para el personal • Habilidad de preparar y mantener registros del personal • Habilidad de seguir los procedimientos departamentales • Habilidad de mantener la confidencialidad para las todas las actividades relativas al personal • Habilidad de comunicar y mantener relaciones de trabajo efectivas con los empleados, la gerencia, los oficiales públicos y el público en general

Práctica de destrezas (continuación)

1. ¿Cuál de las siguientes palabras es una evidencia de que este empleo requiere un determinado nivel de educación?
   - **A.** "Deberá realizar varias tareas de oficina"
   - **B.** "Título de una escuela de nivel superior acreditada"
   - **C.** "Un año de asistencia general de oficina o administrativa"
   - **D.** "Habilidad de mantener la confidencialidad"

2. ¿Cuál es el propósito de este documento?
   - **A.** describir tareas de trabajo a un empleado
   - **B.** anunciar nuevas responsabilidades para los empleados
   - **C.** buscar un empleo nuevo
   - **D.** informar a los empleados de cambios en las funciones y expectativas

3. Según el documento, ¿cuál de las siguientes destrezas se requiere para el trabajo?
   - **A.** experiencia avanzada en computación
   - **B.** habilidad para hablar en público
   - **C.** conocimiento de una segunda lengua
   - **D.** destrezas de organización

4. ¿Cual es la audiencia esperada de este documento?
   - **A.** los empleados actuales del Departamento de Seguridad Pública
   - **B.** los supervisores actuales del Departamento de Seguridad Pública
   - **C.** un futuro empleado del Departamento de Seguridad Pública
   - **D.** un futuro supervisor del Departamento de Seguridad Pública

Práctica de escritura

Instrucciones: Elige un documento de trabajo de la lección o un documento de trabajo que conozcas. Escribe un resumen del documento. Luego escribe un párrafo en el que indiques el propósito del autor al escribir el documento y explica qué se espera que haga la audiencia luego de leer el documento.

LECCIÓN 1.5

Documentos gráficos

Objetivos de la lección

Serás capaz de:

- identificar documentos gráficos y sus funciones.
- interpretar información de tablas y gráficas sencillas.
- analizar información presentada en una variedad de formatos gráficos.

Destrezas

- **Destreza principal:** Analizar información visual
- **Destreza de lectura:** Usar claves de contexto

Vocabulario

analizar
concreto
contexto
gráfica circular
gráfica de barra
gráfico
inferir
símbolo

CONCEPTO CLAVE: Los documentos gráficos usan una variedad de formatos visuales para presentar datos reales.

Las señales, los mapas y las imágenes nos rodean. Todos conocemos las señales viales que nos indican cuán rápido podemos conducir o dónde debemos girar. ¿Alguna vez has visto un mapa que muestre campamentos, caminos y ciudades? ¿Cuán frecuentemente ves carteles que indican la fecha y el lugar de un concierto? Estos documentos que usan imágenes, símbolos y tablas son documentos gráficos.

Documentos gráficos

Los documentos **gráficos** presentan información en un formato visual, usando imágenes en vez de palabras. Los formatos visuales incluyen las fotos, los dibujos, las señales, las gráficas, las tablas, los diagramas y los mapas. Algunos documentos gráficos usan solo imágenes, mientras que otros combinan imágenes y texto. A menudo el texto son solo unas pocas palabras importantes, quizás solo un título. El lector debe **inferir**, es decir, deducir, el significado del documento analizando las imágenes y el texto.

Algunos documentos gráficos usuales en el ámbito de trabajo son **las gráficas de barra, las gráficas lineales, las gráficas circulares, los planos, los organigramas** y **las señales de precaución**. Las gráficas de barra y las gráficas lineales usan barras o líneas de distintas longitudes para representar información como cantidades de ventas o población. Las gráficas circulares son diagramas circulares con "porciones" que representan partes de un entero. Los planos son diagramas del piso de un establecimiento que muestran dónde está ubicada cada parte. Los organigramas muestran los roles o funciones de los empleados de una empresa. Las señales de precaución son representaciones visuales de entornos potencialmente peligrosos.

Las ilustraciones de algunos documentos gráficos son **concretas**, es decir, reales. Una foto de una persona, un animal o un objeto es una imagen concreta. Pero algunos documentos gráficos usan un **símbolo**, es decir, una señal o imagen sencilla, para representar un ítem o una idea. Por ejemplo, una "H" en un mapa puede ser un símbolo que indique dónde están ubicados los hoteles.

Para determinar el significado de un documento gráfico, es útil hacerse las siguientes preguntas:

- ¿Qué imágenes muestra la gráfica? ¿Qué significan?
- ¿La gráfica incluye texto? Si es así, ¿qué dice el texto? ¿Por qué es importante ese texto? ¿Qué significa?
- ¿Dónde aparece el documento gráfico: en un artículo periodístico, una circular o un libro de texto? ¿Por qué es importante el lugar en donde aparece?

ANALIZAR INFORMACIÓN VISUAL

La mayoría de los documentos presentan información mediante el uso de palabras. Tanto en los textos de ficción como en los textos de no ficción, un autor usa el lenguaje para comunicar ideas. La audiencia lee las palabras del autor para entender estas ideas.

En cambio, los documentos gráficos usan pocas palabras para presentar información, y a veces no usan palabras. Usan imágenes para mostrar la información visualmente. Así como necesitas destrezas de lectura para comprender textos escritos, debes usar ciertas destrezas para "leer" y comprender documentos gráficos.

Los documentos gráficos más fáciles de comprender son aquellos que tienen imágenes concretas, ya que su significado es directo. Los documentos gráficos que usan símbolos pueden ser más difíciles de comprender.

Analiza los siguientes documentos gráficos. Intenta determinar el significado y el propósito de cada uno. ¿Qué representan la gráfica de barras y la gráfica lineal? ¿De qué manera los dueños de los cines podrían usar la información de la gráfica circular para saber qué películas proyectar? En un cuaderno, escribe una oración que indique dónde podrías encontrar cada uno de estos documentos.

La primera señal podría estar en un aserradero, donde vehículos pequeños mueven los suministros. La segunda señal podría estar en cualquier edificio que tenga ascensores. La tercera señal puede verse en calles por las que caminan muchas personas. La gráfica de barras podría usarse en un informe del tiempo. La gráfica lineal podría estar en una escuela. La gráfica circular podría estar en un artículo de una revista acerca de nuevas películas.

CONEXIÓN CON LA **TECNOLOGÍA**

Íconos y emoticones

Algunos elementos de los documentos gráficos pueden encontrarse en Internet, y la tecnología moderna los usa a menudo. Los usuarios de computadoras y equipos móviles deben aprender a reconocer el significado de los distintos elementos gráficos que se muestran en pantallas y en mensajes.

Los equipos móviles que tienen pantallas pequeñas emplean **íconos**, es decir, símbolos que sugieren lo que sucederá si haces clic en la imagen.

Las personas que envían correos electrónicos, mensajes instantáneos y mensajes de texto pueden usar **emoticones**, es decir, símbolos creados mediante la combinación de teclas o usando los caracteres de imágenes del equipo. Se usan para expresar emociones como el humor y el sarcasmo.

En un cuaderno, dibuja tres emoticones que suelen usar a menudo. Luego escribe una oración en la que expliques por qué se podría usar cada uno.

Destreza de lectura
Usar claves de contexto

Las señales de seguridad de los ámbitos laborales usan imágenes sencillas para comunicar los mensajes. ¿De qué manera las imágenes hacen que estos gráficos sean fáciles de comprender? ¿Qué sucedería si estas señales no usaran palabras? ¿Las personas podrían inferir su significado fácilmente?

Para cada señal que se muestra en esta página, escribe una oración en la que expliques por qué se usan tanto las palabras como las imágenes para comunicar el mensaje.

Instrucciones: A medida que analizas las señales de seguridad de ámbitos laborales que se muestran abajo, piensa en su propósito y en la información que proveen. En un cuaderno, escribe el mensaje que comunica cada señal.

Usar claves de contexto

Al leer textos puedes encontrar palabras o frases con las que no estés familiarizado. A menudo puedes inferir el significado de la palabra mirando con atención el **contexto**. El contexto son las palabras y frases de la oración o de las oraciones que rodean a la palabra.

También puedes usar claves de contexto para determinar el significado de señales, carteles y otros documentos gráficos. En lugar de leer el texto que rodea al documento, **analiza**, es decir, examina, el ambiente en el que aparece el documento. ¿La señal está señalando algo? ¿Está advirtiéndote de algo que está en la sala? Estas claves te ayudarán a comprender el mensaje de la gráfica.

Observa nuevamente las señales de seguridad de ámbitos laborales de esta página. Para cada señal, escribe una oración en la que expliques por qué esa señal podría ser necesaria en un ámbito laboral.

APLICA LA LECTURA

Instrucciones: Usa los documentos gráficos de la página anterior para responder estas preguntas.

1. ¿En qué se parecen las gráficas **1** y **2**?

2. ¿Cuál de estos documentos gráficos debe encontrarse en un lugar particular para que las personas puedan comprenderlo?
   A. la gráfica **2**
   B. la gráfica **3**
   C. la gráfica **5**
   D. la gráfica **6**

3. ¿En qué se parecen las gráficas **3** y **6**?

4. Evalúa la eficacia de señales de seguridad como estas. ¿Por qué estas señales usan imágenes y muy poco texto?

5. Diseña una señal gráfica que pueda usarse para presentar un mensaje específico. Tu señal puede contener algunas pocas palabras.

Destreza principal
Analizar información visual

Los documentos gráficos presentan información que puede leerse rápida y fácilmente. Un mapa de evacuación, por ejemplo, muestra de manera clara adónde ir en caso de emergencia. Un plan de evacuación por escrito podría contener más detalles, pero sería mucho menos eficaz, especialmente durante una emergencia real. En una emergencia, las personas necesitan instrucciones sencillas y claras que indiquen qué hacer y adónde ir.

En un cuaderno, escribe una oración en la que describas un documento gráfico que hayas visto en la calle, en una tienda, en un salón de clases o en el trabajo. Asegúrate de incluir el propósito del documento. Luego escribe una oración en la que expliques por qué el documento es fácil de comprender o cómo podría mejorarse.

ESCRIBIR PARA APRENDER

Elige dos documentos gráficos que hayas visto recientemente. Piensa en el propósito de cada uno. Escribe un párrafo acerca de cada uno.

Primero, describe la imagen y el texto del documento. Luego, describe el ambiente o contexto en el que lo hayas visto. Explica si el documento gráfico es efectivo para su propósito y analiza por qué.

Instrucciones: Los documentos gráficos, como otros textos, tienen un propósito. Pueden crearse para informar, entretener, explicar o persuadir. A medida que analizas los documentos gráficos de abajo, piensa en su propósito y la información que representan. En un cuaderno, escribe una oración en la que indiques el propósito principal de cada uno de estos documentos gráficos.

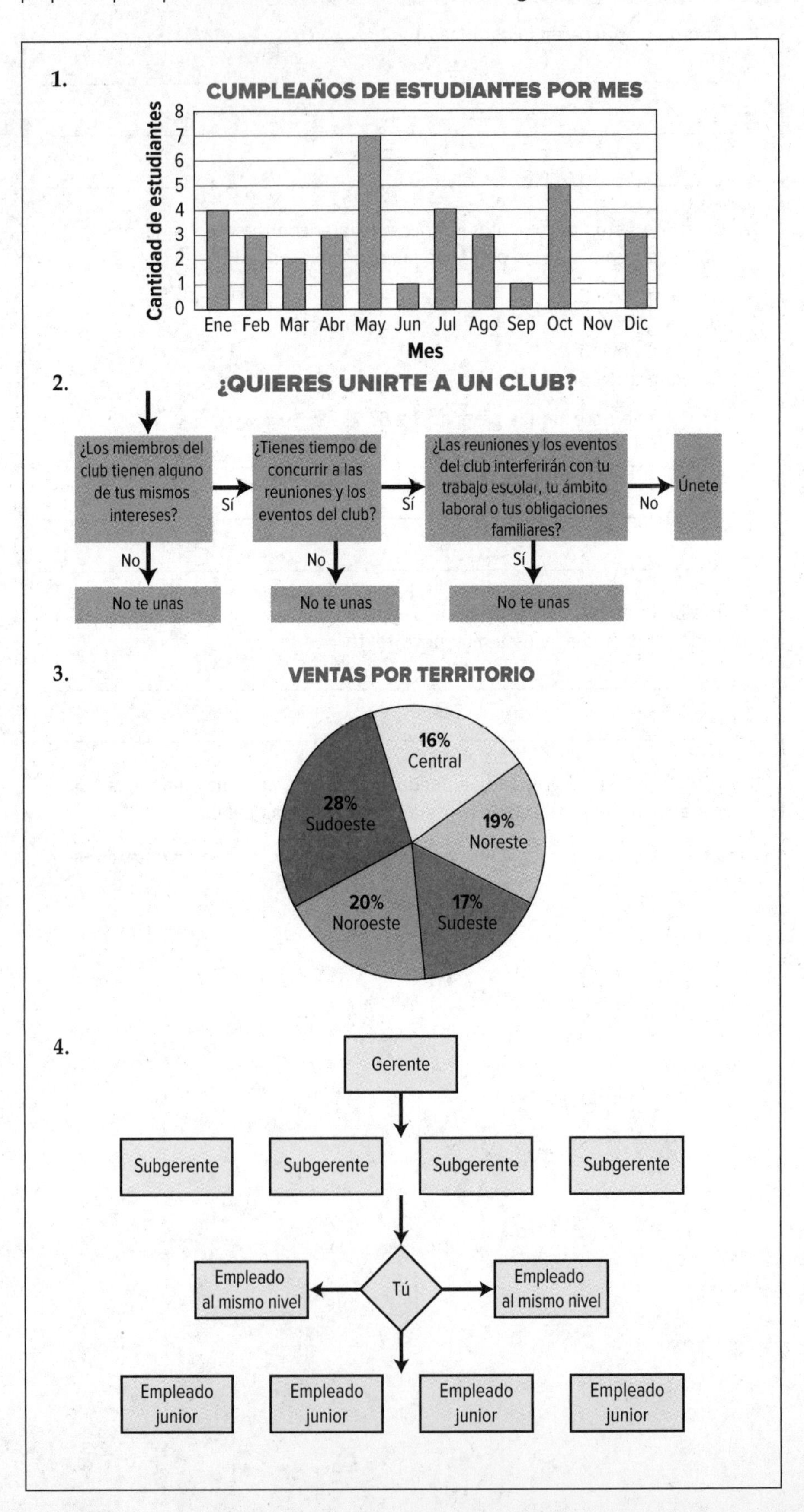

APLICA LA LECTURA

Instrucciones: Usa los documentos gráficos de la página anterior para responder estas preguntas.

1. ¿Cuál de estos documentos gráficos representa la organización, es decir, la estructura, de un grupo?

   A. la gráfica **1**
   B. la gráfica **2**
   C. la gráfica **3**
   D. la gráfica **4**

2. ¿Cuál es el propósito de la gráfica **2**?

   A. mostrar causa y efecto
   B. comparar y contrastar personas a las que les gustan los clubes y personas a las que no les gustan
   C. mostrar cómo se toma una decisión
   D. respaldar una idea

3. Compara y contrasta las gráficas **1** y **3**. ¿En qué se parecen? ¿En qué se diferencian?

   ____

   ____

   ____

4. Determina la eficacia de estos documentos gráficos. ¿Por qué los autores decidieron usar documentos gráficos en vez de texto?

   ____

   ____

Repaso de vocabulario

Instrucciones: Empareja estos términos con sus definiciones.

1. ______ concreto
2. ______ contexto
3. ______ gráfica circular
4. ______ gráfica de barra
5. ______ gráfico
6. ______ inferir
7. ______ símbolo

A. relativo a imágenes
B. realista o similar a lo real
C. señal sencilla que representa un objeto o idea
D. deducir a partir de la evidencia y el razonamiento
E. gráficas que muestran partes (porciones) de un entero (círculo)
F. ambiente o información que rodea a algo
G. gráfica que usa rectángulos para comparar cantidades

Repaso de destrezas

Instrucciones: Analiza los documentos gráficos de abajo. Luego responde las siguientes preguntas.

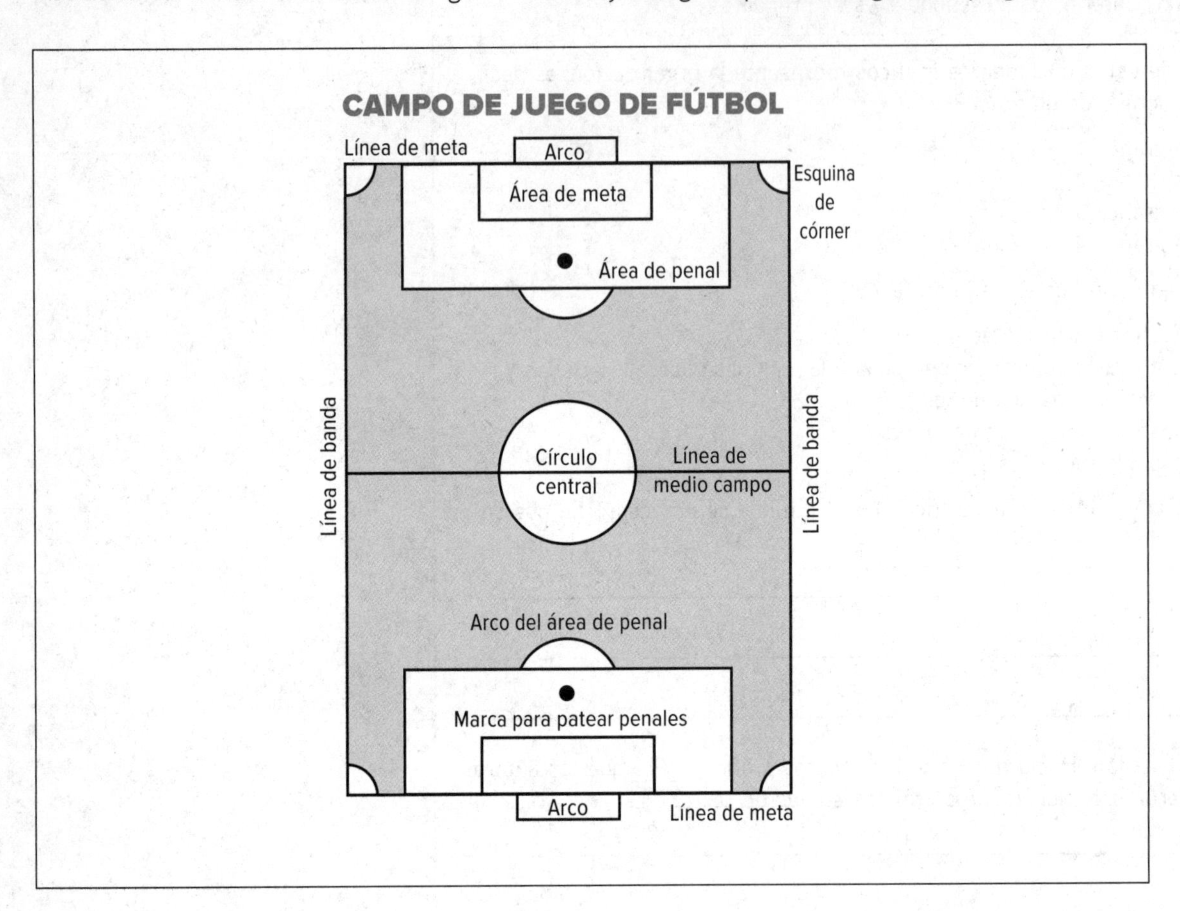

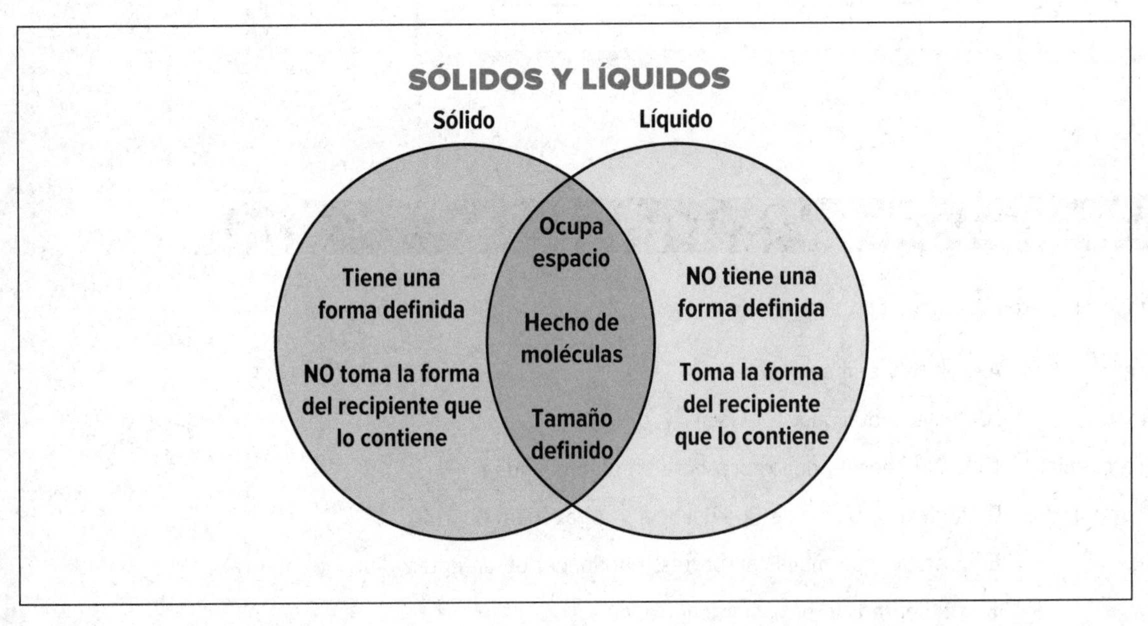

Repaso de destrezas (continuación)

1. Compara y contrasta los dos documentos gráficos. ¿En qué se parecen? ¿En qué se diferencian?

2. Resume los dos documentos. ¿Qué información presenta cada uno?

3. ¿De qué manera el formato de cada documento gráfico ayuda a la audiencia a comprender la información?

4. Analiza el segundo documento gráfico. Luego crea un diagrama similar que compare y contraste los teléfonos celulares y los teléfonos de línea.

Práctica de destrezas

Instrucciones: Analiza el documento gráfico de abajo. Luego responde las siguientes preguntas.

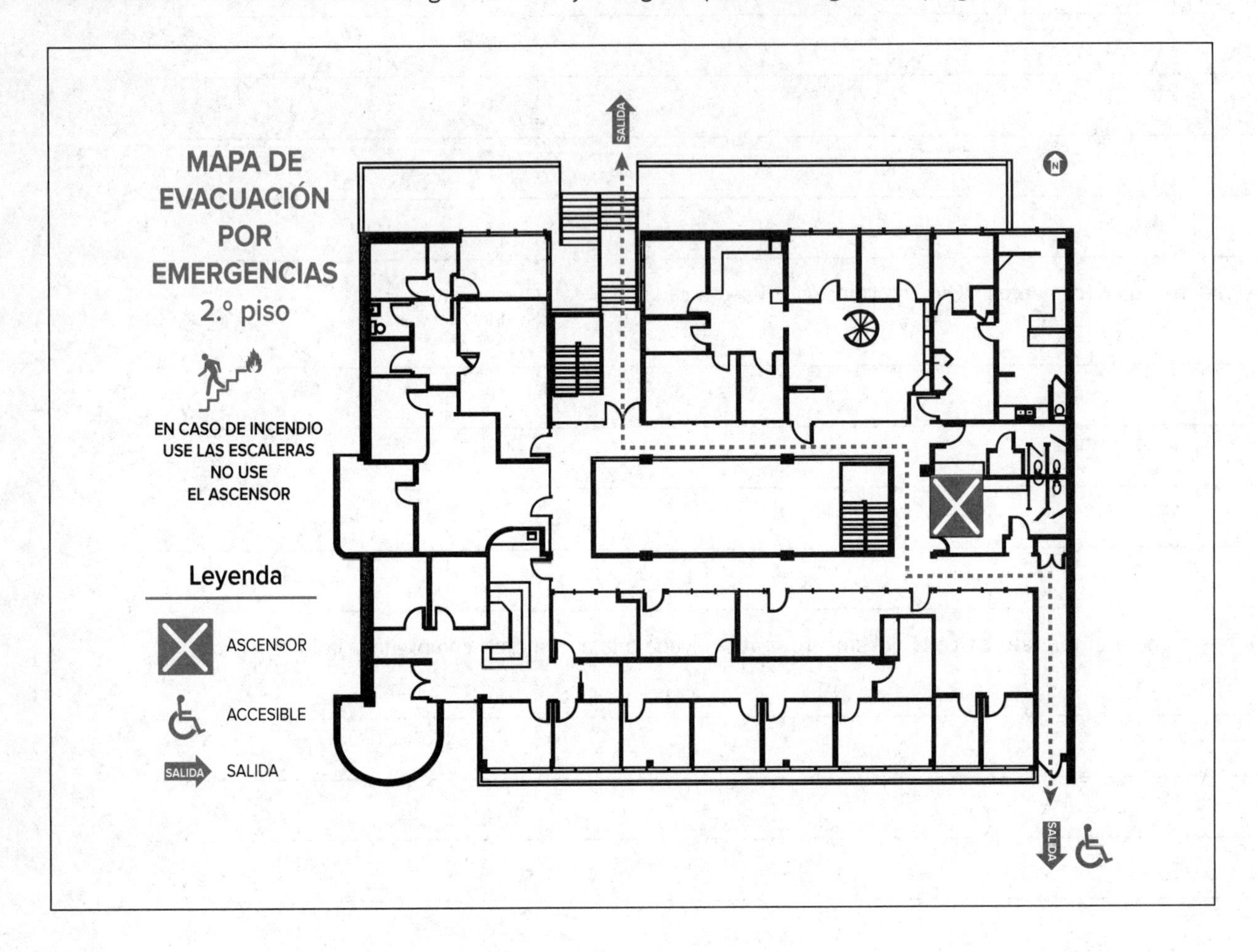

Práctica de destrezas (continuación)

1. ¿Cuál de las siguientes opciones describe mejor este documento gráfico?
   - A. una gráfica con texto
   - B. una gráfica sin texto
   - C. una gráfica de barras
   - D. una gráfica circular

2. ¿Cuál es el propósito principal de este documento?
   - A. proveer un mapa del lugar del trabajo que sea útil
   - B. indicar la ubicación de los extinguidores
   - C. ayudar a las personas a salir del edificio durante una emergencia
   - D. identificar las oficinas

3. Explica por qué este documento visual sería menos eficaz si fuera un documento escrito.

   ____

   ____

   ____

   ____

4. Dibuja un mapa sencillo de evacuación para emergencias para tu hogar, tu salón de clases o tu ámbito laboral.

Práctica de escritura

Instrucciones: Elige uno de los documentos gráficos de esta lección. Piensa en el propósito y el significado del documento. Luego escribe un párrafo que pueda usarse en lugar del documento. Ten presente el propósito del documento y la audiencia. ¿Qué versión es la manera más eficaz de comunicar esta información? Explica tu respuesta.

LECCIÓN 1.6

Textos de referencia

Objetivos de la lección

Serás capaz de:

- consultar materiales de referencia, como diccionarios y diccionarios de sinónimos.
- reunir información de distintos medios.
- determinar el propósito del autor.

Destrezas

- **Destreza principal:** Analizar la estructura del texto
- **Destreza de lectura:** Evaluar contenido de distintos formatos

Vocabulario

digital
en línea
entrada
especializado
evaluar
sinónimo
texto de referencia
volumen

CONCEPTO CLAVE: **Una referencia es una fuente de información. Entre los textos de referencia se encuentran los diccionarios, las enciclopedias, los diccionarios de sinónimos, los atlas, los directorios y los manuales. Estas referencias pueden ser impresas o digitales.**

¿Tienes dudas sobre el significado de una palabra que has leído? ¿Necesitas investigar un tema para hacer un informe? ¿Quieres hallar a un experto para que te ayude a ajustar tu nuevo sistema de sonido? Saber cómo usar fuentes de referencia puede ayudarte con tareas escolares, responsabilidades laborales y tareas cotidianas.

Textos de referencia

Cuando necesitas información sobre un tema, puedes buscarla en un **texto de referencia**. Un texto de referencia es una fuente de información. Muchos tipos de textos de referencia pueden hallarse en bibliotecas, escuelas, ámbitos laborales y oficinas y sitios web de empresas y departamentos del gobierno. Están disponibles en forma impresa y forma digital.

Propósito de los textos de referencia

Los textos de referencia pueden estar escritos por un solo autor o por un grupo de personas. Ya sea que un texto de referencia haya sido creado por una persona o por un equipo, el propósito del texto es proveer al lector de información. Los autores generalmente no incluyen sus opiniones sobre un tema; no están intentando persuadir al lector. Su propósito es presentar datos de una manera directa. Los textos de referencia sirven como un recurso educativo.

En esta tabla se muestran algunos tipos de textos de referencia comunes y sus propósitos.

Texto de referencia	Propósito
Diccionario o glosario	Proveer información sobre el significado de las palabras y otros aspectos, como la ortografía, la pronunciación y el plural
Diccionario de sinónimos	Proveer **sinónimos**, es decir, palabras con el mismo significado o con significado similar
Enciclopedia	Proveer artículos informativos sobre una variedad de temas
Atlas	Proveer mapas del mundo, los continentes, los países y los estados. Algunos atlas se centran en un tema, como los mapas históricos.
Manual	Proveer información sobre reglas, procedimientos, instrucciones o detalles de productos
Directorio	Proveer información, como números telefónicos y sitios web, sobre grupos de personas, organizaciones o empresas

Analizar la estructura del texto

Todos los textos de referencia proveen información. Pero, para presentar esta información eficazmente, distintos textos de referencia pueden **estructurar**, es decir, organizar, la información de distintas maneras. Para comprender la estructura del texto, examina el siguiente ejemplo de la estructura de texto que se usa generalmente en los diccionarios.

Diccionario

Un **diccionario** contiene mucha información sobre cada **entrada**, es decir, sobre cada palabra que se lista. La información se estructura de la misma manera para cada entrada. Sigue estos pasos para usar un diccionario:

1. Da un vistazo preliminar a las partes del diccionario para ver cómo está organizada la información.
2. Usa las **partes del texto**, como la tabla de contenidos y las **palabras guía**, para hallar lo que estás buscando.
3. Las palabras guía, que se encuentran en la parte superior de cada página, indican la primera entrada y la última entrada de cada página. Por ejemplo, hallarás la palabra estrategia en la página que tenga estas palabras guía:

   estación • estuario

4. Decide qué información necesitas. Luego **analiza**, es decir, examina, la estructura de las entradas para hallar la información que quieres.

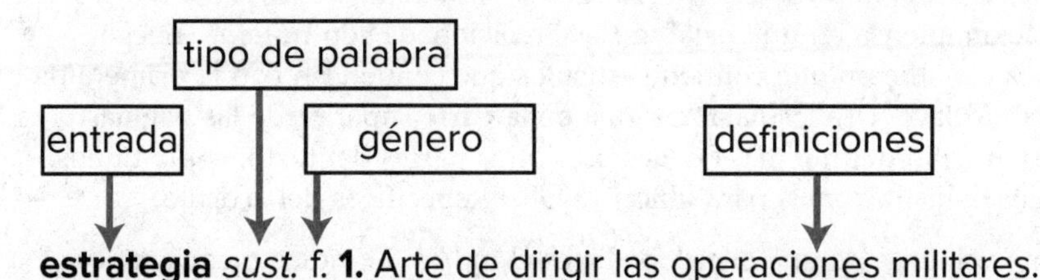

estrategia *sust.* f. **1.** Arte de dirigir las operaciones militares. **2.** Arte, traza para dirigir un asunto. **3.** *Mat.* En un proceso regulable, conjunto de las reglas que aseguran una decisión óptima en cada momento.

- ¿Quieres saber cómo usar la palabra en una oración? Busca el **tipo de palabra**. Los tipos de palabras suelen abreviarse, por ejemplo, *sust.* para sustantivo y *f.* para femenino.
- ¿Quieres saber la definición de la palabra? A menudo la entrada da varias definiciones.

Destreza de lectura
Evaluar contenido de distintos formatos

Puedes hallar diccionarios en la sección de referencias de la biblioteca. También puedes hallarlos en CD-ROM o en Internet. Los diccionarios digitales tienen algunas características que los diccionarios impresos no tienen.

Busca **en línea** (es decir, en Internet) un diccionario **digital** (es decir, electrónico), como este:

http://www.merriamwebster.com/dictionary

Busca una palabra en el diccionario digital. Observa que algunas palabras de la entrada aparecen en un color distinto. Puedes hacer clic en estas palabras para obtener enlaces a información adicional.

Luego busca la misma palabra en un diccionario impreso. Compara la entrada digital y la entrada impresa. Haz una lista de las características que sean distintas en las entradas. Por ejemplo, ¿de qué manera se listan las definiciones de una palabra en cada entrada?

Destreza principal
Analizar la estructura del texto

Las partes del texto como los títulos, las imágenes, los epígrafes y las viñetas te ayudan a comprender cómo está estructurado, es decir, organizado, un artículo. Las partes del texto también pueden ayudarte a descubrir si un artículo tiene toda la información que necesitas.

Da un vistazo rápido a un texto para obtener una impresión global de su estructura y contenido. Lee los títulos y subtítulos y luego lee el primer párrafo y el último. Mira las ilustraciones y las palabras en negrita.

Da un vistazo preliminar a un artículo para hallar las respuestas a preguntas, salteándote las partes del texto que no están relacionadas con lo que te interesa. Por ejemplo, si quieres saber la fecha de un evento, da un vistazo rápido a los títulos para identificar una sección que se relacione con el evento. Luego lee la sección rápidamente, buscando sólo números, hasta que encuentres la fecha.

Busca un artículo de enciclopedia acerca de la Guerra de Independencia. Da un vistazo rápido al artículo para determinar cómo está estructurado. Da un vistazo preliminar al texto para hallar las respuestas a estas preguntas. ¿Dónde tuvo lugar el primer Congreso Continental? ¿Cuál es la fecha de la Batalla de Yorktown? Luego responde esta pregunta. ¿De qué manera la estructura del texto te permitió hallar las respuestas?

Glosario

Un **glosario** es una parte de los libros de no ficción. Identifica las palabras y frases importantes del libro. Tal como sucede con un diccionario, un glosario está ordenado alfabéticamente, pero no incluye tanta información como un diccionario. En general da el significado de las palabras y frases tal como están usadas en el libro.

Diccionario de sinónimos

Un diccionario de sinónimos es un texto de referencia que lista palabras con sus **sinónimos**, es decir, palabras que tienen el mismo significado o significado similar. Puedes usar un diccionario de sinónimos cuando necesitas hallar la palabra justa para expresar una idea. También puedes usar un diccionario de sinónimos para evitar repetir una palabra una y otra vez.

Instrucciones: Elige una palabra de la siguiente entrada de diccionario de sinónimos para reemplazar la palabra comer en la siguiente oración:

Estoy tan hambriento que podría comer todo este plato de un solo bocado.

comer: consumir, ingerir, engullir, tragar, devorar, tomar

Enciclopedia

Una enciclopedia es un conjunto de **volúmenes**, es decir, libros, que contiene artículos. Algunas enciclopedias cubren una gran variedad de temas, como historia, biografías, geografía, deportes y ciencias. Otras enciclopedias son **especializadas**, es decir, se centran en una sola área.

Una enciclopedia impresa está organizada en orden alfabético. Para hallar información, piensa en una palabra clave relacionada con tu tema. Luego identifica el volumen que contiene artículos que comiencen con la primera de esa palabra clave. Usa las palabras guía de la parte superior de las páginas para hallar el artículo de tu tema. Puedes usar otras partes del texto, como títulos, subtítulos e ilustraciones, para ubicar detalles específicos del artículo.

El último volumen de una enciclopedia es el índice. El índice menciona los temas en orden alfabético. Puedes usar el índice para hallar rápidamente el volumen que contiene el artículo principal sobre tu tema. El índice también indica otros artículos relacionados con tu tema.

Atlas

Un atlas es un libro que contiene mapas. Hay muchos tipos de mapas. Los tipos de mapas que probablemente uses más frecuentemente son los mapas políticos y los mapas físicos. Los **mapas políticos** muestran las fronteras entre países y estados. También muestran otros detalles, como ciudades, ríos y carreteras. Los **mapas físicos** muestran accidentes geográficos, océanos y otras características naturales de un área. Los atlas incluyen otros tipos de mapas, que se centran en los océanos, en el clima o en eventos históricos.

Instrucciones: Examina el mapa político que se muestra aquí y nombra los estados que **limitan** con Iowa.

ESTADOS DEL MEDIO OESTE Y LAS GRANDES LLANURAS DE ESTADOS UNIDOS

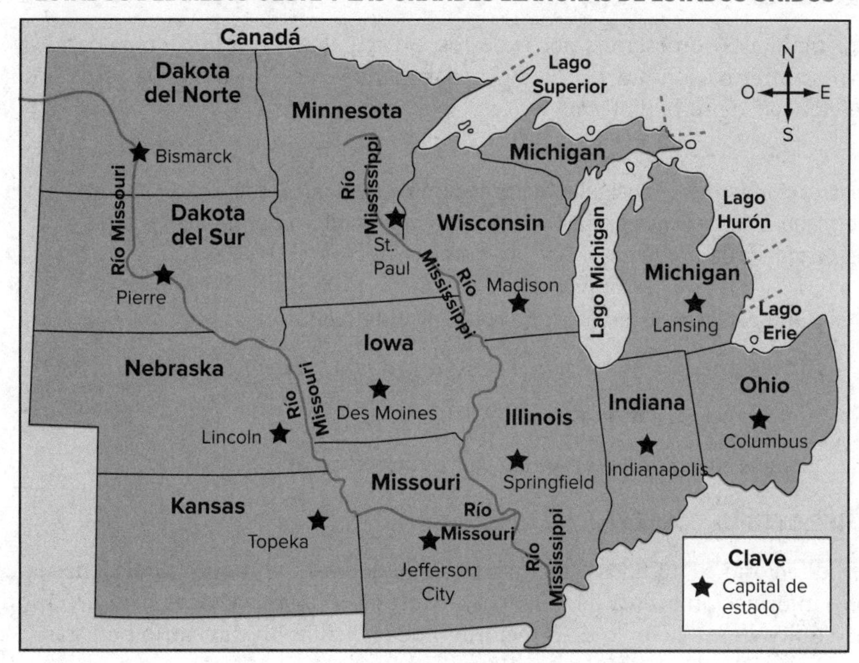

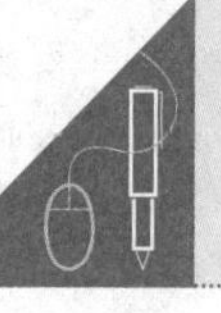

ESCRIBIR PARA APRENDER

Lo imposible es una película que cuenta la historia del tsunami que azotó al sudeste de Asia en diciembre de **2004** desde el punto de vista de una familia que sobrevivió a la catástrofe.

Usa una enciclopedia para obtener detalles sobre ese tsunami y las zonas del sudeste de Asia que se vieron afectadas por él. **Evalúa**, es decir, determina, si tus referencias están actualizadas.

Usa un atlas impreso o en línea para hallar mapas físicos del área que rodea al océano Índico, donde el tsunami causó la mayor parte del daño. Halla un mapa físico que muestre la altura sobre el nivel del mar del área. ¿Qué muestran estos mapas físicos acerca de las áreas más afectadas por el tsunami?

Escribe un artículo de tres párrafos que pueda usarse en un periódico en el aniversario del tsunami.

APLICA LA LECTURA

Instrucciones: Si estás pensando en mudarte a otra ciudad para conseguir trabajo, ¿cómo usarías una enciclopedia para obtener información sobre esa ciudad? ¿Qué información adicional hallarías en un atlas? Escribe tus respuestas en las líneas de abajo.

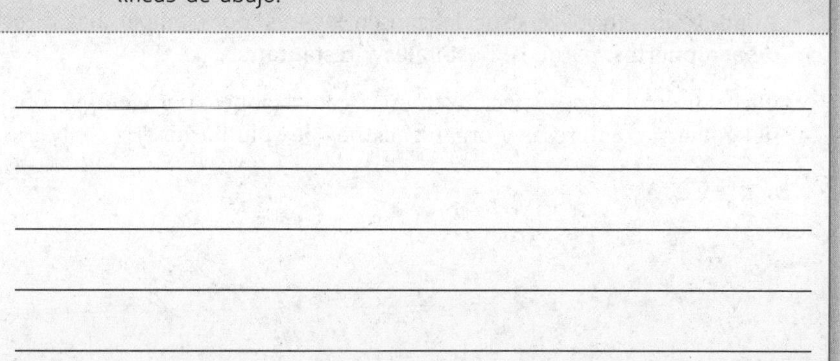

CONEXIÓN CON EL
MUNDO REAL

Reunir información de distintos medios

Cuando usas un texto de referencia por primera vez, tómate el tiempo para analizar cómo está organizado.

- Da un vistazo rápido a la tabla de contenidos y la introducción para obtener una idea general de qué información incluye el texto.
- Identifica una palabra clave que te ayudará a hallar la información que necesitas.
- Usa la palabra clave para buscar tu tema en el texto.
- Usa los títulos y subtítulos para guiarte hacia la zona correcta en una página.
- Si estás usando un texto en línea, presta atención a los enlaces que pueden proveer información relacionada.

¿Qué cosa te gustaría aprender a hacer? Por ejemplo, ¿te gustaría saber cómo cambiar un neumático, cómo atender un músculo distendido o cómo construir una mesa? En un cuaderno, haz una lista de palabras clave que te ayudarán a hallar esa información en un manual.

Manual

Un manual es un texto de referencia que provee información detallada o instrucciones sobre asuntos específicos. Tal vez hayas usado o visto ejemplos de algunos de estos manuales:

Los **manuales para empleados** explican las reglas de conducta de una empresa, los procedimientos de un lugar de trabajo y las reglas de seguridad.

Los **manuales de gramática** indican las reglas de uso del lenguaje.

Los **manuales técnicos** proveen detalles e instrucciones paso a paso para reparar ítems como vehículos o artefactos.

Los **manuales para el usuario** dan información sobre cómo usar artefactos electrónicos como computadores, teléfonos inteligentes y lectores de libros electrónicos.

Los manuales son escritos por expertos. Se actualizan con frecuencia para incluir información nueva. Puedes hallar manuales en línea o en la sección de referencias de tu biblioteca.

Instrucciones: Lee las siguientes preguntas. En un cuaderno, nombra el tipo de manual que es más probable que contenga la información necesaria para responder cada pregunta.

- ¿Qué características tiene mi teléfono inteligente?
- ¿Cómo puedo instalar *software* yo mismo en mi computadora?
- ¿Qué es un sustantivo?
- ¿Cuáles son las responsabilidades de un empleado postal?

Directorio

Un directorio es un libro o recurso en línea que lista nombres, direcciones y otra información acerca de personas, empresas y organizaciones. Un directorio telefónico es un ejemplo de directorio. Puedes hallar un directorio para casi cualquier tipo de organización o localidad.

Instrucciones: Lee la lista de tipos de directorio de abajo. Luego comenta con un compañero de qué manera se usan estos directorios en el trabajo y en la vida cotidiana.

- Los directorios profesionales proveen listas de abogados, dentistas, empresarios, constructores y otros trabajadores especializados.
- Los directorios escolares dan información sobre cursos disponibles y su ubicación, tipo y tamaño.
- Algunos directorios se especializan en lugares: por ejemplo, hay directorios de aeropuertos, parques, hospitales y restaurantes.
- Otros directorios se especializan en organizaciones: por ejemplo, oficinas del gobierno, empresas y organizaciones de voluntarios.

APLICA LA LECTURA

Instrucciones: Responde las siguientes preguntas.

1. ¿Cuál de las siguientes opciones es el mejor recurso para hallar una lista de nombres de doctores y números telefónicos?
   - **A.** un manual
   - **B.** un atlas
   - **C.** un directorio
   - **D.** un mapa
2. ¿Cuál de las siguientes opciones describe mejor la información que hallarías en un manual técnico?
   - **A.** nombres, direcciones y números telefónicos
   - **B.** reglas de una empresa
   - **C.** ubicaciones y evaluaciones de restaurantes
   - **D.** detalles de productos e instrucciones paso a paso
3. ¿Por qué es importante usar los manuales más actualizados?

____

____

____

Repaso de vocabulario

Instrucciones: Empareja estos términos con sus definiciones.

1. digital
2. en línea
3. entrada
4. especializado
5. sinónimo
6. texto de referencia
7. volumen

A. palabra que tiene un significado similar a otra
B. disponible en Internet
C. término que se lista en una fuente de referencia
D. que se centra en un tema particular
E. libro
F. fuente de información
G. relacionado con la tecnología de las computadoras

Destreza del siglo XXI
Conocimientos de manejo de la información

Ya sea que estés escribiendo un artículo de investigación para un curso escolar o que estés preparando un informe para un trabajo, debes evaluar si sus textos de referencia están actualizados. La información cambia rápidamente. Los gobiernos tienen líderes nuevos, los países cambian sus nombres y los nuevos descubrimientos científicos desacreditan ideas antiguas. Las fuentes impresas no pueden seguir el ritmo de nuestro mundo, que cambia tan rápidamente. Pero los recursos digitales se pueden actualizar rápidamente. Usa los siguientes consejos para identificar recursos en línea fiables y actualizados.

- Los sitios web que tienen *.edu*, *.org* y *.gov* en sus direcciones generalmente son más confiables que los sitios que tienen *.com* o *.biz* en sus direcciones.
- Usa más de un **motor de búsqueda** (por ejemplo, Google y Bing).
- Decide qué palabras clave o preguntas específicas te ayudarán a hallar la información que necesitas.
- Busca fechas en el sitio web para asegurarte de que haya sido actualizado hace poco.

Haz una búsqueda digital de sitios web de referencia **confiables**. En un cuaderno, indica las direcciones web que hallas para los recursos, bajo los subtítulos *Diccionario, Diccionario de sinónimos, Enciclopedia y Atlas.*

Repaso de destrezas

Instrucciones: Mira el ejemplo de entrada de diccionario de abajo. Luego responde las siguientes preguntas. Para las preguntas **1** a **5**, consulta el ejemplo.

> **crepitante • crin**
>
> **crepitante:** adj. Que crepita.
> **crepitar:** verb. intr. Producir sonidos repetidos, rápidos y secos, como el de la sal en el fuego.
> **crepuscular:** adj. 1. Perteneciente o relativo al crepúsculo. 2. *Zool.* Se dice de los animales que, como muchos murciélagos, buscan su alimento principalmente durante el crepúsculo. 3. Se dice del estado de ánimo, intermedio entre la conciencia y la inconsciencia, que se produce inmediatamente antes o después del sueño natural, o bien a consecuencia de accidentes patológicos, o de la anestesia general.

1. Mira las palabras guía en la página de diccionario de arriba. ¿Cuáles de las siguientes palabras hallarás en esta página?

   crepúsculo, criollo, crepe, cresta, crío, crescendo, cremar, cría

   ____

2. ¿Qué significado de la palabra crepuscular corresponde al significado de *crepuscular* en la siguiente oración?

   El perro es un animal crepuscular que ha sido domesticado.

   ____

3. ¿Qué palabras del ejemplo de diccionario son adjetivos?

   ____

4. ¿Cuál podría ser un ejemplo de oración con la palabra *crepitar*?

   ____

5. ¿Cuántas definiciones, es decir, significados, tiene *crepuscular*?

   ____

6. ¿En qué se parecen y en qué se diferencian un glosario y un diccionario?

   ____

   ____

   ____

7. ¿En qué circunstancias distintas usarías un diccionario y un diccionario de sinónimos?

   ____

   ____

   ____

Repaso de destrezas (continuación)

Instrucciones: Elige la mejor respuesta para cada pregunta.

8. ¿Para buscar información en qué tipo de texto de referencia es útil crear una lista de temas y palabras clave?

A. diccionario de sinónimos
B. atlas
C. enciclopedia
D. diccionario

9. ¿Cuál es la mejor manera de hallar información en un artículo largo de enciclopedia?

A. leer el artículo completo y tomar notas
B. leer solo el primer párrafo y el último párrafo del artículo
C. mirar las ilustraciones y las fotografías y leer los epígrafes
D. mirar los títulos relacionados con el tema y leer esas secciones

10. ¿Cómo podrías determinar qué estados limitan con un estado particular?

A. consultando un mapa político en un atlas
B. usando palabras clave para hallar la información en una enciclopedia
C. buscando una tabla útil en un manual de transporte
D. buscando el estado en un diccionario

11. ¿Qué recurso debes usar si quieres saber quién está a cargo del departamento de salud local?

A. un manual de comunicaciones
B. un manual de salud pública
C. un directorio de funcionarios del gobierno local
D. un glosario de un libro de textos sobre la salud

12. ¿De qué manera se benefician las empresas por estar listadas en directorios?

A. Pueden ser multadas si no están listadas en un directorio.
B. Al proveer publicidad, los directorios aumentan el trabajo.
C. Los impresores de directorios pagan por las listas.
D. Las personas saben que solo las mejores empresas aparecen en los directorios.

Práctica de destrezas

Instrucciones: Completa los espacios en blanco con palabras o frases para completar las oraciones de las preguntas **1** a **8**. Escribe una respuesta breve para las preguntas **9** y **10**.

1. Si te encuentras con un término que no conoces en un texto, fíjate si el texto tiene un/a ________________ que indique el significado de la palabra.

2. Si quieres agregar emoción a un informe que estás escribiendo, puedes usar un/a ________________ para hallar un/a ________________ que reemplace una palabra poco interesante o que ya hayas usado varias veces.

3. Una enciclopedia impresa es un conjunto de ________________ que contienen información organizada en orden ________________.

4. Puedes usar las palabras guía de la parte superior de las páginas de un diccionario o de una enciclopedia para ________________.

5. Si quieres saber si una ciudad que planeas visitar está cerca de una playa, puedes consultar un/a ________________.

6. Una razón por la cual podrías querer usar un mapa político es ver ________________.

Práctica de destrezas (continuación)

7. Para reparar un carro, un mecánico tal vez deba consultar un/a ____________________.

8. La información más importante que una empresa puede querer listar en un directorio es ____________________.

9. ¿Qué información esperarías hallar en un manual de procedimientos de seguridad de una empresa?

____

____

____

10. Evalúa las diferencias entre diccionarios digitales y diccionarios impresos. ¿En qué se parecen? ¿En qué se diferencian?

____

____

____

Práctica de escritura

Instrucciones: Elige una ciudad o región que te gustaría visitar. Usa textos de referencia para reunir información acerca de la región. Usa la información que has reunido para escribir tres párrafos que incluyan datos importantes o interesantes acerca del lugar que has elegido.

LECCIÓN 1.7

Comparar textos de distintos medios

Objetivos de la lección

Serás capaz de:

- reunir información de distintos medios.
- evaluar contenido de distintos medios.
- determinar ventajas y desventajas de distintos medios.

Destrezas

- **Destreza principal:** Sacar conclusiones
- **Destreza de lectura:** Evaluar contenido de distintos medios

Vocabulario

animación
interpretar
itálica
medios
multimedia
presentación
visualizar

CONCEPTO CLAVE: Comparar cómo un mismo texto se presenta en distintos medios puede aportar una comprensión mayor del texto.

A menudo lees textos que están hechos para ayudarte a comprender cómo realizar una tarea o tomar una decisión. A estos textos se los llama textos funcionales. Un formulario puede indicarte cómo solicitar un empleo, y un menú puede indicarte qué opciones hay para comer. A veces puede ser útil ver o escuchar la misma información en una forma distinta. ¿Alguna vez has leído una serie de instrucciones y has deseado poder verlas representadas? Cuando el texto se presenta en otro medio puedes hallar nuevos matices de significado.

Textos de distintos medios

Las personas usan distintos **medios**, es decir, sistemas de comunicación, para acceder a entretenimiento, noticias y otros tipos de información. Los libros, los periódicos, las revistas, la televisión, la radio, los anuncios, las publicidades e Internet son tipos de medios. Cada medio tiene sus propias ventajas y desventajas.

Leer un texto escrito es una manera directa de conectarse con el mensaje del autor. Cuando lees, eres libre de usar tu imaginación para **visualizar**, es decir, hacerte una imagen mental de lo que describe un autor. Un autor usa las palabras para ayudar a que los lectores "vean" y "escuchen" el mensaje.

Pero explorar una versión distinta de ese mismo texto funcional puede aumentar tu comprensión del texto. Leer una invitación a una boda es una experiencia distinta a escuchar la misma invitación directamente de labios de la novia. Probablemente la novia te dé exactamente la misma información en lo que respecta al horario y el lugar de la boda, pero su lenguaje corporal y la emoción de su voz pueden influir en la manera en la que respondas a la invitación.

La comprensión de un texto depende, en parte, del conocimiento y los valores que la persona que lo lee trae consigo al texto. Un escritor de publicidades puede **interpretar**, es decir, comprender, el texto de una publicidad de una manera distinta de la que la podrías interpretar tú. Es por eso que es importante **analizar**, es decir, examinar con atención, las maneras en las que un texto se ve influido por el medio en el que se presenta.

EVALUAR CONTENIDOS DE DISTINTOS MEDIOS

Cuando comparas distintas versiones de un texto, busca en qué se parecen y en qué se diferencian. La manera en la que respondas a versiones sonoras o audiovisuales está influida por las decisiones que toman los actores y directores. Una versión sonora puede desarrollar un clima mediante efectos de sonido o música. Los actores influyen en el clima mediante su tono. Hablando en un **tono** serio o amigable, los actores ayudan a la audiencia a comprender el texto. El ritmo del habla de un actor añade otro efecto. Los directores influyen en las versiones audiovisuales mediante el escenario, la iluminación y el trabajo de cámara.

Lee esta advertencia de estado del tiempo que podría aparecer en un sitio web.

Versión en línea

Su sitio web del tiempo, con la administradora Rosita Ruiz

Consejos para viajes

- Los conductores de Virginia y Carolina del Norte deben tener precaución. El hielo negro ha cubierto muchas carreteras debido a la nieve de ayer.
- Más al norte, Filadelfia, Nueva York y Buffalo tienen ventiscas. Se aconseja a los conductores mantenerse fuera de las carreteras.

El estado del tiempo de mañana

- Un frente frío descenderá desde Canadá a través de los Grandes Lagos y el Valle de Ohio. El aire frígido será arrastrado por vientos de 30 a 40 millas por hora, lo que causará caída de árboles y posibles cortes de electricidad en algunas áreas.

Ahora lee en voz alta la siguiente versión sonora de la misma manera en la que la leería un locutor de radio. Usa la expresividad y pon énfasis en las palabras en **itálica**, es decir, las palabras que tengan una tipografía de letra inclinada. Observa que la versión sonora difiere de la versión impresa.

Versión sonora

¡Buenos días! Soy Rosita Ruiz con el informe del fin de semana del estado del tiempo. Esa mañana, los conductores de Virginia y Carolina del Norte tendrán que *cuidarse del hielo negro* causado por la nieve de ayer. Más hacia el norte en la costa, las personas de Filadelfia, Nueva York y Buffalo *todavía están combatiendo esa monstruosa ventisca.* Así que ¡quédense *puertas adentro* y *manténganse abrigados*! *Mañana un enorme frente frío arrasará* desde Canadá a través de los *Grandes Lagos* y el *Valle de Ohio*. Vientos de *30 a 40 millas por hora arrastrarán ese aire frígido*, lo cual causará caídas de árboles y posibles *cortes de electricidad* en algunas áreas.

La versión sonora añade texto que no se encontraba en el texto original. ¿Cuál es el efecto de estos cambios? ¿De qué manera el énfasis en ciertas palabras influye en su impacto? ¿Qué versión hace que se te sea más fácil visualizar la seriedad de la situación climática? ¿Qué versión es más informal?

Destreza de lectura
Evaluar contenido de distintos medios

Cuando examines distintas versiones de un texto informativo, repasa el contenido para determinar si hay diferencias entre las dos versiones.

Si la información incluida en una versión sonora, una versión audiovisual o una versión digital difiere de la información de la versión impresa, determina si la diferencia afecta el mensaje. ¿La versión **adaptada**, es decir, modificada, sigue representando el punto de vista o los valores del autor?

Piensa por qué se hicieron los cambios. ¿El texto original era muy largo o muy corto? ¿El tono era muy formal o muy informal? ¿El agregado de fotos, dibujos, videos, mapas o tablas cambia la manera en la que comprendes el texto?

En un cuaderno, haz una lista de las ideas principales de las versiones en línea y sonora de este informe del tiempo. Toma notas de las ideas que hayan sido modificadas o eliminadas.

Destreza principal
Sacar conclusiones

Para sacar conclusiones acerca de un texto, primero analiza las partes del texto. En el anuncio escrito sobre capacitación en la práctica laboral, los títulos te llevan a viñetas que agregan detalles que indican quién podría estar interesado en esta capacitación, por qué este entrenamiento es útil y qué empleos suelen ofrecer esta capacitación.

En la versión audiovisual, además de la **presentación**, es decir, la demostración, hay subtítulos en pantalla que repiten lo que dice el narrador.

Estudiar la versión audiovisual y la versión impresa de la información sobre esta capacitación te ayuda a comprender varios aspectos de este tipo de entrenamiento.

Después de analizar el texto, comenta las siguientes preguntas con un compañero:

¿Qué conclusión puedes sacar sobre la utilidad de la capacitación en la práctica laboral?

Según el video, ¿qué puedes inferir sobre la capacitación en la práctica laboral a partir de los ejemplos que se indican?

¿Tienes una impresión positiva o negativa del valor de la capacitación en la práctica laboral? Explica tu punto de vista.

Instrucciones: Lee este anuncio sobre un ofrecimiento de empleo. Presta atención a los títulos y la manera en la que está organizado el texto. Cuando hayas terminado de leer el anuncio, escribe una oración en la que indiques el propósito del autor.

¿Está buscando trabajo? ¡Considere la capacitación en la práctica laboral!

¿Qué es la capacitación en la práctica laboral?
La capacitación en la práctica laboral es un entrenamiento que se les da a los empleados mientras trabajan. Este entrenamiento les enseña destrezas que les ayudará a realizar su trabajo de manera segura y eficiente.

¿Es usted un candidato para la capacitación en la práctica laboral?
Usted puede ser un candidato si es

- una persona joven que está entrando en el campo laboral
- un empleado que ha sido despedido por reducción de personal
- un empleado militar que regresa del servicio
- una persona que quiere cambiar de carrera sin una preparación larga

¿Qué ventajas puede ofrecerle la capacitación en la práctica laboral?
La capacitación en la práctica laboral puede ofrecerle

- la oportunidad de comenzar a obtener ingresos mientras aprende nuevas destrezas
- la oportunidad de aprender nuevas destrezas mediante la instrucción, la demostración y la práctica
- la adquisición de destrezas que pueden transferirse de un trabajo a otro y ayudarlo a desarrollar una carrera profesional

¿Qué empresas ofrecen capacitación en la práctica laboral?
La capacitación en la práctica laboral suele ofrecerse en

- las empresas de comunicaciones, de automotores, del acero y de la construcción
- muchas agencias gubernamentales

Para explorar empleos que ofrezcan capacitación en la práctica laboral, visite el sitio web del departamento de empleo de su estado. Estos sitios web contienen información sobre empleadores y capacitación en la práctica laboral.

Instrucciones: Mira el video en línea sobre capacitación en la práctica laboral que se encuentra en la versión en español del siguiente enlace. Dentro de la sección *Opción Trabajo Vídeos*, haz clic en el título *Requiring On-the-Job Training*.

http://www.careeronestop.org/Videos/WorkOptionVideos/work-option-videos.aspx

APLICA LA LECTURA

Instrucciones: ¿Crees que la información sobre la capacitación en el ámbito laboral es más eficaz en el texto escrito o en la versión audiovisual? Usa el espacio provisto para explicar por qué.

Las instrucciones escritas de manera clara pueden guiarte en tareas de la vida diaria, como hacer palomitas de maíz o cambiar un neumático. Las instrucciones escritas también pueden enseñarte destrezas más complejas, como la reanimación cardiopulmonar o RCP.

Instrucciones: Lee las instrucciones de RCP de abajo. Mira con atención los títulos y las ilustraciones. Luego cierra tu libro y escribe una descripción breve de los pasos C-A-B.

Instrucciones para RCP básica

Los tres pasos de RCP

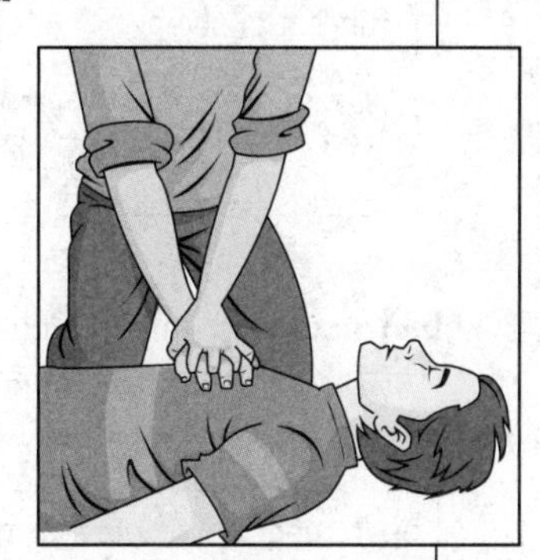

C (de **Compressions-Compresiones)**: Presionar de manera fuerte y rápida el centro del torso de la víctima.

A (de **Airway-Vía respiratoria)**: Incline la cabeza de la víctima hacia atrás y levante el mentón para abrir las vías respiratorias.

B (de **Breathing-Respiración):** Dé soplidos exhalando el aire dentro de la boca de la víctima.

Para realizar RCP en un adulto

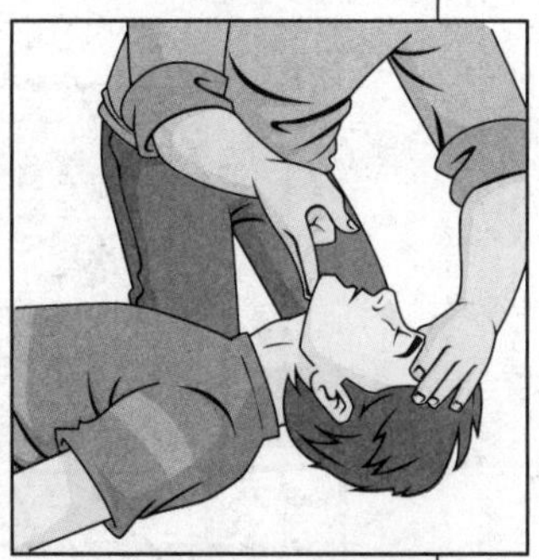

Compruebe y llame: Fíjese si la víctima responde. Si la víctima no está consciente, no respira o respira agitadamente, llame al 911 para pedir ayuda de emergencia médica. Luego empiece con RCP.

Presione
- Ponga sus manos una sobre otra en el centro del torso. Presione 30 veces al menos 2 pulgadas.
- Mantenga un ritmo de 100 presiones por minuto.

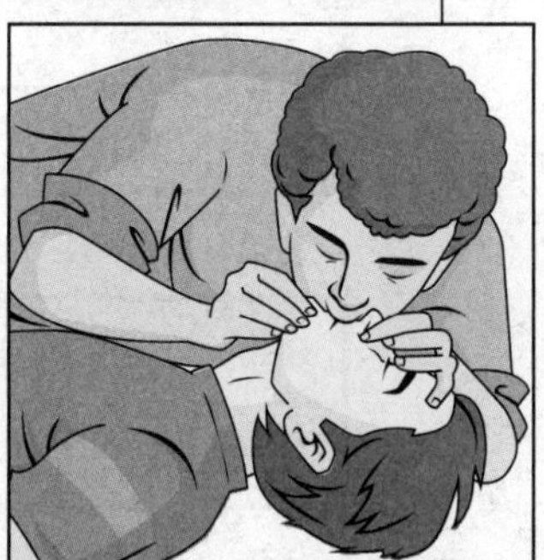

Respire
- Para abrir las vías respiratorias de la víctima, incline la cabeza hacia atrás y levante el mentón.
- Tape las fosas nasales para que el aire no se escape.
- Ponga su boca sobre la boca de la víctima y dé 2 soplidos.

Continúe
- Continúe haciendo series de 30 presiones seguidas de 2 soplidos.
- Cuando arribe el personal médico, se ocuparán de la víctima.

CONEXIÓN CON EL
TRABAJO

Analizar conexiones de textos de distintos medios

En los ámbitos laborales los empleados entregan información de distintas maneras. Las instrucciones de seguridad, por ejemplo, pueden distribuirse en forma impresa (en un manual o en una circular). Los mismos mensajes también pueden comunicarse mediante una demostración en vivo o mediante un video que muestre instrucciones paso a paso.

El tipo de medio que se usa tiene un gran impacto en el nivel con el que las personas comprenden el mensaje y lo recuerdan.

Las presentaciones multimedia son útiles para presentar instrucciones paso a paso. Los textos breves que pueden leerse de manera rápida refuerzan las imágenes y el sonido.

Piensa en un tema (como la cocina) que hayas estudiado en distintos medios. Por ejemplo, existen recetas escritas y programas de cocina. En un cuaderno, escribe varias oraciones que indiquen de qué manera la información en distintos medios era similar. Si crees que un medio fue más útil que otro (forma impresa, presentación en vivo o video), explica por qué.

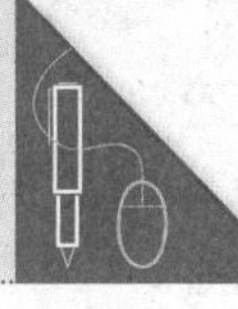

ESCRIBIR PARA APRENDER

Imagina que vives en Chicago, Illinois, y que viajas en carro por el estado a menudo. Tal vez uses un mapa impreso cuando viajes. Pero puedes obtener información más actualizada si usas un mapa en línea.

En el siguiente sitio web puedes hallar un mapa de carreteras de Illinois interactivo:

http://www.gettingaroundillinois.com/gai.htm

En el recuadro de la parte derecha del mapa, haz clic en los íconos de *Road Closed* y *Construction Zone* para mostrar el desarrollo de las carreteras.

Luego haz clic en el ícono + en el costado izquierdo del mapa para cambiar el tamaño del mapa. Agranda el mapa hasta que veas los nombres de las calles para hallar el lugar exacto de obras de construcción.

En un cuaderno, explica de qué manera ver este mapa antes de empezar con tu viaje puede ayudarte a planear tu ruta.

Una presentación **multimedia** usa dos o más tipos de medios. Pueden ser medios sonoros, medios audiovisuales, imágenes fijas, texto y **animación** (movimiento). Las ilustraciones y el texto de la página web que se menciona abajo muestran pasos básicos de RCP. La animación generada con las flechas te ayuda a visualizar los movimientos que se deben hacer en RCP.

Instrucciones: Visita el sitio web y repasa el texto y las ilustraciones. Luego, en un cuaderno, responde las siguientes preguntas.

http://depts.washington.edu/learncpr/quickcpr.html

¿Qué instrucciones se proveen cuando haces clic en las palabras "unresponsiveness" y "push"?

¿De qué manera el formato multimedia aporta al entrenamiento de RCP?

Instrucciones: Imagina que estás viviendo en el área de Minneapolis, Minnesota, (cerca de Big Lake) y viajas en bicicleta y tren. Estás tomando una clase que empieza a las **8:00** a. m. Tu escuela está a una caminata de **10** minutos (**3** minutos en bicicleta) de la Estación Fridley. Estudia el cronograma de trenes de abajo. Luego, escribe tu horario de viajes para los días en los que caminas y los días en que usas la bicicleta.

Número de ruta	Estación Big Lake	Estación Elk River	Estación Ramsey	Estación Anoka	Estación Riverdale	Estación Fridley	Estación Target Field
	1	2	3	4	5	6	7
AM							
888	5:01	5:11	5:16	5:22	5:26	5:34	5:50
888	5:51	6:01	6:06	6:12	6:16	6:24	6:40
888	6:21	6:31	6:36	6:42	6:46	6:54	7:10
888	6:51	7:01	7:06	7:12	7:16	7:24	7:40
888	7:21	7:31	7:36	7:42	7:46	7:54	8:10

Instrucciones: Ahora que has leído la versión impresa de este cronograma de trenes, visita la versión en línea y explora las diferencias entre ambas.

http://metrotransit.org/schedules/webschedules.aspx?route=888

Haz clic en *Weekday* para acceder al cronograma que deseas. El cronograma es el mismo que el texto impreso. Ahora haz clic en *View/Print Detailed Route Map*. Lee la información de las páginas 1 y 2 del mapa. Luego, en un cuaderno, haz una lista de la información que se halla en línea y que no aparece en el cronograma impreso.

APLICA LA LECTURA

Instrucciones: Usa la información del mapa detallado en línea para responder estas preguntas.

1. ¿Qué opciones tienes si usas tu bicicleta cuando viejas de tu casa (Big Lake) a la escuela (Fridley)?

____

____

2. Quieres asistir al desfile del Día de los Caídos, que empieza cerca de la Estación Target Field a las **9:00** a. m. ¿Qué tren debes tomar para llegar a tiempo?

____

____

3. Tu compañero de habitación, que tiene un carro, se ha anotado en la misma clase a la que asistes tú. Está intentando decidir si le conviene más viajar en carro a la escuela o tomar el tren. ¿Qué ventaja obtendría si conduce hasta la Estación Big Lake y luego toma el tren?

____

____

____

4. El mapa muestra los nombres de las estaciones de tren. ¿Qué información adicional muestra sobre las estaciones?

____

____

____

Destreza del siglo XXI
Conocimientos de medios

Leer un texto en distintos medios puede mejorar tu comprensión del texto. Saber ubicar distintas versiones de un texto es una destreza útil.

La manera más rápida de ubicar esa información es mediante un motor de búsqueda. Usando un motor de búsqueda, ingresa palabras clave que describan el tema que estás investigando, como *recetas, impuestos, mapas* o *purificación del agua.* Ingresa también palabras clave relacionadas con los medios, como *video* o *multimedia.*

En un cuaderno, indica dos sitios que contengan videos sobre un tema en el que estés interesado. Menciona también dos sitios que incluyan presentaciones multimedia sobre tu tema. Recuerda que los sitios más confiables terminan con *.edu, .gov* y *.org.*

Analiza la información que hallas en los sitios de video y de multimedia. Luego escribe un párrafo sobre las semejanzas y las diferencias entre esas presentaciones.

Repaso de vocabulario

Instrucciones: Empareja estos términos con sus definiciones.

1. _______ animación — **A.** hacerse una imagen mental de algo
2. _______ interpretar — **B.** movimiento
3. _______ itálica — **C.** que usa varias formas de comunicación
4. _______ medios — **D.** tipografía de letra inclinada
5. _______ multimedia — **E.** comprender un texto
6. _______ presentación — **F.** sistemas de comunicación
7. _______ visualizar — **G.** demostración

Repaso de destrezas

Instrucciones: Lee el texto de la receta. Luego visita el sitio web que se indica abajo y mira un video de un chef preparando la receta. Para hallar el video de la receta de espaguetis con salsa de tomates, escribe "spaghetti and tomato sauce" en el recuadro "Search recipes".

http://www.stjoeslivingston.org/healthy-recipes-4611

Deliciosa pasta con salsa de tomate

Para 4 porciones

Ingredientes

2 cucharaditas de aceite de oliva

$\frac{1}{2}$ taza de cebolla picada

1 ajo picado fino

$\frac{1}{2}$ cucharadita de sal

$\frac{1}{4}$ cucharadita de pimienta negra

2 (16 onzas) latas de tomates triturados

1 cucharada de perejil picado

12 onzas de espaguetis

2 cucharadas de queso rallado parmesano o queso romano

Preparación

Vierta agua en una cacerola hasta que esté $\frac{2}{3}$ llena. Caliéntela a fuego máximo hasta que hierva. Mantenga el agua caliente mientras prepara la salsa.

Vierta aceite de oliva en una sartén y caliente a fuego medio hasta que el aceite esté caliente. Agregue la cebolla, el ajo, la sal y la pimienta. Caliente de 4 a 5 minutos.

Agregue los tomates a la sartén y deje que la salsa hierva. Pase a fuego mínimo y revuelva la mezcla cada tanto hasta que la salsa esté espesa. Esto llevará aproximadamente 15 minutos.

Agregue los espaguetis a la olla de agua hirviendo y cocine hasta que estén blandos, aproximadamente 9 minutos. Cuele el agua de los espaguetis. Sirva una porción de espaguetis en cada plato y vierta la salsa arriba. Ponga queso en cada plato y sirva.

Instrucciones: Responde estas preguntas.

1. ¿Qué efecto tiene la versión audiovisual de la receta en tu interés en prepararla?

____

____

____

Repaso de destrezas (continuación)

2. ¿De qué maneras la versión audiovisual te da más información que el texto escrito? ¿De qué maneras el texto escrito provee más información que la versión audiovisual?

____

____

____

3. Si estuvieras preparando la receta, ¿qué sugerencias de la versión audiovisual usarías? ¿De qué manera cambiarías la receta para agregarle un toque personal?

____

____

____

____

4. Lo que las personas "ven" y "escuchan" cuando leen un texto puede ser distinto de lo que ven y escuchan cuando ven una versión audiovisual de ese texto. ¿Por qué?

____

____

____

____

5. Cuando un programa televisivo de cocina muestra cómo seguir recetas, el director a menudo corta, es decir, detiene la acción, cuando un plato preparado por la mitad se mete en el horno o en el refrigerador. Luego el director vuelve a la acción cuando el plato sale del horno o del refrigerador. ¿Por qué crees que puede ser esto?

____

____

____

____

6. ¿De qué manera la versión impresa de un texto instructivo puede ser más útil que una versión multimedia? ¿De qué manera un formato multimedia podría hacer que un texto instructivo sea más fácil de comprender?

____

____

____

____

Práctica de destrezas

Instrucciones: Lee el siguiente documento. Luego responde las siguientes preguntas. Para responder las preguntas 1 y 2, consulta el cartel.

FERIA DEL CONDADO ROCKLINE

Anytown, Oklahoma

17 al 30 de agosto

¡Diversión para toda la familia!

Venga y disfrute

Desfile en la calle principal
Bandas en vivo
Feria gigante
Concurso de comida
Competencia de ganado
Espectáculo de perros de todas las razas
Rodeo juvenil abierto
Coro de la barbería
Carrera de neumáticos amateur
Espectáculo de fuegos artificiales

Visite www.rocklinefair.com para

- Entradas e información de entradas anticipadas
- Detalles completos de todas las actividades de la feria

1. Si los organizadores de la Feria del Condado Rockline ponen un video de la feria en su sitio web, ¿qué ventajas tendría el video sobre el cartel?

____

____

____

Práctica de destrezas (continuación)

2. ¿Qué eventos mencionados en el cartel crees que deberían incluirse en un video para lograr que más personas estén interesadas en visitar la feria?

____

____

____

3. Evalúa las diferencias entre usar un cronograma de trenes impreso y un cronograma de trenes en línea. ¿En qué se parecen los textos? ¿En qué se diferencian?

____

____

____

4. ¿Qué tipo de información esperarías hallar en un mapa de carreteras impreso? ¿Qué información esperarías hallar en un mapa interactivo en línea?

____

____

____

Práctica de escritura

Instrucciones: Elige un texto impreso de la lección u otro texto funcional con el que estés familiarizado, como una hoja de información de un producto, un formulario de solicitud, una publicidad o un cronograma. Escribe un párrafo en el que indiques el propósito del autor y describas la audiencia que leería el documento. Luego escribe un párrafo de resumen del documento. Finalmente, escribe un párrafo en el que expliques por qué el texto podría ser más eficaz en un medio distinto, como una presentación sonora, audiovisual o multimedia.

CAPÍTULO 1

Repaso

Instrucciones: Elige la mejor respuesta para cada pregunta. Para responder las preguntas 1 a 4, consulta el siguiente pasaje.

La importancia de un recibo

En algún momento probablemente compres algo que no sea lo que realmente quieres. Entonces tendrás que devolver el artículo a la tienda. Devolver un artículo es fácil si tienes un recibo. Puedes simplemente devolver el artículo al servicio de atención al cliente y recibir un crédito de la tienda u obtener de vuelta tu dinero. Pero si no tienes un recibo esto es lo que debes hacer.

1. Primero, si el artículo tiene partes, asegúrate de tener todas las partes.
2. Luego, envuelve con cuidado el artículo en su embalaje original.
3. En la tienda, ve inmediatamente al puesto de atención al cliente antes de comprar cualquier otra cosa. Si caminas por la tienda con el artículo, un vendedor podría no estar seguro de que lo has traído desde tu casa.
4. Explica que quieres devolver el artículo pero no tienes el recibo. Si usaste una tarjeta de crédito, muestra al empleado la tarjeta que usaste. La tienda tal vez tenga un registro de tu compra.
5. Indica al empleado si quieres cambiar el artículo por algo más o quieres crédito para la tienda. Tener crédito para la tienda te permitiría comprar algo más adelante que equivalga al crédito.
6. No esperes obtener un reembolso de tu dinero. La mayoría de las tiendas no te darán un reembolso sin un recibo.
7. En tu casa, crea un libro de recibos para guardar los recibos de compras futuras. Así tendrás el recibo la próxima vez que necesites hacer un cambio.

1. En qué se diferencia devolver un artículo con un recibo de devolver un artículo sin un recibo?

A. Es más fácil devolver un artículo con un recibo.
B. Es más fácil devolver un artículo sin un recibo.
C. Solo obtendrás crédito de la tienda si tienes un recibo.
D. No necesitas ir al servicio de atención al cliente si tienes un recibo.

2. ¿Por qué debes dirigirte directamente al servicio de atención al cliente cuando entras en la tienda?

A. Tendrás más tiempo para hacer compras.
B. Obtendrás un reembolso más rápidamente.
C. Los empleados de la tienda sabrán que ya habías comprado el artículo.
D. No tendrás que hacer fila.

3. ¿A qué personas les serían más útiles las sugerencias de este pasaje?

A. los empleados de servicio de atención al cliente
B. los clientes que tienen el recibo de un artículo que quieren devolver
C. los clientes que no tienen el recibo de un artículo que quieren devolver
D. los clientes que están conformes con lo que compraron

4. ¿Qué podría pasar si te salteas el paso 1?

A. Podrías obtener crédito para la tienda en vez de obtener un reembolso.
B. Podrías obtener un reembolso en vez de obtener crédito para la tienda.
C. Podrías olvidarte de envolver el artículo en su embalaje original.
D. Podrías olvidarte de una parte del artículo y no poder devolverlo.

Repaso

Instrucciones: Para responder las preguntas **5** a **8**, consulta el siguiente pasaje.

Misión de la empresa de colchones GZ

Nuestra meta: Ser la mejor empresa manufacturera de colchones del mundo. Para alcanzar esta meta, debemos buscar innovaciones constantemente y nuevos diseños para asegurarnos de que nuestros productos sean superiores a todos los demás.

Nuestro compromiso: Proveeremos colchones rentables y de alta calidad internacionalmente para mejorar la calidad del sueño de nuestros clientes. Este compromiso ejemplifica nuestra razón para estar en el negocio de los colchones y representa la manera en la que cumpliremos con nuestra meta.

Nuestro profesionalismo: Nuestros estándares de profesionalismo se reflejan en la manera en la que hacemos negocios. Incluyen un compromiso con la cortesía, el orgullo, la superioridad, la innovación, la determinación, el honor y la filantropía. Esperamos que todos nuestros empleados adhieran a estos estándares cuando trabajen unos con otros y con personas por fuera de nuestra empresa.

5. ¿Qué tipo de colchones planea vender esta empresa?
   - **A.** los colchones más baratos posibles
   - **B.** colchones bien hechos y a un precio razonable
   - **C.** colchones de varios colores
   - **D.** colchones que también puedan usarse como sofás

6. ¿Cuál es la meta principal de la empresa de colchones GZ?
   - **A.** ser la mejor empresa manufacturera de colchones de Estados Unidos
   - **B.** producir y vender los colchones más baratos del mundo
   - **C.** producir los colchones más cómodos de Estados Unidos
   - **D.** vender colchones que sean superiores a cualquier otro colchón

7. Para alcanzar su meta, ¿qué debe hacer la empresa de colchones GZ?
   - **A.** producir sus colchones por fuera de Estados Unidos
   - **B.** producir colchones que sean inferiores a cualquier otro colchón
   - **C.** usar la innovación y nuevos diseños
   - **D.** usar mano de obra barata para producir colchones mejores

8. ¿Qué espera este empleador de sus empleados?
   - **A.** Deben adherir a los estándares de profesionalismo que la empresa tiene con todas las personas.
   - **B.** No es necesario que sigan los estándares de la empresa al hacer negocios con personas por fuera de la empresa.
   - **C.** Deben seguir los estándares de la empresa solamente cuando hagan negocios con personas por fuera de la empresa.
   - **D.** Deben seguir los estándares de la empresa solamente cuando se dirijan a los supervisores.

CAPÍTULO 1

Repaso

Instrucciones: Para responder las preguntas 9 a 12, consulta el siguiente sitio web.

www.citysonics.com

Inicio | Noticias | Horarios | Entradas | Conozca a los jugadores

Fútbol de City Sonics

¡Las finales del campeonato de fútbol de 2014 ya están aquí! Visite **www.citysonicnews.com** para leer historias, entrevistas y actualizaciones.

Finales

Anoche, los City Sonics perdieron el primer juego a mano de los **Tulsa Tornadoes**. En un final emocionante, **Hector Rivera** y **Lee Chen** anotaron 3 goles cada uno, pero **Tony Hutchinson** anotó un gol para los Tornadoes en los segundos finales del juego, haciendo que el marcador sea 7 a 6. El árbitro cometió varios errores, así que tal vez el siguiente juego tenga un resultado mejor. A pesar de haber perdido, los Sonics quieren que sus fanáticos los sigan alentando hasta la victoria. Su próximo juego será el **1.° de abril a las 7:00 p. m.** El ganador se decidirá según los 3 juegos.

9. ¿Este sitio web es el mejor lugar para obtener solamente los datos acerca del juego entre los Sonics y los Tornadoes?
   - A. No, porque cuenta lo que pensó un fanático de los Tornadoes del juego
   - B. Sí, porque es un sitio web de un periódico local
   - C. No, porque cuenta lo que pensó un fanático de los Sonics del juego
   - D. Sí, porque provee el puntaje del juego

10. ¿En qué enlace debes hacer clic para leer actualizaciones de noticias?
    - A. www.citysonicnews.com
    - B. Hector Rivera
    - C. Lee Chen
    - D. Tony Hutchinson

11. ¿De qué manera el sitio web te ayuda a hallar información importante?
    - A. Usa imágenes.
    - B. Usa tipografía itálica.
    - C. Usa tipografía negrita.
    - D. Usa números.

12. ¿Dónde debes hacer clic si quieres ver una lista de los juegos de los City Sonics?
    - A. Noticias
    - B. Horarios
    - C. Entradas
    - D. Conozca a los jugadores

Repaso

CAPÍTULO 1

Comprueba tu comprensión

En la siguiente tabla, encierra en un círculo las preguntas que hayas respondido de forma incorrecta. En la tercera columna, verás las páginas que puedes repasar para responder las preguntas correctamente. Presta particular atención a las áreas en las que no respondiste correctamente la mitad o más de la mitad de las preguntas.

Repaso del Capítulo 1

Lección	Número de pregunta	Páginas de repaso
Instrucciones	1, 2, 3, 4	22–29
Sitios web	9, 10, 11, 12	30–37
Documentos de trabajo	5, 6, 7, 8	38–47

CAPÍTULO 1

Repaso

PRÁCTICA DE ESCRITURA DE ENSAYOS

Circulares y formularios, instrucciones, documentos de trabajo y textos de referencia

Instrucciones: Escribe un ensayo en respuesta a una de las instrucciones de abajo. Repasa las lecciones **1.1**, **1.2**, **1.4** o **1.6** para obtener ayuda con la planificación, las estrategias de escritura y la estructura del texto.

CIRCULAR

Las circulares son una manera fácil y rápida para que las personas se comuniquen en el lugar de trabajo. Estos documentos pueden incluir preguntas sobre asignaciones laborales, cambios en las políticas de la empresa y anuncios sobre eventos de la empresa, entre otros.

Crea una circular sobre un futuro evento llamado Picnic del Día en Familia. Incluye los detalles de este evento. Ten presente que esta circular le debe llegar a todos los integrantes de la empresa. Debe incluir toda la información que los empleados deben saber sobre el momento y el lugar en los que tendrá lugar el evento.

INSTRUCCIONES

Las tareas de algunos trabajos pueden ser complejas o incluir muchos pasos. Los manuales de instrucciones son guías útiles que listan cada paso de un proceso. Leer estas guías y seguirlas con cuidado te ayudará a completar con éxito tus tareas.

Tu supervisor te ha pedido que crees una serie de instrucciones para un empleado nuevo. Escribe una lista de instrucciones con al menos cinco pasos sobre un proceso que elijas. Por ejemplo, puedes escribir los pasos del proceso que lleva a cabo tu departamento para pedir suministros o el proceso de atención al cliente. Para cada paso, incluye suficientes detalles como para que alguien nuevo para el trabajo pueda saber cómo completar la tarea de manera segura y correcta.

DOCUMENTO DE TRABAJO

Dentro de un ámbito laboral, los empleados usan muchos tipos de documentos para transmitir información. Parte de tu rutina diaria puede incluir escribir y responder a correos electrónicos y circulares, seguir guías de procedimientos y seguridad o completar formularios.

Escribe un informe de dos párrafos a tu supervisor en el que resumas una reunión a la que hayas asistido. Lista los puntos principales que se hayan debatido en la reunión e indica qué se decidió acerca de cada uno de los puntos. Usa los signos de puntuación correctos y un lenguaje adecuado para mantener un tono profesional.

Repaso

CAPÍTULO 1

TEXTOS DE REFERENCIA

Una parte clave de una investigación es la elección de los materiales de referencia adecuados. Puedes usar una variedad de textos de referencia, como diccionarios, enciclopedias, diccionarios de sinónimos, atlas, directorios y manuales. Varios de estos textos están disponibles en línea y en forma impresa.

Elige un tema que te interese y determina qué tipos de textos de referencia usarías para hallar información sobre ese tema. Indica al menos tres textos que usarías para tu investigación. Para cada texto, indica qué tipo de información hallarías. Luego explica las ventajas de usar este tipo de texto de referencia.

PRÁCTICA DE ESCRITURA DE ENSAYOS

CAPÍTULO
2

Textos expositivos

Imagina que quieres saber el resultado del juego de beisbol que jugó tu equipo favorito ayer por la noche. ¿Dónde buscarías la información? Imagina que necesitas hacer una tarea sobre los últimos avances en la investigación de células madre. ¿Cuál sería la mejor fuente para leer? ¿Y si debes estudiar para un examen de historia de Estados Unidos? ¿Qué fuente usarías? En todos estos casos, estás buscando información sobre determinados hechos. La escritura expositiva es la escritura que comunica información sobre los hechos. El trabajo del escritor de textos expositivos es explicar claramente la información.

Entre los textos expositivos están los artículos de revistas que lees para entretenerte, los libros de texto que lees para informarte y los textos técnicos que son necesarios para capacitarse en el trabajo. Los artículos de revistas y de periódicos y los libros de texto son los tipos más comunes de textos expositivos. Los textos técnicos proporcionan información especializada para un grupo específico de personas. Poner en práctica las sugerencias de este capítulo acerca de los distintos tipos de textos expositivos te ayudará a leer de forma más eficaz las fuentes de información con las que te encuentras cada día.

En este capítulo estudiarás estos temas:

2.1 Libros de texto y otros materiales educativos

Los libros que se utilizan para estudiar un tema particular –historia, matemáticas, ciencias, literatura, idiomas– son los libros de texto. Te ayudan a obtener un conocimiento profundo acerca de un tema específico. Aprende de qué modo los títulos, subtítulos, títulos y gráficas resultan útiles cuando analizas información.

2.2 Artículos de revistas y de periódicos

¿Lees periódicos o semanarios para mantenerte informado? Los artículos de periódicos y de revistas proporcionan información actualizada. Están diseñados para llamar tu atención y mantenerla. Estos artículos son muy variados: desde noticias de interés general, pasando por análisis deportivos, a informes sobre política y reseñas de espectáculos.

2.3 Textos técnicos

¿Alguna vez has leído instrucciones que te resultaron útiles para usar tu computadora, la televisión o el teléfono celular? Los textos técnicos proporcionan la información necesaria para realizar un procedimiento específico o para aprender cómo funciona un proceso. Aprender a leer textos técnicos te permitirá usarlos de forma más eficaz.

Establecer objetivos

¿Por qué es importante saber leer textos expositivos?

____

____

____

Para ayudarte a establecer objetivos de aprendizaje para estudiar este capítulo, utiliza esta lista de verificación a medida que lees el material de cada lección.

- ☐ ¿Qué dice el título sobre el tema general del texto?
- ☐ ¿Es interesante el primer párrafo?
- ☐ ¿Las explicaciones son precisas, completas y claras?
- ☐ ¿Los materiales visuales proporcionan información adicional útil?
- ☐ ¿La información se presenta en un orden lógico?
- ☐ ¿Cada párrafo tiene una idea principal? ¿Todos los datos apoyan la idea principal?
- ☐ ¿El pasaje tiene una introducción, un desarrollo y una conclusión?

LECCIÓN 2.1

Libros de texto y otros materiales educativos

Objetivos de la lección

Serás capaz de:

- identificar la idea principal expresada directamente.
- obtener información de libros de texto y otros materiales educativos.

Destrezas

- **Destreza principal:** Analizar información visual
- **Práctica principal:** Resumir un texto

Vocabulario

clasificar
detalles
explorar
idea principal
oración del tema

CONCEPTO CLAVE: Los libros de texto y otros materiales educativos son textos didácticos que se utilizan en matemáticas, ciencias, estudios sociales y otros campos de estudio.

En casi todas las clases que has tomado alguna vez probablemente hayas tenido un libro de texto. A primera vista, un libro de texto puede parecer un poco intimidante. Después de todo, por lo general es más grande, más grueso y más pesado que los libros que lees para entretenerte. Una vez que conozcas algunas estrategias para leer libros de texto, tendrás la confianza necesaria para comenzar a aprender sobre un nuevo tema.

Materiales educativos

Los libros de texto, las enciclopedias, los libros de referencia, los manuales técnicos y los sitios web educativos presentan información sobre una variedad de temas. Suelen considerarse fuentes confiables. Esto significa que alguien ha comprobado que cada dato es cierto. La información se presenta sin parcialidad, y el lector puede determinar fácilmente quién es responsable del contenido. Pero es importante comprobar las fechas de publicación de estos materiales, ya que la fecha de publicación puede afectar la precisión de algunos hechos.

La mayoría de los libros impresos están divididos en capítulos. Puesto que el objetivo de estos materiales es dar información, a menudo se incluyen partes o características especiales para que los lectores puedan localizar la información que buscan. Muchos sitios web educativos tienen las mismas características.

- Los títulos y encabezados presentan el tema de una sección.
- Los términos importantes y las palabras de vocabulario importantes a menudo se escriben en **negrita**.
- Las gráficas, las tablas, los cuadros, las ilustraciones y las fotografías presentan la información de manera visual.

Aquí se presenta una estrategia básica para leer materiales educativos. Se llama *EPL2R*.

Explorar Antes de leer, **explora** (inspecciona rápidamente) los títulos, los encabezados y las palabras en negrita.

Preguntar Al leer, hazte preguntas sobre lo que estás leyendo. Por ejemplo, podrías preguntarte "¿Cuál es la idea principal?". Convertir los títulos y los subtítulos en preguntas puede ayudarte a encontrar la idea principal. Por ejemplo, esta sección se titula "Materiales educativos". Si la convirtieras en una pregunta, sería "¿Cuáles son algunos ejemplos de materiales educativos?".

Leer Lee para encontrar las ideas y los datos importantes. Concéntrate en la búsqueda de respuestas a las preguntas que escribiste.

Recitar Escribe o recita en voz alta las respuestas a tus preguntas a medida que las hallas.

Repasar Vuelve a leer y revisa las ideas principales, los detalles importantes y los conceptos clave.

HALLAR LA IDEA PRINCIPAL Y LOS DETALLES

Los libros, los capítulos y los párrafos tienen una **idea principal**. La idea principal es aquello acerca de lo que trata el libro, el capítulo o el párrafo.

Muchas veces las ideas principales se expresan directamente. El lector puede encontrar la idea principal directamente en el texto. Las ideas principales expresadas directamente aparecen a menudo en la **oración del tema** de un párrafo. La oración del tema puede aparecer en cualquier parte del párrafo, pero por lo general es la primera o la última frase. A las ideas principales expresadas directamente las apoyan **detalles** que dan más información acerca de la idea principal.

Lee el siguiente pasaje de un libro de texto. Halla la idea principal expresada directamente.

> Una serie de acontecimientos que tuvo lugar en el siglo XV marcó el inicio de la era global. El primer desarrollo o influencia fueron las Cruzadas. Miles de europeos fueron a Tierra Santa para luchar contra los musulmanes. Sus viajes les revelaron las maravillas de otros lugares. Cuando regresaron a sus hogares, contaban historias de lo que habían visto. Los barcos que regresaban de Tierra Santa llevaban artículos de lujo como especias y sedas. Estos bienes eran vendidos en los mercados europeos. El diario de Marco Polo también dio información a los europeos acerca de la vida fuera de Europa.
>
> –Extracto de *La historia del mundo contemporáneo*

La idea principal de este párrafo se enuncia en la oración 1: "Una serie de acontecimientos que tuvo lugar en el siglo XV marcó el inicio de la era global". Las oraciones 2 a 5 proveen más información sobre lo que ocurrió en el siglo XV.

Destreza del siglo XXI
Conciencia global

Con Internet es posible acceder a materiales de todo el mundo. Es fácil leer, ver y escuchar materiales educativos, como libros de texto, artículos de periódicos y de revistas, programas de radio y televisión y libros de no ficción de casi todos los países.

Una perspectiva global puede proporcionar diferentes puntos de vista y un enfoque único tanto en temas conocidos como desconocidos.

Utiliza un motor de búsqueda para buscar un artículo de un periódico en línea sobre un país en el que estés interesado. En un cuaderno, anota el nombre del artículo, el nombre del periódico y la fecha del artículo. Luego, escribe la idea principal del artículo.

APLICA LA LECTURA

Instrucciones: Enumera los pasos para leer materiales educativos en el orden que tú seguirías.

_______ Hazte preguntas.
_______ Escribe las respuestas a tus preguntas.
_______ Inspecciona los títulos, los subtítulos y las palabras en negrita.
_______ Lee buscando los datos y las ideas.
_______ Vuelve a leer las ideas principales, los detalles y los conceptos.

Destreza de lectura
Resumir un texto

Cuando resumes un texto, cuentas las ideas principales con tus propias palabras. Un buen resumen incluye la idea principal y los detalles más importantes.

Por lo general, la idea principal se enuncia en una oración del tema. Los encabezamientos y los títulos dan algunas claves sobre la idea principal. Las frases que siguen a la idea principal contienen detalles que la apoyan. Usa tu criterio para determinar los detalles más importantes que debes incluir en un resumen.

Después de leer el texto de esta página, haz un resumen. En un cuaderno, escribe la idea principal. Luego, indica los detalles de apoyo importantes con tus propias palabras.

Instrucciones: Utiliza la estrategia EPL2R a medida que lees el siguiente pasaje de un texto sobre China extraído de una fuente en línea. Al leer, identifica la idea principal y los detalles de apoyo del pasaje.

La piedad filial rige la vida en la familia extendida.

La importancia de la familia en China

La familia era la unidad básica y más importante de la sociedad china. Cada miembro de la familia tenía deberes y responsabilidades para con todos los demás miembros. Este derecho se conoce como **piedad filial**. Esta noción por mucho tiempo las relaciones entre los miembros de la familia. Los hijos e hijas debían obedecer a sus padres. Los padres debían obedecer a sus padres.

Todos los miembros debían obedecer al hombre más viejo de la familia. Él era el jefe de la **familia extendida**. Una familia extendida se compone de todos los parientes de una familia: abuelos, padres, hijos, tíos, tías y primos. El hombre más viejo de una familia china extendida podría haber sido un tatarabuelo.

APLICA LA LECTURA

Instrucciones: Responde las siguientes preguntas.

1. Explora el texto. ¿Qué dos términos es importante que comprendas?

   ____

   ____

2. Escribe una pregunta basada en el encabezamiento.

   ____

3. Haz una marca al lado de la oración que enuncia la idea principal del primer párrafo.

   _______ Este derecho se conoce como piedad filial.
   _______ Los padres debían obedecer a sus padres.
   _______ La familia era la unidad básica y más importante de la sociedad china.

Instrucciones: Lee el siguiente pasaje de un libro de texto sobre la sociedad egipcia y resume la información que se presenta en la tabla.

La sociedad egipcia y la vida cotidiana

La sociedad egipcia estaba gobernada por el faraón y otros miembros de la familia real. Luego venía la clase alta de los sacerdotes y los nobles. Los sacerdotes cuidaban de los templos y celebraban ceremonias religiosas. Los nobles supervisaban al gobierno. La clase gobernante, es decir, la clase superior, tenía pocos miembros.

La clase media era un poco más numerosa. Se componía de comerciantes, artesanos, escribas y recaudadores de impuestos. Los **escribas** utilizaban **jeroglíficos** para llevar los registros. Este fue el sistema de escritura que desarrollaron los antiguos egipcios.

Los jeroglíficos eran una forma de escritura en el antiguo Egipto.

La clase más numerosa era la campesina. La tierra pertenecía al faraón, quien otorgaba terrenos a los nobles y los sacerdotes. Los agricultores trabajaban los campos de la clase alta. También mantenían los sistemas de riego. Tanto los hombres como las mujeres trabajaban en los campos. Las mujeres también eran responsables de cuidar la casa y los niños. Durante las temporadas en las que no se trabajaba la tierra, los agricultores se dedicaban a los proyectos de construcción del faraón. Los esclavos eran la clase social más baja, que estaba por debajo de los campesinos.

Logros de los antiguos egipcios

Algunos conceptos (ideas generales), como la escritura, no se desarrollaron en una sola región ni se extendieron a otros lugares del mundo. Era habitual que un concepto se desarrollara de forma independiente en distintas partes del mundo antiguo.

Invenciones	Conceptos
• papiro, un material similar al papel • momificación • avances en la medicina, como la cirugía y el uso de férulas para los huesos rotos • cobre, bronce y orfebrería	• escritura jeroglífica • conceptos de geometría para hacer mediciones • calendario de 12 meses, cada uno de 30 días y con 5 días al final

APLICA LA LECTURA

Instrucciones: Responde las preguntas en el espacio provisto.

1. ¿Cuál es el tema del pasaje?

____

2. ¿Cuáles son dos palabras importantes de este pasaje? ¿Cómo lo sabes?

____

Destreza principal
Analizar información visual

Las tablas presentan la información de forma visual. Relacionan las ideas y los datos de modo que puedas **clasificar**, es decir, organizar, las ideas o números importantes, compararlos y contrastarlos. Para entender una tabla, sigue estos pasos:

- En primer lugar, lee el título. Eso te dirá de qué se trata la tabla.
- A continuación, lee la primera fila de izquierda a derecha para conocer cómo se describen las personas, los lugares o los sucesos.
- Por último, lee la primera columna de arriba hacia abajo para ver qué información se da acerca de las personas, los lugares o los eventos.

Observa la tabla de esta página sobre los logros de los antiguos egipcios. En un cuaderno, escribe los nombres de las dos categorías de cosas que se describen.

ESCRIBIR PARA APRENDER

Da un vistazo rápido, es decir, explora, el texto sobre la sociedad egipcia de esta página. Busca las características especiales de los libros de texto que ayudan a los lectores a localizar la información.

En un cuaderno, enumera esas características y explica cómo te ayudaron a entender la información del texto.

Repaso de vocabulario

Instrucciones: Empareja estos términos con sus definiciones.

1. _______ clasificar
2. _______ detalles
3. _______ explorar
4. _______ idea principal
5. _______ oración del tema

A. dar un vistazo rápido
B. enunciado que contiene la idea principal
C. organizar
D. información más específica acerca de un tema
E. la idea más importante

Repaso de destrezas

Instrucciones: Lee el siguiente pasaje de una enciclopedia en línea. Responde las preguntas.

La religión en el Imperio Bizantino

Así como había tensiones políticas entre las capitales de Roma y Constantinopla, también había disputas en torno a la religión. Dentro de la Iglesia Cristiana se formaron dos grupos que debatían acerca de las creencias y las prácticas. Algunas de estas, por ejemplo, si un sacerdote debía o no llevar barba, no parecen importantes en la actualidad.

También había desacuerdos en torno al poder de Roma sobre las iglesias orientales. El Papa afirmaba tener soberanía sobre todas las iglesias cristianas. No era de sorprender que el jefe de la Iglesia de Constantinopla, a quien se llamaba patriarca, no estuviera de acuerdo. En 1054, el Papa y el patriarca rompieron relaciones. Esto se conoce como Gran Cisma. La iglesia oriental pasó a ser conocida como Iglesia Ortodoxa Oriental. La iglesia occidental se convirtió en la Iglesia Católica Romana. La división continúa hasta nuestros días.

1. Después de leer el título de esta sección, ¿sobre qué tema esperarías leer?

____

____

2. Observa el primer párrafo. Subraya la oración en la que se enuncia la idea principal.

3. ¿Cuál es la idea principal del segundo párrafo?

   A. La iglesia oriental se hizo conocida como Iglesia Ortodoxa Oriental.
   B. El Papa afirmaba tener soberanía sobre todas las iglesias cristianas.
   C. La iglesia occidental se convirtió en la Iglesia Católica Romana.
   D. También había disputas en torno al poder de Roma sobre las iglesias orientales.

Repaso de destrezas (continuación)

Instrucciones: Observa la siguiente tabla extraída de una guía cultural de la India. Luego, responde las preguntas que siguen.

LAS CINCO CASTAS PRINCIPALES DE LA SOCIEDAD ARIA

Casta*	Miembros	Trabajo
Brahmanes	• sacerdotes • casta superior y la menos numerosa	• supervisaban ceremonias religiosas
Kshatriyas	• guerreros	• defendían el reino
Vaishyas	• plebeyos, es decir, personas comunes	• en su mayoría, campesinos y comerciantes
Sudras	• grupo más numeroso • no arios	• se ganaban la vida con el trabajo agrícola y con otros trabajos manuales
Intocables	• fuera del sistema de castas • aproximadamente un 5% de la población	• les correspondían los trabajos que nadie hacía, como recoger los residuos • vivían separados del resto de la población

***casta:** grupo social

4. ¿Cuáles son las tres cosas que muestra la tabla acerca de la sociedad aria?

____

____

____

5. De acuerdo con la tabla, ¿cuáles son las castas en la sociedad aria?

____

____

6. ¿Qué castas era considerada superior?

____

Práctica de destrezas

Instrucciones: Elige la mejor respuesta para cada pregunta. Para las preguntas **1** a **4**, consulta el siguiente pasaje extraído de un libro de texto y la tabla.

Hammurabi, rey de Babilonia

En el año 1792 a. C., Hammurabi decidió crear un imperio. Era el rey de Babilonia, una ciudad estado de Sumeria. Él y su ejército procuraban unir toda la Mesopotamia bajo su gobierno. Logró conquistar gran parte del centro y el sur de la Mesopotamia. Muchos otros reyes intentaron controlar regiones de la Mesopotamia antes y después de Hammurabi. Pero él pasó a la historia por su código de leyes.

Hammurabi fue el primer gobernante en **codificar**, es decir, reunir, un conjunto de leyes. No escribió las leyes. Las reunió tomándolas de muchas partes de su imperio. Las 282 leyes fueron talladas en pilares de piedra y se colocaron a lo largo de todo el Imperio. Gracias a las leyes, los súbditos de Hammurabi sabían lo que estaba permitido por la ley y lo que estaba prohibido.

Las leyes establecen un sistema de justicia estricto. Los que violaban la ley eran castigados. A menudo el castigo era muy severo. Los castigos eran más severos para los funcionarios públicos y los hombres ricos que para los campesinos. Las leyes también regulaban el matrimonio y la familia. Cada matrimonio se regía por un contrato de matrimonio. Los padres tenían el poder absoluto sobre la familia. Las mujeres tenían menos derechos que los hombres.

—Extracto de *La historia del mundo contemporáneo*

LOGROS DE LA MESOPOTAMIA

A través de los siglos, muchos pueblos distintos poblaron la Mesopotamia. Hicieron descubrimientos importantes. También desarrollaron muchas ideas importantes.	
DESCUBRIMIENTOS	**CONCEPTOS**
• el arco • la cúpula • la rueda • bronce y cobre para fabricar herramientas, armas y joyas • hierro para fabricar herramientas y armas	• escritura cuneiforme • alfabeto • división del círculo en 360 grados • conceptos geométricos para mediciones • calendario • código de leyes

Práctica de destrezas (continuación)

1. ¿Cuál de las siguientes palabras es más probable que sea una palabra importante o una palabra de vocabulario?
   A. reunió
   B. severo
   C. castigado
   D. codificar

2. ¿Cuál de estos títulos sería el más adecuado para el párrafo 3?
   A. Romper las leyes
   B. Un estricto sistema de justicia
   C. Matrimonio y familia
   D. Los derechos de las mujeres

3. ¿Cuál de las siguientes oraciones expresa mejor la idea principal del párrafo 1?
   A. Babilonia es una ciudad estado de Sumeria.
   B. Todos los imperios necesitan un código de leyes.
   C. Hammurabi decidió crear un imperio.
   D. Muchos otros reyes intentaron controlar regiones de la Mesopotamia.

4. ¿Cuál es el propósito de la tabla?
   A. enumerar los logros de la Mesopotamia
   B. mostrar cómo se hacían herramientas
   C. explicar el origen de la escritura y el alfabeto
   D. mostrar por qué los mesopotámicos inventaron cosas

Práctica de escritura

Instrucciones: Piensa en un tema que te interese. Escribe un ensayo en el que describas cómo se puede aprender más sobre este tema. Incluye los tipos de recursos que usarías y dónde podrías buscarlos. Explica lo que te gustaría aprender sobre este tema y por qué te resulta interesante. Asegúrate de utilizar conectores para relacionar tus ideas.

LECCIÓN 2.2

Artículos de revistas y de periódicos

CONCEPTO CLAVE: Los artículos de revistas y de periódicos proporcionan información actualizada sobre hechos y otros temas.

Imagina que estás pensando en comprar un carro nuevo. Hay muchos carros para elegir. Una forma de hallar información actualizada acerca de las opciones disponibles es leer un artículo de una revista de automóviles. Los artículos de revistas son buenos lugares para hallar información acerca de diversos temas. Los artículos periodísticos dan información sobre acontecimientos actuales. Si quieres saber lo que está pasando en el mundo que te rodea, un periódico es una buena fuente de información.

Objetivos de la lección

Serás capaz de:

- explicar las características del texto y de las gráficas y su función.
- leer artículos de revistas y de periódicos para obtener información.

Destrezas

- **Destreza principal:** Evaluar contenido de distintos formatos
- **Destreza de lectura:** Analizar la estructura del texto

Vocabulario

encabezado
epígrafe
firma
gráfica
leyenda
material visual
título

Artículos de revistas y de periódicos

Cuando lees un artículo de una revista o de un periódico, estás leyendo para informarte de algo. También puedes leerlos porque el tema te interesa, pero tu objetivo principal es obtener información. Los artículos de revistas y de periódicos generalmente tienen las siguientes características:

- Un título, que dice de qué se trata el artículo
- Una **firma**, que dice quién escribió el artículo
- Los encabezados, que presentan la idea principal de cada sección del artículo
- Fotografías, ilustraciones, y epígrafes, que te ayudan a visualizar las ideas del texto
- Los artículos de revistas y de periódicos pueden dividirse en dos o más columnas. Lee toda la columna de la izquierda primero. Luego, pasa a la columna de la derecha.

Cuando lees un artículo de una revista o de un periódico, es probable que leas acerca de ideas nuevas o ideas con las que no estés familiarizado. Estas son algunas maneras en las que puedes comprender la información:

- Lee el título o el titular. Esto te dirá rápidamente sobre qué trata el artículo.
- Lee los encabezados. Hacen referencia a las ideas principales del artículo.
- Busca la idea principal de cada sección. A menudo las ideas principales se enuncian en la primera o en la última oración de una sección.
- Utiliza las fotografías, ilustraciones y demás elementos visuales para representar la información.

PARTES DEL TEXTO: ENCABEZADOS Y EPÍGRAFES

Los artículos de revistas y de periódicos tienen partes específicas, como los encabezados y los epígrafes. Un **encabezado** es una oración breve, por lo general escrita en negrita, que indica una idea importante. A menudo los encabezados pueden servir para establecer objetivos de lectura. Para hacer esto, convierte los encabezados en preguntas.

Encabezado: Formas de conservar el agua
Pregunta: ¿Cuáles son algunas formas de conservar el agua?

Los **epígrafes** son las palabras que están debajo de un **elemento visual**, como una fotografía o una ilustración. Estas palabras explican el elemento visual y ayudan a entender la relación entre ese elemento y el texto.

Observa el siguiente pasaje de un artículo de revista. En primer lugar, convierte el encabezado en una pregunta para establecer un objetivo de lectura. Luego, identifica la información nueva que ofrece el epígrafe.

Trenes que vuelan

Los aviones no son la única manera de volar. Los trenes de alta velocidad de hoy en día van tan rápido que a veces vuelan, alcanzando velocidades de más de 300 millas por hora. Algunos viajan sobre rieles y otros realmente vuelan; unos poderosos imanes hacen que el tren se desplace sobre los rieles sin tocarlos.

En 2007, un tren TGV especial alcanzó una velocidad de 357 millas por hora.

Una de las preguntas que se pueden formar a partir del encabezado es "¿Cuáles son los trenes que vuelan?". La nueva información que ofrece el epígrafe es: "En 2007, un tren TGV especial alcanzó una velocidad de 357 millas por hora".

CONEXIÓN CON LA
TECNOLOGÍA

Publicaciones digitales

La mayoría de los periódicos y revistas —locales, regionales, nacionales e internacionales— hoy en día están disponibles en Internet. Pero en algunos casos debes suscribirte para poder acceder a la versión en línea.

Las partes especiales de estos textos —encabezados, epígrafes y materiales visuales— también se encuentran en las revistas digitales y los periódicos digitales.

Uno de los beneficios que brindan las publicaciones digitales es que las noticias se pueden publicar cuando el hecho acaba de ocurrir en vez de un día o una semana después. Otra ventaja es que pueden incluir una mayor cantidad de artículos y de mayor extensión que las versiones impresas.

Busca un artículo de periódico o de revista sobre un hecho de actualidad. Luego, utiliza un motor de búsqueda para buscar un artículo en línea sobre ese mismo hecho. En un cuaderno, haz un resumen de toda la información nueva que encontraste en el artículo en línea.

Destreza de lectura
Analizar la estructura del texto

Antes de leer un artículo de un periódico o de una revista, lee los encabezados que aparecen arriba de cada sección. Ellos te darán una idea de lo que trata el artículo.

También puedes utilizar los encabezados para encontrar información específica. Por ejemplo, si estás leyendo un artículo sobre un carro y quieres sabes en qué colores está disponible, busca encabezados como "opciones de color". Luego puedes leer solo esa sección para encontrar la información que necesitas.

Siempre observa las fotos y los epígrafes que acompañan el texto. Los autores los usan para reforzar las ideas importantes o para proporcionar información adicional.

En un cuaderno, enumera los encabezados que tiene el artículo de esta página. Luego, escribe una nota breve acerca de la información que encontraste en cada sección del texto.

Instrucciones: Lee el siguiente artículo en el que se revelan nuevos descubrimientos sobre la muerte del emperador Napoleón. Luego contesta las preguntas que siguen.

El poderoso líder Napoleón pudo haber sido envenenado

¿Fue un asesinato?

El emperador francés Napoleón murió en 1821, en la plenitud de su vida. Fue uno de los líderes europeos más poderoso de todos los tiempos y terminó sus días en el exilio como una figura trágica. La historia nos dice que la causa de su muerte fue un cáncer de estómago. Pero algunos hallazgos recientes sugieren que fue asesinado.

Nuevos hallazgos

En el libro *El asesinato de Napoleón*, Sten Forshufvud, un autor sueco, argumenta que Napoleón fue envenenado por su rival de toda la vida y compañero oficial, el conde Charles Tristan de Montholon.

Napoleón fue un famoso emperador francés.

Las pruebas confirmarían que se trató de una intoxicación por arsénico. La autopsia reveló que el hígado tenía un tamaño mayor del normal, un claro signo de sobredosis de arsénico. Mientras estaba en el exilio en la isla de Santa Elena, Napoleón mostró síntomas de envenenamiento crónico por arsénico. Su familia informó que se quejaba de somnolencia, insomnio, hinchazón de pies y aumento de peso.

Pruebas sorprendentes

El Dr. Forshufvud analizó químicamente algunos mechones de cabello de Napoleón y encontró rastros de arsénico.

Pero la prueba más sorprendente de que se trató de un asesinato salió a la luz en 1840. El cuerpo de Napoleón fue trasladado a París. Cuando se abrió el ataúd, los investigadores se sorprendieron al encontrar un cuerpo bien conservado en lugar de huesos y polvo. Uno de los efectos más inusuales del arsénico es que vuelve mucho más lento el deterioro de los tejidos vivos.

ESCRIBIR PARA APRENDER

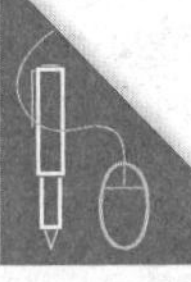

Resume el artículo sobre Napoleón. Resumir es volver a contar los puntos principales con tus propias palabras. Utiliza los encabezados para asegurarte de que has incluido las ideas más importantes.

APLICA LA LECTURA

Instrucciones: Responde las preguntas en un cuaderno.

1. ¿De qué se trata este artículo? ¿Cómo lo sabes?
2. ¿Cuál fue la prueba más sorprendente para confirmar la hipótesis del Dr. Forshufvud? ¿Dónde hallaste esa información en el artículo?
3. ¿Quién está representado en el cuadro? ¿Cómo lo sabes?

Instrucciones: Lee este artículo de periódico y estudia la tabla. Observa las partes del texto. Escribe una oración en la que expliques por qué cada parte es útil.

EL PERIÓDICO DE BAKERSVILLE
Miércoles, 22 de junio de 2014

Más adultos regresan a la universidad,
por Rodney Donaldson

Por primera vez en la historia hay más estudiantes a tiempo parcial matriculados en las universidades que estudiantes a tiempo completo. La mayoría de estos estudiantes a tiempo parcial son personas de entre 25 y 45 años que trabajan, y muchos de ellos tienen hijos.

A veces, ser adulto es mejor

Las universidades se enorgullecen de acoger a estos nuevos estudiantes adultos, pues aportan una especie de madurez a sus campus que los estudiantes más jóvenes no siempre poseen. Debido a las responsabilidades laborales y familiares que tienen, a menudo los estudiantes adultos son mejores estudiantes y más disciplinados que los más jóvenes.

Volver a clases

Los adultos regresan a la universidad por diversas razones. Algunos de los que ya tienen títulos toman clases para profundizar sus conocimientos en un área determinada. Otros adultos diplomados regresan a la universidad para cambiar de profesión o para obtener otro título. Las universidades se muestran especialmente interesadas en este tipo de estudiantes.

La experiencia cuenta

Algunas universidades ofrecen créditos a los estudiantes por su experiencia de vida. Les dan créditos por el trabajo que hicieron, ya sea como empleados o como voluntarios. Otras universidades modifican los requisitos para los estudiantes que estudian carreras de artes liberales. La experiencia de un adulto mayor es más amplia que la de un estudiante de primer año; por lo tanto, se necesita menos tiempo para establecer un programa de estudio.

La siguiente gráfica refleja el aumento en el número de adultos que regresan a la universidad para estudiar.

Inscripción total del primer semestre en las universidades, por edad: Años seleccionados: de 1990 a 2016
[en miles]

Año	1990	1995	2000	2005	2007	2010	2015[1]
Total	13,819	14,262	15,312	17,487	18,248	21,016	22,612
de 14 a 17 años	177	148	145	187	200	211	211
de 18 a 19 años	2,950	2,894	2,531	3,444	3,690	4,119	4,282
de 20 a 21 años	2,761	2,705	3,045	3,563	3,570	4,052	4,278
de 22 a 24 años	2,411	2,411	2,617	3,114	3,280	3,674	4,083
de 25 a 29 años	1,982	2,120	1,960	2,469	2,651	3,196	3,510
de 30 a 34 años	1,322	1,236	1,265	1,438	1,519	1,823	2,083
35 años o más	2,484	2,747	2,749	3,272	3,339	3,941	4,165

[1] Datos estimados

Table Source: U.S. Department of Education, National Center for Education Statistics.(2011). Digest of Education Statistics, 2011, Table 200.

Destreza principal
Evaluar contenido de distintos formatos

Las **gráficas** sirven para comparar información. Para entender una gráfica, comienza leyendo el título. Te dirá el tema de la gráfica. Luego, lee la **leyenda**, es decir, la referencia. Te ayudará a entender lo que se está mostrando.

Una **gráfica circular** se divide en secciones que parecen las porciones de un pastel. Generalmente las secciones tienen distintos colores. Muestran las partes que componen el conjunto.

Una **gráfica de barras** es una gráfica que muestra cantidades. Una gráfica de barras se utiliza para comparar dos o más valores.

Una **gráfica lineal** utiliza puntos conectados por una línea para mostrar cómo un valor cambia con el tiempo.

Haz una gráfica lineal en la que muestres la cantidad de personas inscriptas en las universidades. Utiliza los datos de la fila "Total". Redondea los números al millón más cercano. (Por ejemplo, **13.819 × 1.000** se redondea a **14** millones de dólares).

En la gráfica, muestra los años **1990**, **1995**, etc., en el eje horizontal. Muestra la cantidad de estudiantes (**2** millones, **4** millones, etc.) en el eje vertical. Pon un título a tu gráfica.

APLICA LA LECTURA

Instrucciones: Responde las siguientes preguntas.

1. Inspecciona los encabezados. ¿En qué sección encontrarás información sobre los créditos que las universidades otorgan a los estudiantes por su experiencia de vida? ____________

2. Según la tabla, ¿qué grupo de adultos es más probable que tenga el mayor número de matriculados en la universidad en el año **2016**? ____________

Repaso de vocabulario

Instrucciones: Empareja estos términos con sus definiciones.

1. ______ encabezado
2. ______ epígrafe
3. ______ firma
4. ______ gráfica
5. ______ leyenda
6. ______ material visual

A. explicación de una fotografía o de otro material visual

B. información en forma de imagen o diagrama

C. palabras que indican quién escribió un artículo

D. material visual en el que se comparan cifras

E. frase que se encuentra arriba en una sección de texto y que refiere a la idea principal

F. clave que explica lo que representan los símbolos

Repaso de destrezas

Instrucciones: Lee el artículo y estudia la gráfica que se incluye en el artículo. Luego, responde las preguntas que siguen.

¿LOS RESTAURANTES DEBEN OFRECER INFORMACIÓN NUTRICIONAL?

El número creciente de casos de adolescentes y adultos que sufren problemas de sobrepeso ha provocado que muchos estados estén considerando la posibilidad de exigir a los restaurantes que publiquen la cantidad de calorías que tiene la comida que ofrecen. Esta ley obligaría a los restaurantes de comida rápida a publicar la cantidad de calorías de cada plato en el menú. Los legisladores confían en que la publicación de esta información nutricional hará que las personas elijan alimentos más nutritivos o saludables.

La importancia del menú con información

Según estudios recientes, la cantidad de personas que sufren de diabetes está batiendo cifras récord. El aumento de esta enfermedad se debe a la elección nutricional de las personas, que comen cada día más y más. Por desgracia, cuando las personas comen fuera de su casa, a menudo toman malas decisiones. Consumen más calorías, grasa y sal que en sus casas. El hecho de que la información nutricional aparezca en los menús puede hacer que las personas tomen decisiones más inteligentes y ayudar así a reducir el aumento de la diabetes.

Tu derecho a saber

Las personas que apoyan la inclusión de información nutricional en el menú dicen que es un derecho del consumidor saber lo que está comiendo. Sin esta información, no hay manera de saber cuántas calorías se están consumiendo ni qué cantidad de grasa o sal tienen los platos de los restaurantes. La ropa que llevas tiene etiquetas. Si compras comida en una tienda de comestibles, tiene una etiqueta nutricional informativa. Las personas que comen fuera de casa también deben tener el mismo acceso a la información.

Tomar mejores decisiones

Nueva York es un estado que exige a los restaurantes publicar la información nutricional de sus platos. El ochenta y seis por ciento de los neoyorquinos estaban a favor de incluir esta información a los menús. El ochenta y seis por ciento también se sorprendió por la cantidad de calorías que tenían los alimentos que habían pedido. El noventa y siete por ciento dijo que eran más altos de lo esperado. Publicar esta información ayuda a las personas a tomar decisiones más responsables. Un estudio realizado en una cadena de comida rápida muy popular mostró que las personas ordenaron un promedio de 52 calorías menos cuando se publicó la información nutricional correspondiente. ¿Quién sabe? Tal vez tú también pienses dos veces qué plato elegir cuando puedas conocer exactamente cuántas calorías suma a tu dieta una porción extra grande de papas fritas.

Repaso de destrezas (continuación)

Instrucciones: Estudia esta gráfica, que muestra las respuestas de las personas a una encuesta en línea sobre la inclusión de información nutricional en los menús. Luego, responde las preguntas.

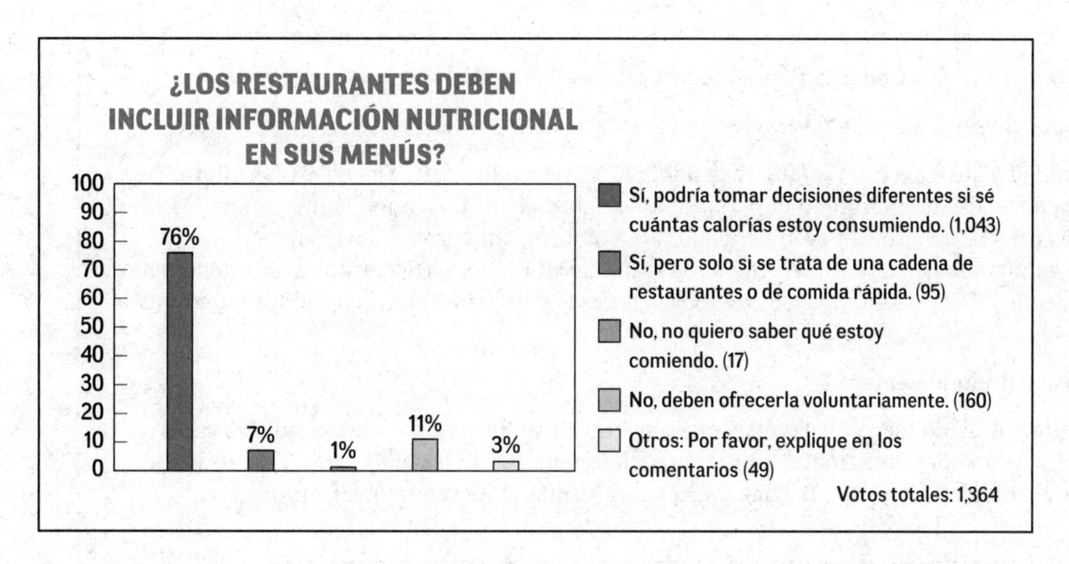

1. ¿En qué sección buscarías información sobre el modo en que la inclusión de información nutricional en el menú incide en la elección de alimentos que hacen las personas? ¿Cómo lo sabes?

____

____

2. ¿Cuáles son tres temas acerca de los que puedes esperar leer en este artículo?

____

____

3. ¿Qué muestra la encuesta en línea?

____

____

4. ¿Qué conclusión se puede sacar de la gráfica de barras?

   A. La mayoría de las personas toman mejores decisiones cuando hay información nutricional disponible.

   B. La mayoría de las personas prefieren que los menús no incluyan información nutricional.

   C. La mayoría de las personas creen que los restaurantes deben tener el derecho a decidir si publicar información nutricional o no.

   D. La mayoría de las personas no tienen ninguna opinión sobre la inclusión de información nutricional en los menús de los restaurantes.

Práctica de destrezas

Instrucciones: Elige la mejor respuesta para cada pregunta. Para las preguntas **1** a **5**, consulta el siguiente artículo.

Cómo la fiebre del oro cambió California

Los sueños dorados dieron lugar a la diversidad

1 En la actualidad California es el estado más poblado y diverso del país. Las diversas culturas que viven en California se asentaron en el período de la fiebre del oro. Aunque la imagen de los mineros de la fiebre del oro es por lo general la de hombres con barba que visten camisas de trabajo, no es una imagen que represente a todas las culturas que participaron de este fenómeno. En la década de 1850, estadounidenses de todas las razas y orígenes fueron a California en busca de oro.

Buscadores de oro del mundo entero

2 Los estadounidenses no fueron los únicos que viajaron a California procurando riquezas. Los buscadores de oro vinieron de todo el mundo con la esperanza de hacerse ricos. Vinieron de México, Perú, Irlanda, Alemania, Bélgica y China. El resultado fue una población diversa.

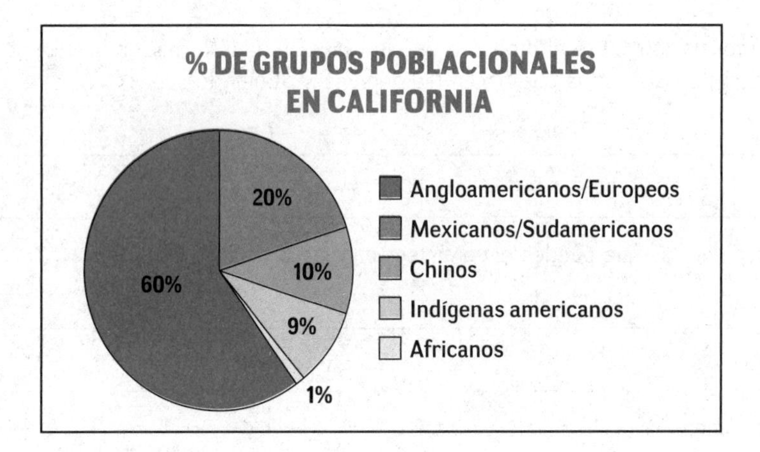

3 Aunque muchas personas viajaron a California con sueños dorados, la mayoría se defraudó. La vida en las minas era dura, y muchos mineros no hallaron oro. La vida era especialmente difícil para los mineros de otras partes del mundo. Los mineros extranjeros tenían que pagar impuestos que no les correspondían a los mineros estadounidenses. Muchos de ellos fueron hostigados o maltratados por los mineros estadounidenses. Aun así, muchos se quedaron en los pueblos y ciudades de California que crecieron gracias a la fiebre del oro.

Práctica de destrezas (continuación)

1. En el párrafo 2, el autor dice que los buscadores de oro "vinieron de México, Perú, Irlanda, Alemania, Bélgica y China. El resultado fue una población diversa".

   ¿Qué quiere decir diversa en esta frase?

   A. que tienen un lenguaje y una experiencia similares
   B. que tienen distintos niveles educativos
   C. que vienen de distintas clases económicas
   D. que tienen muchos orígenes étnicos y culturales

2. ¿Cuál sería el mejor título para el párrafo 3?

   A. Sueños rotos
   B. Viajar a California
   C. Hacerse ricos
   D. California hoy

3. ¿Cómo afectó la fiebre del oro a la población de California?

   A. Se redujo, porque las personas que no encontraban oro se iban.
   B. Se hizo más diversa, porque llegaron personas de todo el mundo.
   C. Se hizo menos diversa, porque las personas tenían que pagar impuestos.
   D. No se modificó.

4. ¿Cuál es el propósito del autor en este artículo?

   A. persuadir a las personas de buscar oro
   B. contar historias humorísticas sobre la fiebre del oro
   C. dar información sobre la fiebre del oro
   D. explicar cómo hallar oro

5. ¿Qué grupo o grupos conformaban el segundo mayor porcentaje de habitantes de California en 1852?

   A. chinos
   B. indígenas americanos
   C. mexicanos/sudamericanos
   D. angloamericanos/europeos

Práctica de escritura

Instrucciones: Escribe la reseña de un artículo de periódico o de revista que hayas leído recientemente o de uno de los artículos de esta lección. Incluye un breve resumen de la información que se ofrece en el artículo. Luego, indica claramente tu opinión sobre el artículo, ya sea positiva o negativa. Incluye ejemplos para apoyar tu opinión. Termina con una conclusión que reitere tu opinión.

LECCIÓN
2.3

Textos técnicos

Objetivos de la lección

Serás capaz de:

- determinar el propósito del autor.
- obtener evidencia del texto.

Destrezas

- **Destreza principal:** Sacar conclusiones
- **Destreza de lectura:** Interpretar palabras y frases de un texto

Vocabulario

consumidores
diagrama
proceso
reglamento
técnico

CONCEPTO CLAVE: Un texto técnico es un documento que proporciona información sobre un tema especializado a un grupo determinado de personas.

¿Alguna vez has utilizado instrucciones para instalar un software en tu ordenador o para cambiar el cartucho de tinta en una impresora? Si es así, ya estás familiarizado con algunos tipos de textos técnicos. Los manuales de instrucciones, los diagramas de flujo en los ámbitos laborales y las garantías de los productos son todos textos técnicos. Estos textos son herramientas útiles para comprender temas específicos, en general vinculados al trabajo.

Determinar el propósito del autor en textos técnicos

Un texto **técnico** proporciona información detallada sobre un tema especializado. El propósito del texto es proporcionar instrucciones profesionales para un grupo específico de lectores. Un ejemplo de texto técnico sería el diagrama de flujo de un proceso. Estas gráficas muestran un **proceso**, es decir, una serie de acciones, que se repite en un entorno de negocios o técnico. Por ejemplo, el diagrama de flujo del proceso de trabajo de la central de llamadas de un comerciante minorista en línea podría comenzar con una llamada telefónica. Las entradas de la tabla serían entonces una serie que se responden con *sí* o *no*, como "¿Tiene esa mercancía en stock?" y "¿Quiere que la entrega se efectúe al día siguiente?".

Utilizar la estructura del texto para determinar el propósito del autor

Al igual que sucede con los libros de texto y otros materiales educativos, el propósito principal de un texto técnico es informar y explicar. Pero los textos técnicos explican cómo realizar procedimientos específicos o ciertos procesos de trabajo. El texto puede incluir instrucciones y definiciones de términos técnicos. Puede incluir características del texto como pasos numerados, listas con viñetas, ilustraciones y **diagramas**, es decir, dibujos técnicos. Estas características del texto hacen que la información sea más fácil de entender y refuerzan las instrucciones del documento.

Hay varios tipos de textos técnicos. Cada tipo tiene una estructura o formato que se ajusta a la finalidad de ese texto. Un diagrama de flujo de proceso utiliza texto y símbolos para describir un proceso. Los manuales de instrucciones a menudo incluyen pasos numerados y gráficas. Los textos de **reglamentos** o normas están divididos en secciones que utilizan números y letras para mostrar el orden de las ideas. La información para el consumidor da información sobre productos a los **consumidores**, es decir, las personas que compran algo. Por ejemplo, la etiqueta de una caja de analgésicos podría informar a los consumidores sobre los efectos de las dosis y los posibles efectos secundarios de la droga.

INTERPRETAR PALABRAS Y FRASES EN TEXTOS TÉCNICOS

Tanto la estructura como el lenguaje de un texto técnico reflejan el propósito del texto. Por esta razón, algunas palabras y frases del texto serán técnicas y específicas del tema. Estas palabras pueden ser desconocidas para muchos lectores. Para asegurarse de que el mensaje del texto sea claro, las palabras y frases que acompañan el vocabulario técnico deben ser simples y directas.

Examina la siguiente información de un manual de instrucciones para instalar una lavadora. El paso número 7 que se muestra a continuación explica cómo conectar las mangueras de la lavadora al grifo de agua. Al leer el texto, considera las siguientes preguntas: ¿Qué palabras son específicas de este manual de instrucciones? ¿En qué parte el escritor utiliza deliberadamente una redacción sencilla y clara para que el texto sea fácil de entender? ¿Qué símbolos e ilustraciones ayudan a clarificar el proceso?

En un cuaderno, enumera dos ejemplos de cada una de estas características: vocabulario específico, redacción simple y elementos gráficos.

7. CONECTAR LAS MANGUERAS AL GRIFO DE AGUA

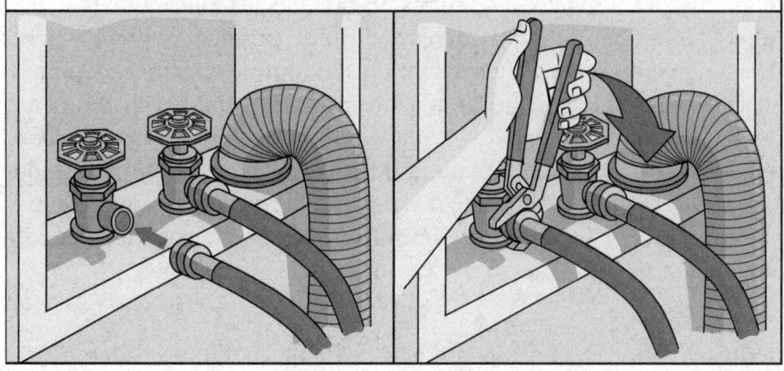

Utilice las mangueras de entrada para conectar la lavadora a los grifos de agua.

Primero, conecte la manguera al grifo de agua caliente. Atornille el acoplamiento hasta que quede firme. Ajuste el acoplamiento con los alicates. Repita el procedimiento para conectar la segunda manguera al grifo de agua fría.

IMPORTANTE: No use cinta o selladores en la válvula. Podría causar daños.

El vocabulario específico en este documento técnico incluye "mangueras de entrada" y "acoplamiento". La redacción parece simple porque las oraciones son muy cortas. Las flechas de la ilustración muestran exactamente lo que indican las instrucciones.

Destreza de lectura
Interpretar palabras y frases de un texto

Los textos técnicos suelen incluir términos clave que son específicos del tema. En el manual de instrucciones para la instalación de una lavadora, hay que entender el significado de *entrada* y *acoplamiento* para lograr la tarea que se indica.

Cuando te encuentras con una palabra técnica, prueba utilizar claves de contexto y elementos gráficos para determinar el significado de la palabra. Si no puedes determinarlo, también puedes hallar el significado de una palabra haciendo una búsqueda en línea.

Busca la información para el consumidor sobre el producto que compraste. Si no tienes el manual de uso, normalmente puedes encontrar esa información en el sitio web del fabricante.

Inspecciona el texto para hallar palabras o términos que no conozcas. Luego, lee el texto que lo acompaña para ver si puedes hallar el significado de esas palabras. Escribe las palabras que no conozcas y tus definiciones en tu cuaderno. Por último, haz una búsqueda en línea para corroborar las definiciones que has creado.

Destreza principal
Sacar conclusiones

Para entender lo que estás leyendo, a menudo debes leer entre líneas, es decir, pensar en lo que el escritor quiere que entiendas. Cuando utilizas la información suministrada por el escritor y tu propia experiencia para formar una nueva idea, estás sacando una conclusión.

Estudia el siguiente reglamento vial. Busca datos y detalles que te permitan llegar a una conclusión sobre la necesidad de este reglamento. En un cuaderno, enuncia la conclusión a la que llegaste acerca de por qué se creó este reglamento. Luego, haz una lista de varios de los datos que utilizaste como evidencia para sacar tu conclusión. Por último, escribe una oración en la que digas cómo tu propio conocimiento y experiencia fueron útiles para llegar a la conclusión.

Ley de seguridad sobre conductores distraídos de 2004

A partir del 1.º de julio de 2004 se prohíbe a automovilistas utilizar teléfonos celulares o cualquier otro dispositivo electrónico mientras conducen en el Distrito de Columbia, a menos que el teléfono o dispositivo esté equipado con un accesorio de manos libres. Esta ley de 2004 está diseñada para mejorar la seguridad vial en Washington DC.

Sacar conclusiones

Cuando se lee, a menudo se sacan conclusiones sobre las personas, los acontecimientos y las ideas presentes en el texto. Una conclusión es una opinión o decisión que te formas después de pensar en lo que has leído. Para llegar a una conclusión, debes utilizar la evidencia del texto, seleccionando los datos y los detalles que te ayudarán a tomar una decisión. Puedes sumar tu propia experiencia y conocimiento a esta evidencia con el fin de llegar a una conclusión.

Reglamento del Servicio de Parques Nacionales **del** 23/01/2012

ACCIÓN	**Reglamento definitivo**
RESUMEN	**Este reglamento establece que las rutas y los vehículos todoterreno tendrán un uso limitado dentro del Cabo Hatteras, con el fin de proteger y preservar los recursos naturales y culturales de la zona costera, ofrecer a los visitantes una visita segura y minimizar los conflictos entre los usuarios.**

El reglamento del Servicio de Parques Nacionales establece que el uso de vehículos todoterreno sea limitado con el fin de proteger los recursos naturales y ofrecer una visita segura a los visitantes del parque. Después de analizar la información, se puede concluir que los funcionarios del Servicio de Parques Nacionales consideraban que los visitantes del Cabo Hatteras utilizaban los vehículos todoterreno de una manera que no era segura. También se puede concluir que el uso de estos vehículos dañaba las dunas de arena de la playa, así como otros recursos naturales. Por último, se puede concluir que la nueva reglamentación es un esfuerzo para resolver estos problemas.

Instrucciones: Observa el prospecto médico de abajo. En un cuaderno, escribe una conclusión que puedas sacar de este documento. Utiliza las gráficas y la evidencia del texto junto a tu propio conocimiento y experiencia para sacar una conclusión.

INFORMACIÓN DEL MEDICAMENTO

Ingrediente activo (en cada tableta):	***Acción terapéutica:***
Maleato de clorfeniramina, 2 mg.	antihistamínico

Usos: Alivia temporalmente los siguientes síntomas causados por la fiebre del heno y otras alergias respiratorias del tracto superior:
- picazón en la garganta o en los ojos
- estornudos
- secreción nasal
- ojos llorosos

Instrucciones: Estudia los dos documentos de esta página. En un cuaderno, enuncia el propósito del autor de cada texto. Luego, haz una lista de varias palabras técnicas de las que debes conocer el significado para entender el documento.

Comparar palabras y frases en textos técnicos y otros textos informativos

El vocabulario técnico acompañado por texto simple es una característica común de los documentos técnicos y otros textos informativos. Además, los estilos de formato utilizados en textos técnicos (viñetas, subtítulos y negritas) también se utilizan en estos textos. Puedes aplicar las destrezas que usas para leer textos técnicos en la lectura de otros textos informativos.

Instrucciones: Observa los siguientes textos. Se muestran algunas semejanzas entre el texto técnico y el texto informativo. En un cuaderno, escribe una de las diferencias entre el manual de instrucciones y la receta.

Manual de instrucciones para recargar la batería de una cámara	Semejanzas	Receta de pan de maíz bajo en calorías
1. Abra el compartimento. 2. Coloque la batería en el cargador de batería. 3. Enchufe el cargador a una toma de corriente.	• pasos numerados • términos específicos de la tarea • uso del modo imperativo	1. Precaliente el horno a 350 grados. Engrase ligeramente un molde para hornear de 8 x 8 pulgadas. 2. En un bol, mezcle 1 taza de harina, 1 taza de harina de maíz, ¼ taza de azúcar, 1 cucharada de bicarbonato de sodio y ½ cucharada de sal. 3. Mezcle 2 claras de huevo, 1 taza de leche descremada y ¼ taza de puré de manzana. Una la mezcla húmeda con la seca y revuelva hasta lograr una preparación homogénea.

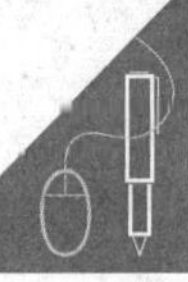

ESCRIBIR PARA APRENDER

Escribe las instrucciones para un proceso que hagas a menudo en tu casa, en el trabajo o en la escuela. Sigue los ejemplos que se muestran en esta página.

Después de completar tus instrucciones, recorre mentalmente el proceso para asegurarte de que has incluido todas las medidas necesarias y que has puesto los pasos en orden.

APLICA LA LECTURA

Instrucciones: Responde las preguntas.

1. ¿Cuál de las siguientes listas de palabras esperarías encontrar en un reglamento de importación de cítricos de Uruguay a EE.UU.?
   - A. monitorear, inspeccionar, requerir, permitir
   - B. conectar, medir, adjuntar, repetir
   - C. utilizar, doctor, ingredientes, dosis
   - D. preguntar, decidir, cheque, completar

2. ¿Cómo está organizada la información en un manual de instrucciones?
   - A. Los símbolos y las palabras muestran sucesos que se repiten.
   - B. Un esquema muestra las relaciones entre las características del texto.
   - C. Las secciones numeradas muestran el orden y la importancia de la información.
   - D. El lenguaje poético ayuda a explicar los términos específicos.

Repaso de vocabulario

Instrucciones: Empareja estos términos con sus definiciones.

1. ______ consumidores		A. dibujo
2. ______ diagrama		B. leyes o reglas
3. ______ proceso		C. serie de pasos
4. ______ reglamento		D. compradores

Repaso de destrezas

Instrucciones: Estudia este pasaje de un manual de instrucciones. Luego, responde las preguntas.

6. Coloque las tablas

Una vez que haya sacado los escombros del suelo, puede comenzar a colocar el piso. Utilice la línea de tiza como guía para colocar su primera tabla larga en el suelo. Haga agujeros en cada extremo de la tabla y clávelas. Esto proporcionará una base sólida para hacer coincidir las tablas restantes.

Elija tablas de longitudes diversas para que su piso se vea más variado. Cada tabla está ranurada, lo cual permite que se deslice fácilmente y pueda colocarse en su lugar.

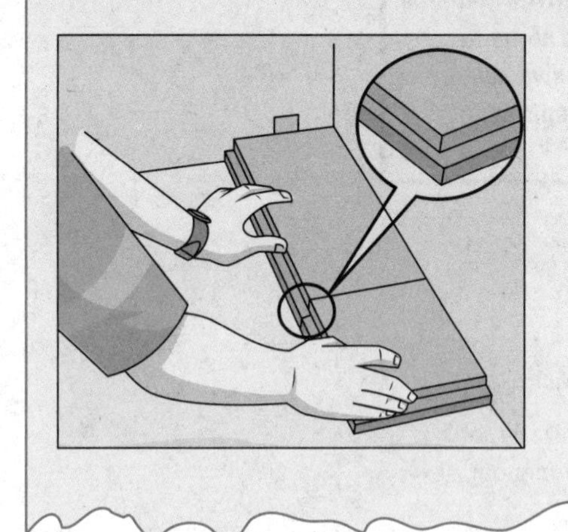

1. ¿Dónde es más probable hallar esta información?

____

2. ¿Por qué este paso incluye una ilustración?

____

3. ¿Cuáles son tres palabras o frases técnicas que se utilizan para describir el proceso?

____

Práctica de destrezas

Instrucciones: Responde las siguientes preguntas.

1. ¿Cuál es el propósito de un documento técnico?
   - **A.** convencer a los lectores de que un determinado punto de vista es correcto
   - **B.** entretener con una historia atractiva
   - **C.** proporcionar datos e información sobre la vida de una persona
   - **D.** proporcionar información sobre un tema especializado

2. ¿Cómo se estructura generalmente un texto técnico?
   - **A.** Siempre tiene pasos numerados.
   - **B.** El formato varía según la finalidad del texto.
   - **C.** Un documento técnico no necesita ilustraciones.
   - **D.** Se organiza de modo tal que los lectores no tengan que sacar conclusiones.

3. ¿Cuál es una de las mejores maneras de determinar el significado de una palabra en un texto técnico?
   - **A.** Buscar claves de contexto en las oraciones que contienen las palabras clave.
   - **B.** Omitir la palabra y continuar leyendo el resto del texto.
   - **C.** Extraer la palabra de la oración y seguir leyendo.
   - **D.** Sustituir esa palabra con otras hasta que la frase recobre sentido.

4. ¿Por qué es importante que la información para el consumidor se presente con claridad?

   ____

   ____

Práctica de escritura

Instrucciones: Elige un proyecto que requiera el uso de un documento técnico. Busca un documento técnico que te guíe a través de los pasos de tu proyecto. En un ensayo, analiza el formato de este documento técnico y explica cómo ese formato te ayuda a entender la información. Ten en cuenta el lenguaje, las gráficas y la organización del documento.

CAPÍTULO 2

Repaso

Instrucciones: Elige la mejor respuesta para cada pregunta. Para las preguntas **1 a 4**, consulta el siguiente pasaje.

Halcón Negro, el famoso jefe de los sauks, se negó a irse de Illinois después de que los blancos llegaran a ese territorio a finales del siglo XVIII. Cuando las tribus sauk y fox cedieron sus tierras al gobierno de Estados Unidos en 1804, Halcón Negro no estuvo de acuerdo con el contrato que se les proponía. Él creía que los hombres blancos habían embriagado con aguardiente a los caciques con el fin de engañarlos. Los caciques aceptaron firmar el contrato, pero Halcón Negro estaba convencido de que en verdad no querían renunciar a sus tierras.

El punto culminante de la resistencia de los sauks ocurrió durante la Guerra de Halcón Negro. En 1832 la tribu de Halcón Negro resistió en Illinois y Wisconsin. Las otras tribus se habían ido a las reservas del oeste. La Guerra de Halcón Negro no duró mucho tiempo, y las bajas de ambos bandos fueron pocas. Halcón negro y su tribu eran guerreros valientes, pero fueron derrotados. Halcón Negro y sus hijos fueron enviados junto a su tribu a una reserva cerca de Fort Des Moines.

La historia de Halcón Negro sigue viva gracias a su amor por la tierra. "Cuídenla como lo hicimos nosotros", dijo a sus captores.

Fecha	Hecho importante
Finales del siglo XVIII	El hombre blanco llega a Illinois
1804	Los sauks y los fox ceden sus tierras
1832	

1. ¿Por qué Halcón Negro se niega a irse de su tierra?
   - A. La caza era mejor en Illinois que en Wisconsin.
   - B. El gobierno de Estados Unidos no tenía un contrato firmado.
   - C. Consideraba que los otros caciques habían sido engañados para ceder sus tierras.
   - D. Había ganado las tierras de los fox en la Guerra de Halcón Negro.

2. ¿Cómo demostró Halcón Negro su amor por la tierra?
   - A. Luchó por su tierra.
   - B. Renunció a su tierra.
   - C. Fue derrotado en la batalla.
   - D. Bebió aguardiente antes de firmar el contrato.

3. ¿Qué afirmación debería aparecer en la columna "Hecho importante" para **1832**?
   - A. La historia de Halcón Negro sigue viva.
   - B. Estalló la Guerra de Halcón Negro.
   - C. Halcón Negro no aceptó el contrato.
   - D. Los caciques bebieron aguardiente y cedieron sus tierras.

4. ¿Qué podría haber pasado si Halcón Negro hubiera ganado la guerra?
   - A. Habría sido liberado por el gobierno de Estados Unidos.
   - B. Podría haberse trasladado a otra reserva.
   - C. Sus hazañas habrían pasado a la historia.
   - D. Podría haber conservado su tierra.

Repaso

Instrucciones: Para las preguntas 5 a 8, consulta el siguiente artículo de una revista.

La publicidad tiene un papel vital en la economía de la nación. Los estadounidenses gastan más de 149 mil millones de dólares al año en este sector. Ningún otro país del mundo invierte tanto en publicidad como lo hace Estados Unidos.

La publicidad está presente en los medios de comunicación, desde los periódicos a los carteles de la vía pública. Alrededor del 85 por ciento (es decir, 85 centavos por cada dólar) de la publicidad de los periódicos es pagada por empresas y particulares locales. La radio percibe alrededor del 70 por ciento de sus ingresos totales gracias a las publicidades locales. Los anunciantes nacionales, como los fabricantes de automóviles y las grandes compañías farmacéuticas, prefieren hacer publicidad en las revistas y en la televisión.

La siguiente gráfica muestra la cantidad de dinero que se gasta en los diferentes tipos de publicidad.

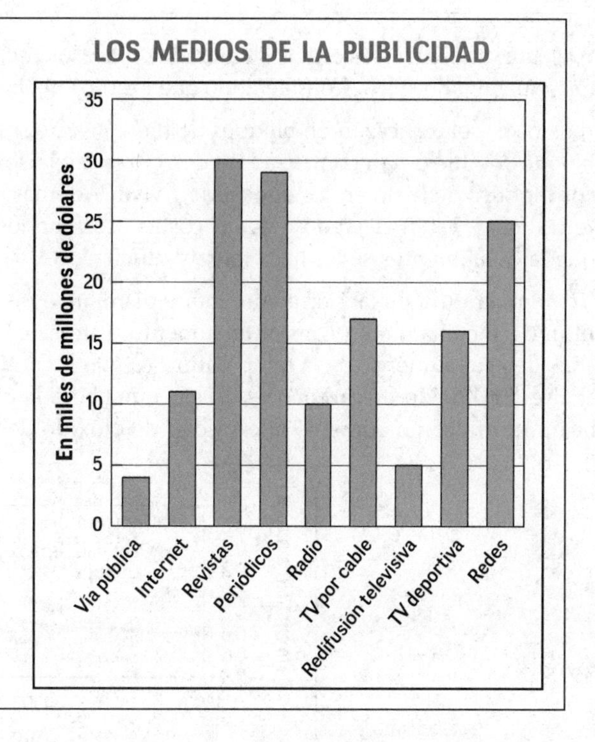

5. Si quisieras vender tu refrigerador, ¿cuál sería el mejor lugar para anunciarlo?
   - **A.** una radio
   - **B.** una revista
   - **C.** un periódico
   - **D.** la televisión

6. La compañía General Gadget Corporation quiere anunciar a todo el país las novedades de su nueva línea de electrodomésticos. Según el artículo, ¿cuál sería la forma de publicidad más efectiva para dar a conocer los productos de la empresa?
   - **A.** la televisión
   - **B.** los periódicos
   - **C.** la vía pública
   - **D.** el correo postal

7. Según la gráfica, ¿cuál es el medio de comunicación en el que se invierte menos para hacer publicidad?
   - **A.** vía pública
   - **B.** redifusión televisiva
   - **C.** radio
   - **D.** Internet

8. ¿Cuál sería el mejor encabezado para el primer párrafo?
   - **A.** $149 mil millones al año
   - **B.** Una parte vital de la economía
   - **C.** Los tres tipos de medios más importantes
   - **D.** La publicidad en otros países

CAPÍTULO 2

Repaso

Instrucciones: Para las preguntas **9** a **12**, consulta el siguiente artículo de periódico.

Desde el año 2004, los estudios realizados sobre los osos polares han mostrado que cada vez más osos polares mueren ahogados. Considerando que los osos polares son buenos nadadores, ¿por qué ocurre esto?

Los osos polares cazan en bloques de hielo gigantescos. Como las temperaturas han aumentado, los bloques de hielo han comenzado a derretirse. Los osos polares se ahogan porque tienen cada vez menos bloques de hielo en los que cazar y vivir. Además, los animales que los osos polares cazan, como las focas, están alejándose de las costas. Con menos bloques de hielo en los que cazar, la búsqueda de alimentos se les hace larga y difícil.

La temperatura de la Tierra aumenta y disminuye de forma natural a lo largo del tiempo. Pero en los últimos años ha ido en constante aumento. Esto se conoce como calentamiento global. Una de las razones de este aumento de la temperatura es que ha aumentado la cantidad de dióxido de carbono en el aire. El dióxido de carbono es un gas que libera la quema de carbón y petróleo. La siguiente gráfica muestra cómo aumentó la cantidad de dióxido de carbono en el aire.

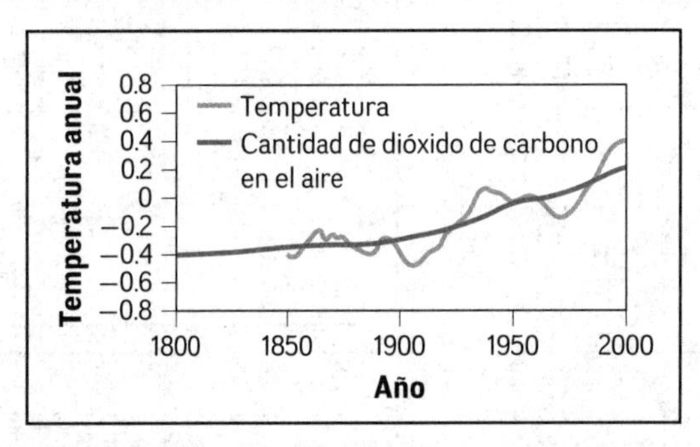

Un investigador del Ártico dijo: "Es un fenómeno que asusta a los nativos que viven en el Ártico. Muchos temen que sus hijos nunca puedan conocer al oso polar". Tal vez te estés preguntando por qué deberías preocuparte por los osos polares. Los osos polares son una de las especies que se ven afectadas directamente por el calentamiento global. Puesto que toda la vida de la Tierra se relaciona entre sí, puedes estar seguro de que los seres humanos también van a sentir algún día los efectos del calentamiento global.

9. ¿Por qué cada vez más osos polares mueren ahogados?

A. Tienen menos océano en el que nadar.
B. Las altas temperaturas hacen que para ellos sea más difícil nadar.
C. Los bloques de hielo en los que viven se están derritiendo.
D. Tienen menos comida disponible.

10. ¿Por qué el autor cita en su artículo a un investigador del Ártico?

A. para hacer que el artículo sea más largo
B. para apoyar su argumento con las palabras de un experto
C. para proporcionar un punto de vista diferente
D. para demostrar que su investigación era necesaria

11. Según el artículo, ¿qué podrían hacer las personas para ayudar a disminuir la cantidad de dióxido de carbono en el aire?

A. mantenerse alejadas de los bloques de hielo que se derriten
B. ayudar a los osos polares para que encuentren alimento más cerca del lugar en donde habitan
C. usar menos carbón y petróleo
D. aumentar la cantidad de dióxido de carbono que respiran

12. Según la gráfica, ¿qué ha sucedido con la cantidad de dióxido de carbono en el aire?

A. Ha disminuido.
B. Se ha mantenido igual.
C. Ha aumentado.
D. Aumentó y luego disminuyó.

Repaso

CAPÍTULO 2

Comprueba tu comprensión

En la siguiente tabla, encierra en un círculo las preguntas que hayas respondido de forma incorrecta. En la tercera columna, verás las páginas que puedes repasar para responder las preguntas correctamente. Presta particular atención a las áreas en las que no respondiste correctamente la mitad o más de la mitad de las preguntas.

Repaso del Capítulo 2

Lección	Número de pregunta	Páginas de repaso
Libros de texto y otros materiales educativos	1, 2, 3, 4	86–93
Artículos de revistas y de periódicos	5, 6, 7, 8, 9, 10, 11, 12	94–101

CAPÍTULO 2

Repaso

PRÁCTICA DE ESCRITURA DE ENSAYOS

Textos expositivos

Instrucciones: Escribe un pasaje de un texto informativo o explicativo en respuesta a una de las siguientes indicaciones. Repasa las lecciones 2.1 y 2.2 para obtener ayuda con la estructura y el propósito de este tipo de escritura.

LIBROS DE TEXTO Y OTROS MATERIALES EDUCATIVOS

Las personas que buscan información en profundidad sobre un tema suelen consultar bibliotecas y colecciones especializadas. Las bibliotecas digitales también proporcionan este tipo de información y son de fácil acceso si sabes dónde buscar.

En la biblioteca donde colaboras como voluntario, participas del comité que está creando una guía titulada "Cómo investigar sobre historia de Estados Unidos en línea". Estás escribiendo una sección de la Biblioteca del Congreso sobre la colección de historia de Estados Unidos. Visita el sitio web de la Biblioteca del Congreso (www.loc.gov). En la página principal, en la sección "Topics", haz clic en el enlace "American History". Estudia la información que se encuentra en esa página. Abre varios artículos para entender cómo funciona el sitio.

Luego, escribe dos párrafos en los que expliques a los lectores cómo utilizar el enlace "American History" del sitio web de la Biblioteca del Congreso. Describe el recorrido que hiciste para llegar a la colección de historia de Estados Unidos, da una breve descripción de cómo se organiza la colección y recomienda dos temas sobre los cuales los lectores pueden investigar en ese sitio.

ARTÍCULO DE REVISTA O DE PERIÓDICO

Los artículos de revistas y de periódicos proporcionan información actualizada sobre hechos locales, nacionales e internacionales. Los temas que abordan van desde la política y los asuntos internacionales a las ciencias y el mundo del espectáculo.

El trabajo que lleva adelante la Administración de Aeronáutica y del Espacio (NASA, por su sigla en inglés) se publica ampliamente en artículos de revistas y de periódicos. El sitio web de la NASA ofrece información sobre sus misiones actuales, pasadas y futuras relacionadas con la investigación y la tecnología espaciales. Visita el sitio web de la NASA (www.nasa.gov) y selecciona una de sus misiones actuales o futuras. Después de leer acerca de la misión, escribe un artículo de dos párrafos en el que describas la misión para una revista de noticias semanal. Explica por qué es importante esa misión y cuál será su contribución a la ciencia. Asegúrate de incluir un encabezamiento en el que digas claramente de qué se trata el artículo.

Repaso

CAPÍTULO 2

PRÁCTICA DE ESCRITURA DE ENSAYOS

CAPÍTULO

3

Textos persuasivos

¿Con qué problemas lidian tú y tus amigos? ¿Qué clase de problemas observas en la escuela o tu comunidad? ¿Te preocupan la contaminación y las especies animales en peligro de extinción? Tal vez estés preocupado por los indigentes y te preguntas qué puedes hacer para ayudar. ¿Te parece que se muestra demasiada violencia en las películas y la televisión? ¿Alguna vez se te ocurrió una idea para mejorar el mundo si tan solo alguien prestara atención? Una buena manera de hacer llegar un mensaje es usando lenguaje y textos persuasivos.

En este capítulo aprenderás sobre cómo usan lenguaje persuasivo los autores en los blogs, anuncios, editoriales y reseñas. Para evaluar textos persuasivos, debes reconocer la diferencia entre hecho y opinión. Las lecciones de este capítulo te brindarán destrezas para que puedas evaluar argumentos y distinguir hechos de opiniones.

En este capítulo estudiarás estos temas:

Lección 3.1: Anuncios
¿Alguna vez sentiste que te confundían las recomendaciones de un anuncio? Un anuncio te incita a comprar un producto porque es mejor que otros. Otro anuncio te sugiere no prestar atención a lo que sostiene la competencia; dice que te irá mejor si compras su producto. ¿Cómo decides cuál es el mejor producto para ti? Aprende a reconocer hechos y opiniones en esta lección.

Lección 3.2: Editoriales
Los editoriales expresan opiniones sobre temas actuales. Pueden ser artículos largos que aparecen en la página de editoriales de un periódico. También pueden ser cartas del público que expresan su apoyo o disconformidad ante una postura. Una nota periodística sobre las elecciones hablaría de las posturas que representan los candidatos. Pero un editorial sobre las elecciones podría instar a los lectores a votar por un candidato en lugar de otro.

Lección 3.3: Blogs
En la actualidad existen muchas más maneras de comunicarse que hace diez años. ¿Conoces Facebook y Twitter? ¿Cómo entablas vínculos? Descubre qué es un blog y para qué se usa. Aprende a leer y usar la información de un blog.

Lección 3.4:Reseñas y comentarios
Seguramente sepas qué son las reseñas de cine y televisión. A diario, los periódicos y las revistas incluyen reseñas de películas y programas de televisión y de radio. Una reseña puede ayudarte a decidir si te gustará determinado libro, programa o película.

Establecer objetivos

¿Qué sabes acerca de los textos persuasivos?

___

___

___

¿Qué esperas aprender acerca de los textos persuasivos que no sepas todavía? Enumera tres cosas que te gustaría saber.

1. ___
2. ___
3. ___

¿De qué manera aprender eso te ayudará a mejorar como lector?

___

___

___

Para ayudarte a establecer objetivos de aprendizaje, usa la siguiente lista de comprobación a medida que lees los textos persuasivos de este capítulo.

- ☐ ¿El autor enuncia el problema con claridad?
- ☐ ¿El autor fundamenta sus opiniones con hechos?
- ☐ ¿El autor expresa la solución o conclusión con claridad?
- ☐ ¿El autor usa un lenguaje fuerte y claro para ayudar a los lectores a seguir su argumentación?

LECCIÓN 3.1

Anuncios

Objetivos de la lección

Serás capaz de:

- comprender cómo leer e interpretar anuncios.
- evaluar la efectividad de argumentos.
- identificar los supuestos y las creencias de un autor.

Destrezas

- **Destreza principal:** Evaluar argumentos
- **Práctica principal:** Analizar la elección de palabras

Vocabulario

argumento
eslogan
evaluar
hecho
logo
opinión
publicidad

CONCEPTO CLAVE: Los anuncios son mensajes persuasivos que intentan convencer a las personas de comprar o usar algo o de pensar o actuar de determinada manera.

Mientras viajas por tu ciudad, seguramente te encuentres rodeado de anuncios. Paneles publicitarios, grandes letreros al costado de la carretera y carteles pequeños en autobuses y trenes que te instan a comprar una hamburguesa, visitar un parque temático o ver una película. Las revistas y los periódicos también están llenos de anuncios que publicitan de todo, desde ropa hasta carros. Ya sean grandes o pequeños, graciosos o serios, todos los anuncios tienen algo en común: quieren convencerte de algo.

Anuncios

Las **publicidades**, comúnmente llamadas anuncios o avisos publicitarios, son mensajes persuasivos que intentan convencerte de comprar un producto, usar un servicio, pensar de determinada manera o hacer algo. Ves anuncios en la televisión, en las revistas y en los periódicos y los oyes en la radio. Pensar en el propósito de un anuncio puede ayudarte a comprender cómo los publicistas venden productos y a decidir si el producto es algo que necesitas. Para analizar un anuncio, hazte las siguientes preguntas:

- ¿Qué es lo que este anuncio me incita a pensar, comprar o hacer?
- ¿Quién creó este anuncio?
- ¿A quién está dirigido el anuncio? ¿A quién quiere persuadir el publicista?

Busca palabras y frases persuasivas que se usen en el anuncio. El anuncio puede contener palabras o frases como *mejor, tienes que* y *todos* para convencerte de que te perderás de algo si no compras un producto o haces algo. Presta atención a los **logos**, que son los símbolos que usan las empresas. Fíjate cuál es el **eslogan** o expresión. Observa las imágenes del anuncio con atención.

A menudo en los anuncios se usan palabras en negritas y fotos de celebridades para llamar la atención. A veces se incluyen **testimonios**, es decir, declaraciones que las personas hacen sobre la buena calidad de un producto. Cuando se trata de testimonios de celebridades, se llama aún más la atención.

Considerar todos estos elementos puede ayudarte a evaluar el anuncio. Luego puedes decidir si quieres el producto o necesitas el servicio.

Lee el siguiente anuncio. Piensa en lo que se vende y cómo el autor presenta la información.

En venta: Parrilla usada. ¡Impecable!

Es una parrilla en muy buen estado y con poco uso. Tiene apenas unos años, pero solo se usó dos veces. No encontrará una oferta mejor. Tiene tres hornillas principales y una hornilla lateral más pequeña. Todas funcionan a la perfección. Es su oportunidad de tener una parrilla única a un precio increíble. Cómprela ahora, y para el verano podrá disfrutar de las hamburguesas más deliciosas. No incluye tanque de gas propano. **Precio: $100.00.**

Comunicarse con Desi al (555) 555-5555.

DISTINGUIR UN HECHO DE UNA OPINIÓN

Cuando escriben, los escritores pueden usar hechos y opiniones. Un **hecho** es un enunciado que se puede demostrar. Una **opinión** es un enunciado que expresa los sentimientos, el juicio o las creencias de alguien. Las opiniones no se pueden demostrar.

A menudo los escritores usan palabras y frases clave para indicar que están expresando una opinión. Esas palabras pueden ayudar a los lectores a distinguir los hechos de las opiniones. Entre las palabras y frases que indican opiniones se encuentran *creo, me parece, siento, mejor, peor, siempre, debería* y *nunca*. También expresan opiniones palabras descriptivas como *hermoso, importante, terrible* y *sorprendente*.

Lee los siguientes enunciados. Subraya los hechos y encierra en un círculo las opiniones.

1. Esta camisa está hecha íntegramente de algodón.
2. El algodón es el mejor material para una camisa.
3. Todos deberían tener una linda camisa blanca.
4. Esta camisa también está disponible en color negro.

Deberías haber subrayado las oraciones 1 y 4. Esos enunciados son hechos. Se pueden demostrar. Puedes mirar la etiqueta de la camisa para demostrar que la oración 1 es verdadera y revisar el catálogo para demostrar la veracidad de la oración 4. Deberías haber encerrado en un círculo las oraciones 2 y 3. Estas oraciones son opiniones y no se pueden demostrar. *Mejor*, en la oración 2, y *debería*, en la oración 3, indican que se trata de opiniones.

CONEXIÓN CON EL
MUNDO REAL

Analizar elementos visuales

Las personas que escriben anuncios usan elementos visuales diseñados para llamar la atención del público. A menudo los anuncios contienen colores estridentes, diseños llamativos y fotos memorables.

El primer objetivo de un anuncio —sin importar dónde aparezca— es llamar la atención. Los diseños y colores deben hacer que sientas ganas de saber más. Los elementos visuales deben guardar relación con el anuncio.

Busca dos anuncios en revistas o periódicos. Con un compañero, haz una lista de los elementos visuales que hacen que prestes atención al anuncio y que quieras leerlo.

CONEXIÓN CON EL
TRABAJO

Evaluar anuncios de empleos

Los anuncios de empleo son similares a otros anuncios en muchos sentidos. Pueden aparecer impresos (en carteles o periódicos). También pueden aparecer en Internet (en sitios de empresas o páginas de oportunidades de trabajo). Los avisos de empleos son textos persuasivos. En general, incluyen tanto hechos como opiniones.

Cuando leas un anuncio de empleo, distingue los hechos de las opiniones. Usa los hechos para decidir si te interesa postularte.

Busca dos anuncios de empleo en un periódico o en Internet. Subraya los hechos. Encierra en un círculo las opiniones.

Todos los anuncios son una combinación de hechos y opiniones. Es importante distinguir los hechos de las opiniones. Cuando encuentres una opinión, busca los hechos y las razones que apoyen la opinión. Como lector, debes decidir si una opinión tiene sentido.

A medida que lees el siguiente párrafo, busca palabras clave que te ayuden a distinguir los hechos de las opiniones.

> (1) Ayer fui a la tienda Miser. (2) Creo que Miser es el supermercado más barato de la ciudad. (3) La sopa de pollo Cluck está 10 centavos más barata que en la tienda Buy Right. (4) El pan de trigo Fancy Farms está dos centavos más barato que en la tienda Buy Right. (5) Miser es la mejor tienda.

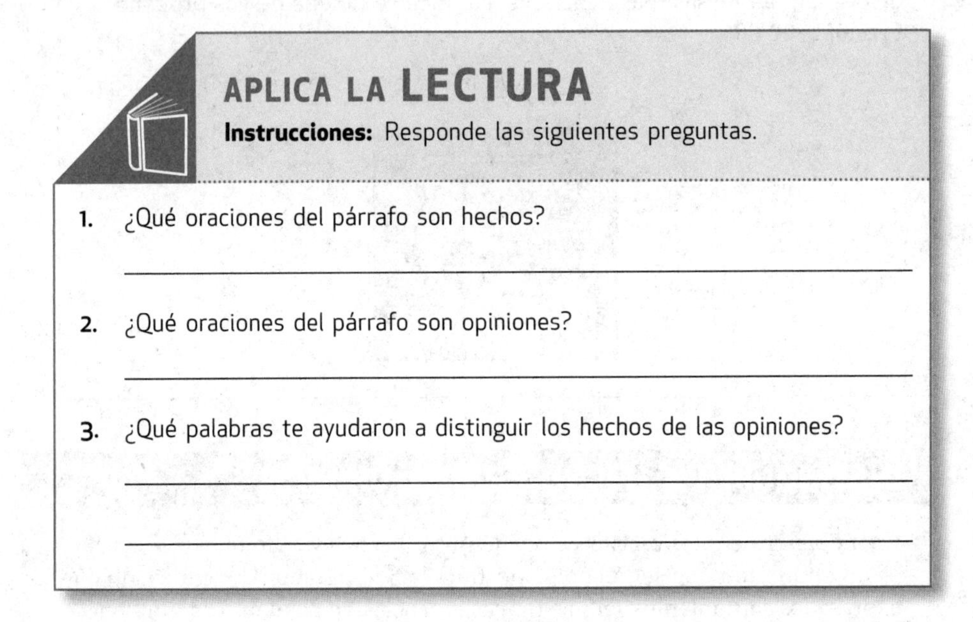

APLICA LA LECTURA

Instrucciones: Responde las siguientes preguntas.

1. ¿Qué oraciones del párrafo son hechos?

   ____

2. ¿Qué oraciones del párrafo son opiniones?

   ____

3. ¿Qué palabras te ayudaron a distinguir los hechos de las opiniones?

   ____

   ____

Instrucciones: Lee el siguiente anuncio. Busca palabras o frases clave que indiquen hechos u opiniones.

SUPERTIENDA DE ENTRETENIMIENTO PARA EL HOGAR

La tienda donde se encuentran los equipos de entretenimiento de mejor calidad al precio más bajo

Llegaron las ofertas de la Supertienda de entretenimiento para el hogar del fin de semana del Día de los Caídos. Te ofrecemos reproductores de MP3, parlantes y afinadores con descuentos de hasta 50%. Nuestros vendedores son los mejores. Te ayudarán a encontrar el equipo perfecto para tus necesidades de audio.

SOLO en el Día de los Caídos, encontrarás los reproductores de DVD y las pantallas planas de alta definición con un descuento de 30%.

¡Todo con descuento de 30%!

Televisores

Pantallas planas HD
Plasmas
Televisores 3D

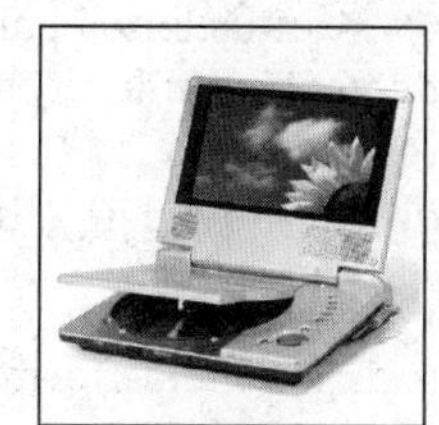

Equipo de sonido

Barras de sonido
Parlantes inalámbricos
Sonido envolvente

Reproductores de DVD

Reproductores de blu-ray

¿No es momento de renovar tu sistema de entretenimiento?

Supertienda de entretenimiento para el hogar – 390 Colonial Drive
(010) 555-3333

APLICA LA LECTURA

Instrucciones: Lee los siguientes enunciados del anuncio de Supertienda de entretenimiento para el hogar. Rotula cada enunciado con una *H* de hecho o una *O* de opinión.

1. _______ Te ofrecemos reproductores de MP3, parlantes y afinadores con descuentos de hasta 50%.
2. _______ Nuestros vendedores son los mejores.
3. _______ La tienda donde se encuentran los equipos de entretenimiento de mejor calidad al precio más bajo.
4. _______ SOLO en el Día de los Caídos, encontrarás los reproductores de DVD y las pantallas planas de alta definición con un descuento de 30%.

Destreza principal
Evaluar argumentos

Probablemente hayas escuchado la expresión "No creas todo lo que lees". Eso es especialmente verdadero cuando el propósito del autor es convencerte de algo.

En un anuncio, el escritor presenta un **argumento**, es decir, una razón, por la que deberías hacer algo. Como lector, debes **evaluar,** es decir, hacer un juicio personal, sobre la precisión y la veracidad del argumento.

Estas son algunas preguntas que deberías hacerte cuando evalúes un argumento:

1. ¿Cuál es el propósito del autor? ¿Qué es lo que el autor quiere que hagas?
2. ¿Puedes confiar en el autor? ¿El autor es un experto?
3. A partir de tu experiencia, ¿tiene sentido la información?
4. ¿Qué hechos da el autor para apoyar el argumento?

Busca un anuncio de un producto o un servicio que no conozcas bien en un periódico o una revista. Estudia el anuncio. Luego, responde las cuatro preguntas anteriores para evaluar los argumentos del anuncio.

Destreza de lectura
Analizar la elección de palabras

Las palabras que deciden usar los escritores nos ayudan a determinar si expresan hechos u opiniones. Los hechos incluyen detalles como fechas, precios e información que se puede confirmar con una fuente confiable. Las opiniones no se pueden demostrar.

A menudo los autores usan palabras y frases como *usualmente, probablemente, quizás* y *a veces* cuando quieren expresar una opinión.

Lee el texto de esta página. Encierra en un círculo las palabras y frases que muestran que el autor expresa una opinión.

Instrucciones: Lee el siguiente anuncio. Escribe un breve resumen sobre el propósito del autor.

¿Sería segura su casa durante un huracán? ¡Probablemente NO!

Si vive en un área donde son frecuentes los huracanes, es probable que su casa no sea lo suficientemente resistente para soportar vientos fuertes... a menos que sea una vivienda Anti-tormenta. Las viviendas Anti-tormenta han resistido al huracán Andrew en la Florida y al huracán Katrina en la costa del Golfo. Las viviendas Anti-tormenta están diseñadas para resistir vientos y lluvias fuertes. Nuestros constructores están entrenados para combinar ingeniería y diseño modernos con un clásico sistema de postes y vigas en la creación de fortalezas resistentes a las peligrosas tormentas. Construimos las casas a una altura considerable para que los vientos soplen por debajo, por encima y alrededor de ellas.

Contáctenos para obtener más información. Nuestros representantes de ventas están esperando su llamado para ofrecerle más información y responder todas sus preguntas. Además, ¡estamos ofreciendo un descuento del 15% hasta fin de mes!

Ninguna casa es 100% resistente a las tormentas, pero las viviendas Anti-tormenta son las más resistentes. ¡Pregúntele a cualquiera!

Viviendas Anti-tormenta

1-800-555-5555

ESCRIBIR PARA APRENDER

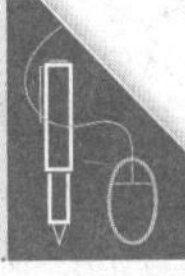

En un cuaderno, escribe un anuncio corto para un departamento en alquiler, un carro en venta o un producto o servicio. Incluye varias oraciones descriptivas sobre el producto o servicio. También incluye al menos dos hechos y dos opiniones. Usa palabras o frases clave para demostrar que estás expresando una opinión.

APLICA LA LECTURA

Instrucciones: Responde las siguientes preguntas.

1. ¿Qué dato del anuncio crees que es más probable que sea cierto?
   - **A.** Las viviendas Anti-tormenta son atractivas.
   - **B.** Las viviendas Anti-tormenta son las más resistentes.
   - **C.** Las viviendas Anti-tormenta se construyen a una altura considerable.
   - **D.** Es probable que su casa no sea lo suficientemente resistente para soportar vientos fuertes.

2. ¿Cuál es el propósito de este enunciado? "¿Sería segura su casa durante un huracán? ¡Probablemente NO!"
   - **A.** convencerte de que es probable que tu casa no sea segura
   - **B.** persuadirte de no vivir donde hay huracanes
   - **C.** convencerte de abandonar tu casa durante un huracán
   - **D.** mostrarte que incluso las casas Anti-tormenta no son seguras

3. ¿La frase "¡Pregúntele a cualquiera!" es una buena manera de demostrar que las viviendas Anti-tormenta son las más resistentes? ¿Por qué?

____

Repaso de vocabulario

Instrucciones: Usa estas palabras para completar las siguientes oraciones.

argumento **eslogan** **hecho** **logo** **opinión** **publicidad**

1. Un/Una ______________ es algo que se puede demostrar.
2. El/La ______________ me convenció de que comprara una nueva clase de helado.
3. El /La ______________ de la empresa es "¡Relájate!".
4. Un/Una ______________ a favor de andar en bicicleta es que ahorra gasolina.
5. En mi ______________, los perros son la mejor mascota.
6. ¿Qué ______________ tienen tus zapatillas?

Repaso de destrezas

Instrucciones: Lee el siguiente anuncio. Luego responde las preguntas que siguen.

Una sonrisa "Bien Blanca"

Su sonrisa dice mucho sobre usted. Es por eso que usted desea tener dientes blancos y brillantes. Mientras más brille su sonrisa, con más frecuencia querrá mostrarla.

Bien Blanca es el mejor blanqueador de dientes y el más efectivo. Viene en forma de bolígrafo con un cepillo aplicador. Lo único que debe hacer usted es cepillarse los dientes con el blanqueador. El bolígrafo no mancha y es conveniente y fácil de usar. Verá los resultados en tan solo dos días. No es tanta espera para tener una sonrisa digna de Hollywood.

Bien Blanca avala su producto. Si usted no ve resultados, envíenos lo que le quede del producto sin usar dentro de los 30 días y le devolveremos el dinero.

"No sonreía nunca. Ahora que tengo una sonrisa más brillante y más blanca, no puedo dejar de sonreír. ¡Gracias, Bien Blanca!"

—Betty A.

Solicite Bien Blanca hoy mismo. Si pide dos o más bolígrafos blanqueadores, le bonificaremos el envío. Llámenos al 1-800-555-4746.

Recuerde: ¡una sonrisa que brilla asegura un futuro brillante!

Repaso de destrezas (continuación)

1. ¿Cuál de los siguientes enunciados es un hecho?

   A. "Mientras más brille su sonrisa, con más frecuencia querrá mostrarla."
   B. "Viene en forma de bolígrafo con un cepillo aplicador."
   C. "El bolígrafo no mancha y es conveniente y fácil de usar."
   D. "No es tanta espera para tener una sonrisa digna de Hollywood."

2. ¿De qué manera los creadores de Bien Blanca intentan convencerte de que compres su producto?

   A. Muestran una celebridad usándolo.
   B. Dan hechos y estadísticas para mostrar cuánto más blancos tendrás los dientes.
   C. Te dicen que tendrás un futuro brillante si lo usas.
   D. Te dicen que ahorrarás dinero si lo usas.

3. Lee esta oración: "Bien Blanca es el mejor blanqueador de dientes y el más efectivo." (línea **3**). Escribe dos palabras que te ayuden a reconocer que este enunciado es una opinión.

   ____

4. ¿Por qué los creadores de Bien Blanca incluyen el siguiente testimonio de Betty A.? "No sonreía nunca. Ahora que tengo una sonrisa más brillante y más blanca, no puedo dejar de sonreír. ¡Gracias, Bien Blanca!"

   ____

   ____

   ____

5. Evalúa el argumento del anuncio según el cual Bien Blanca es el mejor blanqueador de dientes y el más efectivo. ¿El anuncio logra respaldar ese argumento? ¿Por qué?

   ____

   ____

   ____

Práctica de destrezas

Instrucciones: Elige la mejor respuesta para cada pregunta. Para las preguntas 1 a 4, consulta el siguiente anuncio.

Es fácil hacer dieta con Dieta fácil

¿Disfrutas de lo que comes cuando haces dieta para perder peso? En una dieta baja en carbohidratos, descartas el pan, los espaguetis, los pasteles... todo lo bueno de la vida. Cuando sigues una dieta baja en proteínas, te pones anémico si no comes carne y extrañas el jamón. Una dieta baja en calorías implica evitar el queso *cheddar* y el helado de chocolate.

5 Con el programa Dieta fácil, puedes disfrutar de la vida mientras pierdes unos kilos. Lo único que tienes que hacer es mezclar media taza de Dieta fácil en un vaso de agua, verter la mezcla en la licuadora y tragarte las preocupaciones. Disfruta del sabor dulce y delicioso de un batido al mismo tiempo que ingieres todos los valores nutricionales diarios que necesitas. Bébelo tres veces por día y pierde peso a la manera de Dieta fácil.

1. ¿Con qué palabras el autor expresa una opinión?
   - A. "En una dieta baja en carbohidratos, descartas el pan"
   - B. "todo lo bueno de la vida"
   - C. "mezclar media taza de Dieta fácil en un vaso de agua"
   - D. "Bébelo tres veces por día"

2. ¿Cuál es la audiencia esperada de este anuncio?
   - A. las personas a las que les gustan las dietas bajas en carbohidratos
   - B. las personas a las que les gusta una dieta baja en calorías
   - C. las personas que quieren perder peso en poco tiempo
   - D. las personas que están preocupadas

3. Allan está pensando en comprar Dieta Fácil. ¿Qué información sería más útil para determinar si el producto realmente funciona?
   - A. una lista de los sabores de Dieta fácil
   - B. una lista de otros productos hechos por la misma empresa que hace Dieta fácil
   - C. una gráfica creada por la empresa que produce Dieta fácil para mostrar cuánto peso perdieron los clientes que compraron el producto
   - D. un estudio de la Administración de Alimentos y Medicamentos (FDA, por su sigla en inglés) donde se muestre cuánto peso perdieron las personas que consumieron el producto

4. ¿Cuál es el propósito de este anuncio?
   - A. persuadirte de comprar Dieta fácil
   - B. persuadirte de hacer dieta
   - C. convencerte de no comer pan ni espaguetis
   - D. convencerte de que beber batidos es bueno para perder peso

Práctica de escritura

Instrucciones: Piensa en un producto o servicio que podrías publicitar. En una hoja aparte, escribe un anuncio en el que uses hechos y opiniones de manera efectiva. Ten en mente la audiencia a la que está dirigido el anuncio y hazlo lo más informativo e interesante posible.

LECCIÓN
3.2 Editoriales

Objetivos de la lección

Serás capaz de:

- comprender el propósito y el contenido de los editoriales.
- evaluar la efectividad de de los argumentos en los fragmentos.
- distinguir puntos de vista opuestos.

Destrezas

- **Destreza principal:** Comparar textos diferentes
- **Práctica principal:** Evaluar el apoyo a las conclusiones

Vocabulario

conclusión
defender
editorial
evidencia
parcialidad
punto de vista
supuesto

CONCEPTO CLAVE: Los editoriales expresan ideas y opiniones desde el punto de vista del escritor.

Es época de elecciones e intentas decidir a qué candidato votar. Has leído sobre los candidatos, pero quieres saber qué piensan otras personas de ellos. Por lo tanto, lees varios editoriales en el periódico local. Pero, después de leer las ideas de los demás, todavía debes decidir a qué candidato votarás..

Editoriales

Un **editorial** es un artículo escrito para expresar una opinión. Los editoriales aparecen en periódicos y revistas, tanto en las versiones impresas como en línea. Un editorial expresa el **punto de vista**, es decir, las opiniones, del autor sobre política, cultura o temas sociales.

Cuando leas un editorial, considera las siguientes cuestiones:

- ¿La opinión de quién se expresa? ¿El autor es un experto en el tema? ¿El autor pertenece a un grupo de interés especial que intenta cambiar la opinión de las personas con respecto a un tema en particular?
- ¿Cuál es el tema? Si no sabes mucho acerca del tema, tal vez necesites investigar para conseguir un poco de información sobre los antecedentes.
- ¿Cuál es el punto de vista del autor sobre este tema?
- ¿De qué manera el autor expresa su opinión? Los escritores de editoriales usan humor, lógica e incluso caricaturas, y apela a las emociones.
- ¿Cuáles son las opiniones de los demás acerca de este tema? Cuando leas un editorial, piensa en otras opiniones sobre el tema. Pregúntate si los argumentos que se hicieron convencerían a alguien que tiene una opinión distinta.

EVALUAR EL APOYO A LAS CONCLUSIONES

En un editorial, el escritor presenta razones y luego llega a una **conclusión**. La conclusión es la opinión final a la que llega después de un análisis minucioso. Pero es el lector quien debe evaluar esa conclusión. El lector debe decidir si la conclusión tiene sentido en función de la información que se presentó en el editorial. Una conclusión lógica se basa en razones y **evidencia**, es decir, pruebas.

A continuación se incluyen algunas preguntas que puedes hacer al evaluar la conclusión de un escritor:

- ¿El autor incluye hechos como evidencia para **defender**, es decir, apoyar, su argumento?
- ¿El razonamiento, es decir, el pensamiento, del escritor tiene sentido? ¿Los puntos que presenta llevan a la conclusión?
- ¿Hay **parcialidad**, es decir, prejuicios, por parte del escritor? ¿El escritor usa determinadas palabras, hechos y descripciones para formular enunciados injustos? ¿El escritor excluye información importante porque esa información no avala su opinión?

Debes aplicar una mirada crítica a la lectura. A veces los "hechos" de un editorial no son verdaderos. Es posible que un autor parcial intente hacer pasar enunciados falsos o engañosos como verdaderos. Como lector atento, siempre debes corroborar los hechos que parecen cuestionables.

Lee el siguiente párrafo. Luego decide si la conclusión tiene sentido.

> Sé que hay que usar cinturón de seguridad por ley, pero no creo que sea necesario. ¿Por qué debo viajar incómodo solo porque los demás son imprudentes al conducir? Yo sigo las leyes de tránsito, así que no tendré ningún accidente. Y si no tendré ningún accidente, no es necesario que use cinturón de seguridad.

La conclusión no tiene sentido. El autor admite que "los demás son imprudentes al conducir". Por lo tanto, el autor podría tener un accidente. El cinturón de seguridad podría salvarle la vida.

Investígalo
Hallar evidencia

Con un compañero, identifica un tema actual que sea controvertido, es decir, un tema sobre el que se esté debatiendo. Usa fuentes confiables para investigar dos opiniones sobre el tema. Evalúa cada lado del argumento. ¿Qué evidencia y razonamiento se usa para respaldar las distintas opiniones?

Prepara una presentación para la clase en la que expliques las dos opiniones. Indica por qué crees que un argumento es más convincente que el otro.

APLICA LA LECTURA

Instrucciones: Responde esta pregunta.

Menciona dos cuestiones que deberías tener en cuenta al leer editoriales.

____

____

Destreza de lectura
Evaluar el apoyo a las conclusiones

Una conclusión debe respaldarse con evidencia. Si el autor no se esfuerza en probar su conclusión, lo que plantea es un **supuesto**. Es decir, el escritor expresa una idea que no se basa en hechos demostrados.

A medida que lees el fragmento de esta página acerca del uso de armas, encierra en un círculo las conclusiones del autor. Luego subraya los hechos o razones que se dan para respaldar estas conclusiones. Eso te ayudará a decidir si el autor consiguió respaldar sus ideas con evidencia.

Instrucciones: Lee este editorial sobre el uso de armas. Luego escribe un párrafo para expresar tu conformidad o disconformidad con la conclusión del autor y explica tus motivos.

La prohibición de armas nos despoja de nuestros derechos

En el concejo municipal se debate la prohibición de la tenencia legal de armas por parte de los ciudadanos. Se dice que la prohibición de armas reducirá radicalmente la tasa de crímenes.

Creemos que prohibir la tenencia de armas no resuelve el problema del crimen. Cualquiera que tenga un poco de sentido común verá por qué.

La Carta de Derechos garantiza el "derecho de los ciudadanos a tener y portar armas". El gobierno no puede y no debe violar esa libertad básica. La mayoría de los ciudadanos tienen armas de fuego para protegerse de la pequeña pero peligrosa minoría de delincuentes armados que viven entre nosotros.

Si se prohíbe la tenencia de armas, la compra y venta ilegal de armas aumentará de la noche a la mañana en el mercado negro y se convertirá en un gran negocio.

Miles de nosotros ya tenemos armas. Sería poco práctico –si no imposible– hacer cumplir la prohibición.

Si alguien quiere cometer un delito, lo hará. Si no tiene un arma, usará un cuchillo, un tubo o una botella. Los ladrones y los asesinos son delincuentes por definición. Si quieren un arma, la conseguirán en el mercado negro o la robarán. Si los delincuentes son los únicos con armas, los ciudadanos que cumplen la ley quedarán indefensos.

Si el gobierno local nos quita las armas, nos despojará de nuestros derechos. No podremos cumplir con nuestras responsabilidades de protegernos a nosotros mismos y a nuestros seres queridos. Nos oponemos a cualquier intento equivocado por parte del gobierno de poner en riesgo nuestra seguridad y nuestras vidas.

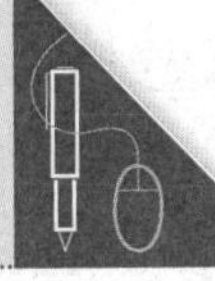

ESCRIBIR PARA APRENDER

Identifica un tema que te afecte en casa o en el trabajo. Escribe un editorial para el periódico local en el que expreses tu opinión. Incluye evidencia para defender tu argumento.

APLICA LA LECTURA

Instrucciones: Responde las siguientes preguntas sobre el editorial de esta página.

1. ¿Qué insinúa el editorial acerca de la prohibición de armas?
   - **A.** Los ciudadanos que cumplen la ley quedarán indefensos.
   - **B.** La prohibición de armas reducirá radicalmente la tasa de crímenes.
   - **C.** La prohibición pondrá fin al problema del crimen de una vez por todas.
   - **D.** Si se prohíbe la tenencia de armas, se pondrá fin a la compra y venta ilegal de armas.

2. La conclusión del autor es que "si alguien quiere cometer un delito, lo hará". ¿Qué enunciado respalda esa conclusión?
   - **A.** "En el concejo municipal se debate la prohibición de la tenencia legal de armas".
   - **B.** "Miles de nosotros ya tenemos armas".
   - **C.** "Si no tiene un arma, usará un cuchillo, un tubo o una botella".
   - **D.** "Si el gobierno local nos quita las armas, nos arrancará nuestros derechos".

Instrucciones: Ahora lee otro editorial sobre el uso de armas, escrito desde un punto de vista diferente. Escribe un párrafo en el que compares y contrastes los dos puntos de vista.

Prohibir un arma letal

Hace tres días asesinaron a Lisa Park. Un hombre enmascarado y con un arma entró a la florería de la que ella era dueña y puso fin a la vida de la mujer con una sola bala. Menos de dos semanas antes de este suceso, el oficial Donald Smith respondió a un llamado de violencia doméstica. En una riña con un esposo enfadado que empuñó un arma, el policía de 31 años, padre de dos hijos, fue herido de bala y murió.

En 22 de los 38 asesinatos que ocurrieron este año hubo armas involucradas. Ha llegado la hora de prohibir las armas.

Más de la mitad de los asesinatos y suicidios se cometen con armas de fuego. Además, los disparos por accidente son moneda corriente, porque las personas tienen acceso a las armas aunque no sepan usarlas. El entrenamiento en el uso de armas, por más recomendable que sea, en el mejor de los casos no es más que una respuesta parcial.

Las armas de fuego son más letales que cualquier otra arma. No existe defensa contra ellas. No importa cuán fuerte o veloz seas. Cuando se cometen crímenes con cuchillos u otras armas, es más común que las víctimas resulten heridas y no mueran. Pero cuando se cometen crímenes con un revólver, es más probable que la víctima muera. Todo termina en un instante. Un arma de fuego puede ser tan pequeña que se puede esconder hasta último momento, y luego es demasiado tarde para todas las Lisa Parks y Donald Smith del mundo.

Las armas de fuego pequeñas tampoco tienen ningún valor real para los deportes. Nadie necesita pistolas excepto la policía y los oficiales de seguridad.

¿Cuáles serían las consecuencias de una prohibición de armas? En Gran Bretaña se prohibieron las armas de fuego pequeñas en la década de 1920. El índice de crímenes violentos se redujo drásticamente y en la actualidad es mínimo en comparación con el de Estados Unidos. A pesar de que la policía inglesa no porta armas, en las ciudades británicas reina la paz y la moderación.

Nosotros también necesitamos prohibir las armas de fuego para que sea más seguro vivir y trabajar en nuestra comunidad.

Destreza principal
Comparar textos diferentes

Cuando comparas, dices en qué se parecen las cosas. Cuando contrastas, dices en qué se diferencian.

Prestar atención a las semejanzas y las diferencias puede ayudarte a organizar la información en tu mente. Eso es útil cuando lees más de un texto sobre el mismo tema.

Un diagrama de Venn es una manera útil de llevar un registro de las semejanzas y las diferencias a medida que lees. Mira este ejemplo de un diagrama de Venn.

Información sobre el texto 1 | **Información sobre el texto 2**

Información que comparten ambos textos

En un cuaderno, crea un diagrama de Venn que muestre las semejanzas y las diferencias entre dos editoriales que traten sobre el mismo tema.

APLICA LA LECTURA

Instrucciones: Responde las siguientes preguntas acerca de los dos editoriales.

1. ¿En qué se parecen los dos editoriales?

____

2. ¿Cuál es la principal diferencia entre los dos editoriales?

____

CONEXIÓN CON EL
MUNDO REAL

Analizar caricaturas de editoriales

Una caricatura de editorial es un tipo especial de editorial que usa humor e ilustraciones para que las personas reflexionen sobre un tema. Los caricaturistas de editoriales son parciales. No les preocupa presentar un punto de vista equilibrado. Están a favor o en contra de algo y quieren que los lectores estén de acuerdo con ellos.

Las caricaturas de editoriales a menudo usan símbolos. Un símbolo es una persona o una cosa que representa otra cosa. Por ejemplo, el tío Sam es un símbolo que representa a Estados Unidos, y muchas veces se usa en caricaturas de editoriales.

Cuando leas una caricatura de editorial,

- identifica el tema de la caricatura.
- lee los rótulos y las leyendas.
- descifra qué está pasando.
- identifica el punto de vista del caricaturista.

Busca una caricatura de editorial en un periódico, en una revista o en línea. En un cuaderno, escribe el tema de la caricatura. Luego escribe una o dos oraciones que describan el mensaje o punto de vista del autor.

Cartas al editor

Las cartas al editor no las escribe el equipo del periódico o la revista que las publica. Las escriben los lectores. A veces las cartas surgen como reacción a otra carta o a un artículo publicado previamente. A veces surgen como reacción a algo ocurrido en la comunidad o a un tema político. Aunque cualquier lector pueda escribir una carta al editor, el equipo editorial decide qué cartas se publican.

Instrucciones: Lee estas cartas al editor. Luego escribe un párrafo que describa con qué carta estás de acuerdo.

¿Debe prohibirse el uso de celulares al volante?

Carta 1
Al editor:

Debería prohibirse el uso de teléfonos celulares al volante por las siguientes razones: (1) Los conductores se distraen y provocan accidentes. Un estudio de 1997 publicado en el *Boletín de medicina de Nueva Inglaterra* descubrió que hablar por celular al volante cuadruplicó el riesgo de accidentes. (2) Los teléfonos celulares no son una necesidad; son una conveniencia. (3) Los teléfonos celulares pueden provocar cáncer: según una publicación de 2008 del *Boletín internacional de oncología*, las personas que usan celulares durante mucho tiempo tienen 2.4 más probabilidades de tener un tumor benigno, aunque es necesario realizar más estudios. Si hablar por celular es tan importante, los conductores deberían estacionar a un costado de la calle para hacerlo.

Carta 2
Al editor:

Los teléfonos celulares representan solo una de las muchas distracciones a las que se enfrentan los conductores. ¿Por qué penalizar a quienes hablan por teléfono y envían mensajes de texto cuando está bien comer una hamburguesa, ponerse máscara para pestañas, gritarles a los niños que están en el asiento trasero o incluso cambiar de estación de radio? Se necesitan estudios adicionales para evaluar los verdaderos riesgos de hablar por celular al volante. Además, el Instituto Nacional del Cáncer informa que hay que seguir investigando antes de sacar conclusiones sobre los teléfonos celulares y el cáncer, y estoy de acuerdo. Usar celulares tiene muchos beneficios reales, como la tranquilidad mental de saber que puedes contactar a alguien enseguida si tienes un problema.

APLICA LA LECTURA

Instrucciones: Responde las siguientes preguntas.

1. ¿En qué se diferencian estos editoriales de otros que hayas leído?

____

2. ¿Qué carta crees que es más persuasiva?

____

Repaso de vocabulario

Instrucciones: Empareja estos términos con su definición.

1. ______ conclusión
2. ______ editorial
3. ______ evidencia
4. ______ parcialidad
5. ______ punto de vista
6. ______ supuesto

A. opinión de un autor
B. opinión final que se basa en un argumento
C. visión sesgada de un tema
D. idea que no se puede respaldar con hechos
E. artículo que expresa una opinión
F. información que apoya una opinión o un argumento

Repaso de destrezas

Instrucciones: Lee los siguientes dos editoriales y responde las preguntas que siguen.

¿16 años es una edad muy temprana para conducir?

Es el momento tan esperado para millones de adolescentes. Soplaron 16 velas en el pastel de cumpleaños. Ya es momento de obtener la licencia de conducir... ¿o no? Si Adrian Lund de Seguridad Vial se sale con la suya, los jóvenes tendrán que esperar al menos un año más. Lund sostiene que los accidentes automovilísticos son la principal causa de muerte entre adolescentes y quiere aumentar el mínimo de edad para conducir.

Lund tiene razón en cierto punto. Los adolescentes tienen accidentes. La pregunta es: ¿el problema es la edad o la falta de experiencia al volante? Creo que se trata de falta de experiencia. Conducir no es una destreza que se adquiera de la noche a la mañana. En lugar de elevar la edad mínima necesaria para obtener la licencia de conducir, ¿por qué no reducir la edad a la que los hijos pueden conducir con sus padres? De esa manera, los conductores jóvenes tendrán más práctica. Para el momento en que estén listos para conducir por su cuenta, habrán acumulado muchas horas de experiencia supervisada al volante. Un año no hará mucha diferencia, pero varios años de práctica sí.

Es hora de elevar la edad mínima para conducir

Come los vegetales. Haz la tarea. Hacer cosas que no te gustan porque te hacen bien es parte de ser adolescente. Ahora los adolescentes necesitan agregar un ítem más a la lista de cosas que no quieren hacer: esperar un año más para poder conducir. Esa idea no será muy popular, pero, como dicen siempre las mamás, es por su propio bien.

El Instituto para la Seguridad Vial sostiene que los accidentes automovilísticos son la principal causa de muerte entre los adolescentes. Adrian Lund, el líder del grupo, dice que aumentar el límite de edad para conducir salva vidas. Tal vez tenga razón. Nueva Jersey es el único estado que otorga licencias de conducir a los 17 años en lugar de a los 16. El número de muertes relacionadas con accidentes en Nueva Jersey es 18 cada 100,000 conductores adolescentes. En Connecticut los adolescentes pueden obtener la licencia de conducir a los 16 años. El índice de muerte es 26 cada 100,000. Las estadísticas no mienten. Aumentar el límite de edad para conducir salva vidas.

Repaso de destrezas (continuación)

1. ¿Qué opción expresa mejor la conclusión del autor de "¿16 años es una edad muy temprana para conducir?"?

   A. A los dieciséis años se es demasiado joven para conducir.
   B. Habría que aumentar la edad mínima para conducir para salvar vidas.
   C. Habría que reducir la edad mínima para conducir para que los jóvenes tengan más práctica al volante.

2. En "Es hora de elevar la edad mínima para conducir", ¿cómo apoya el autor su conclusión?

   A. El autor dice que aumentar la edad mínima para conducir no es muy popular.
   B. El autor da estadísticas que demuestran que aumentar la edad mínima para conducir salva vidas.
   C. El autor da ejemplos de otras cosas que los adolescentes tienen que hacer "por su bien".

3. ¿Qué hechos menciona el autor de "¿16 años es una edad muy temprana para conducir?" para apoyar su argumento?

   ____

   ____

4. ¿Qué hechos menciona el autor de "Es hora de elevar la edad mínima para conducir" para apoyar su argumento?

   ____

   ____

5. ¿En qué se parecen los dos editoriales?

   A. Los dos sostienen que los jóvenes de 16 años son demasiado jóvenes para conducir.
   B. Los dos sostienen que los conductores necesitan más experiencia al volante.
   C. Los dos dicen que los adolescentes tienen accidentes.
   D. Los dos coinciden en que a los adolescentes les agradará la norma.

6. ¿En qué se diferencian los dos editoriales?

   A. Un solo escritor cree que Adrian Lund tiene razón en cierto punto.
   B. Un solo escritor cree que hay que aumentar la edad mínima para conducir.
   C. Un solo escritor cree que los adolescentes son conductores seguros.
   D. Un solo escritor cree que los a adolescentes les agradará la norma.

Práctica de destrezas

Instrucciones: Elige la mejor respuesta para cada pregunta. Para las preguntas **1** a **4**, consulta el siguiente editorial.

Margaret Palmer lanza su campaña

Para lanzar su campaña de reelección, hoy la diputada Margaret Palmer hizo un viaje relámpago por la región de las granjas del Sur. Su primera parada fue la Convención de agricultura de primavera en Torrence, donde habló brevemente ante una multitud de aproximadamente mil granjeros y representantes de la industria agrícola.

Palmer llevaba su traje Chanel rosa brillante, brazaletes que tintineaban y un sombrero de ala ancha adornado con cintas. Fue el centro de atención adonde fuera que se dirigiera. Su objetivo era conseguir los votos del distrito agrícola, donde es difícil encontrar un granjero que no haya tenido que pedir grandes cantidades de dinero prestadas para conservar sus tierras.

Palmer se dirigió a la multitud con la energía que la caracteriza. Cuando le preguntaron qué pensaba hacer con respecto a los problemas de las granjas, prometió con ligereza pedir más subsidios del gobierno para la agricultura.

Más tarde ese día, Palmer recorrió la granja Powell, de 4,000 acres. Dio pasos pesados con valentía por los graneros en sus tacones altos y se detuvo en más de una ocasión para posar para las fotografías. "No pudimos hablar con ella, ni siquiera conocerla", dijo Ed Powell, cuyo abuelo empezó la granja con apenas 40 acres hace más de medio siglo. Luego Palmer se subió a su limusina negra. Saludó por la ventana y prometió regresar pronto.

1. ¿En qué se diferencian la diputada Palmer y los granjeros?

- **A.** Aparentemente ella tiene mucho dinero y los granjeros no.
- **B.** Ella trabaja mucho y los granjeros no.
- **C.** Ella mantiene sus promesas y los granjeros no.
- **D.** Ella se preocupa más por el futuro de los granjeros que los propios granjeros.

2. ¿Contra qué muestra parcialidad el editorial?

- **A.** la agricultura
- **B.** la diputada Palmer
- **C.** la práctica de ir de picnic
- **D.** los alimentos de cosecha propia

3. ¿Qué opción respalda mejor la conclusión de que a la diputada Palmer no le importan mucho los granjeros?

- **A.** Usa un traje Chanel rosa.
- **B.** No se encuentra con los granjeros de la granja Powell.
- **C.** Promete pedir más subsidios del gobierno para la agricultura.
- **D.** Se dirige a la multitud con su energía característica.

4. ¿Quién es más probable que esté de acuerdo con las ideas de este editorial?

- **A.** la diputada Palmer
- **B.** los seguidores de Palmer
- **C.** los granjeros
- **D.** los votantes de las próximas elecciones

Práctica de escritura

Instrucciones: Elige un tema de la comunidad que te interese mucho. Escribe una carta al editor en la que describas el tema y tu opinión al respecto. Incluye hechos o estadísticas que respalden tu opinión. Asegúrate de presentar la solución que se te ocurra.

LECCIÓN
3.3

Blogs

Objetivos de la lección

Serás capaz de:

- comprender cómo leer y evaluar blogs.
- identificar los supuestos y las creencias de un autor.

Destrezas

- **Destreza principal:** Determinar el propósito del autor
- **Práctica principal:** Obtener evidencia del texto

Vocabulario

blog
calificaciones
connotar
juicio
persuadir
respaldar

CONCEPTO CLAVE: Los blogs son páginas web personales que expresan las ideas u opiniones de un autor.

¿Tienes un blog favorito que revises a diario? ¿Eres tú o alguien que conozcas un "blogger"? ¿Te gusta leer blogs sobre política, deporte o algún pasatiempo que tengas? Crear un blog es una manera de compartir tus ideas, sueños, fotos y videos. Un blog es un sitio web que puedes usar como diario. Puedes subir fotos y compartir lo que piensas con la frecuencia que quieras.

Blogs

Los **blogs** son páginas web personales que se usan para expresar las ideas del escritor sobre un tema. Algunos blogs parecen diarios donde los escritores, llamados "bloggers", publican lo que piensan y hacen durante el día. Otros blogs se centran en un tema particular, como música, moda, política o educación.

Cuando leas un blog, considera las siguientes cuestiones:

- La mayoría de los bloggers no son expertos en el tema sobre el que escriben. Son personas comunes y corrientes, como tú. Si un blogger se jacta de ser experto, busca **calificaciones** que avalen su experiencia y educación profesional.
- Hay empresas que les pagan a los bloggers para que **respalden**, es decir, para que den su apoyo, a sus productos. Ten esto en cuenta cuando leas sus opiniones acerca de lo que les gusta.
- Algunos bloggers usan palabras y frases para **connotar**, es decir, sugerir, emociones. En lugar de usar una palabra imparcial como *costoso*, tal vez un blogger use una palabra como *extravagante* o *rígido*. La connotación de estas palabras le da una actitud positiva o negativa al blog.
- Los blogs pueden ser una forma conveniente de obtener información sobre temas técnicos. Pero, cuando necesites datos y evidencia fehaciente, consulta fuentes más confiables, como libros de referencia, textos de no ficción, entrevistas a expertos y sitios oficiales de fabricantes.

USAR EVIDENCIA PARA FORMAR JUICIOS

Formar un **juicio** significa formarse una opinión sobre lo que se lee. Cuando formas un juicio, debes basar tu opinión en la evidencia del texto. Los autores usan muchas técnicas diferentes para **persuadir**, es decir, convencer, a los lectores de que estén de acuerdo con sus ideas y opiniones. Un autor puede proporcionar datos, incluir citas de expertos y celebridades o usar palabras que connoten emociones fuertes.

A medida que lees, considera las técnicas que usa el autor para influenciarte. Luego combina la información que has leído con tu propia experiencia para formar un juicio. Los juicios no son correctos ni incorrectos, pero hay que poder respaldarlos.

Lo que leí	Mi experiencia	Mi juicio

Lee el siguiente párrafo. Subraya la evidencia que brinda el autor para ayudarte a formar un juicio. Encierra en un círculo los detalles que incluye el autor que te recuerdan tu propia experiencia.

(1) ¿Has ido al cine últimamente? (2) Si eres como muchos estadounidenses, la respuesta será no. (3) La razón es simple. (4) Las entradas están muy caras. (5) El costo promedio de la entrada para un adulto es aproximadamente $10. (6) Las palomitas de maíz y los dulces pueden llegar a costar hasta $6. (7) Si quieres acompañar las palomitas de maíz con un refresco, suma otros $4. (8) Si eres un trabajador promedio, ir al cine te costará lo que ganas en una jornada de trabajo. (9) Compara eso con alquilar un DVD y sacar una bebida y un dulce del refrigerador, y la decisión de quedarte en casa no será nada difícil.

Deberías haber subrayado las oraciones 5, 6 y 7. Probablemente hayas encerrado en un círculo las oraciones 8 y 9. ¿Qué juicio te formaste acerca del tema después de leer este blog?

CONEXIÓN CON LA
TECNOLOGÍA

Medios de comunicación sociales

Los blogs son apenas una de las opciones disponibles para expresar tu opinión en línea. Hay muchos sitios que ofrecen plataformas para que las personas expresen sus opiniones acerca de lo que se les ocurre.

Los sitios sociales permiten que las personas compartan ideas, fotos y videos con amigos y extraños. A algunos de esos sitios se los conoce como "microblogs" porque permiten que las personas publiquen mensajes muy cortos.

Cuando publicas tu opinión en un blog o un sitio social, lo compartes con el mundo. Esta es una buena regla de oro para recordar: no publiques nada que no dirías en voz alta.

En un cuaderno, escribe una entrada de blog donde hables acerca de tu día.

APLICA LA LECTURA

Instrucciones: Lee los enunciados. Decide si son verdaderos o falsos. Escribe *V* si el enunciado es verdadero. Escribe *F* si el enunciado es falso.

_______ **1.** Algunos blogs son diarios personales.

_______ **2.** A menudo los blogs se basan en opiniones en lugar de hechos.

_______ **3.** Los bloggers deben ser expertos en el tema sobre el que escriben.

_______ **4.** A todos los bloggers se les paga para que respalden productos.

Destreza de lectura
Obtener evidencia del texto

Un juicio es una opinión. Los juicios nunca son correctos o incorrectos. Deben respaldarse con hechos. A medida que lees, es importante que distingas entre enunciados fácticos y enunciados emocionales.

Los escritores que usan muchas palabras con connotación fuerte apelan a tus emociones. Sus palabras pueden apelar a sentimientos positivos o negativos. Cuando ves palabras que apelan a las emociones, ten en cuenta que es posible que lo que dice el texto no esté basado en hechos.

Lee la entrada de blog de esta página y encierra en un círculo las palabras y frases que connotan sentimientos fuertes. Marca cada una de las palabras según sean positivas (+) o negativas (-).

Instrucciones: Lee esta entrada de blog de un miembro del Centro Y.E.S. Luego responde las preguntas que siguen.

Como comunidad, hoy hacemos una pausa para recordar a dos de los nuestros. No olvidaremos a Lavinia Phelps y a Walter Kinski. Un día como hoy, hace un año, Lavinia y Walter presidieron la inauguración del Centro para el encuentro de jóvenes y ciudadanos de la tercera edad, Y.E.S. (por su sigla en inglés). Era su sueño, un lugar donde jóvenes y ancianos pudieran compartir su vida. Me alegra que vivieran para ver su sueño hecho realidad y estoy agradecido de que el centro siga funcionando tras su partida.

Como muchos de ustedes saben, Lavinia no encaja en el estereotipo de anciana frágil en una mecedora. Era dinámica y decidida y trabajó incansablemente por las necesidades de nuestra juventud y la tercera edad. Recuerdo con admiración y gratitud cómo recaudó dinero de las tiendas, agencias públicas y periódicos para revitalizar [devolver a la vida] el centro de la ciudad.

Fue mientras trabajaba en el proyecto del centro que Lavinia conoció a Walter, un ingeniero retirado. Algo se encendió. Se enamoraron... de una idea. Decidieron ayudar a dos de los grupos más necesitados del centro: la juventud sin rumbo y los solitarios (y a veces atemorizados) miembros de la tercera edad. El plan radical que idearon consistía en ayudar a estos dos grupos a ayudarse mutuamente.

Todos los días en el Centro Y.E.S. se ven jóvenes y ancianos que hacen eso. Enfermeras jubiladas les enseñan a jóvenes madres a cuidar a sus bebés. Jóvenes que dominan la computación les enseñan a los jubilados que la tecnología puede ser muy divertida. Los jóvenes confundidos y con problemas cuentan con ciudadanos mayores y solidarios a quienes pedirles consejos. Se los puede ver a diario en el centro: hablan, caminan juntos, juegan a las cartas, rasguean la guitarra, arman muebles y se acompañan más allá de las generaciones. ¡Qué hermosa escena! Gracias, Walter y Lavinia.

ESCRIBIR PARA APRENDER

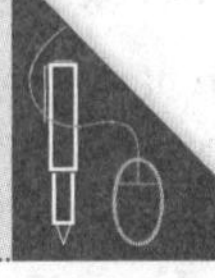

En un cuaderno, escribe un juicio que hayas formado mientras leías el blog de esta página. Explica cómo llegaste a esa opinión.

APLICA LA LECTURA

Instrucciones: Responde las preguntas. Coloca una marca junto al enunciado correcto.

1. ¿Qué evidencia respalda mejor el juicio del autor según el cual Lavinia no encajaba en el estereotipo de una anciana?

   _________ Era dinámica, decidida e incansable.

   _________ Lavinia conoció a Walter y algo se encendió.

   _________ No olvidaremos a Lavinia y a Walter.

2. ¿Cuál es el principal propósito del autor al escribir el texto?

   _________ persuadir a los lectores de unirse al Centro Y.E.S.

   _________ destacar la participación del autor en el centro

   _________ agradecer a Lavinia y a Walter por su visión del centro

Instrucciones: Lee esta entrada de blog de la creadora de *Jabones* y *exfoliantes Stella Marie*. Luego responde las preguntas que siguen.

Brillan las luces en Broadway

Me encantan las tiendas de antigüedades. Mi novio y yo prácticamente vivimos en ellas. Tengo una colección bastante grande de utensilios de hierro esmaltado y recipientes viejos de vidrio. Cosas que uso a diario. Elisia Romano es la dueña de la tienda de antigüedades más nueva de Providence, que acaba de inaugurar ¡y tiene cosas increíbles! Antigüedades, obras de artistas callejeros y... ¡Jabones y exfoliantes Stella Marie!

No duden en pasar la próxima vez que estén en el área.

Elisia en Broadway
166 Broadway
Providence, RI

¡No se desilusionarán!

APLICA LA LECTURA

Instrucciones: Responde estas preguntas.

1. ¿Cuáles son algunas de las palabras que usa la autora para describir Elisia en Broadway?

____

____

2. ¿Qué opción explica mejor por qué la autora podría ser parcial con respecto a Elisia en Broadway?

   A. Tiene una colección grande de recipientes viejos de vidrio.
   B. La tienda es nueva.
   C. La tienda vende Jabones y exfoliantes Stella Marie.
   D. Vive cerca de la tienda.

3. ¿Cuál fue el principal propósito de la autora al escribir esta entrada de blog?

   A. persuadir a las personas de hacer compras en la nueva tienda de antigüedades
   B. informar a los lectores sobre las tiendas de antigüedades
   C. entretener a los lectores con la historia de su vida
   D. describir sus compras recientes

Destreza principal
Determinar el propósito del autor

Los autores escriben por una variedad de motivos. A medida que lees, es importante que descifres el propósito por el que el autor escribió el texto. También querrás determinar a quién está dirigido el texto y cómo el autor presenta la información para el lector que tiene en mente.

Los artículos fácticos normalmente se escriben para informar. Los cuentos, las obras de teatro y las narraciones personales a menudo se escriben para entretener. Los textos que expresan muchas opiniones o intentan convencerte de hacer algo se escriben para persuadir.

Cuando el propósito es persuadir, el autor suele ser parcial. Un escritor que expresa su preferencia a favor o en contra de una persona, una idea o algo en particular es parcial. Para reconocer la parcialidad, hazte las siguientes preguntas:

- ¿El autor excluyó detalles importantes?
- ¿Qué palabras usó el autor para apelar a las emociones? ¿Esas palabras tienen connotación positiva o negativa?

A medida que lees el blog de esta página, encierra en un círculo las palabras que tienen connotación positiva o negativa. Toma nota de las ideas sobre las que necesitas más información.

Repaso de vocabulario

Instrucciones: Usa estas palabras para completar las siguientes oraciones.

blog **calificaciones** **juicio** **persuadir** **respaldar**

1. La marca de calzado les paga a los atletas por ______________ sus zapatillas.
2. Mi hermana publica recetas en su ______________ de cocina.
3. ¿Qué ______________ tiene el experto?
4. El restaurante ofreció postre gratis para ______________ a las personas de ir a comer allí.
5. Usa tu ______________ para decidir si este autor muestra parcialidad en contra del tema.

Repaso de destrezas

Instrucciones: Lee esta entrada de blog sobre un presentador en un juego de béisbol. Luego, responde las preguntas que siguen.

Howie lo hizo

Howie Rose, el presentador de los Mets, hizo un gran trabajo ayer. Sintonicé un poco de la acción del juego de los Mets contra los Yankees en el camino de New Haven a Providence y escuché dos comentarios que hizo Howie acerca de temas que los presentadores suelen tener miedo de tocar.

1. "Y los tableros de anuncios le piden al público que haga ruido... como si hiciera falta avisarles a los fanáticos de Nueva York en la Serie Subway cuándo alborotarse".

   Era hora de que se hablara de esto al aire. Es ridículo que se le pida al público alentar a su equipo. (Por supuesto que, como siempre aclaro, hace décadas que el estadio de los Yankees les indica a los fanáticos cuándo alentar. Fenway Park, el estadio de los Red Sox, nunca necesitó usar este artilugio).

2. "El juego de mañana equivale al juego del domingo por la noche, el juego que nadie quiere".

   Luego Howie dijo que cambiar el horario del juego del domingo de la 1 p. m. a las 7 p. m. era malo para los equipos, que tienen que viajar muy tarde, y malo para los fanáticos, que compraron entradas para un juego a la tarde.

¡Así se habla, Howie!

Repaso de destrezas (continuación)

1. En la publicación "Howie lo hizo", ¿cuál es el juicio del blogger acerca de los tableros de anuncios que le piden al público que haga ruido?

A. Cree que son una buena idea.
B. Cree que son innecesarios.
C. Cree que Fenway Park debería usarlos.
D. Le gusta cómo se oyen los gritos.

2. ¿Qué palabras te indican que el autor está de acuerdo con el juicio de Howie Rose?

A. "Sintonicé un poco de la acción del juego de los Mets contra los Yankees".
B. "Escuché dos comentarios que hizo Howie".
C. "¡Así se habla, Howie!"
D. "El juego de mañana equivale al juego del domingo por la noche".

3. ¿Qué detalles del blog te ayudan a inferir la parcialidad del autor hacia uno de los equipos?

____

____

____

4. ¿Qué quiere decir el autor con "como si hiciera falta avisarles a los fanáticos de Nueva York en la Serie Subway cuándo alborotarse"?

____

____

____

Práctica de destrezas

Instrucciones: Elige la mejor respuesta para cada pregunta. Para las preguntas **1** a **5**, consulta la siguiente entrada de blog.

Una apelación al superintendente

10 de diciembre de 2014, por timbailey

Pedí el 27 de abril como día franco. Me lo negaron -justamente- bajo la cláusula de mi contrato como docente que establece que no se pueden usar los días francos para extender las vacaciones. Pero el superintendente se reserva el derecho de hacer excepciones. Esta es mi solicitud.

Como comenté en mi publicación anterior, viajaré a Manchester para ver el juego de Manchester United contra Tottenham Hotspur en Old Trafford el 25. Para estar de regreso en el trabajo el lunes, tendría que viajar al día siguiente, lo cual presenta un problema. Cualquier estadounidense que siga el fútbol inglés sabe que los juegos se disputan los sábados, los domingos, los lunes por la noche y, de vez en cuando, los miércoles. Publican la grilla en verano, pero en ese entonces todavía no es la versión definitiva. No, la Premier League, como la NFL [National Football League (Liga nacional de fútbol)], usa "horarios flexibles", lo que permite reprogramar los juegos con apenas siete días de anticipación. Eso hace que sea muy difícil reservar un vuelo de regreso. El juego, que por ahora está programado para el sábado, podría terminar pasándose al domingo, así que si comprara un pasaje para regresar el domingo tendría muy mala suerte. Los vuelos a Estados Unidos suelen salir por la mañana, y encontrar un vuelo nocturno ha sido imposible. Si hubiese alguna garantía de que el juego se jugará el sábado, no habría problema. Parece que la manera más segura de hacer planes sería volar el lunes, pero eso implicaría perder un día de trabajo. Por lo tanto, solicité el día franco, que me denegaron.

Hace años que estoy planeando este viaje. Tomé horas de asesoramiento de disciplina escolar, una tarea que prácticamente ningún docente quiere hacer, para poder solventar los gastos. Si pudiese ir en verano, iría, pero no es temporada de fútbol. Incluso el clima sería más agradable los meses de verano, pero no voy por el clima.

Empecé a escribir este blog a modo de prueba para mi clase de escritura de ensayos, y el viaje a Manchester sería la experiencia final. También estaría dispuesto a escribir sobre el viaje en el periódico escolar. A modo de negociación, si me conceden este día franco, no usaré el otro día franco que me queda este año.

Práctica de destrezas (continuación)

1. ¿Qué espera el autor que haga el superintendente?

   A. concederle el lunes como día franco
   B. cambiar la fecha del juego
   C. permitirle usar sus dos días francos
   D. ayudarle a conseguir un pasaje de regreso

2. Según el blog, ¿qué juicio puedes hacer acerca del autor?

   A. Al autor no le gusta enseñar.
   B. El autor pierde muchos días de clases.
   C. El autor quiere que se considere su solicitud justamente.
   D. El autor no planea bien las cosas.

3. ¿A favor de qué opción es más probable que el autor muestre parcialidad?

   A. una regla que permita que el superintendente decida cuándo se pueden usar los días de vacaciones
   B. una regla que permita que la Premier League modifique la grilla
   C. una regla que haga que la Premier League se parezca más a la NFL
   D. una regla que permita a los docentes usar los días francos en cualquier momento

4. ¿Cuál de las razones que da el autor para solicitar un día franco es más probable que persuada al superintendente?

   A. "Hace años que estoy planeando este viaje".
   B. "Estaría dispuesto a escribir sobre el viaje en el periódico escolar".
   C. "No voy por el clima".
   D. "Encontrar un vuelo nocturno ha sido imposible".

5. ¿Cuál es la audiencia esperada por el autor?

   A. todos los miembros del Manchester United
   B. únicamente el superintendente
   C. únicamente sus colegas docentes
   D. cualquiera que lea el blog

Práctica de escritura

Instrucciones: Elige un blog que te interese y lee las últimas tres entradas. Luego escribe una reseña del blog. En la reseña, comenta el enfoque del blogger y su estilo de escritura. Asegúrate de usar evidencia del texto en tu reseña e incluir el enlace a la dirección web del blog.

LECCIÓN
3.4 Reseñas y comentarios

Objetivos de la lección

Serás capaz de:

- determinar la opinión del autor en reseñas y comentarios.
- identificar las ideas principales y los detalles esenciales.

Destrezas

- **Destreza principal:** Inferir
- **Práctica principal:** Interpretar palabras y frases de un texto

Vocabulario

análisis
comentario
criticar
implícito
reseña

CONCEPTO CLAVE: Una reseña es una evaluación, es decir, un juicio, sobre un producto o servicio.

¿Alguna vez les pediste a tus amigos una opinión sobre un producto que hayan usado? ¿Alguna vez le preguntaste a alguien qué le parecía determinada película? ¿Las opiniones de los demás influyen en tu decisión de comprar el mismo producto o ver la misma película?

Una reseña comparte la experiencia y las opiniones de un escritor sobre un producto o servicio. El escritor dice lo que pensó de algo y explica sus motivos. Una reseña puede ayudarte a decidir si vale la pena invertir tu tiempo y tu dinero en algo.

Reseñas

Una **reseña** es un juicio crítico sobre algo. Se escriben reseñas sobre libros, películas, arte, moda, música, televisión y restaurantes. Una reseña es más que un resumen. Es un comentario. En un **comentario**, el comentador expresa lo que piensa y da su opinión acerca de un tema.

En general las reseñas tienen cuatro partes: una introducción, un resumen, un análisis y una conclusión. La introducción atrae la atención del lector y presenta lo que se tratará en la reseña. Menciona el título, el tema o el nombre de lo que se reseñará. Cuando lees una reseña, notas que la introducción normalmente tiene un tono positivo o negativo. Te da una pista sobre la opinión del autor.

Luego, en general, las reseñan resumen, es decir, hacen un breve recuento, de lo que se reseña. Por ejemplo, se puede delinear la trama básica de un libro (aunque a veces el autor de la reseña también revela el final). El resumen ayuda al lector a entender lo que se comenta.

Después del resumen, el autor de la reseña ofrece un **análisis**. En el análisis, el autor **critica** lo que está reseñando, es decir, dice lo que le gustó o no le gustó. Cuando lees el análisis, busca las opiniones del autor de la reseña y los detalles que usa para apoyar esas opiniones. Eso te ayudará a decidir si estás de acuerdo con la reseña o no.

Por último, las reseñas suelen terminar con una conclusión. La conclusión resume la opinión general del autor de la reseña y tal vez incluya una recomendación que indique si vale la pena invertir tu tiempo y dinero en lo que se reseña. Pero ten en cuenta que una reseña no es más que la opinión de una persona. Otra persona puede tener una opinión distinta. Depende de ti evaluar los detalles que ofrece el autor de la reseña y formar tu propio juicio.

INTERPRETAR LA IDEA PRINCIPAL IMPLÍCITA

A veces una idea principal se expresa directamente en una oración del tema, pero otras veces la idea principal está implícita. Una idea principal **implícita** no está expresada. No aparece en el texto. Debes buscar pistas del texto para **interpretar**, es decir, descifrar, la idea principal.

Sabrás que la idea principal está implícita cuando no encuentres ninguna oración lo suficientemente general que se relacione con todos los detalles del párrafo. Usa los siguientes pasos para interpretar la idea principal implícita de un texto.

- Determina el tema de un texto. Pregúntate sobre quién o qué trata principalmente.
- Busca todos los detalles. Pregúntate qué tienen en común. La idea principal es lo que el escritor quiere que entiendas de esos detalles.

Lee esta reseña. Luego identifica la idea principal implícita.

> Nos llegaron buenos comentarios de Eazy Pizza, así que no veíamos la hora de probar el nuevo restaurante. Pasaron 15 minutos hasta que la recepcionista nos recibió. Cuando finalmente nos sentamos, tuvimos que pedir el menú. Nadie nos tomó el pedido de bebidas. Finalmente, nos atendió un camarero y pedimos nuestra pizza favorita: una grande de *pepperoni*. El menú aseguraba que preparaban las pizzas en el momento, pero cuando llegó la nuestra –45 minutos más tarde– estaba apenas tibia. Las rodajas de *pepperoni* eran tan pocas que algunas porciones ni siquiera tenían. Nos fuimos con hambre.

Aunque el autor de la reseña no dice en ningún momento que no le gustó Eazy Pizza, todos los detalles se combinan para sugerir que la idea principal de esta reseña es que Easy Pizza no es un buen restaurante.

Investígalo
Comparar reseñas

Podrás encontrar reseñas actualizadas en cualquier dispositivo electrónico: teléfono inteligente, tableta o aplicación móvil.

Elige un restaurante, una película o un espectáculo sobre el que quieras investigar. Haz una búsqueda en Internet para encontrar reseñas positivas y negativas. Léelas y organízalas según las opiniones de los autores.

Luego, escribe un ensayo en el que compares y contrastes las reseñas. ¿Qué opiniones compartían varios autores? ¿Estás de acuerdo o en desacuerdo con los autores de las reseñas?

Destreza de lectura
Interpretar palabras y frases de un texto

Cuando la idea principal no se expresa directamente en una oración principal, debes usar claves del texto para descubrirla. De la misma manera, a veces es necesario usar claves del contexto para interpretar palabras y frases para entender la opinión de un autor.

Hazte estas preguntas a medida que lees:

- ¿Cuál es el mensaje general del autor?
- ¿El autor muestra parcialidad a favor o en contra del tema?

A medida que lees el artículo de esta página, subraya los detalles que te ayudan a entender la opinión del autor.

ESCRIBIR PARA APRENDER

Piensa en las palabas y las frases que usan los autores cuando escriben una reseña. ¿De qué manera esas palabras persuaden al lector?

Escribe un párrafo en el que describas cómo ciertas palabras y frases afectan a los lectores, ya sea de manera positiva o negativa.

Instrucciones: Lee este fragmento de la reseña de un libro de Nikki Grimes. Luego, responde las preguntas que siguen.

Como dice Nikki Grimes: "Viví tantas vidas que a veces siento que soy una docena de personas diferentes. ¿Es una sorpresa que me sienta a gusto escribiendo libros con múltiples voces?". Uno de esos libros es *Bronx Masquerade*. *Bronx Masquerade* es una novela en la que 18 voces narran el relato. La novela cuenta la historia de un grupo de estudiantes de una secundaria de la Ciudad de Nueva York que empezaron a participar de una serie de clases semanales de lectura de poesías llamadas "Viernes de lectura libre". Exploran quiénes son detrás de la máscara que llevan y lo hacen a través de la poesía.

Lo que comienza como un experimento simple enseguida se transforma en un medio para cuestionar algunas de las ideas que tienen los estudiantes acerca de ellos mismos y de los demás. Si bien no hay un personaje principal, la estudiante Tyrone Bittings funciona como el coro del teatro griego: hace comentarios sobre todos los personajes del libro. Janelle lucha con lo que le provoca su imagen corporal; Lupe está desesperada por tener un bebé para sentirse amada; Raynard esconde un secreto detrás de tanto silencio; y Porscha intenta lidiar con el enojo que le provoca la dinámica problemática de su familia. Tyrone ayuda al lector a unir los puntos de un personaje a otro y de una trama secundaria a la siguiente.

Todos los estudiantes –afroamericanos, latinos, blancos, hombres, mujeres– hablan de su sensación de aislamiento y su anhelo de pertenencia. Tanto los lectores competentes como los reacios se identificarán y sentirán empatía con estos estudiantes. Tal vez sean demasiados personajes para que el lector profundice en alguno en particular, pero la premisa creativa y contemporánea de Grimes los atrapará, y los poemas incluso los inspirarán a aventurarse en la escritura de algunos versos propios. Como siempre, Grimes les da a los jóvenes exactamente lo que están buscando: personajes reales que les muestren que no están solos.

APLICA LA LECTURA

Instrucciones: Responde las preguntas.

1. ¿Qué oración expresa mejor la idea principal del párrafo 1?

   _______ En todas las escuelas debería haber un "Viernes de lectura libre".
   _______ La poesía puede ser una herramienta muy útil para explorar la personalidad.
   _______ Los adolescentes con problemas deberían leer todos los libros de Nikki Grimes.
   _______ Usar máscaras puede hacer que la clase de poesía sea más entretenida.

2. ¿Cuál es el análisis de *Bronx Masquerade* que hace el autor?

   _______ La premisa creativa de Grimes atrapará a los lectores.
   _______ El uso de la poesía no es una premisa creativa que dé resultado.
   _______ A la mayoría de los lectores jóvenes los desalienta la poesía.
   _______ Todos los estudiantes se sientes aislados y anhelan pertenecer.

3. En la siguiente línea, escribe una oración en la que el autor de la reseña exprese su opinión sobre el libro.

   ____

Instrucciones: Lee la siguiente reseña sobre el arte latino. Luego completa el organizador gráfico que aparece a continuación.

La vivacidad y el color de la cultura latina, su música, comida, arte y estilo, aportan un valioso matiz a la cultura de Chicago que solemos dar por sentado en una ciudad que desborda de diversidad étnica. El entusiasmo que genera "Imágenes y objetos del espíritu", la nueva muestra que se inauguró en la galería Aldo Castillo, ofrece una invaluable oportunidad de poner el foco en lo mejor del arte latino.

Con una presentación ecléctica [variada] del arte plástico latinoamericano contemporáneo [actual] combinado con muebles, telas y artefactos religiosos de Colombia, Guatemala, México y Perú, la muestra ofrece una mirada a una cultura impregnada de religión, conflictos políticos y pasión...

Aldo Castillo describe su amada tarea como la de una galería con una misión social. Castillo es un reconocido escultor nicaragüense que abandonó su tierra natal para escapar de la Guerra Civil y recibió asilo político en Estados Unidos, donde continuó sus estudios en el Instituto de Arte de Chicago. Su idea original era crear un estudio para la escultura, pero luego decidió convertir su hermoso espacio restaurado de Lakeview en una galería donde pudiera exhibir tanto su propio trabajo como el de otros artistas latinos.

El resultado es un glorioso curso intensivo en artes visuales latinoamericanas. El trabajo contemporáneo de los pintores Antonio Bou y Luis Fernando Uribe cuelga de vitrinas talladas irregularmente. Los adornos ceremoniales tejidos en colores vivos y brillantes se extienden entre objetos religiosos...

Algunas de las piezas más imponentes de la muestra son las más humildes. Los simples retablos (pequeños nichos tallados en madera, diseñados para guardar imágenes de santos) son a la vez rústicos y poderosos.

—Extracto de *Chicago Sun-Times*

Destreza principal
Inferir

A menudo los autores no expresan directamente todas sus ideas. Dan detalles y esperan que los lectores "lean entre líneas" y hagan **inferencias**. Una inferencia es una conclusión, es decir, un juicio, que se basa en información del texto y en la propia experiencia del lector.

Mira este ejemplo:

> Kelley miró por la ventana. Luego fue hasta su armario. Cuando regresó, se había puesto botas de goma y sostenía un paraguas.

Kelley mira hacia fuera y luego saca las botas y un paraguas del armario. A partir de estos detalles y tu propia experiencia, puedes inferir que está lloviendo.

A medida que lees la reseña de esta página, subraya la información que te ayude a hacer una inferencia sobre Aldo Castillo.

APLICA LA LECTURA

Instrucciones: Completa el organizador gráfico para mostrar una inferencia que hayas hecho sobre Aldo Castillo.

Información del texto		**Lo que sé**		**Inferencia**
Aldo Castillo describe su amada tarea como la de una galería con una misión social.	+		=	

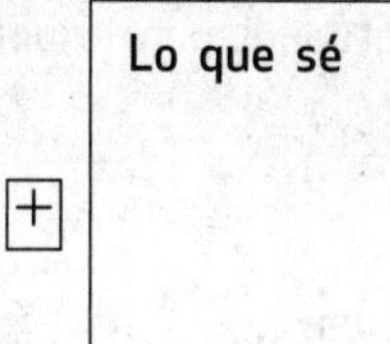

Repaso de vocabulario

Instrucciones: Usa estas palabras para completar las siguientes oraciones.

análisis **comentario** **criticó** **implícita** **reseña**

1. La reseña ______________ al restaurante por el mal servicio.

2. Una idea ______________ es una idea que no se expresa directamente.

3. El/La ______________ del presentador mostró cuál era su opinión sobre el juego.

4. Antes de ir al cine, leí un/una ______________ en línea.

5. Mi ______________ de la situación fue que era muy peligroso.

Repaso de destrezas

Instrucciones: Lee estos dos textos y responde las preguntas que siguen.

Reglas de oro: 52 verdades para triunfar en los negocios sin perder la identidad

Webber, empresario y columnista, ofrece consejos e inspiración con 52 lecciones prácticas recopiladas a lo largo de 40 años de trabajo con líderes extraordinarios de una variedad de emprendimientos. Se dispone a ayudar a los profesionales de hoy en día para que se concentren, sean productivos y se mantengan inspirados incluso al atravesar una época
5 turbulenta de cambios relacionados con la globalización, la tecnología y la economía del conocimiento. El autor registra sus experiencias y las describe según las lecciones que aprendió para mostrarnos cómo aplicarlas en nuestros negocios y en la vida personal. ¿Cuáles son sus reglas? Cuando las cosas se ponen duras, el duro se relaja; no implementes soluciones, evita problemas; la diferencia entre una crisis y una oportunidad es lo que aprendes de ella; para
10 empezar algo siempre se necesitan cuatro cosas: cambio, conexiones, conversación y comunidad; los empresarios prefieren la casualidad antes que la eficiencia; saber no es lo mismo que hacer; y los grandes líderes responden la gran pregunta de Tom Peters: "¿Cómo puedo capturar la imaginación del mundo?". Este libro excelente ofrece ideas invaluables e inspiradoras para los socios de la biblioteca.

–Extracto de *Booklist*, por Mary Whaley

1. ¿Qué puedes inferir sobre el escritor de "Reglas de oro: 52 verdades para triunfar en los negocios sin perder la identidad"?

   A. El escritor tiene mucha experiencia.
   B. Al escritor no le gusta el cambio.
   C. El escritor cree que sus ideas se aplican solo a los negocios.
   D. El escritor es práctico pero no inspirador.

2. En las líneas 8 y 9, el autor de la reseña dice que una de las reglas del escritor es: "no implementes soluciones, evita problemas". ¿Cuál es tu interpretación de esta regla?

   ____

Repaso de destrezas (continuación)

Lo que se dice en la ciudad

La comunidad teatral es testigo de un milagro: el estreno de "Ana de los milagros" en el Teatro municipal de Bedford en Main Street 74 (en la esquina de la iglesia), en Bedford Hills. Los teatros municipales son la columna vertebral y las raíces del teatro en nuestro país y, con una producción como esta es fácil brindarles apoyo. Lo de Johanna Lewis y Alex Scheer en los papeles de Helen Keller y Anne Sullivan es toda una hazaña. Logran canalizar las emociones de estos personajes a la perfección con actuaciones dignas de un escenario de Broadway.

—Extracto de *The Bedford Record Review*

3. ¿Cuál es la idea principal de este fragmento?
   - A. Las obras de teatro de Broadway son mejores que esta producción.
   - B. Los teatros municipales no son importantes.
   - C. La obra de teatro y los actores son excelentes.
   - D. La actuación de Johanna Lewis es mejor que la de Alex Scheer.

4. ¿Qué infieres que el autor de la reseña espera que hagan los lectores?

____

____

Práctica de destrezas

Instrucciones: Elige la mejor respuesta para cada pregunta. Para las preguntas **1** a **4**, consulta el siguiente artículo.

El legado tallado de un barbero, con terminaciones de diamantes falsos y pomada para zapatos

La mayoría de los artistas tiene un trabajo diurno en algún momento de su carrera, a veces de por vida. Algunos tienen la suerte de disfrutar de su trabajo tanto como de su arte. Rara vez alcanzan la simbiosis [combinación] de una actividad creativa y laboral como la que gozó Ulysses Davis (1914–1990), un barbero de Savannah, Georgia, que tallaba y recortaba
5 esculturas en madera en su tienda cuando el trabajo mermaba.

En el folleto de la excelente exhibición "El tesoro de Ulyssess Davis", que se presenta en el museo American Folk Art, aparece una cita de él que dice: "Amo ser barbero. Me mantiene la cabeza en su lugar. Si tuviera que elegir entre cortar cabello y tallar, no sabría qué elegir, porque me encanta tallar en madera". El arte y la vida eran inseparables e intercambiables.
10 A veces Davis usaba las pinzas de pelo en la madera; a veces improvisaba clases de historia del arte con sus clientes de Savannah.

Práctica de destrezas (continuación)

Davis era autodidacta, pero entendía el modo en el que la historia corona a los artistas. Había visitado suficientes museos para saber que sus esculturas causarían conmoción si se preservaban todas juntas. Rara vez vendió una pieza y rechazó a varios coleccionistas. Tras su muerte, su hijo Milton
15 decidió que la fundación King-Tisdell Cottage de Savannah, abocada a la historia afroamericana, se quedara con la mayoría de las esculturas.

Es la primera vez que la fundación King-Tisdell presta casi tres cuartos de las aproximadamente 100 obras que se exhiben. "El tesoro de Ulysses Davis", que llega del High Museum of Art de Atlanta, que organizó la muestra, es por lejos la presentación más grande de las esculturas de Davis que se
20 haya visto fuera de Savannah.

Deja en evidencia que no se trató de un mero artista del folclore patriótico ni un artista afroamericano que buscaba reafirmar su tradición ni un artista visionario e introspectivo. Era todo eso, que equivale a decir que cualquier cliché de artista "marginal" se queda corto.

–Extraído de *The New York Times*, por Karen Rosenberg

1. ¿Cuál sería la mejor manera de usar la información de esta reseña?

A. aprender cuáles son los pasos para ser un escultor
B. decidir si ir a la muestra de Ulysses Davis
C. averiguar si Ulysses Davis era un buen barbero
D. escribir un informe sobre la historia del arte

2. ¿Qué enunciado expresa la conclusión que saca el autor de la reseña sobre Ulysses Davis?

A. "Rara vez vendió una pieza y rechazó a varios coleccionistas".
B. "A veces Davis usaba las pinzas de pelo en la madera".
C. "La mayoría de los artistas tiene un trabajo diurno en algún momento de su carrera".
D. "Cualquier cliché de artista "marginal" se queda corto".

3. Si estuvieras creando un anuncio para la muestra de Ulysses Davis, ¿qué cita de la reseña sería mejor incluir?

A. "la presentación más grande de las esculturas de Davis que se haya visto fuera de Savannah"
B. "El arte y la vida eran inseparables e intercambiables".
C. "Sus esculturas causarían conmoción si se preservaban todas juntas".
D. "Rara vez vendió una pieza y rechazó a varios coleccionistas".

4. ¿Qué palabra de la siguiente oración de la reseña muestra la opinión del autor?

"En el folleto de la excelente exhibición "El tesoro de Ulyssess Davis", que se presenta en el museo American Folk Art, aparece una cita de él que dice: "Amo ser barbero". (líneas **6** y **7**)

A. amo
B. tesoro
C. excelente
D. cita

Práctica de escritura

Instrucciones: Busca una reseña de un libro que hayas leído o una película que hayas visto. Puedes extraer la reseña de un periódico, una revista o Internet. Lee la reseña y luego escribe tu respuesta a ella. Toma nota de las cosas con las que estás de acuerdo con el autor y de las cosas con las que estás en desacuerdo. Asegúrate de incluir fragmentos en los que el autor de la reseña haya hecho una interpretación del libro o la película que difería de la tuya.

CAPÍTULO 3

Repaso

Instrucciones: Elige la mejor respuesta para cada pregunta. Para las preguntas **1** a **3**, consulta el siguiente artículo.

Deshazte del desorden

¿Te estás ahogando en tu propio desorden? ¿Las pilas de papel sin archivar se están apoderando de tu espacio de trabajo? ¿Y qué hay de esas cosas que no caben en el armario? ¿Te tropiezas con ellas todo el tiempo? Necesitas la ayuda de los Grandiosos organizadores.

La mayoría de las personas no saben maximizar el espacio en el hogar. Terminan desperdiciando tiempo y espacio. ¡No permitas que eso te pase a ti! Llama a un profesional. Los Grandiosos organizadores han reorganizado cientos de espacios.

Llama hoy mismo y deja que los Grandiosos organizadores reordenen tu espacio de trabajo y de almacenamiento. La mayoría de los clientes descubren que su hogar es un 25% más efectivo luego de que los Grandiosos organizadores terminan su trabajo. Para ese entonces te resultará fácil hallar y usar los objetos que necesites. ¡Basta de búsquedas del tesoro!

Ponte en contacto hoy mismo. No pierdas ni un minuto más desorganizando tu casa.

(800) 555-1234

1. ¿Cuál es el propósito del primer párrafo?

A. descubrir lo que necesitan los lectores
B. hacer que los lectores piensen en la desorganización que hay en su casa
C. hacer que los lectores se den cuenta sutilmente de que hay maneras más efectivas de organizar sus cosas
D. servir como eslogan de la empresa

2. ¿Qué espera el autor del anuncio que hagan los lectores?

A. ordenar su casa
B. aprender a ser más organizados
C. contratar a los Grandiosos organizadores para que organicen su casa
D. llamar a los Grandiosos organizadores para aprender a organizar

3. ¿La frase "La mayoría de los clientes descubren que su hogar es un **25%** más efectivo" es un hecho?

A. Sí, porque es una estadística.
B. Sí, porque los Grandiosos organizadores no quieren engañar a los lectores.
C. No, porque el número no incluye clientes satisfechos.
D. No, porque la efectividad no se puede medir en números.

Repaso

Instrucciones: Para las preguntas **4** a **7**, consulta el siguiente artículo.

La seguridad de la energía nuclear

Ayer se inauguró la estación de energía nuclear Dwight en Yerba Valley. La estación Dwight es la primera de tres plantas nucleares a construirse en Yerba Valley y es propiedad de CEC Electric Company, que además está a cargo de su funcionamiento. Esta estación brindará energía a más de 1 millón de usuarios y, cuando funcione a su máxima capacidad, generará casi 3 millones de kilowatts de electricidad.

La estación fue construida en un terreno de 500 acres y cuenta con dos reactores, dos torres refrigerantes y dos turbinas. Se estima que el costo de la totalidad del proyecto superó los 1,000 millones de dólares.

Stanley Novak, presidente de CEC, dio inicio a la celebración sin demoras a las 9 a. m. Desde la sala de control, activó los reactores. Luego fue hasta la entrada, donde se dirigió a la multitud. Anunció que la estación permitiría que los usuarios ahorren dinero porque la planta nuclear requiere menos energía que el combustible fósil. Dijo que la Comisión de regulación nuclear certificó que las operaciones en la planta son seguras.

Los comentarios de Novak se vieron interrumpidos varias veces por los gritos en señal de protesta, pero hacia el final provocaron una ola de aplausos.

Los Ciudadanos para una Sociedad Segura (CSS), un grupo de protesta, acudieron con carteles en contra de la planta nuclear. El vocero de CSS, Bill Kerby, exigió a CEC garantías por escrito que aseguraran que se seguirían todas las medidas de seguridad recomendadas para deshacerse de los residuos nucleares. También convocó a una reunión entre Novak y CSS para hablar de los peligros radioactivos.

4. ¿Este artículo presenta una postura equilibrada de la inauguración de la estación de energía nuclear Dwight?

- **A.** No, porque habla de los beneficios pero no de los costos del proyecto.
- **B.** No, porque habla solo de lo que cree CSS de la planta nuclear.
- **C.** Sí, porque incluye citas de Stanley Novak.
- **D.** Sí, porque habla de lo que piensan tanto CEC como CSS de la planta nuclear.

5. ¿Con quién es más probable que esté de acuerdo una persona preocupada por los peligros radioactivos?

- **A.** Stanley Novak
- **B.** Bill Kerby
- **C.** CEC Electric Company
- **D.** la Comisión de regulación nuclear

6. ¿Cuál es la razón más probable por la que Stanley Novak apoya la planta?

- **A.** Sabe que se certificó su seguridad.
- **B.** Es un opositor de la energía nuclear.
- **C.** Tiene garantías por escrito de que la planta desechará los residuos como corresponde.
- **D.** Es el presidente de la empresa dueña de la planta.

7. ¿Cuál es el propósito de este artículo?

- **A.** explicar por qué no debería inaugurarse la estación Dwight
- **B.** comparar opiniones acerca de la inauguración de la estación Dwight
- **C.** persuadir al público para que use energía nuclear
- **D.** describir cómo Consolidated Electric ayuda a la comunidad

CAPÍTULO 3

Repaso

Instrucciones: Para las preguntas **8** a **11**, consulta el siguiente artículo.

Consejos de un blogger

Cuando alguien le hacía una pregunta personal a mi abuela, ella siempre respondía lo mismo: "Una dama no cuenta eso". Admiraba mucho a mi abuela y su misterio, pero es evidente que no sigo su consejo. Después de todo, tengo un blog. Hago pública mi vida a diario ante todo el mundo. Aún así, a veces me encuentro preguntándome si me expongo demasiado. En mi blog publico fotos de lo que hago, a quién veo y lo que como, incluso si lo único que hago es cargar gasolina al carro y pedir comida rápida sin bajarme. Para los estándares de mi abuela, no soy ninguna dama. No solo cuento, sino que cuento todo.

Una cosa es publicar los detalles mundanos de tu vida cotidiana: es elección de cada uno y probablemente no hará ningún daño. Pero hay algunas cosas que una dama (o un caballero) no debería contar. Estas son algunas de las cosas que creo que todos los bloggers deberían considerar para su seguridad y la de sus amigos y familiares.

1. No publiquen nombres de niños, esposos/esposas ni amigos sin permiso.
2. No den demasiada información acerca del lugar donde viven. No permitan que los encuentren fácilmente a menos que eso sea lo que quieren.
3. Antes de publicar cualquier cosa, piensen si realmente quieren compartir esa información con el mundo. Si lo que escribieron guarda enojo, es dañino o genera conflictos, dense tiempo y vuelvan a leer antes de publicar nada.

Tener un blog me hace sentir conectada, pero hay una diferencia entre guardar secretos y mantenerse a salvo.

8. ¿Cuál es el principal propósito de la autora al escribir el artículo?

A. contar una historia sobre su abuela
B. describir sus hábitos como blogger
C. compartir algunas reflexiones sobre cómo estar a salvo al publicar en un blog
D. persuadir a los lectores de compartir todos los detalles de su vida

9. Según el texto, ¿qué detalles es más probable que incluyera la autora en su blog si fuese a la fiesta de cumpleaños de su sobrina?

A. el nombre y la edad de su sobrina
B. la dirección de la casa donde se hace la fiesta
C. el tipo de comida y pastel que se sirvió
D. el hecho de que la nueva novia de su hermano no le cae bien

10. ¿Qué oración respalda mejor el juicio de la autora que sostiene que no debes dar información acerca del lugar donde vives?

A. "Una dama no cuenta eso".
B. "No hará ningún daño".
C. "No permitan que los encuentren fácilmente a menos que eso sea lo que quieren".
D. "Tener un blog me hace sentir conectada".

11. ¿Cuál es la opinión general de la autora acerca de tener un blog?

A. Se trata de compartir los detalles aburridos sobre ti mismo.
B. Es una buena manera de estar conectado si tienes cuidado.
C. Tener un blog no es bueno, porque no hay que contar los secretos de uno.
D. Tener un blog es solo para personas jóvenes.

Repaso

CAPÍTULO 3

Comprueba tu comprensión

En la siguiente tabla, encierra en un círculo las preguntas que hayas respondido de forma incorrecta. En la tercera columna, verás las páginas que puedes repasar para responder las preguntas correctamente. Presta particular atención a las áreas en las que no respondiste correctamente la mitad o más de la mitad de las preguntas.

Repaso del Capítulo 3

Lección	Número de pregunta	Páginas de repaso
Anuncios	1, 2, 3	116–123
Editoriales	4, 5, 6, 7	124–131
Blogs	8, 9, 10, 11	132–139

CAPÍTULO 3

Repaso

PRÁCTICA DE ESCRITURA DE ENSAYOS

Textos persuasivos

Instrucciones: Escribe un argumento para respaldar una de las afirmaciones que se presentan a continuación. Repasa la Lección 3.2 si necesitas ayuda con el plan, las estrategias de escritura y la estructura del texto.

EDITORIAL

Un editorial expresa una opinión sobre un tema. El escritor presenta razones y evidencia para persuadir a los lectores de que estén de acuerdo con su opinión. El argumento del escritor consiste en la opinión (o afirmación), las razones que lo llevaron a esa opinión y la evidencia que la respalda.

Lee las siguientes afirmaciones y elige una. Luego escribe un editorial para el periódico local. Antes de empezar a escribir, determina las razones que te llevaron a esa opinión y reúne evidencia que respalde la afirmación. Asegúrate de usar sitios web confiables y actualizados en tu investigación. Los sitios que terminan en *.gov*, *.edu* u *.org* suelen ser confiables. Ten en cuenta los hechos, las historias y la lógica cuando escribas tu editorial. Tu objetivo es presentar un argumento que convenza a otras personas de estar de acuerdo contigo.

1. Todos deberían aprender a tocar un instrumento musical.
2. Estados Unidos debe llevar un ser humano a Marte dentro de los próximos 10 años.
3. Es hora de deshacerse del horario de verano.
4. Habría que prohibir los videojuegos violentos.

UNIDAD 2

Textos literarios

CAPÍTULO 4
No ficción literaria

CAPÍTULO 5
Ficción

CAPÍTULO
4

No ficción literaria

¿Qué grandes aventuras has vivido en la vida real? Piensa en algún hecho que haya cambiado tu vida. ¿Cómo lo describirías? ¿Cómo podrías asegurarte de que las personas entenderán el impacto de ese hecho en tu vida? Parecería que todo el mundo conoce alguna historia interesante: tal vez se trata de un vecino que visitó el Parque Nacional de los Glaciares, un amigo del trabajo que se quedó atrapado en un ascensor durante varias horas o un familiar que logró superar grandes obstáculos para alcanzar una meta importante.

En este capítulo vas a estudiar los diversos géneros de no ficción que los autores utilizan para comunicar sus ideas. Cuando lees un ensayo o un discurso, una biografía o un relato de una experiencia real, estás leyendo no ficción literaria. Los protagonistas de la no ficción literaria son las personas reales. Viven en lugares reales y se enfrentan a problemas reales.

En este capítulo estudiarás estos temas:

Lección 4.1 Prosa de no ficción

¿Cómo comunicas tus pensamientos y sentimientos acerca de las experiencias que han cambiado tu vida? ¿Utilizarías un diario, una carta a un amigo o alguna otra forma de escritura? Aprende los diferentes tipos de prosa de no ficción que los escritores utilizan para comunicar sus ideas y experiencias.

Lección 4.2 Biografía

¿Qué hace que una biografía sea diferente de la ficción? Una biografía trata sobre personas que realmente existieron y sobre hechos que realmente sucedieron, no sobre personas y hechos inventados por el autor.

Lección 4.3 Autobiografía

¿Cuál es una manera simple de "conocer" a una nueva persona? ¡Leer una autobiografía! Las autobiografías son historias personales, es decir, historias de las experiencias del autor tal como él mismo las vivió. Leyéndolas, puedes sentir un vínculo con el escritor, incluso si su vida es muy diferente de la tuya.

Establecer objetivos

¿Por qué es importante leer prosa de no ficción, biografías y autobiografías? ¿Qué puedes aprender de estos géneros?

___

___

___

Usar una tabla como la que se muestra abajo es una buena manera de establecer objetivos al comenzar a estudiar este capítulo. ¿Qué quieres saber sobre prosa de no ficción, autobiografía, y biografía? En la primera columna, escribe algunas preguntas que tengas sobre estos géneros. Luego, a medida que lees el capítulo, completa la segunda columna con las respuestas que has aprendido.

Preguntas	Respuestas

LECCIÓN 4.1

Prosa de no ficción

Objetivos de la lección

Serás capaz de:

- examinar varios tipos de prosa de no ficción.
- explicar cómo las personas, los hechos o las ideas se desarrollan e interactúan en un texto.

Destrezas

- **Destreza principal:** Identificar tipos de no ficción
- **Destreza de lectura:** Analizar conexiones del texto

Vocabulario

desarrollar
diario
ensayo
género
interactuar
memorias
no ficción
prosa

CONCEPTO CLAVE: La prosa de no ficción es una forma de escritura sobre personas reales y eventos o situaciones reales.

¿Has escrito alguna vez un diario íntimo? Si es así, escribiste prosa de no ficción. También escribiste prosa de no ficción si le contaste por carta o por e-mail a un amigo acerca de lo que estaba sucediendo en tu vida en ese momento. La prosa de no ficción es un tipo de escritura que se centra en personas reales y hechos reales.

Prosa de no ficción

La prosa de no ficción es una **género** (una categoría artística o literaria) que se centra en personas reales y hechos o situaciones reales. La **prosa** es un lenguaje escrito u oral que suena como el habla normal. La prosa de no ficción comprende un amplio rango de textos. En esta lección vamos a centrarnos en la prosa de no ficción que incluye cartas, diarios, memorias y ensayos.

Diario

Un **diario** es el registro diario de los pensamientos, actividades y sentimientos de una persona. Un diario revela mucho sobre la persona que lo escribe. También puede dar información sobre el tiempo y lugar en el que fue escrito.

Lee la siguiente entrada de diario, escrita en 1942 por el escritor lituano Yitskhok Rudashevski, que entonces tenía 14 años. Observa cómo el escritor comunica sus sentimientos acerca de lo que está viviendo.

Domingo 1.º de noviembre

Hoy es un día hermoso. Los días pasados fueron lluviosos y estuvo nublado. Esta mañana, de improviso, un clima de primavera sorprendió al otoño. El cielo es azul, el sol calienta dulcemente. Y así también los habitantes del gueto salieron a las pequeñas calles para tomar algo de lo que probablemente sean los últimos rayos de luz. Nuestros policías visten sus sombreros nuevos. Ahora pasa uno de ellos —mi sangre hierve— envuelto en un abrigo nuevo de cuero, con aire insolente. Su sombrero de oficial está ladeado y el ala brilla bajo el sol. El cordón que lo sostiene cae sobre su barbilla, y él golpea sus pequeñas botas brillantes. Saciado, atiborrado de comida, se pavonea orgullosamente como un oficial, se deleita —la víbora— con esta vida, y participa así de esta comedia. Esta es la fuente de la que mana toda mi ira contra ellos, el hecho de que hagan una comedia con su propia tragedia.

—Extracto de *Children in the Holocaust and World War II: Their Secret Diaries,* compilado por Laurel Holliday.

ANALIZAR CONEXIONES DEL TEXTO

La idea principal es aquello sobre lo que trata principalmente un texto. Los detalles de apoyo proporcionan información sobre la idea principal. La idea principal y los detalles de apoyo responden a preguntas que empiezan con *quién, qué, cuándo, dónde, por qué* y *cómo*.

No ficción significa "que no es ficcional", es decir, que la historia es real. Los textos de no ficción se escriben sobre personas, lugares y hechos reales. Pueden abordar cualquier tema, desde acontecimientos actuales hasta la historia antigua, y centrarse en personas famosas o amigos y familiares.

Los textos de no ficción suelen centrarse en pocas personas, hechos e ideas. Estas personas, hechos e ideas se desarrollan e interactúan entre ellos a lo largo del texto. Cuando algo se **desarrolla**, crece o cambia. Por ejemplo, un autor podría escribir acerca de cómo una persona egoísta se transforma en el director de un refugio para personas sin hogar. Cuando dos o más personas **interactúan**, se influyen el uno al otro. Un autor puede escribir sobre cómo una persona tuvo una idea con la que logró apoyo para los programas de ayuda escolar. Las personas, los hechos y las ideas en textos de no ficción a menudo tienen una relación de causa y efecto.

Lee el siguiente pasaje. Identifica las conexiones del texto.

> Hace dos años la compañía Brookville Químicos fue encontrada culpable de verter residuos tóxicos en el río Brookville. La contaminación de la compañía provoca daños ambientales que afectan no solo a los peces sino también a las personas que viven cerca del río. Daniel Livingston es una de esas personas. Él se encargó de organizar una campaña de limpieza comunitaria que ha hecho maravillas para que el río Brookville vuelva a ser saludable y seguro otra vez. El sábado próximo, el alcalde de Brookville le otorgará al Sr. Livingston un premio especial.

Hay varias conexiones aquí. Las acciones de la compañía Brookville Químicos son la causa del problema. Eso provocó que Livingston se encargara de la limpieza del río y que luego recibiera un premio especial del alcalde.

Destreza de lectura
Analizar conexiones del texto

La mayoría de los textos, aunque no todos, incluyen personas, hechos e ideas que se desarrollan e interactúan entre sí. Como lector, debes analizar la información que proporciona el autor y determinar cómo todo está conectado.

En la entrada de diario de la página **156**, el autor describe varias cosas, incluyendo el clima, los "habitantes del gueto", un oficial de policía y su propia ira.

A medida que lees la entrada de diario, analiza las conexiones entre estos detalles. Comenta tus ideas con un compañero. ¿Por qué el autor está enfadado? ¿Quién o qué está causando esta ira? ¿Qué detalles te ayudan a entender los sentimientos del autor?

APLICA LA LECTURA

Instrucciones: Responde a las preguntas acerca de la entrada de diario de la página **156**.

1. ¿Dónde crees que el autor está escribiendo esta entrada de diario?

___

2. ¿Por qué el autor proporciona tantos detalles sobre el uniforme del policía?

___

CONEXIÓN CON EL **TRABAJO**

Comunicarse por correo electrónico

Uno de los métodos que más se utiliza para comunicarse en el lugar de trabajo es el correo electrónico. A menudo los supervisores y los compañeros de trabajo se envían mensajes de correo electrónico en lugar de hacer llamadas telefónicas o de hablar con alguien en persona.

El correo electrónico y las cartas funcionan de la misma manera y tienen un formato muy similar. La mayor diferencia es que el lenguaje que se utiliza en los correos electrónicos tiende a ser más informal.

A medida que lees la carta que aparece en esta página, imagina cómo podría estar escrita si fuera un correo electrónico enviado en el día de hoy. Reescribe la carta como si fuera un mensaje de correo electrónico.

Carta

Una carta es una forma de comunicación personal entre dos personas. Hoy en día muchas personas se comunican por correo electrónico (e-mail).

En las cartas que escribió entre 1888 y 1889 en Arles, Francia, el pintor Vincent van Gogh describió a su familia y amigos sus ideas, su estado de salud y su trabajo. Mientras pintaba lo que se convirtió en un famoso cuadro de su habitación, Van Gogh escribió lo siguiente:

> Estuve y estoy todavía casi muerto por el trabajo de la semana pasada. Así que me obligo a descansar. Acabo de dormir dieciséis horas de un tirón, y me he recuperado considerablemente. . . .
>
> Hoy me siento bien de nuevo. Mis ojos todavía están cansados, pero tuve una idea nueva y este es su boceto. Esta vez es simplemente mi dormitorio, y aquí el color lo hará todo. El cuadro terminado debería insinuar descanso o sueño en general. En una palabra, mirarlo debería ayudar a descansar la mente, o mejor dicho, la imaginación. Las paredes son de color violeta. El suelo es de baldosas rojas. La madera de la cama y las sillas es el amarillo de la mantequilla fresca, las sábanas y las almohadas de un verde limón muy suave [amarillo]. La colcha, rojo escarlata. La ventana, verde. El tocador, naranja; la vasija, azul. Las puertas, lilas. Y eso es todo, no hay nada más en esta habitación con los postigos cerrados. La anchura de los muebles debe expresar el descanso total sin interrupciones. Los retratos sobre la pared, un espejo, una toalla y algo de ropa. El marco, puesto que no hay blanco en el cuadro, será blanco. Trabajaré en él todo el día, pero ya ves qué fácil es la concepción [idea]. A través de estas tonalidades diversas, quise expresar un sosiego absoluto.
>
> —Extracto de *Correspondencia completa de Vincent Van Gogh*, por Vincent Van Gogh, en *Van Gogh en Arles,* de Ronald Pickvance

APLICA LA **LECTURA**

Instrucciones: Responde las preguntas acerca de la carta de Vincent Van Gogh.

1. Escribe dos frases de la carta de Van Gogh que digan algo sobre su estado de salud.

   ____

   ____

2. ¿Qué puedes inferir de la personalidad de Van Gogh luego de leer su carta?

   ____

   ____

Ensayo

Un **ensayo** es un escrito de no ficción que trata de un solo tema. Un ensayo personal refleja generalmente las experiencias, los sentimientos, las opiniones y la personalidad del escritor.

Lee el siguiente pasaje de un texto de Judy Esway.

> La abuela vino a vivir con nosotros después de la muerte de mi suegro. Con ella vinieron todas sus ollas y sartenes gigantes (cocinaba para un ejército), la máquina de hacer pasta, todos sus frascos de conserva, su molde *pizzelle* [un molde de metal para elaborar postres fritos], sus frascos de pimientos asados, su palo de amasar larguísimo. Nuestra casa se transformó: abrías una puerta de la alacena y te caía una ristra de ajos en la cabeza. En algunos cajones crecían semillas de algo que luego sería plantado en el jardín. En la mesada siempre había una olla de agua con frijoles en remojo.
>
> Y en todas partes había harina. Casi todos los días cocinaba pasta, "solo para pasar el rato", como decía ella. Si te sentabas, te levantabas con harina en toda la ropa. La harina cubría a nuestros hijos, a nuestro perro y a mis plantas que se secaban asfixiadas, y entraba en nuestros pulmones amenazándonos con matarnos a todos. A veces pensaba que nos habíamos convertido en el relleno de una pasta gigante.
>
> —Extracto de un artículo de Judy Esway,
> publicado en la revista *New Covenant*

APLICA LA LECTURA

Instrucciones: Responde la pregunta sobre el pasaje anterior.

¿Qué detalles te indican que se trata de una prosa de no ficción?

____

____

Destreza principal
Identificar tipos de no ficción

Esta lección incluye varios tipos de prosa de no ficción: diarios, cartas, ensayos y memorias. Cada género tiene diferentes cualidades, es decir, características.

Por ejemplo, un escritor de memorias describe los hechos significativos de su propia vida. La mayoría de las memorias tienen estas características:

- Utilizan el pronombre *yo* para contar la historia.
- Son relatos verdaderos sobre hechos reales.
- Incluyen los sentimientos del escritor y opiniones sobre temas históricos o sociales.

A medida que lees los pasajes de esta lección, haz una lista de las características que se encuentran en los diarios, cartas, ensayos y memorias.

Memorias

Las **memorias** son la historia de las experiencias personales del narrador. Los escritores de memorias utilizan la trama y el suspenso para despertar el interés en los lectores y así lograr que deseen saber cómo continúa la historia.

El siguiente pasaje relata la experiencia del autor al vender su primer libro.

Todavía estaba parado en la puerta. . . . Nuestra casa de la calle Sanford costaba noventa dólares al mes y este hombre que acababa de conocer personalmente me decía que había ganado la lotería. Mis piernas flaquearon. No me caí directamente al suelo, pero fui deslizándome hasta sentarme en la puerta.

—¿Estás seguro? —le pregunté a Bill.

Respondió que sí. Le pedí que me dijera el número de nuevo, muy despacio y claramente, para que yo pudiera estar seguro de que había entendido bien. Dijo que el número era un cuatro seguido de cinco ceros. —Después, un punto decimal con dos ceros más —agregó.

Hablamos durante otra media hora, pero no recuerdo una sola palabra de lo que dijimos. Cuando terminamos de conversar, traté de llamar a Tabby a casa de su madre. Su hermana menor, Marcella, me dijo que Tab ya se había ido. Caminé descalzo y en círculos por el departamento, colmado con la buena noticia, y sin nadie que pudiera escucharla. Me temblaba todo el cuerpo. Por fin, me puse los zapatos y me dirigí al centro. La única tienda que estaba abierta en la calle principal de Bangor era la farmacia LaVerdiere. De repente, sentí que tenía que comprarle a Tabby un regalo para el Día de la Madre, algo exótico y extravagante. Lo intenté, pero la verdad es que no hay nada realmente exótico y extravagante en LaVerdiere. Hice lo mejor que pude. Le compré un secador de pelo.

Cuando regresé a casa ella estaba en la cocina. . . . Le di el secador de pelo. Ella lo miró como si nunca hubiera visto uno. —¿Qué es esto? —preguntó.

La tomé por los hombros. Le hablé de la venta del libro. Parecía no entender lo que pasaba. Se lo dije de nuevo.

—Extracto de *Mientras escribo,* las memorias de Stephen King

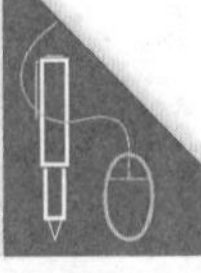

ESCRIBIR PARA APRENDER

Lee el pasaje de Stephen King de esta página. En un cuaderno, menciona tres detalles que te indiquen que es un extracto de un libro de memorias.

APLICA LA LECTURA

Instrucciones: Responde estas preguntas.

1. Basándote en la información del pasaje, ¿qué puedes inferir?
   - **A.** Antes de vender su primer libro, Stephen King era rico.
   - **B.** La esposa de Stephen King estaba molesta por la venta del libro.
   - **C.** Este fue el primer gran libro de ficción que Stephen King vendió a un editor.
   - **D.** La cuñada de Stephen King fue la primera en enterarse de la noticia.
2. ¿Cuál fue la reacción inicial de King cuando escuchó las noticias de Bill?
   - **A.** terror
   - **B.** pedantería
   - **C.** decepción
   - **D.** sorpresa

Repaso de vocabulario

Instrucciones: Usa estas palabras para completar las siguientes oraciones.

diario **ensayo** **género** **memorias** **no ficción** **prosa**

1. La escritura de ______________ es un tipo de escritura sobre personas reales y eventos reales.
2. El/La ______________ es un lenguaje escrito que suena como el habla normal.
3. Un/Una ______________ es una categoría literaria o artística.
4. Un texto que refleja los sentimientos del escritor sobre un tema es un/una ______________.
5. Una persona escribe sus pensamientos y sentimientos cotidianos en un/una ______________.
6. La/Las ______________ son la historia de las experiencias personales del narrador.

Repaso de destrezas

Instrucciones: Lee el siguiente pasaje y luego responde las preguntas.

El problema de faldas acampanadas en las llanuras ventosas no era para nada menor, y aunque fue reconocido y superado, hay pruebas de que la solución fue obra de un hombre, nada menos que de nuestro viejo amigo George Armstrong Custer. Cuando la familia Custer se mudó a Fort Riley después de la Guerra Civil, los vestidos de Elizabeth se desplegaban a "cinco yardas a la redonda, y estaban firmemente ceñidos a su cintura". En su primer paseo por la pradera ventosa, su falda se infló como un globo, se levantó primero la parte de adelante y luego se plegó sobre su cabeza. Como vio atacada su dignidad militar, George inventó rápidamente una manera de mantener las faldas de su mujer a la altura adecuada. Cortó algunos trozos de plomo en tiras y ordenó a Elizabeth que los cosiera en los dobladillos de sus vestidos. De esta forma, ella logró burlar al viento en sus caminatas diarias. Otras mujeres siguieron su ejemplo, y una década más tarde, todas las mujeres de las llanuras ventosas llevaban barritas de plomo cosidas en los dobladillos de sus faldas.

—Extracto de *The Gentle Tamers,* de Dee Brown

1. En la línea **10** del pasaje se lee: "De esta forma, ella logró burlar al viento en sus caminatas diarias". ¿Qué puedes inferir que significa la palabra "burlar" en el contexto del pasaje?

   A. seducir
   B. engañar
   C. pasear
   D. controlar

2. Menciona dos claves de contexto que te hayan ayudado a determinar cuándo ocurrieron los hechos que se describen en este pasaje.

____

Repaso de destrezas (continuación)

Instrucciones: Lee el siguiente pasaje. Luego contesta las preguntas que siguen.

3 de agosto de 1776

El correo llegó más tarde de lo habitual esta tarde, por lo que acabo de recibir tu carta del 24 de julio. Me has hecho muy feliz con las detalladas y auspiciosas noticias que me das de toda la familia. Pero no entiendo cómo hay tantos que no tienen erupciones, y tampoco síntomas. La inflamación en el brazo podría bastar, pero sin eso, no hay viruela.

5 Apostaría que nadie en todo el hospital ha sufrido la viruela como la señora Katy Quincy. Juro que ha sido grave, pero se ha recuperado muy bien. Ahora se ve fresca como una rosa aunque estuvo completamente cubierta de úlceras. Esta tarde saludé y agradecí al Sr. Hancock por la oferta de su casa, así como también a su esposa y a la señora Katy.

—Extracto de *My Countrymen Want Art and Address,*
John Adams a Abigail Adams,
por John Adams

3. ¿Qué puedes inferir acerca del significado de la palabra "correo" en la línea **1**?

A. oficina de correos
B. poste de la cerca
C. correo postal
D. tiempo

4. ¿Qué alegró a John Adams (líneas **2** y **3**)?

A. la carta de su esposa
B. las noticias sobre su familia
C. su visita al Sr. Hancock
D. la buena salud de su esposa

5. ¿De qué tipo de prosa de no ficción es un ejemplo este extracto?

A. un libro de memorias
B. una entrada de diario
C. una carta
D. un ensayo

Práctica de destrezas

Instrucciones: Elige la mejor respuesta para cada pregunta. Para las preguntas **1** y **2**, consulta el siguiente pasaje.

El experimento en Fruitlands había sido (aparentemente) un fracaso, y había agotado al Sr. Alcott en mente, cuerpo y espíritu. Louisa no exageró la caída que ocurrió a continuación. Pero la valiente y adorable madre no podía dar paso al abatimiento, porque tenía que cuidar de sus niñas. Luego de unos días, el Sr. Alcott dejó de lado su desánimo y escuchó los consejos de ella. Vivieron un corto período en Still River y luego regresaron a Concord, pero no a la casa idílica de antes.

El Sr. Alcott buscó empleos en los que pudiera trabajar con las manos, pero eran escasos e insuficientes. La Sra. Alcott sometió su orgullo a la necesidad de pedir ayuda a sus amigos. Pudieron ocupar algunas habitaciones de la casa de un vecino servicial que les dio cobijo a ellos y a su propia familia, y allí se enfrentaron con la pobreza, que Louisa conoció por primera vez.

De todos modos, su diario dice muy poco de las penurias que tuvieron que sobrellevar, pero sí abunda en detalles de sus esfuerzos mentales y morales. Una característica de esta familia fue que nunca se dejó vencer por su entorno. El Sr. Alcott solía recluirse triste en cavilaciones silenciosas; el temperamento cálido y directo de la Sra. Alcott podía dar lugar a repentinos estallidos; las niñas a veces peleaban o hacían mucho ruido; pero su ideal de vida se mantuvo siempre en alto, dulce y noble. Siempre tuvieron la creencia de que "su destino era divino" y de que alguna vez en la vida se encontrarían con circunstancias acordes. Las "heladas penurias" que experimentaban no podían reprimir su "furia noble" ni contener la "corriente afable" de sus almas.

Las niñas escapaban de las privaciones de la vida diaria entrando en un mundo de romance y aventura, y se deleitaban con opulencia y esplendor en las obras del viejo almacén. Esta tendencia a la teatralidad era muy intensa en Louisa, y permaneció siempre en ella. Tomó diversas formas y colores, y en un momento amenazó con dominar su vida.

—Extracto de *Louisa May Alcott, Her Life, Letters, and Journals*,
de Louisa May Alcott, editado por Ednah D. Cheney

1. ¿Cuál es el propósito principal de este pasaje?

A. criticar
B. informar
C. persuadir
D. entretener

2. A partir del pasaje, ¿qué conclusión puedes sacar sobre Louisa May Alcott?

A. Es una persona que suele lamentarse de sus penurias.
B. Es una persona optimista.
C. Es una persona que toma muchos riesgos.
D. Es una persona tacaña.

Práctica de escritura

Instrucciones: Piensa en una experiencia importante o interesante que hayas tenido. ¿Cuál sería la mejor manera de escribir sobre ella: una entrada de diario, una carta, un ensayo o un libro de memorias? Comienza escribiendo una o dos oraciones en las que expliques por qué crees que un determinado género es el más adecuado para describir tu experiencia. Luego, escribe acerca de tu experiencia en el género que hayas elegido.

LECCIÓN
4.2

Biografía

Objetivos de la lección

Serás capaz de:

- identificar la forma y las características de una biografía.
- entender cómo las características de un género influyen en el sentido o el propósito de un pasaje.

Destrezas

- **Destreza principal:** Reunir información de distintos medios
- **Destreza de lectura:** Resumir detalles de apoyo

Vocabulario

autorizado
biografía
cronológico
enfatizar
examinar
no autorizado

CONCEPTO CLAVE: Una biografía es la historia real de la vida de una persona, escrita por otra persona.

¿Hay en tu familia alguna historia interesante de un pariente o amigo que se haya transmitido de generación en generación? Podría ser la historia de la llegada de esa persona a este país. O puede ser una historia acerca de cómo las personas sobrevivieron en tiempos difíciles. Estas historias familiares son las historias de vida que se relatan a las generaciones posteriores.

Biografía

Una **biografía** es la historia de la vida de alguien. Está escrita por otra persona. Una biografía puede escribirse sobre cualquier persona, pero por lo general se escriben sobre personas famosas o influyentes. La mayoría de las biografías tienen estas características:

- Se organizan en orden **cronológico**, es decir, temporal.
- Dan información sobre la niñez o el contexto de origen de la persona.
- Enumeran los logros significativos de la persona.
- Muestran cómo la vida de la persona ha influido a otras.

Debes leer biografías de manera crítica. Muchas biografías son sesgadas, es decir, tienen un alto grado de parcialidad por parte del autor. Muy a menudo, el autor decide escribir la biografía porque se siente fuertemente atraído por el tema. Piensa en los detalles que el autor elige **enfatizar**, es decir, los detalles a los que decide dar más importancia. ¿Por qué el autor elige resaltar estos eventos o rasgos de la personalidad? ¿El autor ve a la persona retratada en la biografía de manera positiva o negativa?

Debes tratar de averiguar si la biografía es **autorizada** o **no autorizada**. Una biografía autorizada es una biografía escrita con el permiso de la persona que es retratada en el libro. A menudo la persona sobre la que se escribe el libro ayuda al autor suministrándole documentos o revisando el manuscrito. Una biografía no autorizada es una biografía escrita sin el permiso de la persona sobre la cual trata la historia.

APLICA LA LECTURA

Instrucciones: Escribe *V* si la afirmación es verdadera o *F* si es *falsa.*

_______ 1. Las biografías son historias inventadas acerca de una persona.

_______ 2. Las biografías se organizan cronológicamente.

_______ 3. Las biografías están escritas por las personas sobre las que tratan.

_______ 4. Las biografías pueden revelar los sentimientos del autor sobre el tema.

IDENTIFICAR Y RESUMIR DETALLES

Los textos de no ficción se escriben para dar información. Usar las características del texto de los textos de no ficción es útil para ubicar los detalles fácticos, es decir, los datos.

Muchos textos utilizan características del texto para resaltar detalles importantes. Estas características del texto pueden ayudarte a localizar los detalles importantes a medida que lees.

- la tipografía **negrita** o *itálica*
- los títulos (o encabezados) y subtítulos
- las viñetas (•) o las numeraciones
- las fotografías y las leyendas
- los diagramas, los mapas, las tablas o las gráficas

Aunque los textos de no ficción tratan acerca de personas reales y hechos reales, a veces los autores incluyen sus propias opiniones acerca de estas personas y hechos. A medida que lees, es importante que reconozcas las palabras o frases que indican la opinión del autor. Palabras como *creo, siempre, nunca, mejor* y *peor* señalan opiniones. Un buen resumen de un texto de no ficción debe incluir solo la información fáctica.

Lee el siguiente resumen de la biografía de Florence Nightingale. ¿Qué oración no corresponde al resumen?

> Florence Nightingale nació en 1820 en el seno de una familia rica. Cuando cumplió 25 años, decidió convertirse en enfermera. Durante la guerra de Crimea fue llamada "la dama de la lámpara". Se convirtió en la fundadora de la enfermería moderna. Creo que Florence Nightingale fue la mejor enfermera de la historia. Continuó trabajando casi hasta su muerte, a la edad de 90 años.

La oración "Creo que Florence Nightingale fue la mejor enfermera de la historia" es una opinión del autor. No es un hecho y, por lo tanto, no corresponde al resumen de un texto de no ficción.

Investígalo
Leer biografías

Los autores de biografías utilizan diversos métodos para presentar a las personas sobre las que escriben. A veces comienzan con una anécdota, es decir, una historia corta e interesante. En otras ocasiones comienzan enumerando los logros más reconocidos de la persona.

Usa recursos en línea o de la biblioteca para investigar las diferentes maneras en las que los autores introducen el tema de una biografía. Encuentra varios ejemplos y compártelos con tu clase.

Destreza de lectura
Resumir detalles de apoyo

Al leer una biografía, es importante distinguir entre la información de hechos reales y las opiniones o parcialidad por parte del autor.

Las fechas, citas y cifras son datos que proporcionan información real. Al leer la biografía de esta página, presta atención a las fechas y citas que se mencionan. ¿Qué es lo que revelan sobre el sujeto de la biografía, Nelson Mandela?

Escribe un breve resumen de este pasaje utilizando sólo la información objetiva. No incluyas las opiniones personales del autor acerca de Mandela en tu resumen.

Instrucciones: Lee este pasaje sobre Nelson Mandela, presidente de Sudáfrica entre **1994** y **1999**. Piensa en los detalles que el autor decidió enfatizar, es decir, los detalles a los que decidió dar una mayor importancia.

Una parte fundamental de la educación de Mandela consistió en observar al líder de su comunidad. Lo fascinaba el modo en que Jongintaba gobernaba en las reuniones periódicas de la comunidad. . . . A Mandela le encantaba ver a los miembros de su comunidad, ya fueran trabajadores o propietarios de tierras, quejarse abiertamente y a menudo ferozmente frente al líder, quien los escuchaba impasible y en silencio durante horas, hasta que finalmente, al atardecer, trataba de llegar a un consenso [acuerdo] considerando las diferentes opiniones. Años más tarde, en la cárcel, Mandela reflexionaba:

Una de las características de un gran líder es la capacidad de mantener unidos a todos los sectores de su pueblo, los tradicionalistas y los reformistas, los conservadores y los liberales. . . . Jongintaba pudo gobernar a toda la comunidad porque la corte era representativa de todas las opiniones.

Como presidente, Mandela trataría de alcanzar el mismo tipo de consenso en el gabinete; y siempre recordaría que Jongintaba aconsejaba que un buen líder debe ser como un pastor, conduciendo su rebaño desde la parte de atrás, con cuidadosa persuasión: "Si uno o dos animales se salen del rebaño, los traes de nuevo al grupo", solía decir. "Esa es una lección importante en política".

Mandela se crió en la concepción africana de la fraternidad humana, o *ubuntu,* que hace referencia a la responsabilidad mutua y a la compasión. A menudo se cita el proverbio *Umuntu ngumuntu ngabantu,* que se traduciría como "Una persona es quien es gracias a otras personas" o "No puedes hacer nada si no recibes el apoyo de otras personas". Este era un concepto compartido por otras comunidades rurales en todo el mundo, pero los africanos podían definirlo más claramente como un contraste con el individualismo y la impetuosidad de los blancos, y en las décadas siguientes *ubuntu* cobraría gran importancia en la política de la negritud. . . .

Mandela consideraba que *ubuntu* era parte de una filosofía general de servicio a sus semejantes. Desde su adolescencia, decía, tenía una sensibilidad especial para ver lo mejor de los otros. Para él esto era una herencia natural.

—Extracto de *Mandela, La biografía autorizada,*
por Anthony Sampson

ESCRIBIR PARA
APRENDER

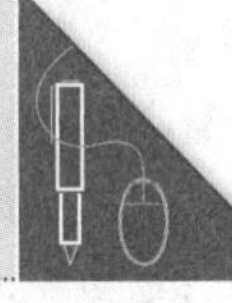

Relee la traducción de *umuntu ngumuntu ngabantu* en el pasaje de esta página. En un cuaderno, escribe un párrafo explicando si estás de acuerdo o en desacuerdo con esta idea y por qué. Asegúrate de utilizar los detalles de tu propia experiencia para apoyar tu postura.

APLICA LA LECTURA

Instrucciones: Responde la pregunta.

¿Qué crees que siente el autor por Mandela?

___

___

Instrucciones: Derek Jeter es un famoso jugador de béisbol. Lee este pasaje acerca de su infancia y los grandes sueños que tenía cuando era un niño.

Derek no era fanfarrón en absoluto, pero desde cuarto grado decía a sus compañeros de clase y a sus profesores que se convertiría en un gran jugador de béisbol, tal como lo hizo en una ocasión durante la clase de [Shirley] Garzelloni, en el sótano de San Agustín. Garzelloni había pedido a sus veinte estudiantes que dijeran lo que les gustaría hacer en el futuro, y oyó las respuestas típicas de la mayoría: médico, bombero, profesor, atleta profesional.

Solo Derek no estaba pensando en ser simplemente un atleta profesional; él tenía algo mucho más específico en mente, una visión que compartía con sus padres desde niño. En clase de Garzelloni dijo que iba a ser uno de los Yankees de Nueva York, y la profesora respondió que su marido, un seguidor de los Yankees, estaría feliz de saberlo.

Derek no expresó sus intenciones de forma pomposa, sino como si estuviera anunciando sus planes para el almuerzo. "Y si decía que iba a hacer algo", dijo Garzelloni, "Derek era el tipo de chico que lo hacía".

Derek decía a quien quisiera escucharlo que algún día él sería el torpedero de los Yankees, el equipo que su padre había odiado en su juventud. . . . Los Yankees eran uno de los últimos equipos de béisbol conformado solo por blancos. . . .

La abuela Dot convenció a Derek de que ese sería su equipo durante los paseos de verano al castillo y al lago. Ella llevó a su nieto a ver su primer partido en el Estadio Yankee cuando tenía seis años, pero pasado el tiempo, Derek no lograba recordar el equipo rival ni el resultado final del juego. "Todo lo que puedo decir", explicaba, "es que todo era inmenso".

Tan inmenso como su ambición. Derek despertaba a su abuela a la madrugada, se ponía su camiseta de los Yankees y le rogaba que jugara con él en el patio de la casa. Ella siempre aceptaba, aunque sabía que en cualquier momento un pelotazo de Derek podía tirarla al suelo.

—Extracto de *El Capitán: El viaje de Derek Jeter*, por Ian O'Connor

APLICA LA LECTURA

Instrucciones: Responde las siguientes preguntas.

1. ¿Con qué afirmación crees que el autor estaría de acuerdo?
   - **A.** Derek era demasiado nervioso para jugar béisbol cuando era niño.
   - **B.** Derek se dedicó al béisbol desde niño.
   - **C.** Derek era un chico normal.
   - **D.** Derek necesitaba más motivación cuando era niño.
2. ¿Por qué el autor da información sobre la infancia de Derek?
   - **A.** para explicar la técnica de béisbol de Derek Jeter
   - **B.** para mostrar que Derek Jeter fue una persona especial desde niño
   - **C.** para mostrar que Derek Jeter no disfrutó del béisbol cuando era niño
   - **D.** para describir la rutina de calentamiento de Derek Jeter

Destreza de lectura
Reunir información de distintos medios

Hay muchos lugares donde puedes buscar información mientras investigas un tema. Cuando estás buscando información específica, deberás decidir qué tipo de fuente **examinar**, es decir, leer con atención. Aquí se presenta una breve lista de algunas de las fuentes de referencia más comunes:

- Los periódicos son una buena fuente para buscar sucesos y hechos actuales. La mayoría se publican tanto en forma impresa como en línea.
- Las revistas contienen artículos de entretenimiento y de información. Muchas revistas se encuentran también en línea.
- Una enciclopedia tiene artículos sobre una variedad de temas. Los artículos se organizan alfabéticamente.
- Los almanaques se publican anualmente. Contienen datos sobre la población, el clima y estadísticas deportivas.
- Los atlas contienen mapas.

Elige un tema acerca del que te gustaría saber más, por ejemplo, los Yankees de Nueva York. Menciona el tipo de información que podrías hallar sobre este tema en cada una de las fuentes de referencia mencionadas anteriormente.

Repaso de vocabulario

Instrucciones: Usa estas palabras para completar las siguientes oraciones.

autorizado **biografía** **cronológico** **enfatizarla** **no autorizada**

1. Leí un/una ______________ acerca de mi actor favorito.

2. El jugador de baloncesto estaba molesto porque vio una foto ______________ en venta.

3. Si algo está ______________, quiere decir que está permitido.

4. El autor subrayó la palabra para ______________.

5. El noticiero presentó los hechos en orden ______________.

Repaso de destrezas

Instrucciones: Lee el pasaje sobre Hillary Clinton y responde a las preguntas que siguen. Barry Goldwater fue el candidato a presidente del Partido Republicano en **1964**; Lyndon Johnson fue el candidato a presidente del Partido Demócrata en **1964**.

POLÍTICA, DE ESO SE TRATABA su vida. Cuando tenía nueve años se preguntaba si Dwight Eisenhower había sido mejor presidente que Harry Truman. Cuando tenía catorce, reflexionaba acerca de por qué solamente los niños varones podían ser astronautas. Cuando tenía diecisiete, pensaba en cómo ella, una chica políticamente comprometida que apoyaba a Barry Goldwater, podría eventualmente representar el papel de Lyndon Johnson en los debates de la escuela secundaria.

"No puedo hacerlo", respondió Hillary Diane Rodham a los profesores que la habían designado como representante de ese candidato en Maine, su escuela secundaria en Park Ridge, Illinois. "Oh, sí que puedes hacerlo", le dijeron. "Vas a ir a la biblioteca y leerás el lado oculto de todo aquello que no has querido ver a lo largo de tu vida".

Hillary recordó que ella y su compañera Ellen Press Murdoch, un chica tan comprometida como ella con Lyndon Johnson y que haría el papel de Barry Goldwater, "se enfurecieron" con la tarea que les habían encomendado. "Con los dientes apretados", tal como Hillary describió el encuentro, ella y Murdoch se enfrentaron para debatir los temas centrales de la campaña presidencial de 1964.

Estaba comenzando "lo que la educación debería hacer", dijo ella, lo cual la obligaba a leer y analizar las opiniones que no eran suyas, porque los profesores siempre exigían respuestas a preguntas básicas y brillantes como "¿Por qué piensas eso?", "¿Qué sentido tiene?" y "Cuál es la base?". Esas mismas preguntas fundamentales "difíciles", dijo, que exigían una profunda investigación y respuestas reflexivas, le darían las bases que tomaría durante toda su vida. Para llegar a conclusiones, el camino a seguir sería "No me digas lo que debería pensar, no me digas cuál es la postura correcta. . . . Muéstrame en qué se basa. Muéstrame por qué funciona y por qué hará que la vida sea mejor".

"Creo firmemente", dijo a un grupo de estudiantes de Maine del Sur durante una visita en 1992, "que el propósito de toda política –y no solamente la política en tiempos de elecciones a nivel presidencial o gubernamental, sino la política con *p* minúscula– gira en torno a cómo se unen las personas, cómo se ponen de acuerdo sobre los objetivos a alcanzar, cómo se mueven juntas para lograr esos objetivos, cómo llegan a acuerdos cuando sus creencias más profundas son incompatibles".

–Extracto de *Hillary Rodham Clinton*: *Una primera dama de nuestro tiempo*, por Donnie Radcliffe

1. Escribe verdadero (V) o falso (F) para cada uno de estos detalles sobre Hillary Clinton.

_______ **A.** Hillary Clinton apoyó a Lyndon Johnson.

_______ **B.** Hillary Clinton sentía que tenía una buena educación.

_______ **C.** Hillary Clinton piensa que debemos fundamentar nuestras opiniones.

2. ¿Cuál de las siguientes palabras enfatiza el autor para mostrar qué era importante para Hillary Clinton?

A. política
B. Goldwater
C. educación
D. debate

3. ¿Qué fuente de referencia usarías para averiguar dónde queda Park Ridge, Illinois?

A. un almanaque
B. un atlas
C. una enciclopedia
D. una revista

4. ¿Cuál de las siguientes fuentes publicaría una entrevista a Hillary Clinton?

A. un almanaque
B. un atlas
C. una enciclopedia
D. una revista

5. ¿Cuál de las siguientes sería la mejor fuente de información sobre el presidente Lyndon Johnson?

A. un almanaque
B. un atlas
C. una enciclopedia
D. una revista

Práctica de destrezas

Instrucciones: Elige la mejor respuesta para cada pregunta. Para las preguntas 1 a 5, consulta el siguiente pasaje.

A finales de diciembre de 1851, Harriet llegó a St. Catharines, Canadá (ahora provincia de Ontario), junto con once fugitivos. Tardaron casi un mes en completar este viaje; habían pasado la mayor parte del tiempo tratando de salir de Maryland.

El primer invierno en St. Catharines fue terrible. Canadá era un lugar extraño y helado; había nieve y hielo por todas partes y el frío les calaba los huesos como nunca antes. Harriet alquiló una pequeña casa de madera en la ciudad y puso manos a la obra para construir un hogar. Los fugitivos se mudaron con ella. Trabajaban en los bosques talando árboles, y ella también lo hacía. A veces Harriet conseguía otros trabajos, como cocinar o limpiar para las personas de la ciudad. Les daba ánimos a esos fugitivos recién llegados, trabajando, consiguiéndoles trabajo, rezando por ellos y a veces incluso mendigando por ellos.

A menudo se encontraba pensando en la belleza de Maryland, en la suavidad de su tierra y en la variedad de vegetación que tenía. El clima hacía que la vida allí fuera más fácil que en el páramo sombrío y estéril en el que vivía ahora.

Pero a pesar del frío intenso y el trabajo duro, llegó a amar a St. Catharines y a los otros pueblos y ciudades de Canadá donde vivían los afroamericanos. Descubrió que la libertad significaba más que el derecho a cambiar de trabajo cuando quisiera y más que el derecho a quedarse con el dinero que ganaba trabajando. Era el derecho al voto y a participar de los tribunales. Era el derecho a ser elegido para ocupar un cargo público. En Canadá había afroamericanos que eran funcionarios del condado y miembros de los consejos escolares. St. Catharines tenía una gran colonia de ex esclavos, y ellos eran dueños de sus propios hogares y los mantenían ordenados, limpios y en buen estado. Vivían en cualquier parte de la ciudad que eligieran y podían enviar a sus hijos a la escuela.

Cuando llegó la primavera, Harriet decidió que esa pequeña ciudad canadiense sería su nuevo hogar, tanto como pudiera serlo para una mujer que viajaba desde Canadá hasta la costa oeste de Maryland con la frecuencia que ella lo hacía.

En la primavera de 1852, viajó de nuevo a May, Nueva Jersey. Pasó el verano trabajando en la cocina de un hotel. Ese otoño regresó, como de costumbre, al Condado de Dorchester y partió junto con nueve esclavos más, llevándolos con ella a St. Catharines, en Canadá, al frío penetrante, a los bosques cubiertos de nieve y a la libertad.

—Extracto de *Harriet Tubman*: *Conductora del Ferrocarril Subterráneo*, por Ann Petry

Práctica de destrezas (continuación)

1. Cuando Harriet Tubman era una niña, su madre esclavizada se negó a que vendieran al hermano menor de Harriet y lo escondió para protegerlo. ¿Qué influencia pudo haber tenido este hecho de la historia de la familia en la vida Harriet?
   - A. Le causó temor de salir de Maryland.
   - B. Le causó temor de reunirse con personas esclavizadas.
   - C. Influenció su creencia en las posibilidades de resistencia.
   - D. Le hizo tomar la decisión de no regresar jamás al condado de Dorchester.

2. La autora señala al final del pasaje que Harriet volvió al condado de Dorchester y que partió junto con nueve esclavos más, "llevándolos con ella a St. Catharines, en Canadá, al frío penetrante, a los bosques cubiertos de nieve y a la libertad". ¿Qué cualidades de Harriet Tubman se revelan en esta acción?
   - A. su dependencia de la buena voluntad del pueblo canadiense
   - B. su desprecio por el bienestar de las personas esclavizadas
   - C. su amor por el norte y los climas fríos
   - D. su determinación y amor por su pueblo

3. La autora afirma que Harriet viajaba regularmente desde Canadá hasta la costa oeste de Maryland. ¿Qué podemos inferir que hizo Harriet en estas ocasiones?
   - A. Continuó ayudando a que las personas esclavizadas que se fugaban lograran su libertad.
   - B. Llevaba a las personas esclavizadas al clima más cálido de Maryland.
   - C. Participaba de los tribunales y cambiaba de trabajo con frecuencia.
   - D. Tenía una casa de huéspedes en May, Nueva Jersey.

4. A partir del pasaje, ¿qué puedes inferir acerca de lo que la autora piensa acerca de Harriet Tubman?
   - A. Tubman es valiente, pero también tonta, porque decide vivir en St. Catharines.
   - B. Tubman no comprende plenamente el sentido de la libertad.
   - C. Tubman es valiente y trabajadora.
   - D. Tubman es una buena funcionaria del condado.

Práctica de escritura

Instrucciones: Elige una persona interesante que conozcas o sobre la que hayas leído. Haz una investigación para aprender acerca de esa persona. Luego, escribe una página de su biografía. Elige un hecho o experiencia que haya sido significativo para la vida de esa persona o una experiencia que sea interesante para los lectores.

LECCIÓN
4.3

Autobiografía

Objetivos de la lección

Serás capaz de:

- identificar la forma y las características de una autobiografía.
- entender cómo las características de un género afectan el sentido o el propósito de un pasaje.

Destrezas

- **Destreza principal:** Analizar conexiones
- **Destreza de lectura:** Identificar el punto de vista

Vocabulario

aplicar
autobiografía
características
patrón
perspectiva
subjetivo

CONCEPTO CLAVE: **Una autobiografía es un relato de hechos que una persona escribe sobre su propia vida.**

¿Alguna vez piensas en las personas que conociste o en los hechos que ocurrieron en tu infancia o adolescencia? ¿Alguna vez has pensado en escribir estos hechos o contarle a un amigo sobre ellos con tus propias palabras? Este tipo de escritura se llama autobiografía. Una autobiografía es una ventana a la forma de pensar y de sentir de la vida de una persona.

Autobiografía

Una **autobiografía** es un tipo de texto de no ficción. Es la historia de la vida de una persona según la cuenta esa misma persona. Si comprendes las **características**, es decir, cualidades, de una autobiografía, entenderás qué es una autobiografía y cómo se diferencia de una biografía.

Al leer una autobiografía, busca estas características:

- Los escritores cuentan la historia desde su propio punto de vista. Usan pronombres como *yo, mío, nosotros* y *nuestro*.
- En una autobiografía, los hechos suelen contarse en el orden en el que ocurrieron. Esto se llama orden cronológico. Una obra autobiográfica puede abarcar toda la vida de una persona, desde la infancia hasta la edad adulta. Pero también puede centrarse en solo una parte de su vida, como la experiencia laboral de la persona.
- Las autobiografías pueden basarse en las memorias, diarios, cartas y otros documentos del escritor. Una autobiografía es generalmente más **subjetiva**, es decir, personal, que una biografía, porque está contada desde el punto de vista de quien la escribe y protagoniza. Una biografía está escrita por otra persona, y se basa en investigaciones y entrevistas.
- Los escritores hacen que sus autobiografías sean interesantes incluyendo descripciones de personas y lugares e incluyendo sus pensamientos y sentimientos íntimos. Estos datos personales ayudan al lector a sentirse involucrado con la historia del escritor.

PUNTO DE VISTA

El punto de vista es la perspectiva desde de la cual se escribe un texto. La **perspectiva** es una manera particular de entender algo. Hay varios tipos de punto de vista.

Estos son los puntos de vista más comunes en los textos de no ficción:

- En el punto de vista en **primera persona**, el escritor participa de la acción. Los lectores experimentan los hechos a través de los ojos del escritor, conociendo únicamente sus pensamientos y sentimientos. Los textos escritos desde el punto de vista en primera persona utilizan las palabras *yo* y *mío*.
- En el punto de vista en **tercera persona**, el narrador parece saber todo lo que sucede y lo que ha sucedido en el pasado. El narrador puede describir los pensamientos, sentimientos y opiniones de todos los personajes. Las biografías están escritas desde el punto de vista en tercera persona.

Lee el siguiente párrafo. En un cuaderno, señala qué punto de vista utiliza el escritor. Explica cómo lo sabes.

> En su infancia, Norberto había recibido poca educación formal. Su educación era pobre. Cuando creció, se le hizo cada vez más difícil admitir que no sabía leer. Él solo fingía comprender. Pero cuando conoció a Carmen, no trató de mantener el secreto ante ella. Carmen entendió su problema y no lo juzgó. Ella le instó a ver a un especialista en la clínica de lectura.

Este párrafo está escrito desde el punto de vista en tercera persona. El autor describe dos personas –Norberto y Carmen– y dice lo que están pensando. El autor no es parte de la acción.

CONEXIÓN CON LA
TECNOLOGÍA

Conocimientos de medios

Mira un extracto de alguna película basada en una autobiografía. Analiza la diferencia entre leer sobre la vida de alguien y ver cómo se lo representa en una película.

¿De qué manera el medio (imágenes en movimiento) influye en la forma en la que se presenta el tema de la película? ¿De qué manera tus opiniones acerca del tema se ven influenciadas por los actores en lugar de verse influenciada por los hechos?

Escribe un párrafo sobre las diferencias entre la autobiografía y el cine. Ten en cuenta la importancia del punto de vista en los dos medios.

Destreza principal
Analizar conexiones

Para entender los hechos de un texto de no ficción, es importante reconocer y analizar diversas relaciones dentro del texto.

Esto es especialmente relevante en las autobiografías. Cuando entiendas las relaciones entre las personas de la historia, tendrás una mejor comprensión del tema de la autobiografía.

A medida que lees los pasajes de esta lección, hazte las siguientes preguntas:

- ¿Qué importancia tienen estos hechos en la vida de la persona?
- ¿Cómo se conectan estas personas, ideas o hechos?
- ¿Qué **patrones** (acciones repetidas) ocurren en los hechos?
- ¿Cómo se relacionan estos eventos con la idea principal del autor?
- ¿Es evidente la perspectiva del autor?

Instrucciones: Lee este pasaje acerca de Booker T. Washington, que nació en la esclavitud y se convirtió en un hombre libre después de la Guerra Civil.

Lo primero que aprendí en mi camino hacia el conocimiento de los libros sucedió mientras trabajaba en los hornos de sal. Cada empacador de sal tenía sus barriles marcados con un número determinado. El número que le había sido asignado a mi padrastro era el "18". Cuando terminaba la jornada de trabajo, el jefe de los empacadores venía y marcaba "18" en cada uno de nuestros barriles. Pronto aprendí a identificar esa cifra en donde la viera, y después de un cierto tiempo logré dibujarla yo mismo, aunque no conocía otros números ni letras.

Desde que tengo memoria, recuerdo que siempre tuve un intenso anhelo de aprender a leer. Me propuse, cuando era un niño pequeño, que si no lograba nada más en la vida, al menos tendría la suficiente educación como para poder leer libros y periódicos. Poco después de que nos acomodamos de alguna manera en nuestra nueva cabaña en el oeste de Virginia, convencí a mi madre de que me consiguiera un libro. Cómo o dónde lo encontró no lo sé, pero de alguna manera consiguió un viejo libro de ortografía de Webster que tenía las tapas azules y que contenía el alfabeto, al que seguían palabras sin sentido como "ab", "ba", "ca", "da". Empecé inmediatamente a devorar ese libro, y creo que fue el primero que tuve en mis manos.

—Extracto de *Ascenso desde la esclavitud*, por Booker T. Washington

APLICA LA LECTURA

Instrucciones: Responde las siguientes preguntas en el espacio provisto.

1. ¿Qué palabras del primer párrafo ofrecen claves de que se trata de una autobiografía?

____

2. Menciona dos características de las autobiografías que puedan encontrarse en este pasaje.

____

Instrucciones: Lee este pasaje sobre el conservacionista Rahul Alvares. Piensa en qué técnicas **aplica**, es decir, usa, el autor para interesarte en su historia.

Deben tratar de comprender que cuando terminé la escuela yo era tan básico como la materia prima. Nunca había viajado solo, nunca había comprado un pasaje de tren, pues, como la mayoría de los niños de mi edad, solamente había viajado con mis padres o familiares, quienes tomaban todas las decisiones. No sabía cómo manejar dinero...

Así, mientras yo había decidido viajar a lo largo y a lo ancho del país, mis padres pensaron sabiamente que mejor empezara por aprender a manejarme por mi cuenta en Goa [un estado en la India]...

Entonces empecé a trabajar como ayudante en un acuario en Mapusa, la ciudad más cercana a mi pueblo. El propietario de la tienda era Ashok D'Cruz, un amigo de la universidad de mi padre. Debo hablar de Ashok. Él no era un hombre de negocios común y corriente: tener peces era su pasión. Estaba mucho más interesado en charlar con sus clientes acerca de los peces que en ganar dinero vendiéndolos. Jamás lo vi forzar a nadie para que comprar alguno de sus peces del acuario.

Así que iba a la tienda de Ashok cada mañana a las 9, pedaleando a toda velocidad en mi bicicleta para llegar a horario. Me quedaba hasta la hora del almuerzo, ayudando en todo, haciendo lo que se me pedía que hiciera...

La primera oportunidad que tuve para demostrar mis capacidades fue al investigar las causas de la "muerte de los peces en el acuario" (la queja más común de los clientes). Esto sucedió cuando el gerente del Hotel Osborne en Calangute le pidió a Ashok que fuera y examinara su acuario en el hotel. Los peces se morían, dijo. El dueño del hotel era un muy buen cliente de Ashok, por lo que Ashok estaba dispuesto a resolver el problema. Sin embargo, como él no podía ir ese mismo día y no deseaba retrasar las cosas, decidió enviarme en su lugar. Me dio la tarjeta de visita del gerente, la dirección del hotel, algunos medicamentos para los peces y una bomba de oxígeno para reemplazar la anterior, que era defectuosa. Yo estaba librado a mi suerte. Me sentía orgulloso y feliz de que Ashok me hubiera confiado un trabajo tan importante.

–Extracto de *Free from School*,
por Rahul Alvares

Destreza de lectura
Identificar el punto de vista

Las autobiografías se escriben desde el punto de vista de primera persona. El autor escribe sobre sí mismo.

Vuelve a leer los pasajes de estas dos páginas y subraya los detalles que solo el autor podría haber conocido.

Luego escribe un párrafo donde expliques de qué manera esos detalles hacen que las autobiografías sean más interesantes.

ESCRIBIR PARA APRENDER

Rahul Alvares escribe acerca de un empleador que lo influyó. Piensa en una persona de tu vida que te haya influenciado. En un cuaderno, escribe un párrafo en el que describas lo que esa persona hizo y los efectos que tuvo sobre ti.

APLICA LA LECTURA

Instrucciones: Usa un organizador gráfico como el que se muestra para responder la siguiente pregunta.

En su libro autobiográfico, Alvares habla de sus sentimientos y actitudes cuando era niño. ¿Qué dice esto sobre él?

Lo que hace el personaje	Lo que esto muestra sobre el personaje

Las autobiografías pueden ser más precisas que las biografías, porque el escritor sabe detalles que un biógrafo puede no saber. Pero las autobiografías son subjetivas. Los escritores pueden ocultar o alterar los detalles desagradables para presentarse de la mejor manera posible. También pueden tener tanta cercanía con la información que no pueden ver los patrones de sus acciones.

Instrucciones: Lee el siguiente pasaje sobre Suze Orman, una conocida asesora financiera.

Se suponía que debía graduarme en 1973, pero mi título fue retenido porque no pasé los exámenes de idioma. Una vez más regresaba la vergüenza de mis años de escuela primaria. Si tenía problemas con el inglés, ¿qué me hizo pensar que podía aprender una lengua extranjera? Decidí dejar la escuela sin mi título. Quería conocer Estados Unidos. Quería ver cómo era una colina... una montaña... ¡el Gran Cañón!

Pedí prestado $1,500 a mi hermano para comprar un Ford Econoline y, con la ayuda de mi amiga Mary Corlin (una gran amiga hasta el día de hoy), convertí la camioneta en un lugar en el que podría dormir durante el viaje por el país. Convencí a tres amigos –Laurie, Sherry y Vicky– de venir conmigo. Tenía demasiado miedo de hacer ese viaje sola. Con $300 en el bolsillo y una camioneta a mi nombre, nos dispusimos a conocer Estados Unidos. Sherry y Vicky se quedaron en Los Ángeles, pero Laurie y yo continuamos hasta Berkeley, California. El día de nuestra llegada, mientras conducíamos a través de las colinas, fuimos detenidas por un hombre con una bandera roja que organizaba el tráfico para que se pudieran retirar los árboles que habían sido cortados. Ese año, una helada en las colinas de Berkeley había terminado con muchos de los árboles de eucalipto. Me bajé de la camioneta para ver qué pasaba, caminé hasta el hombre con la bandera roja y le pregunté si necesitaban ayuda. Él me señaló al jefe y, antes de que nos diéramos cuenta, Laurie y yo teníamos nuestro primer trabajo en el Servicio de Árboles Coley por $3.50 la hora. Trabajamos como limpiadoras de árboles durante dos meses, viviendo en la camioneta y usando la casa de un amigo para ducharnos.

Cuando llegó el momento de continuar el viaje, solicité un empleo como camarera en la panadería Buttercup Bakery, un pequeño gran lugar donde solíamos tomar café. Para mi deleite, me emplearon. Mientras trabajaba en Buttercup Bakery, me enfrenté a la vergüenza de no haber terminado la universidad y tomé clases de español en la Universidad Estatal de Hayward. Por último, en 1976, obtuve mi título en la Universidad de Illinois. Me gradué oficialmente en la universidad y al mismo tiempo trabajaba como camarera. Me quedé trabajando en la panadería, en donde ganaba unos $400 al mes, hasta 1980, cuando cumplí veintinueve años.

–Extracto de *Las mujeres y el dinero*, por Suze Orman

APLICA LA LECTURA

Instrucciones: Responde la pregunta.

Describe un rasgo personal de Orman que ella misma decidió revelar y que otro escritor podría haber tratado de ocultar.

____

____

____

____

Repaso de vocabulario

Instrucciones: Usa estas palabras para completar las siguientes oraciones.

autobiografía **características** **patrón** **perspectiva** **subjetiva**

1. Algo que ocurre del mismo modo o en el mismo orden repetido tiene un/una ______________.

2. El presidente trae un/una ______________ única acerca de los acontecimientos históricos que todo el mundo creía entender.

3. Una autobiografía es más ______________ que una biografía.

4. Una de las ______________ de una autobiografía es el uso de los pronombres *yo* y *mí*.

5. Un/Una ______________ es la historia de vida de una persona escrita por esa persona.

Repaso de destrezas

Instrucciones: Lee el siguiente pasaje y responde a las preguntas que siguen.

Mis padres querían que mi hermano Minh y yo fuéramos libres y organizaron un modo de que nos escapáramos de Vietnam y viviéramos en un país libre. Era el año 1982, y yo acababa de terminar séptimo grado. Una mañana, aproximadamente a las cuatro de la madrugada, mis padres nos dijeron que nos levantásemos. Yo estaba muy dormido, y le pregunté a mi padre por qué teníamos que levantarnos tan temprano. Me dijo que mi hermano y yo teníamos que irnos lejos por un tiempo largo. Minh se alegró de que nos fuéramos de viaje, porque la mayoría de las veces nunca íbamos a ninguna parte que no fuera la ciudad. La mañana estaba nublada y triste, igual que como me sentía yo al dejar a mi familia, probablemente para siempre. Nuestros padres nos dijeron que nos comportáramos del modo más natural posible, para que los vecinos y la policía no sospecharan que estábamos escapando. Nuestros padres habían estado planeando este día durante muchos meses. Nada podría interferir ahora con los planes.

Nuestro padre nos llevó a la estación de autobuses, que fue la primera parte de nuestro largo viaje hacia la libertad. A eso de las 5:30 de la mañana, mi hermano de nueve años y yo bajamos de la motocicleta de nuestro padre con solo un pequeño paquete que contenía una muda de ropa. Esperamos a que nuestro padre comprara los boletos. Luego, con el sombrero en la mano, subí al viejo autobús de color claro. Mi hermano buscó un asiento para nosotros, pero yo miré hacia otra parte. Afuera, vi a mi padre cerca de su motocicleta, mirando al autobús y a sus dos hijos. Vi sus ojos vidriosos y cómo trataba de ocultar sus sentimientos. Nunca había visto a mi padre tan emocionado. Pensaba: "Papá, no te preocupes por nosotros; nos veremos de nuevo, solo no sabemos cuándo". Ver su figura en contraste con la luz de la mañana me causó un nudo en el estómago. Traté de ocultar mis lágrimas con todas mis fuerzas. Así que, a pesar de todo, me senté. Cuando el autobús comenzó a moverse lentamente, mi padre se hizo más y más pequeño a la distancia, hasta desaparecer. Su desaparición gradual es uno de los momentos de mi vida que nunca olvidaré.

–Extracto de *A Personal Narrative*,
de Kim-Hue Phan

Repaso de destrezas (continuación)

1. ¿Cuál es la idea principal de este pasaje?

____

____

2. Organizar las cosas en un orden cronológico, es decir, un orden temporal, puede ayudarte a resumir un pasaje. Utiliza el siguiente diagrama de secuencia para registrar los acontecimientos importantes de este pasaje en orden cronológico.

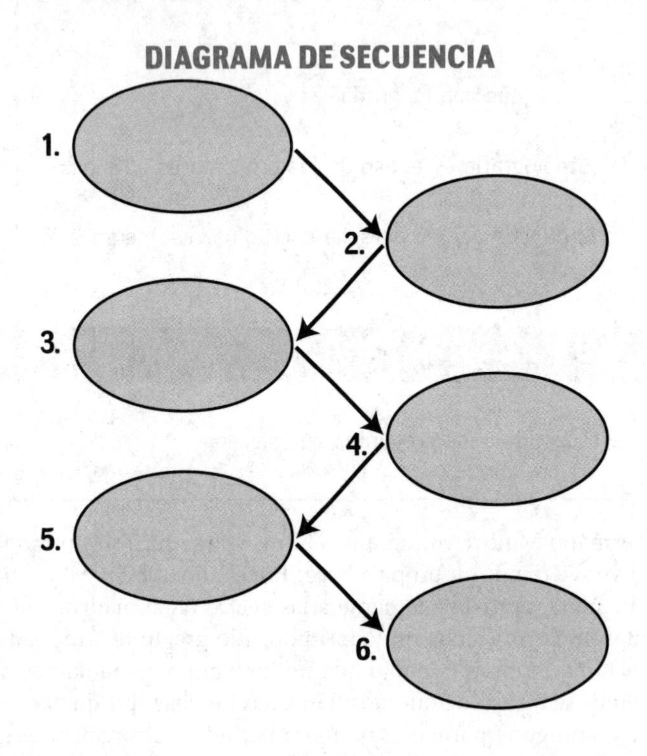

3. Utiliza tus respuestas a las preguntas **1** y **2** para escribir un resumen del pasaje.

____

____

____

____

____

4. ¿En qué podría haber sido diferente esta historia si hubiera sido escrita como una biografía en lugar de como una autobiografía?

____

____

____

Práctica de destrezas

Instrucciones: Elige la mejor respuesta para cada pregunta. Para las preguntas **1** y **2**, consulta el siguiente pasaje.

Los domingos por la tarde nos gustaba subir a nuestro T-Bird del año 1963, un carro herrumbrado que sonaba como un cañón de la guerra civil, y salíamos a dar una vuelta. Nos gustaba comenzar en Shore Drive, la calle más exclusiva de Manhasset, donde las casas de columnas blancas eran más grandes que el Ayuntamiento y varias tenían cascadas en los jardines delanteros. "Imagina vivir en una (5) de estas casas", decía mi madre. Aparcaba frente a la casa más grande, la que tenía las persianas de color dorado y un porche envolvente. "Imagínate recostado en la cama una mañana de verano", me decía, "con las ventanas abiertas y la brisa cálida del agua meciendo suavemente las cortinas".

Siempre parecía que caía una fina llovizna durante nuestros paseos, por lo que mi madre y yo no podíamos salir del carro para mirar más cerca. Nos sentábamos con el motor y la calefacción en (10) marcha y los limpiaparabrisas moviéndose hacia atrás y hacia adelante. Mi madre analizaba la casa y yo analizaba a mi madre. Tenía el pelo castaño rojizo brillante, que llevaba sobre sus hombros, y los ojos de un verde cobrizo que se volvían aún más verdes cuando sonreía. Pero su expresión más común era de un enorme dominio de sí misma, como una joven aristócrata posando para un retrato. Era la mirada de una mujer que podría ser suave y frágil, pero que sin dudas podía ser feroz cuando protegía (15) a las personas que amaba.

—Extracto de *The Tender Bar, A Memoir,*
de J. R. Moehringer

1. A partir de la información que contiene este extracto, ¿cómo describirías la relación del autor con su madre?

A. fría e indiferente
B. triste e infeliz
C. preocupada y ansiosa
D. cercana y cariñosa

2. El autor dice que el carro de la familia era "herrumbrado" y que "sonaba como un cañón de la guerra civil" (líneas **1** y **2**). ¿Cómo podrías describir mejor el carro?

A. El carro era marrón y brillante.
B. El carro era viejo y ruidoso.
C. El carro fue construido durante la Guerra Civil.
D. El carro era nuevo.

Práctica de escritura

Instrucciones: Si estuvieras escribiendo tu autobiografía, ¿en qué te focalizarías? ¿Contarías la historia de tu vida o te focalizarías en un período determinado? Escribe las dos primeras páginas de tu autobiografía. Incluye detalles que un biógrafo no sabría.

CAPÍTULO

4 Repaso

Instrucciones: Para las preguntas 1 a 3, consulta el siguiente pasaje.

De regreso a Yale para completar su último año, Maya Lin se matriculó en el curso de arquitectura funeraria del profesor Andrus Burr. El concurso para el Memorial a los Veteranos de Vietnam se había anunciado hacía poco, y aunque el monumento sería un cenotafio (un monumento en honor a personas que están enterradas en otro lugar), el profesor Burr pensaba que pedir a sus estudiantes que
5 prepararan un diseño del monumento era una asignación que valía la pena.

Sin dudas, ningún ejercicio que dio en clase tuvo resultados tan sorprendentes.

Después de recibir la asignación, Maya Lin y dos de sus compañeros de clase decidieron viajar durante el día desde New Haven, Connecticut, a Washington para visitar el sitio donde se construiría el memorial. El día de su visita, recuerda Maya Lin, los Jardines de la Constitución estaban iluminados
10 por el sol de la última semana de noviembre; el parque estaba lleno de luz, de corredores y de personas caminaban al borde del lago.

"Hice el diseño mientras estaba en ese lugar", dijo Maya Lin tiempo después en una entrevista sobre el monumento que le hizo el escritor Phil McCombs para el *Washington Post*. "Lo visualicé. Simplemente me vino a la cabeza. Algunas personas estaban jugando con un *frisbee*. Era un parque
15 hermoso. No quería destruir un parque lleno de vida. El paisaje debe utilizarse. No debemos luchar contra él. Nosotros lo absorbemos. Cuando miré el sitio, solo sabía que quería algo horizontal que te invitara a entrar, que te hiciera sentir seguro dentro del parque, al mismo tiempo que te ayudara a recordar a las víctimas. Así que imaginé la apertura en el suelo..."

Cuando Maya Lin regresó a Yale, hizo un modelo de arcilla de la visión que había tenido en los
20 Jardines de la Constitución. Se lo mostró al profesor Burr; a él le gustó la idea y la animó a participar en el concurso conmemorativo. Ella volcó su diseño en papel, una tarea que duró seis semanas, y lo envió a Washington justo antes de la fecha límite del 31 de marzo.

Un mes y un día después, Maya Lin estaba en clase. Su compañera de habitación entró a la sala y le entregó una nota. La habían llamado desde Washington y volverían a hacerlo en quince minutos.
25 Maya Lin corrió a su habitación. La llamaron. Había ganado el concurso conmemorativo.

—Extracto de *The Vision of Maya Ying Lin*, por Brent Ashabranner

1. Maya Lin dice: "El paisaje debe utilizarse. No debemos luchar contra él". (líneas 15 y 16) ¿Qué quiere decir?
   A. Se debe ignorar el paisaje.
   B. El paisaje es un elemento importante en el diseño.
   C. No era un parque lleno de vida, por lo que el paisaje no importaba.
   D. Se necesitan personas y corredores para apreciar el paisaje.

2. ¿Cuál es el logro más importante de Lin?
   A. volcar su diseño en papel
   B. hacer un modelo de arcilla de su visión
   C. ganar el concurso de diseño
   D. ser entrevistada por el *Post*

3. ¿Cuál es el efecto que probablemente haya tenido el diseño de Lin en las personas que lo vieron?
   A. Los espectadores recuerdan a las víctimas.
   B. Los espectadores pueden jugar en el parque.
   C. Los espectadores pueden utilizar el paisaje.
   D. Los espectadores superan el racismo.

Repaso

Instrucciones: Para las preguntas 4 y 5, consulta el siguiente pasaje.

El primer recuerdo que tengo es el de los sonidos. En un lugar donde todo es silencio, cualquier sonido es algo que debe ser observado y recordado. Cuando el viento no sopla, es tan tranquilo que se puede escuchar un escarabajo correteando por el suelo o una mosca posándose en un arbusto. De vez en cuando, se escucha pasar un avión, una intromisión de la alta tecnología en la paz agraria [agrícola].

Cuando el viento sopla, como sucede a menudo, no hay árboles que se muevan y crujan suavemente. Pero el viento sopla a través de cualquier abertura del granero y hace que cualquier puerta se golpee contra el poste de la cerca. Los molinos de viento se mueven, giran, rechinan.

Por la noche aumentan los sonidos. Los coyotes aúllan en la ladera, llamándose unos a otros bajo la luna, un sonido que hace subir escalofríos por la columna vertebral. Nos acurrucamos en lo más profundo de nuestras camas. ¿Qué presa han visto los coyotes? ¿Por qué están aullando? ¿Qué están haciendo? Justo antes del amanecer, las palomas empiezan a llamarse, con un sonido suave, un arrullo, comenzando el día con su interminable búsqueda de alimentos. El ganado pasa por el camino cercano a la casa, sus pezuñas crujiendo en el suelo. De vez en cuando, se escucha el *muu* de un becerro o de una vaca, o los quejidos de un ternero que no encuentra a su madre, o el gruñido insistente, casi un rugido, de un toro, mientras camina de manera constante por el canal hacia la pastura o a través de ella. Los dos molinos de viento, enormes, giran chirriando cuando enfrentan la brisa, y las varillas de bombeo producen un ruido metálico al subir y bajar con cada vuelta de las aspas del molino.

El rancho Lazy B Ranch se extiende a ambos lados de la frontera entre Arizona y Nuevo México, a lo largo del río Gila. Es un desierto seco y enorme, desolado por el viento, despejado, sin nubes. A lo largo del Gila, los álamos y sauces acompañan el cañón. El acantilado se alza abruptamente y es de piedra arenisca de color beige suave. El agua que fluye por el cauce del río desde el desierto de Gila al noreste está constituida generalmente por unas pocas gotas. Pero a veces, después de las lluvias de verano o del deshielo del invierno en las montañas, el río se convierte en un cauce que corre rápido, furioso, de color del barro, llevándose árboles, arbustos, rocas y todo lo que encuentra a su paso. En el acantilado de piedra arenisca hay petroglifos tallados de los Anasazi de los siglos pasados. Sus vidas y las dificultades que pasaron quedaron registradas en estas huellas visibles que encontramos hoy en día y que nos maravillan con su capacidad para sobrevivir tanto tiempo en un ambiente hostil.

—Extracto de *Lazy B: Growing Up on a Cattle Ranch in the American Southwest*, de Sandra Day O'Connor

4. ¿Por qué la autora incluye palabras como *aullido, muu, quejidos* y *rugido*?

A. para mostrar cómo es el rancho
B. para mostrar cómo se siente
C. para mostrar los sonidos del rancho
D. para mostrar cómo el rancho ha cambiado con el tiempo

5. ¿Cuál es el propósito principal de la autora para escribir este texto?

A. describir un lugar especial
B. explicar cómo es la vida en un rancho
C. ayudar a los lectores a localizar el rancho Lazy B Ranch
D. persuadir a los lectores de visitar el rancho Lazy B Ranch

CAPÍTULO 4 Repaso

Instrucciones: Para las preguntas **6** a **9**, consulta el siguiente pasaje.

Les he contado a mis hijos, desde que eran muy pequeños, acerca del modo de ser de los ojibway. Eran buenos hijos y me prestaban atención, pero yo sentía que escuchaban lo mismo que cuando les leía una historia sobre los gemelos Bobbsey o sobre Marco Polo. Yo estaba hablando de otro pueblo, muy alejado del rock and roll, de los cantantes juveniles y del meneo de los nuevos bailes de moda en Estados Unidos.

Mi dos hijos, nacidos y criados en Minneapolis, pertenecen a la generación de ojibway que no sabe lo que es una reserva [un lugar en el que solo viven nativos americanos], o la Oficina de Asuntos de Nativos Estadounidenses, o los complejos tratados o las –así llamadas– leyes nativas federales que han tejido sus entramados a lo largo de un siglo en torno a los Pueblos Originarios, los primeros pueblos de esta tierra.

Ahora mis hijos me están instando a recordar todas las historias y datos que me fueron transmitidos por mis abuelos o por cualquiera de los ancianos ojibway. Es importante, me dicen, porque ahora sus hijos se lo están pidiendo a ellos. Otros dicen lo mismo. Está bien que lo estén pidiendo, porque el ojibway joven debe aprender su historia.

He vivido en el extranjero en esta sociedad, la sociedad dominante, durante dos tercios de mi vida, y sin embargo soy un eslabón en una cadena del pasado. Por esto, voy a hacer lo que me piden. Puedo cerrar los ojos y ya estoy de regreso en el pasado.

—Extracto de *The Forest Cries*, de Ignatia Broker

6. Según este pasaje, ¿cuál es un valor importante para la autora?

- **A.** la valorización de su cultura y sus tradiciones
- **B.** la creencia de que el sistema de reservas es bueno
- **C.** la creencia en la importancia del rock and roll
- **D.** el desprecio por la influencia de los cuentos y las historias

7. ¿Con qué enunciado es más probable que esté de acuerdo la autora?

- **A.** Es peligroso vivir en el pasado.
- **B.** Los niños no están interesados en el pasado.
- **C.** El ojibway piensa que el presente es más importante que el pasado.
- **D.** Es importante conocer el pasado.

8. ¿Qué es más probable que haga la autora de este pasaje a continuación?

- **A.** contar historias sobre el pasado a sus nietos
- **B.** familiarizarse con la cultura moderna de Estados Unidos
- **C.** decidir vivir en el presente y olvidarse del pasado
- **D.** hacer que sus hijos cuenten historias sobre su pasado

9. La autora se compara a sí misma con el eslabón de una cadena. ¿Qué revela esto sobre ella?

- **A.** La autora es prisionera del pasado.
- **B.** La autora está conectada con el pasado.
- **C.** La autora está libre del pasado.
- **D.** La autora viaja al pasado.

Repaso

CAPÍTULO 4

Comprueba tu comprensión

En la siguiente tabla, encierra en un círculo las preguntas que hayas respondido de forma incorrecta. En la tercera columna, verás las páginas que puedes repasar para responder las preguntas correctamente. Presta particular atención a las áreas en las que no respondiste bien la mitad o más de la mitad de las preguntas.

Repaso del Capítulo 4

Lección	Número de pregunta	Páginas de repaso
Prosa de no ficción	6, 7, 8, 9	156–163
Biografía	1, 2, 3	164–171
Autobiografía	4, 5	172–179

CAPÍTULO 4

Repaso

PRÁCTICA DE ESCRITURA DE ENSAYOS

No ficción literaria

Instrucciones: Usando las instrucciones de abajo, escribe una biografía sobre alguien que conozcas. Repasa la Lección 4.2 para obtener ayuda con la planificación, las estrategias de escritura y la estructura del texto.

BIOGRAFÍA

Una biografía cuenta la historia verdadera de la vida de una persona. Por lo general, enfatiza sus logros importantes para que otros puedan aprender de ellos. Una autobiografía es una forma de biografía. La historia es contada por la persona que protagoniza la historia.

Piensa en personas que conoces que hayan influido en tu vida de una manera significativa: tus familiares, vecinos, compañeros de trabajo, empleadores y amigos. Elige una persona y escribe una breve biografía de ella. Cuando planifiques la biografía, en primer lugar haz una lista de los hechos importantes de la vida de esa persona. Puedes utilizar esa lista para estructurar, es decir, organizar, tu texto. Comienza con una historia atractiva que muestre a los lectores por qué la vida de esa persona es importante para ti.

Como alternativa, puedes optar por escribir una autobiografía. Enumera los hechos importantes de tu propia vida y utiliza la lista para organizar el texto. Al comenzar, presenta una historia que haga que los lectores se interesen en leer sobre tu vida.

Repaso

CAPÍTULO 4

PRÁCTICA DE ESCRITURA DE ENSAYOS

CAPÍTULO 5

Ficción

Dondequiera que vayas, escucharás un relato. Las conversaciones, los programas de TV, los chistes e incluso ciertas canciones encierran un relato. Algunos de los mejores relatos que existen –de misterio, de amor, de fantasmas, de suspenso– están en las novelas y en los cuentos.

¿Por qué leemos ficción? La mayoría de las personas leen ficción por placer, pero los buenos relatos también nos hacen pensar en cosas importantes de nuestra propia vida. Un relato puede mostrarte otro lugar del mundo o una época del pasado remoto. Un buen relato puede enseñarte algo sobre ti mismo o sobre los demás. Puede hacer volar tu imaginación, poner a prueba tus creencias o invitarte a ver el mundo desde una nueva perspectiva.

En este capítulo estudiarás estos temas:

Lección 5.1: Trama y ambiente
Esta lección te ayuda a comprender qué es una trama y cómo la desarrolla el autor en un relato. Aprenderás a identificar el conflicto del relato y a reconocer cómo se resuelve ese conflicto. También entenderás la importancia del momento y el lugar en un relato.

Lección 5.2: Personaje
Si estuvieras en el lugar de un personaje, ¿actuarías como ese personaje? En esta lección aprenderás a obtener información sobre un personaje guiándote por sus acciones y sus palabras. Esta lección te ayuda a comprender qué motiva las acciones y los sentimientos de un personaje.

Lección 5.3: Punto de vista
Cuando ocurre un suceso, cada participante u observador lo entiende de una manera levemente distinta. Esto se debe a que cada uno tiene su propio punto de vista. Esta lección te ayuda a descubrir quién es el narrador y cuál es su punto de vista.

Lección 5.4: Lenguaje literal y figurado
¿Alguna vez oíste la expresión "una imagen vale más que mil palabras"? Esta lección te enseña de qué manera un autor usa el lenguaje literal o figurado para ayudarte a "ver" detalles de los personajes y el ambiente de un relato.

Lección 5.5: Tema
¿Cómo puedes identificar el tema de un relato? ¿Qué relación tiene el tema con el ambiente, los personajes y la trama? Esta lección te ayuda a buscar el tema –es decir, el mensaje– en un texto de ficción.

Lección 5.6: Estructura del texto
Esta lección te ayuda a identificar cómo organiza el autor su texto. Los distintos géneros requieren formas o estructuras diferentes. Aprenderás a reconocer las estructuras del texto que se usan en la ficción.

Establecer objetivos

¿Qué te gustaría aprender en este capítulo sobre la lectura de textos de ficción?

___

___

___

¿Cómo usarás lo que aprendas? ¿Cómo te ayudará esta información a ser un mejor lector?

___

___

___

Para establecer mejor tus objetivos de aprendizaje mientras lees el capítulo, usa esta lista de comprobación a medida que lo lees.

- ☐ ¿Dónde se desarrolla este relato? ¿Cómo imagino la escena?
- ☐ ¿Qué personajes hay en el relato?
- ☐ ¿Quién está narrando el relato?
- ☐ ¿Qué sucesos tienen lugar? ¿Cómo se relacionan entre ellos?
- ☐ ¿Cuál es el mensaje o tema principal?
- ☐ ¿Qué lenguaje literal y figurado se usa? ¿Se modifica mi percepción del relato con el lenguaje?
- ☐ ¿Qué estructura usa el autor en la construcción del relato?

LECCIÓN 5.1

Trama y ambiente

Objetivos de la lección

Serás capaz de:

- analizar de qué manera los incidentes de un relato impulsan la acción.
- analizar el desarrollo de la trama y el ambiente.

Destrezas

- **Destreza principal:** Analizar la relación entre trama y ambiente
- **Destreza de lectura:** Ordenar sucesos

Vocabulario

ambiente
conflicto
detalles sensoriales
diagrama
impulsar
nudo
resolución
secuencia

CONCEPTO CLAVE: La trama es la acción de un relato. El ambiente es el momento y el lugar de la acción.

¿Alguna vez le hablaste a un amigo de una película que te encantó? Seguramente le contaste detalles de la trama (los sucesos del relato). También es probable que hayas mencionado el ambiente (dónde y cuándo se desarrolló el relato). ¿Dónde estaba ambientado el relato? ¿En un castillo del pasado? ¿En una nave espacial del futuro? El ambiente de un relato suele determinar el desarrollo de la trama.

Desarrollo de la trama

La **trama** es la acción básica de un relato. Un relato avanza a través de una serie de sucesos. La mayoría de las tramas se desarrollan en cinco etapas, que se muestran en el **diagrama**, es decir, el dibujo, de abajo.

Exposición

La **exposición** presenta los personajes y el ambiente. Presenta el problema —es decir, el **conflicto**— que enfrenta el personaje principal. El personaje principal puede tener problemas con otros personajes, con la sociedad, con la naturaleza o con sus emociones.

Complicación

Durante la **complicación** se incrementa la tensión. Cada una de las acciones y decisiones **impulsan**, es decir, empujan, el relato hacia adelante. El relato se complica y adquiere más suspenso.

Nudo

El **nudo** es el punto culminante o más alto del relato. La tensión llega a su punto máximo. La acción llega a su punto más emocionante.

Desenlace

El **desenlace** lleva el relato hacia su conclusión. Los sucesos que tienen lugar después del nudo ayudan a atar los cabos sueltos del relato. El conflicto comienza a resolverse.

Resolución

La **resolución** es la conclusión del relato. El problema está resuelto..

DESARROLLO DE LA TRAMA

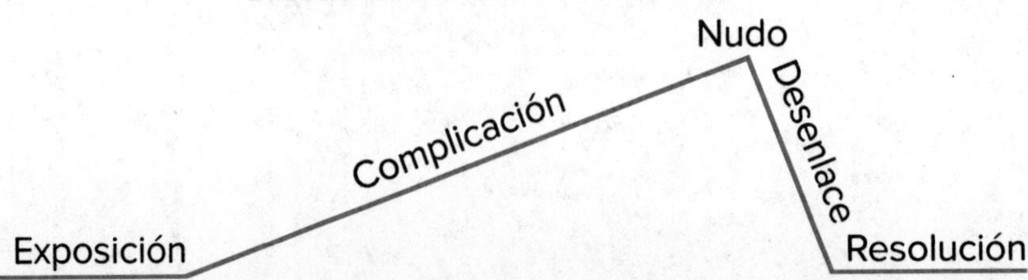

Instrucciones: Lee el siguiente cuento. Observa de qué manera el autor desarrolla la trama y cómo un suceso lleva al siguiente. Después, usa el diagrama del desarrollo de la trama que se encuentra en la página anterior para determinar qué partes del relato constituyen la exposición, la complicación, el nudo, el desenlace y la resolución.

A principios del otoño

Estuvieron enamorados cuando Bill era joven. [...] Después, algo no muy importante los distanció y dejaron de hablarse. Impulsivamente [sin pensarlo mucho], ella se casó con un hombre al que creía amar. Bill se marchó, resentido con las mujeres.

–Bill Walker –dijo ella.

Él se detuvo. Al principio no la reconoció de tan vieja que se veía.

–¡Mary! ¿Qué haces por aquí?

Ella alzó el rostro inconscientemente [sin pensarlo], como esperando un beso, pero él extendió la mano. Ella se la estrechó.

–Ahora vivo en Nueva York –respondió.

–Ah –dijo él, con una sonrisa amable. Pero enseguida se le dibujó una pequeña arruga entre las cejas.

–Siempre me pregunté qué pasó contigo, Bill.

–Soy abogado. En un buen estudio, en pleno centro.

–¿Te has casado?

–Claro. Dos hijos. [...]

A su lado pasaba una multitud de personas que atravesaban el parque. Personas que ellos no conocían. Ya era el final de la tarde. Casi de noche. Hacía frío.

–¿Y tu marido? –preguntó él.

–Tenemos tres hijos. [...] Vivimos al oeste de Central Park –dijo ella–. Podrías venir a visitarnos alguna vez.

–Claro –respondió él–. Y tú y tu marido tienen que venir a cenar con mi familia una noche. Cualquier noche. Lucille y yo estaremos encantados de recibirlos.

Destreza de lectura
Ordenar sucesos

La **secuencia** de eventos es el orden en el que ocurren los sucesos. En el cuento de Langston Hughes, una parte de la acción transcurre en el pasado y otra parte en el presente. Además, los personajes hablan sobre un posible suceso futuro.

A medida que lees el cuento, presta atención a la secuencia de sucesos. En un cuaderno, dibuja un organizador gráfico. Completa el organizador para mostrar la secuencia de sucesos pasados y presentes. También agrega el suceso que podría ocurrir en el futuro.

Después, escribe una nota en la que expliques por qué los sucesos pasados y presentes vuelven improbable el suceso futuro.

Pasado
Presente
Futuro

CONEXIÓN CON EL
TRABAJO

Citar palabras

Cuando un autor de ficción cita palabras de los personajes, las suele indicar con una raya de diálogo (o a veces con comillas). En un cuento, las palabras de los personajes a menudo revelan información sobre ellos.

Relee este fragmento del diálogo, es decir, la conversación, que mantienen Mary y Bill. En él se revela que Mary no ha dejado de pensar en Bill.

—Siempre me pregunté qué te pasó, Bill.
—Soy abogado. En un buen estudio, en pleno centro.
—¿Te has casado?
—Claro. Dos hijos.

En los informes u otros documentos de trabajo, a veces citamos palabras de alguien porque contienen un mensaje importante para nuestro texto. En ese caso no usamos raya sino comillas. Por ejemplo, en un memo sobre un nuevo programa de bienestar de una empresa, el presidente de la empresa puede incluir una cita de un experto en salud y bienestar.

Busca en línea dos documentos de trabajo que contengan citas. Anota las citas en un cuaderno. Explica por qué el autor las consideró importantes.

Las hojas de los árboles caían lentamente. Caían sin viento. Crepúsculo otoñal... Ella se sintió un poco descompuesta.

–Nos encantaría –respondió.

–Tienes que ver a mis hijos –. Bill hizo una mueca de sonrisa.

De repente se encendieron las luces a lo largo de toda la Quinta Avenida, cadenas de resplandor brumoso en el aire azul.

–Ahí llega mi autobús –dijo ella.

Él extendió el brazo.

–Adiós.

"¿Cuándo...?", quiso decir ella, pero el autobús estaba a punto de arrancar. [...] Tuvo miedo de abrir la boca [...] Miedo de que no le salieran las palabras.

De repente, de su boca salió un grito estridente y agudo.

–¡Adiós!

Pero la puerta del autobús ya se había cerrado.

El autobús arrancó. [...] Bill se perdió de vista. Entonces, ella advirtió que se había olvidado de darle su dirección –o de pedirle la suya– o de decirle que su hijo menor también se llamaba Bill.

–Extracto de "Early Autumn", de Langston Hughes

APLICA LA LECTURA

Instrucciones: Después de leer "Early Autumn", responde las siguientes preguntas.

1. ¿Qué ambiente y personajes se presentan en la exposición?

____

____

2. ¿Cuál es el conflicto del cuento?

____

____

3. ¿Cuál es el nudo?

____

____

4. ¿Cuál es la resolución del cuento?

____

____

Ambiente

El **ambiente** es el lugar y el tiempo o momento del relato. Nos indica cuándo y dónde se desarrolla el relato. Un relato puede ambientarse en un lugar real o imaginario. La acción puede transcurrir en el pasado, el presente o el futuro.

Lugar

El lugar es el ambiente físico. Un castillo del siglo XIX, una torre de oficinas, un autobús urbano, la sala de una casa: estos son ejemplos de lugares. La trama, es decir, la acción, de un relato puede desarrollarse en un solo lugar o pasar de un lugar a otro. La película *Tiburón* está ambientada en una pequeña ciudad balnearia de la ficticia isla Amity. En la novela *El club de la buena estrella*, de Amy Tan, la acción se desarrolla en dos países: China y Estados Unidos. A veces tenemos que usar detalles provistos por el autor o nuestra propia experiencia para descubrir cuál es el ambiente físico de un relato.

Momento

El segundo elemento del ambiente es el momento. Cada trama se desarrolla en algún momento del tiempo: en el pasado, el presente o el futuro. Algunos relatos están ambientados en un período histórico particular. *El último tren de París*, de Stacy Cohen, se desarrolla durante la Segunda Guerra Mundial. La novela *Orgullo y prejuicio*, de Jane Austen, está ambientada en el siglo XIX.

¿Cuánto tiempo puede transcurrir en un relato? La novela *Ulises*, de James Joyce, que tiene cientos de páginas, transcurre en un solo día de 1904. En *Raíces*, una popular novela histórica sobre la esclavitud escrita por Alex Haley, la acción se desarrolla a lo largo de siglos.

Atmósfera

La atmósfera es el tono general del relato. El ambiente, la trama y la elección de palabras del autor ayudan a desarrollar la atmósfera del relato. La atmósfera de *El Mago de Oz* es en su mayor parte luminosa, colorida y alegre. La atmósfera de *Los juegos del hambre*, una novela de Suzanne Collins, es sumamente tensa. La peculiar Escuela de Magia y Brujería Howarts ayuda a crear la misteriosa y mágica atmósfera de la serie Harry Potter.

Destreza principal
Analizar la relación entre trama y ambiente

Entre la trama y el ambiente de un relato hay una relación muy estrecha. A menudo el ambiente determina la acción.

Por ejemplo, en "Early Autumn", la parada del autobús es una parte importante del ambiente. Mary está esperando el autobús allí. Este ambiente impulsa la acción: llega el autobús y Mary debe subirse. Debido a que el autobús parte sin demora, el encuentro de Mary con Bill se acorta y la conversación queda interrumpida.

Ahora observa este pasaje:

La vieja Jacoba Cochran era una buscadora de oro. Una noche, mientras buscaba oro en las altas montañas de Canadá, acampó junto a un arroyo. Cerca del arroyo vio unas huellas grandes. Para no atraer un animal salvaje a su campamento, colgó su comida de un árbol, a varias yardas de su tienda y su fogata.

En un cuaderno, responde esta pregunta: ¿por qué el ambiente es importante para el suceso que ocurre al final del pasaje?

ESCRIBIR PARA

APRENDER

A menudo los autores usan **detalles sensoriales** —es decir, lenguaje que apela a los cinco sentidos del lector— cuando describen el ambiente de un relato.

Relee este fragmento de *Chesapeake*. En un cuaderno, identifica un ejemplo del pasaje para cada sentido: vista, oído, olfato, gusto y tacto.

Después, explica cómo esos detalles te ayudan a **visualizar** el ambiente del relato, es decir, formarte una imagen mental de ese ambiente.

Instrucciones: Lee el relato de abajo. Después, menciona dos sucesos que ocurren a causa del ambiente del relato.

Convencido de que habría abundante comida –si es que atrapaba algo–, Pentaquod empujó su canoa tierra adentro para esconderla entre los arces y las encinas, porque sabía que debía explorar la isla sin demora. Y al salir de los árboles a una pradera, oyó aquel grito reconfortante, tan familiar en sus días a orillas del río grande: *¡Bo-buait! ¡Bo-buait!* Ahora el grito llegaba desde la izquierda, después desde una mata de pasto a su derecha y a veces desde un punto que estaba casi bajo sus pies, pero siempre tan claro y nítido como si un tío que supiera silbar anduviera junto a él.

¡Bo-buait! Era el canto de la codorniz, esa astuta ave de cabeza blanca y café. De todas las aves voladoras, esta era la mejor para comer, y si la isla albergaba una multitud, Pentaquod no solo viviría de su pescado, sino que comería como un cacique con su codorniz.

Con extrema cautela se puso en marcha hacia el interior de la isla, fijándose en todo, consciente de que su vida tal vez dependiera de su poder de observación. A cada paso solo encontraba cosas que lo reconfortaban y ni una señal de peligro: nogales cargados con los frutos aún verdes de pleno verano, excrementos de conejo e indicios de que allí vivían zorros y la ubicación de las espinosas zarzamoras, los leñosos nidos de las águilas y las madreselvas enroscándose en las ramas más bajas de los cedros.

–Extracto de *Chesapeake,* de James A. Michener

APLICA LA LECTURA

Instrucciones: Lee el pasaje de *Chesapeake*. Después, responde las preguntas. Cita evidencia del texto para apoyar tus respuestas.

1. ¿Dónde se desarrolla el relato?

____

____

2. ¿En qué momento del tiempo se desarrolla el relato?

____

____

3. ¿Cómo es la atmósfera del relato?

____

____

Repaso de vocabulario

Instrucciones: Empareja cada palabra de vocabulario con su definición.

1. ______ conflicto
2. ______ impulsar
3. ______ nudo
4. ______ resolución
5. ______ secuencia

A. solución del conflicto
B. punto culminante de un relato
C. problema de un relato
D. orden
E. empujar hacia adelante

Repaso de destrezas

Instrucciones: Lee el pasaje de abajo. Después, responde las preguntas que siguen.

—¡TOM!

Silencio.

—¡TOM!

Silencio.

—¿Dónde se habrá metido ese chico? ¡Eh, tú, TOM!

Silencio.

La anciana se bajó las gafas hasta la nariz y miró a su alrededor por encima del marco; después se las subió hasta la frente y miró por debajo. Rara vez, o nunca, miraba A TRAVÉS de las gafas para buscar una cosa tan pequeña como un muchachito; eran sus gafas ceremoniales, su orgullo más preciado, y estaban hechas para dar "estilo", no para servir: habría visto igual de bien a través de dos tapas de olla. Quedó perpleja por un momento, y después dijo, no con furia, pero con volumen suficiente como para que la oyeran los muebles:

—Te aseguro que si te agarro, te voy a...

No terminó, porque ya estaba encorvada y dando escobazos por debajo de la cama, así que necesitaba aliento para resoplar a cada escobazo. Pero lo único que logró sacar de esas profundidades fue el gato.

—¡Este chico es el colmo de los colmos!

La anciana fue hacia la puerta abierta y se quedó escudriñando desde allí las enredaderas de tomate y los yuyos de estramonio que constituían el jardín. Ni la sombra de Tom. Entonces gritó, levantando la voz a un ángulo calculado para larga distancia:

—¡Eh, tú-ú-ú, TOM!

Se oyó un leve ruido detrás, y la anciana se volvió justo a tiempo para atrapar a un muchachito por la comba de la chaqueta y frenarlo en pleno vuelo.

—¡Ahí estás! ¡Cómo no pensé en ese armario! ¿Qué andabas haciendo ahí?

—Nada.

—¡Nada! Mírate las manos. Y mírate la boca. ¿Qué es ese pegote?

—No lo sé, tía.

—Bueno, yo sí lo sé. Es dulce, eso es lo que es. Cuarenta veces te dije que te despellejaría si no dejabas ese dulce en paz. Pásame esa vara.

La vara se elevó por el aire... y la situación se veía realmente mal.

—¡Dios mío, tía! ¡Mire lo que hay ahí detrás!

La anciana giró como una tromba, recogiéndose las faldas para esquivar el peligro. El muchachito huyó en el acto, se encaramó como pudo por el alto cerco de tablas y desapareció del otro lado.

La tía Polly quedó un momento sorprendida, y después se echó a reír con ternura.

—Extracto de *Las aventuras de Tom Sawyer*, de Mark Twain

Repaso de destrezas (continuación)

1. ¿Qué información nos da la exposición?
   - A. Una anciana está en un dormitorio buscando a Tom.
   - B. Tom aparece en el armario.
   - C. La tía de Tom se vuelve hacia atrás ante la advertencia de Tom.
   - D. La tía de Tom se ríe de la huida de Tom.

2. ¿Cuándo llega el nudo de la trama?
   - A. cuando la tía Polly se acomoda las gafas
   - B. cuando Tom huye de la tía Polly
   - C. cuando Tom es descubierto con dulce en la cara
   - D. cuando la tía Polly busca a Tom bajo la cama

3. ¿Dónde se desarrolla la MAYOR PARTE del relato?
   - A. en el jardín de tomates
   - B. en la casa de la tía Polly
   - C. en el armario del dulce
   - D. en el dormitorio

4. ¿Cómo es la atmósfera del relato?
   - A. de miedo
   - B. de enojo
   - C. cómica
   - D. misteriosa

5. ¿Qué detalle del ambiente es importante porque permite que Tom escape de la vara?
   - A. las enredaderas de tomate
   - B. los yuyos de estramonio
   - C. el gato bajo la cama
   - D. el alto cerco de tablas

Práctica de destrezas

Instrucciones: Lee el pasaje de abajo. Después, completa la actividad que sigue.

Alguien arrojó una máscara hacia el hombre cercano a Gwen, que estaba herido.

Aunque se bamboleaba y casi no era consciente de lo que ocurría, el hombre logró sostenerla sobre su rostro.

Pero apenas la mitad de los pasajeros se habían colocado el oxígeno en un lapso de quince segundos, que es el momento crítico. Los que por entonces no respiraban oxígeno iban cayendo en un estupor soporífero; en otros quince segundos, la mayoría estaba inconsciente.

Gwen Meighen no recibió oxígeno ni ayuda inmediata. La inconsciencia, motivada por sus heridas, se profundizó.

En la cubierta de vuelo, Anson Harris, asumiendo el riesgo de causar mayor daño estructural e incluso la posible destrucción total de la aeronave, tomó la decisión de bajar en picada a alta velocidad para salvar a Gwen y los demás de la asfixia [imposibilidad de respirar].

El descenso en picada comenzó a veintiocho mil pies de altitud; terminó, dos minutos y medio más tarde, a diez mil pies.

Un ser humano no puede sobrevivir en ausencia de oxígeno durante tres o cuatro minutos sin sufrir daño cerebral.

Durante la primera mitad de la picada –un minuto y cuarto, hasta los diecinueve mil pies–, el aire continuó enrarecido e insuficiente para sostener la vida. Por debajo de ese punto, el incremento del oxígeno lo hizo respirable.

A doce mil pies de altura era posible respirar normalmente. A los diez mil –con poco tiempo de reserva, pero suficiente–, todos los que habían perdido la conciencia a bordo del Vuelo Dos la recuperaron, excepto Gwen. Muchos ni siquiera sabían que habían estado inconscientes.

–Extracto de *Aeropuerto*, de Arthur Hailey

Práctica de destrezas (continuación)

Instrucciones: Relee el pasaje de la novela *Aeropuerto* de la página anterior. En el diagrama de trama que ves a continuación, indica qué información contiene la exposición, describe la complicación, indica dónde ocurre el nudo y describe la resolución del pasaje. Después, responde las preguntas que siguen.

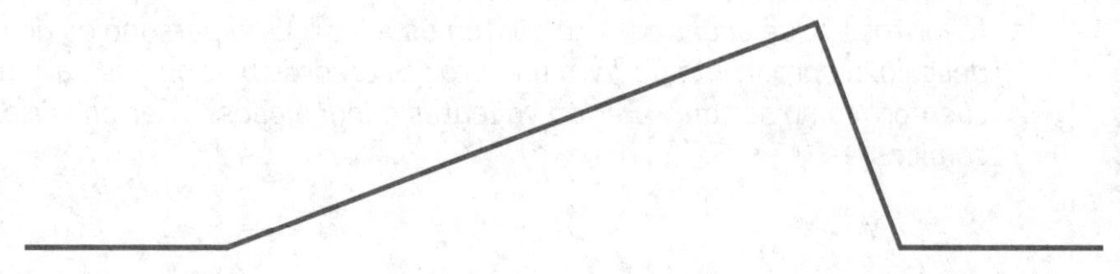

1. Ahora analiza el ambiente más detalladamente. ¿Cuáles son el momento y el lugar del ambiente?

____

____

____

2. Describe la relación entre el ambiente y la trama.

____

____

____

3. ¿Cómo es la atmósfera del relato?

____

Práctica de escritura

Instrucciones: Escribe un relato de una página sobre un suceso (real o imaginario), en el que un conflicto se desarrolle y después se resuelva. Comienza con una exposición que presente a los personajes, el ambiente y el conflicto. Utiliza diálogo, descripción y lenguaje sensorial para desarrollar los personajes, la trama y la atmósfera.

Organiza la secuencia de sucesos de modo tal que la acción se complique hasta llegar al nudo y después lleve al desenlace. Asegúrate de que la resolución sea una consecuencia lógica de la secuencia de sucesos.

LECCIÓN 5.2

Personaje

Objetivos de la lección

Serás capaz de:

- reconocer cómo se usan los personajes en un relato.
- interpretar las acciones, los pensamientos y los sentimientos de los personajes.

Destrezas

- **Destreza principal:** Comparar y contrastar
- **Destreza de lectura:** Obtener evidencia del texto

Vocabulario

ajustar
familiar
motivación
personajes
predicción
razonable

CONCEPTO CLAVE: Los personajes (personas, animales, robots o lo que al escritor se le ocurra) llevan a cabo las acciones de un relato.

Los personajes son los actores del relato. ¿Cuáles son tus personajes favoritos? ¿Qué cualidades te gustan de ellos? ¿Son personajes de una película, un programa de TV o un libro? Si crearas personajes para un cuento, ¿cómo serían? ¿Serían valientes o ingeniosos? ¿Serían serios o cómicos?

Personajes

Los **personajes** –las personas, animales o cosas que llevan a cabo las acciones de un relato– son un elemento esencial de los textos de ficción. Los escritores se esfuerzan por crear personajes que sean creíbles y despierten nuestra simpatía. Para hacerlo, a menudo se inspiran en sus propias experiencias.

Algunos personajes de la ficción nos resultan muy **familiares**, es decir, similares a personas que conocemos. En *Cuento de Navidad*, de Charles Dickens, Ebenezer Scrooge nos recuerda a personas tacañas que hemos conocido en la vida real. También reconocemos en Bob Cratchit a personas simpáticas y amables que forman parte de nuestra experiencia.

A medida que lees sobre personajes de ficción, piensa en estas tres preguntas:

1. ¿Qué detalles usa el escritor para describir a los personajes?
2. ¿Qué dicen y hacen los personajes al reaccionar ante otros y ante diversas situaciones?
3. ¿Qué revelan los personajes sobre sí mismos en sus pensamientos y sentimientos?

Cuando estudias un personaje, puede resultarte útil pensar en estas tres preguntas como lados de un triángulo. Cada lado representa una categoría de información sobre el personaje.

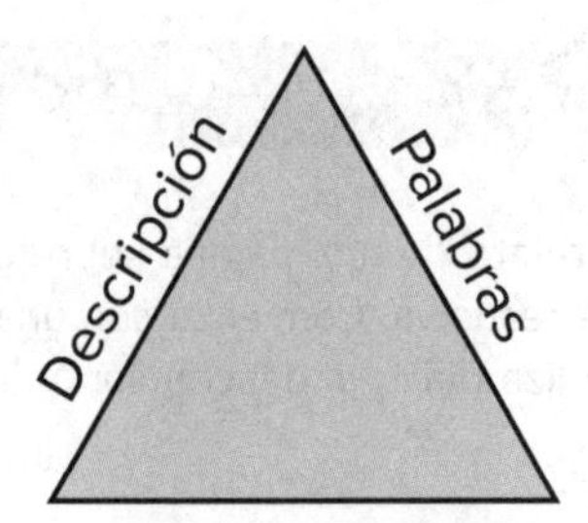

OBTENER EVIDENCIA DEL TEXTO

Una **predicción** es un intento de responder la pregunta *¿Qué ocurrirá a continuación?* También puedes predecir cómo actuarán los personajes mediante la pregunta *¿Qué hará este personaje a continuación?* Hacer predicciones te mantiene inmerso en el relato y puede agregar interés a tu lectura. Cuando hacen una predicción, los lectores usan evidencia y claves del texto, junto con sus conocimientos previos y su experiencia, para hacer suposiciones **razonables**, es decir, lógicas, acerca de cómo actuarán los personajes.

Estas son algunas claves a tener en cuenta cuando se hacen predicciones:

- Haz predicciones antes de leer y mientras lees. Predecir mientras lees es pensar anticipadamente cómo podrían actuar los personajes y cómo podrían resultar los sucesos.
- Usa tus conocimientos previos y tu experiencia al predecir. Pregúntate: *¿Alguna vez estuve en una situación similar? ¿Cómo actuaría si fuera este personaje?*
- **Ajusta**, es decir, modifica, tu predicción mientras lees. Las predicciones deben ser lógicas, pero no siempre se cumplen.

Lee el siguiente pasaje. ¿Qué crees que podrían hacer Miguel y Sonrisa a continuación?

> Los nubarrones se acumulaban en el cielo mientras Miguel y Sonrisa escuchaban las noticias por la radio local. Desde afuera llegaba el rugido del viento, y ya había informes de árboles caídos y autopistas inundadas. La policía aconsejaba a la población que abandonara la ciudad por la Autopista 601 en lugar de tomar carreteras locales. El carro de Miguel estaba en el garaje, pero Sonrisa no quería salir del departamento. De repente se oyó un trueno ensordecedor, y un objeto enorme cayó sobre el techo.

Si predijiste que Miguel y Sonrisa subirán al carro y harán lo que aconseja la policía, hiciste una buena predicción. Se basa en la evidencia y las claves del pasaje, que te informan sobre la llegada de una gran tormenta y te dicen que la policía aconseja abandonar la ciudad. Para saber si tu predicción es correcta, tendrías que seguir leyendo.

CONEXIÓN CON EL MUNDO REAL

Analizar personajes

Para comprender cómo es un personaje de un relato, busca detalles que te indiquen qué piensa, dice y hace el personaje. Después, usa esa información, junto con tu propia experiencia, para descubrir cómo es el personaje.

Puedes hacer lo mismo para analizar a las personas reales del mundo que te rodea. Piensa atentamente en lo que dice y hace una persona. Considera qué experiencias previas pueden ayudarte a comprender cómo es esa persona.

En un cuaderno, escribe el nombre de una persona con la que te hayas cruzado en la vida pero que no conozcas a fondo. Después, haz una lista de cosas que haya dicho o hecho esa persona. Por último, escribe una oración en la que describas a la persona de una manera que ayude a otros a comprender cómo es.

Destreza principal
Comparar y contrastar

Los personajes sobre los que lees en los textos de ficción son tan variados como las personas del mundo real. Tal vez sean más variados, ya que el único límite de los personajes es la imaginación del autor.

Los escritores suelen incluir muchos detalles que describen a los personajes: cómo se ven, cuántos años tienen, de dónde son, qué experiencias han tenido. Todos estos detalles permiten que el lector visualice a los personajes y comprenda mejor cómo son. También permiten que el lector comprenda por qué los personajes actúan como lo hacen.

En un cuaderno, usa un diagrama de Venn para comparar y contrastar a los personajes Estella y Pip de este pasaje de *Grandes esperanzas*. Asegúrate de incluir evidencia del texto y detalles que usa el escritor para describir la apariencia, los pensamientos y las emociones de cada personaje.

Comparar y contrastar personajes

Los escritores comparan dos o más personajes para mostrar semejanzas y los contrastan para mostrar diferencias. Comparan y contrastan la apariencia y las acciones de los personajes, así como sus **motivaciones**, es decir, sus razones para actuar.

En algunos pasajes solo hay comparación o solo hay contraste. En otros hay comparación y contraste. Busca enunciados directos de comparación y contraste, como *Se parecen porque* o *Una diferencia crucial es*.

También puedes buscar ciertas palabras y frases que indiquen comparación, como *también, ambos, igual a* y *de la misma manera*. En cuanto a los contrastes, busca palabras y frases como *sin embargo, pero, diferente de, mejor que* y *por otra parte*.

Un diagrama de Venn puede ayudarte a comparar y contrastar dos personas, sucesos o cosas. Las semejanzas se colocan en el área superpuesta, mientras que las diferencias van en el área restante de cada círculo.

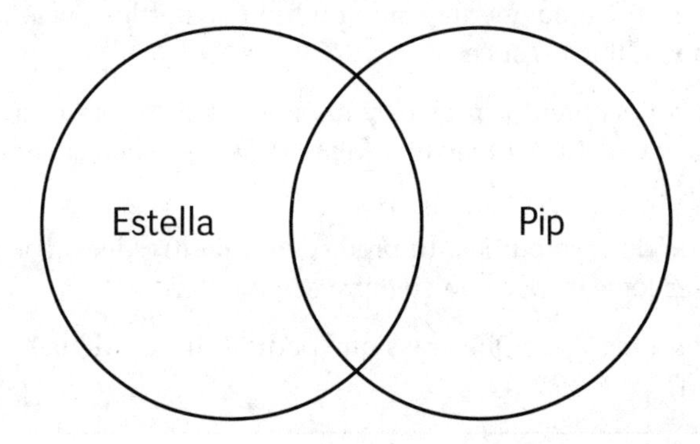

Instrucciones: Lee el pasaje de abajo, extraído de una novela de Charles Dickens. Uno de los personajes es Estella. El otro personaje es Pip. Pip es el narrador del relato, es decir que el relato cuenta lo que ocurre desde su punto de vista. A medida que lees, trata de imaginar cómo son ambos personajes.

En el jardín había tanto follaje y tanta maleza que no se podía caminar en paz, así que, después de dar dos o tres vueltas, salimos otra vez a la fábrica de cerveza. Le mostré con exactitud el lugar donde la había visto caminando sobre los barriles, aquel primer día, y ella dijo, mirando hacia allí con frialdad y desinterés:

—¿Ah, sí?

Le recordé por dónde había salido de la casa para darme mi carne y mi bebida, y ella dijo:

—No recuerdo.

—¿No recuerdas que me hiciste llorar? —pregunté.

—No —replicó ella, sacudiendo la cabeza y mirando a su alrededor.

Verdaderamente creo que su actitud de no recordarme ni haberse fijado en mí en lo más mínimo me hizo llorar otra vez, por dentro... Y ese es el más doloroso de los llantos.

—Debes saber —dijo Estella, dirigiéndose a mí con toda la condescendencia [aire de superioridad] que le cabe a una mujer hermosa y brillante— que yo no tengo corazón... si es que eso tiene algo que ver con mi memoria.

Me interné en una suerte de galimatías [lenguaje confuso] a los efectos de explicarle que me tomaba la libertad de poner en duda semejante cosa. Que yo lo sabía bien. Que no podía existir tanta belleza sin un corazón.

—Ah, sí, tengo un corazón al que apuñalar o descerrajarle un tiro, sin duda —dijo Estella—. Y, por supuesto, si él dejara de latir, yo dejaría de ser. Pero ya sabes a qué me refiero. Ahí no albergo ternura, no albergo... compasión... sentimiento... bobería.

—Extracto de *Grandes esperanzas*, de Charles Dickens

APLICA LA LECTURA

Instrucciones: Responde estas preguntas.

1. Según el pasaje, ¿cuál de estas descripciones se ajusta mejor al narrador?
   A. un personaje de la novela que no participa en la acción
   B. el anciano padre de Estella
   C. un hablante que observa las acciones de Estella y los demás personajes pero no participa en la acción
   D. un joven que forma parte del relato

2. Según el narrador, ¿qué efecto tuvo el comportamiento de Estella en él la primera vez que se vieron?
   A. Su comportamiento lo hizo llorar.
   B. Su comportamiento lo alegró.
   C. Su comportamiento no tuvo ningún efecto en él.
   D. No recuerda el momento en el que conoció a Estella.

3. ¿Cuál de los siguientes pares de palabras describe mejor a Estella?
   A. cálida y tierna
   B. insensible y distante
   C. amable y amistosa
   D. resentida y enojada

4. Estella se describe a sí misma en el último párrafo del fragmento. ¿Cuál parece ser su opinión acerca del tipo de persona que es?

   ____

   ____

   ____

   ____

Destreza de lectura
Obtener evidencia del texto

A medida que lees, combina evidencia del texto con lo que ya sabes para hacer predicciones sobre lo que harán los personajes.

El pasaje de esta página fue extraído del cuento "Sendero trillado". A medida que leas, pregúntate cómo te ayuda el título a comprender de qué se trata el cuento.

"Sendero trillado" sugiere que el personaje principal, una mujer llamada Phoenix Jackson, suele transitar por el mismo sendero. El título también sugiere que el sendero es largo, arduo y difícil.

Para entender a Phoenix Jackson, comenta estas preguntas con un compañero:

- ¿Cómo te sentirías si tuvieras que transitar a menudo el mismo camino difícil?
- ¿Crees que Phoenix Jackson se siente igual?
- ¿Por qué?

Instrucciones: Lee el pasaje de abajo. Después, responde las preguntas sobre el personaje de este cuento.

Corría el mes de diciembre, un día radiante y helado, por la mañana temprano. Allá lejos, campo afuera, una vieja mujer negra con un harapo rojo atado a la cabeza venía por un sendero que atravesaba el pinar. Se llamaba Phoenix Jackson. Era muy vieja y menuda, y caminaba lentamente por la oscura sombra de los pinos, balanceándose un poco al andar, con la equilibrada pesadez y ligereza del péndulo de un viejo reloj del abuelo. Llevaba un bastón delgado y pequeño, hecho con el mango de un paraguas, con el que golpeteaba sin cesar la tierra helada. Esto hacía un ruido grave y persistente que resonaba en el aire quieto, meditabundo [pensativo] como el gorjeo de un pajarito solitario.

La mujer tenía puesto un oscuro vestido a rayas que le llegaba hasta los zapatos, bajo un delantal del mismo largo hecho con sacos de azúcar blanqueados y con un solo bolsillo grande: todo en ella era aseado y pulcro, pero cada paso podría haberla hecho tropezar con los cordones que le colgaban de los zapatos desatados. La mujer miraba al frente, con los ojos azulados con la edad. Toda su piel estaba surcada de innumerables arrugas ramificadas, y parecía que le había crecido un arbolito entero en el medio de la frente, pero por debajo fluía un color dorado que le iluminaba ambos pómulos de un amarillo resplandeciente en la oscuridad. Del harapo rojo le caía la cabellera sobre la nuca, enroscada en fragilísimos tirabuzones, todavía negra y con un aroma como a cobre.

—Extracto de "Sendero trillado", de Eudora Welty

APLICA LA LECTURA

Instrucciones: Responde las preguntas de abajo.

1. ¿Qué apariencia tiene Phoenix Jackson?

____

____

2. ¿Cómo describirías al personaje Phoenix Jackson?

____

____

3. El narrador dice: "Tenía puesto un oscuro vestido a rayas que le llegaba hasta los zapatos, bajo un delantal del mismo largo hecho con sacos de azúcar blanqueados y con un solo bolsillo grande: todo en ella era aseado y pulcro..."

   ¿Qué sugiere esta descripción acerca de Phoenix Jackson?

____

____

ESCRIBIR PARA APRENDER

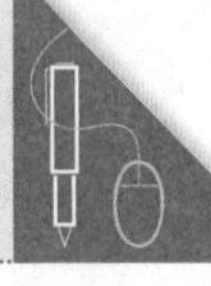

En un cuaderno, usa un diagrama de Venn para comparar y contrastar a Estella (en las páginas **200–201**) con Phoenix Jackson (en esta página). ¿En qué se parecen? ¿En qué se diferencian?

Después, escribe un ensayo breve en el que compares y contrastes a los personajes.

Repaso de vocabulario

Instrucciones: Usa estas palabras para completar las siguientes oraciones.

ajustar familiar personaje predicción razonable

1. Puedes ______________ tus ideas acerca de la lectura a medida que continúas leyendo.
2. Haces un/una ______________ cuando tratas de determinar qué ocurrirá a continuación en un relato.
3. Una suposición ______________ es una suposición lógica basada en la información que tienes.
4. Algo que te resulta ______________ es algo que has visto u oído antes.
5. Un/Una ______________ lleva a cabo las acciones de un relato.

Repaso de destrezas

Instrucciones: Lee el pasaje de abajo para responder las preguntas que siguen.

Cuando estuvo listo frente la puerta, montado en la silla de su padre, tan vieja que el armazón de roble asomaba en varias partes a través del cuero rasgado, mamá le trajo el sombrero redondo negro con la banda de cuero repujado y se estiró para atarle el pañuelo de seda verde alrededor del cuello. El saco vaquero de Pepé era mucho más oscuro que los jeans, porque no había que lavarlo con tanta frecuencia.

Mamá le alcanzó el gran frasco de medicina y las monedas de plata.

—Esto es para la medicina —dijo— y esto es para la sal. Para prender una vela por papá. Para los dulces de los chiquilines. Nuestra amiga, la señora Rodríguez, te dará una cama para pasar la noche. Cuando vayas a la iglesia, reza solo diez paternóster [la oración del "Padrenuestro"] y solo veinticinco avemarías. ¡Ah, ya lo sé, gran coyote! Te quedarás ahí sentado moviendo la boca en los aves mientras miras las velas y las imágenes sagradas. No es buena devoción mirar fijamente las cosas bonitas.

El sombrero negro, que le cubría la cabeza de forma ojival [puntiaguda en la parte superior] y el pelo morocho y pajoso, le daba aire de dignidad y madurez. Pepé se veía bien sobre el caballo de patas largas y esbeltas. Mamá pensó en lo buenmozo que era, tan moreno, alto y delgado.

—No te mandaría ahora solo, mi chiquito, si no fuera por la medicina —dijo con la voz queda—. No es bueno quedarse sin medicina, porque vaya uno a saber cuándo volverá el dolor de muelas o la languidez estomacal. Así son las cosas.

—Adiós, mamá —gritó Pepé—. Pronto estaré de regreso. Me puede mandar solo cuando quiera. Ya soy un hombre.

—Extracto de "La fuga" (*El valle largo*), de John Steinbeck

Repaso de destrezas (continuación)

1. ¿Crees que la madre enviará a Pepé a buscar medicina la próxima vez que la necesite? Explica tu predicción.

2. Escribe dos predicciones sobre lo que podría pasarle a Pepé luego de despedirse de su madre y emprender el viaje para buscar la medicina.

3. Usa un diagrama de Venn para comparar y contrastar los sentimientos de Pepé y su mamá con respecto al viaje para ir a buscar la medicina. ¿Cómo se siente Pepé? ¿Cómo se siente la mamá? ¿Coinciden algunos de los sentimientos?

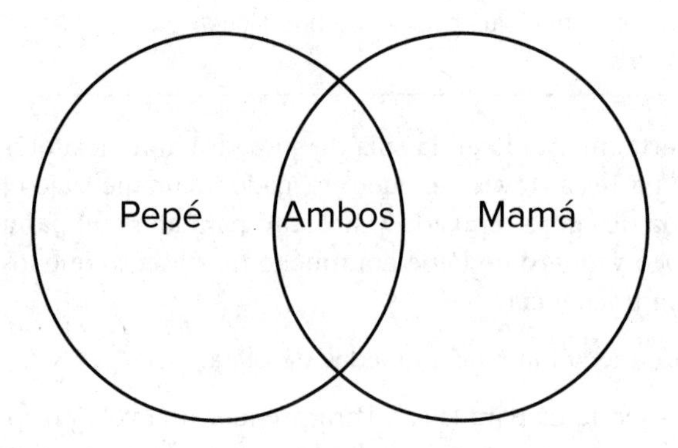

Práctica de destrezas

Instrucciones: Lee el pasaje. Después, elige la mejor respuesta para cada pregunta.

Lucha en el mar

Después de un rato, el pez dejó de azotar el alambre y volvió a moverse en círculos lentos. Ahora el viejo iba recuperando sedal a ritmo constante. Pero otra vez sintió un mareo. Recogió un poco de agua de mar con la mano izquierda y se la echó en la cabeza. Luego recogió un poco más y se la frotó en la nuca.

5 —No tengo calambres —dijo—. Este estará pronto arriba y puedo aguantar. Tienes que resistir. Ni se te ocurra.

Práctica de destrezas (continuación)

Se arrodilló contra la proa [parte delantera de un barco] y, por un momento, deslizó otra vez el sedal sobre su espalda. Ahora descanso mientras él sale a trazar su círculo, y después, cuando se acerque, me paro y hago el trabajo, decidió.

10 Era una gran tentación descansar en la proa y dejar que el pez trazara un círculo por su cuenta sin recuperar sedal. Pero cuando la tensión indicó que el pez había virado hacia el bote, el viejo se puso de pie y empezó a tironear con un pivote [movimiento de palanca] y un zigzagueo que le devolvieron todo el sedal que ganó.

—Extracto de *El viejo y el mar*, de Ernest Hemingway

1. ¿Cuál de las técnicas de Ernest Hemingway enumeradas abajo es la más eficaz para mostrar los pensamientos y sentimientos del personaje?
   - **A.** describir el ambiente del cuento
   - **B.** hacer que los sentimientos sean explicados por otro personaje
   - **C.** describir las acciones del personaje
   - **D.** hacer que el personaje hable de sus sentimientos

2. ¿Por qué el viejo se echa agua en la cabeza?
   - **A.** para refrescarse y reanimarse
   - **B.** para asustar al pez en el agua
   - **C.** para alertar a otros pescadores en las cercanías
   - **D.** para que el bote no se vaya a la deriva

3. El viejo dice: "Este estará pronto arriba y puedo aguantar. Tienes que resistir. Ni se te ocurra". (líneas **5** y **6**)

   ¿Qué te dice eso sobre el personaje?
   - **A.** Está cansado y mareado.
   - **B.** Está decidido y enfocado.
   - **C.** Está enojado y molesto.
   - **D.** Está triste y pesimista.

4. En la última oración del fragmento, el viejo se pone de pie y pivotea. ¿Qué es lo que esto sugiere que está intentando hacer?
   - **A.** virar el bote para regresar a tierra
   - **B.** atrapar el pez y enrollar el sedal
   - **C.** volcar el bote
   - **D.** dejar que el pez se aleje

Práctica de escritura

Instrucciones: Elige un personaje de uno de los pasajes de esta lección o de un libro o cuento que hayas leído. En una hoja, escribe una descripción del personaje. Suministra evidencia del texto (cómo esta descripto el personaje, cómo actúa y habla el personaje, qué está pensando el personaje) que indique cuáles son los rasgos del personaje.

LECCIÓN 5.3

Punto de vista

Objetivos de la lección

Serás capaz de:

- comprender el punto de vista.
- identificar cómo incide el punto de vista en un relato.

Destrezas

- **Destreza principal:** Sacar conclusiones
- **Destreza de lectura:** Hacer inferencias

Vocabulario

identificar
inferencia
lógico
perspectiva
punto de vista de primera persona
punto de vista de segunda persona

CONCEPTO CLAVE: El punto de vista es la manera de ver un asunto. En literatura, es la actitud o la perspectiva del narrador, es decir, la persona que cuenta el relato.

¿Estuviste en una reunión de amigos o familiares donde ocurrió algo inusual? ¿Cómo recuerdas el suceso? ¿Las otras personas que estaban allí lo recordarían de la misma manera o lo contarían de otra manera? ¿Te sorprende que cada persona pueda contar un suceso a su manera?

Punto de vista

El **punto de vista** es la manera en que alguien entiende un suceso o una idea. Cuando dos personas describen un suceso que ambas han presenciado, las descripciones pueden diferir, porque cada persona habla desde su **perspectiva** o punto de vista. El punto de vista de cada persona es único. Las experiencias pasadas influyen en tu perspectiva sobre muchas cuestiones.

En un relato, la persona que cuenta lo que ocurre es el **narrador**. Cuando un relato está contado desde el **punto de vista de primera persona**, el narrador es un personaje del relato. El narrador o narradora explica todo en sus propias palabras y desde su perspectiva. Además, usa verbos en primera persona del singular o plural, como *soy* o *queríamos*, y pronombres, como *yo, mí, me, nosotros* y *nos*.

Cuando un relato está contado desde el **punto de vista de tercera persona**, el narrador es alguien que está fuera del relato. El relato es narrado por alguien que observa lo que ocurre. El narrador describe la acción pero no participa de ella. Usa verbos en tercera persona y pronombres como *él, ella, ellos, ellas*. A veces los autores usan varios narradores, que cuentan lo que ocurre desde distintos puntos de vista.

HACER INFERENCIAS

Cada vez que usas una **evidencia**, es decir, información, para descifrar algo, haces una inferencia. Una inferencia es una suposición **lógica**, es decir, razonable, acerca de algo que no se dijo explícitamente pero sobre lo que existen fuertes indicios. Hacer inferencias te permite aprender más sobre las personas, los lugares o los sucesos que encuentras en tu lectura.

Esta es una manera de practicar inferencias:

- Presta atención a lo que hacen y dicen los personajes. Fíjate en lo que dicen otros personajes sobre ellos.
- Busca palabras que describan la acción o los personajes.
- Observa atentamente para encontrar claves sobre el mensaje del autor. Pregúntate: *¿Qué está diciendo el autor aquí en realidad?*
- Piensa en lo que ya sabes. ¿Qué experiencias personales puedes usar para hacer inferencias sobre lo que estás leyendo? Pregúntate: *¿Qué sé sobre este tema a partir de la vida real?*

Lee el pasaje de abajo. La idea principal de este párrafo no está expresada directamente. Usa los detalles para **identificar**, es decir, reconocer, la idea principal. ¿Qué tipo de suceso se describe aquí?

> Algunos venían en furgonetas baqueteadas y camionetas polvorientas. Otros, de perfil más urbano, venían en relucientes convertibles o caravanas nuevas. El primo Otis Barnett, dueño de medio condado, llevó a su familia al evento en un avión privado. Últimos en orden, pero no en importancia, llegaron Jack y Marge Barnett, los más viejos entre los miembros vivos del clan. Estaban encantados de escuchar detalles sobre sus 22 bisnietos.

Idea principal de este pasaje: los miembros de una familia asisten a una reunión familiar, es decir, una ocasión en la que todos los parientes se juntan en un lugar. ¿Inferiste esto? Cuatro generaciones –jóvenes y viejos, ricos y pobres– se han reunido para esta ocasión especial. Para descubrir la idea principal, basta con hilar los detalles. Incluso el vocabulario te ayuda: *primo, clan, bisnietos.*

Investígalo

Aprender acerca del autor

El narrador es la persona que cuenta lo que ocurre. Puede narrar en primera persona o en tercera persona. En una obra de ficción, el narrador no es una persona real.

El autor es la persona real que escribió el relato. El autor no es un participante del relato.

Recuerda: el escritor escribe el relato; el narrador lo cuenta.

Usa Internet para buscar información biográfica sobre un autor cuya obra aparezca en esta lección. Escribe un párrafo en el que cuentes las experiencias de su vida que podrían haber influido en su perspectiva al escribir el relato.

Destreza principal
Sacar conclusiones

Cuando sacas una conclusión, combinas detalles para expresar una idea nueva. Es importante que consideres el punto de vista del narrador cuando sacas una conclusión acerca de un pasaje de un libro.

Si el narrador del relato habla en primera persona, pregúntate si es honesto o si miente o exagera. El narrador más objetivo suele ser el que narra en tercera persona.

Lee los pasajes de esta página. Elige una de las narraciones. ¿Qué conclusiones puedes sacar del pasaje? Ten en cuenta al narrador cuando reflexiones sobre el pasaje.

En un cuaderno, escribe un párrafo con tus conclusiones y la evidencia que usaste para sacarlas.

ESCRIBIR PARA APRENDER

En un cuaderno, responde esta pregunta: ¿Qué conclusión puedes sacar sobre lo que ocurre en el pasaje **3** de esta página?

Usa detalles del pasaje y tu propia experiencia para apoyar tu conclusión.

Instrucciones: Lee los pasajes de abajo. Usa detalles de los fragmentos para determinar si el relato está narrado en primera o tercera persona. Si está narrado en primera persona, identifica el narrador.

1. La señora Pocket estaba sentada en una silla jardinera bajo un árbol, leyendo, con las piernas apoyadas en otra silla jardinera; y las dos ayas [niñeras] de la señora Pocket miraban a su alrededor mientras los niños jugaban.
—Mamá –dijo Herbert–, este es el joven señor Pip.
La señora Pocket me recibió entonces con apariencia de afable dignidad.

—Extracto de *Grandes esperanzas*, de Charles Dickens

2. Albert se fue, lamentablemente, pero el carretero [conductor de un carro tirado por caballos] y algunas de las damas metodistas estaban en el jardín del señor Holliday, cargando sillas, mesas y congeladores de helado en el remolque del carro, y tal era el entusiasmo de los mellizos que olvidaron el gato enfermo. Hacia el mediodía ya habían levantado la última servilleta de papel, habían rastrillado los caminos de grava con manchas de sal de los congeladores y habían colgado otra vez en su lugar la hamaca donde Vickie se arrellanaba a estudiar.

—Extracto de *La anciana señora Harris*, de Willa Cather

3. Y ahí estaba dispuesto a quedarse, vigilando la puerta como un halcón hasta que yo volviera a entrar. Pues bien, iba a tener que quedarse un buen rato; yo estaba haciendo todo lo que podía.

—Extracto de *El ruido y la furia*, de William Faulkner

4. Y le contó a su hermana, tan bien como pudo recordar, todas las extrañas aventuras que ustedes acaban de leer; y una vez terminado el relato, la hermana le dio un beso y le dijo:
—Fue un sueño muy curioso, querida, sin duda, pero ahora corre a tomar el té. ¡Se está haciendo tarde!
Entonces, Alicia se levantó y se alejó corriendo, y mientras corría pensaba, tan bien como podía, cuán maravilloso había sido su sueño.

—Extracto de *Alicia en el País de las Maravillas*, de Lewis Carroll

5. Nos quedamos durante muchas horas. Recuerdo los barcos de rescate y la puesta de sol al atardecer. Nunca había visto semejante puesta de sol: una resplandeciente llama anaranjada que tocaba el filo del agua y se dispersaba, calentando el mar.

—Extracto de *El club de la buena estrella*, de Amy Tan

APLICA LA LECTURA

Instrucciones: En los cinco pasajes de arriba, determina quién está narrando lo que ocurre. Escribe una *E* en el espacio en blanco si el narrador es externo al relato. Escribe una *P* si el narrador participa en el relato.

_______ Pasaje **1** _______ Pasaje **3** _______ Pasaje **5**

_______ Pasaje **2** _______ Pasaje **4**

Instrucciones: Lee este pasaje de *La guerra de los mundos* para examinar los personajes y la acción que se desarrolla en él. Encierra en un círculo las palabras que te ayuden a sacar una conclusión sobre quién es el narrador.

Al acercarme un poco más, oí la voz de Stent:

—¡Atrás! ¡Atrás!

Un chico vino corriendo hacia mí.

—Está moviéndose —me dijo al pasar—. ¡Se desenrosca! ¡No me gusta nada! ¡Me voy a mi casa!

Fui hacia la multitud. Supongo que habría unas doscientas o trescientas personas clavándose los codos y empujándose, entre ellas dos o tres mujeres que no eran precisamente las menos activas.

—¡Se cayó al pozo! —gritó alguien.

—¡Atrás! —exclamaron varios.

La multitud cedió un poco, y yo aproveché para abrirme paso a los codazos. Todos parecían sumamente excitados. Entonces oí un extraño zumbido que venía del pozo.

—Yo diría —tanteó Ogilvy— que me ayude a mantener a raya a estos idiotas. No tenemos idea de qué hay dentro de esa cosa estrambótica [muy extraña], ¿sabe?

Vi a un joven (un dependiente de una tienda de Woking, creo) que estaba parado sobre el cilindro y bregaba [se esforzaba] por salir del hoyo. Había caído empujado por la presión de la multitud.

El extremo del cilindro se desenroscaba desde el interior, dejando ver ya casi dos pies de una rosca reluciente. Alguien que había tropezado contra mí estuvo a punto de arrojarme sobre la cabeza del tornillo; me di vuelta, y en ese preciso momento tiene que haberse salido la rosca, porque la tapa del cilindro cayó sobre la grava con una sonora conmoción. Clavé un codo en la persona que tenía detrás y me volví de nuevo hacia la Cosa. Por un momento, la cavidad circular me pareció completamente negra. El sol poniente me daba justo en los ojos.

—Extracto de *La guerra de los mundos*, de H. G. Wells

APLICA LA LECTURA

Instrucciones: Responde la siguiente pregunta.

¿Este fragmento tiene un narrador en primera persona o en tercera persona? ¿Cómo lo sabes?

___

___

___

Destreza de lectura
Hacer inferencias

Los autores enuncian algunos hechos e ideas de manera directa, pero a menudo dejan cosas sin decir. Entonces tienes que hacer una inferencia, es decir, combinar lo que sabes de tus propias experiencias con los detalles del relato para darte cuenta de lo que ocurre.

Cuando un relato está escrito desde el punto de vista de primera persona, tal vez obtengas detalles de lo que piensa el narrador.

En este fragmento de *Las aventuras de Huckleberry Finn*, no se nos dice directamente lo que podría ocurrirle a Huck. En lugar de ello recibimos información indirecta de lo que pasa. Como es el propio Huck quien nos da la información, solo sabemos lo que él entiende y lo que él quiere que sepamos.

En un cuaderno, haz una inferencia de la relación entre Huck y "papi" y la relación entre Huck y la viuda. Preguntante: *¿Huck le tiene miedo a "papi"? ¿Qué trata de hacer "papi"? ¿Huck quiere ir con la viuda? ¿Por qué?*

Instrucciones: Lee el pasaje de abajo. Presta atención a quién es el narrador y cuál es la relación entre el narrador y "papi". Después, responde las preguntas.

Papi no estaba de buen humor... o sea que estaba en su estado natural. Dijo que había ido al centro del pueblo y que todo estaba saliendo mal. Su abogado le dijo que creía que ganaría el pleito y conseguiría el dinero si es que empezaba el juicio de una vez por todas, pero que había maneras de
5 aplazarlo mucho tiempo y que el juez Thatcher se las sabía todas. Y dijo que según la gente iba a haber otro juicio para separarme de él y ponerme a la viuda de tutora, y creían que esta vez lo ganarían. Eso me sobresaltó en considerable, porque yo no quería volver nunca más a lo de la viuda para estar todo agarrotado y cevilizado, como decían ellos. Entonces el viejo se
10 puso a maldecir y maldijo a todas las cosas y a todas las personas que se le vinieron a la cabeza, y después los maldijo a todos otra vez para estar seguro de que no se había salteado a ninguno, y después dio el último retoque con una especie de ronda general de maldiciones para todos, hasta para un montón considerable de gente que no sabía cómo se llamaba, así que cuando
15 le tocaba a uno de esos decía "ese fulano como quiera que se llame", y seguía maldiciendo sin interrumpirse.

Dijo que ya le gustaría ver cómo la viuda venía a buscarme. Dijo que iba a estar atento, y que si trataban de hacerle esa jugarreta, él conocía un lugar que estaba como a seis o siete millas donde me iba a esconder y donde
20 podían buscarme hasta caerse muertos que no me iban a encontrar. Eso me hizo sentir bastante intranquilo otra vez, pero solo por un momento; supuse que ya no andaría por ahí para cuando le llegara esa oportunidad.

—Extracto de *Las aventuras de Huckleberry Finn*,
de Mark Twain

APLICA LA LECTURA

Instrucciones: Responde estas preguntas.

1. ¿Desde qué punto de vista se cuenta esta historia?
   - **A.** punto de vista de primera persona
   - **B.** punto de vista de tercera persona
   - **C.** varios puntos de vista
   - **D.** punto de vista de "papi"

2. ¿Qué parece sentir el narrador con respecto a "papi"?
   - **A.** afecto y cariño
   - **B.** diversión y comodidad
   - **C.** temor e inquietud
   - **D.** sorpresa y deleite

3. El narrador dice: "Eso me sobresaltó en considerable, porque yo no quería volver nunca más a lo de la viuda para estar todo agarrotado y cevilizado, como decían ellos". (líneas **7** a **9**)

   ¿Qué te indica esto sobre el narrador?

   ____

   ____

Repaso de vocabulario

Instrucciones: Usa estos términos para completar las oraciones que siguen.

lógica   perspectiva   primera persona   tercera persona

1. Un narrador que participa en un relato cuenta la historia en el punto de vista de ______________.

2. Debes sacar una conclusión ______________ basada en detalles y en tu experiencia.

3. Un narrador externo cuenta historias en el punto de vista de ______________.

4. El cuento está contado desde la ______________ de uno de los personajes secundarios.

Repaso de destrezas

Instrucciones: Lee el siguiente pasaje y responde las preguntas que siguen.

Control de la ira

"La ira no es más que una herida encubierta", había dicho la tía Rosie. "Si quieres resolver el problema, permanece en contacto con la herida. No dejes que la ira te domine, porque no te llevará a ninguna parte. El ego usa la ira para levantar una muralla a su alrededor que lo proteja de futuras heridas."

Oí el ruido de la puerta y pensé en el consejo de la tía. "Permanece en contacto con la herida", me dije a mí misma. Leandro llegaba tarde otra vez. Había dicho que estaría en casa a eso de las seis, pero ya eran casi las 8:30.

Leandro se quedó ahí parado, vacilante, como si temiera que yo le arrojara algo.

—Disculpa la demora —susurró.

Tenía la cara marcada por el cansancio y los hombros caídos.

—Me sentí muy herida al ver que no volvías a la hora que dijiste. Había preparado una rica cena, pero ya está fría —respondí.

—Perdóname. Ni siquiera pude llamar. El jefe insistió en que fuera a la nueva obra en construcción para conversar con el capataz sobre el cambio de planos. Ni siquiera pude ir al teléfono para llamarte... Gracias por no estar enojada.

La tía Rosie tenía razón, pensé. Si hubiera arremetido contra él hecha una furia, habríamos tenido una gran pelea y todo habría quedado igual. Le sonreí.

—Bueno, ahora ya está —comenté—. Supongo que lo hecho no puede deshacerse.

Advertí que se me había pasado el enojo.

Leandro dejó el portafolio y me atrajo a sus brazos.

—Se me ocurre una idea —dijo—. ¿Qué tal si el viernes salimos a cenar para compensar la cena malograda de hoy?

—De acuerdo —respondí.

Y después dije para mis adentros: "Gracias, tía Rosie, tenías razón. Si quieres resolver el problema, no dejes que la ira te domine. Permanece en contacto con la herida."

Repaso de destrezas (continuación)

1. ¿Qué enunciado expresa mejor la idea principal del pasaje?

   A. El comportamiento desconsiderado puede destruir un matrimonio.
   B. La tía Rosie no puede resistir la tentación de interferir.
   C. El enojo es dolor disfrazado.
   D. Leandro trabaja demasiado.

2. ¿Cuál es una inferencia lógica basada en este pasaje?

   A. La tía Rosie es una entrometida
   B. La tía Rosie es una mujer sabia.
   C. Leandro quería hacer enojar a su esposa.
   D. Los adultos no pueden cambiar sus patrones de comportamiento.

3. Imagina que un vecino pisotea con descuido unas flores que acabas de plantar. ¿Qué consejo sería más probable que te dé la tía Rosie?

   A. No digas nada y planta nuevas flores.
   B. Confronta a tu vecino diciéndole que no entiendes cómo puede ser tan descuidado.
   C. Insiste en que tu vecino te pague lo que te costaron las flores.
   D. Habla con tu vecino sin perder la calma para decirle que su descuido te ha molestado.

4. ¿Crees que la narradora cambiará de opinión con respecto al consejo de la tía Rosie? Explica por qué.

   ____

   ____

   ____

   ____

5. Saca dos conclusiones sobre la importancia del consejo que dio la tía Rosie. Usa detalles del pasaje y tu propia experiencia para apoyar tus conclusiones.

   ____

   ____

   ____

   ____

   ____

Práctica de destrezas

Instrucciones: Lee el pasaje. Después, responde las preguntas.

> La noche no fue tan agradable como la tarde, porque se levantó frío; y como me pusieron entre dos caballeros (el de la cara rugosa y otro) para evitar que me cayera de la diligencia [coche de caballos para transportar pasajeros], casi me asfixio cuando ambos se quedaron dormidos. Por momentos me oprimían tanto que se me escapaba un grito de "¡Oh, por favor!", cosa que no les gustaba nada, porque los despertaba. Enfrente había una señora mayor envuelta en una capa de pieles tan enorme que en la oscuridad le daba más una apariencia de faro de heno que de una señora. Esta señora llevaba consigo una canasta que durante largo rato no supo dónde poner hasta que se le ocurrió meterla bajo mis piernas por la sencilla razón de que eran las más cortitas. La canasta me apretaba y me lastimaba tanto que me sumió en la más completa de las desdichas, pero si se me ocurría hacer el menor movimiento, y en consecuencia un vaso de vidrio que había en su interior chocaba con alguna otra cosa (como pasaba indefectiblemente), la señora me daba una patada brutal y me decía:
>
> —¿Quieres quedarte quieto? ¡Eres demasiado jovencito para tener tantos problemas!
>
> —Extracto de *David Copperfield*, de Charles Dickens

1. ¿Desde qué punto de vista se narra esta historia?
   - **A.** punto de vista de tercera persona
   - **B.** punto de vista de primera persona
   - **C.** punto de vista de los caballeros de la diligencia
   - **D.** punto de vista de la señora de la diligencia

2. ¿Qué enunciado describe el uso del narrador en primera persona?
   - **A.** Se narra desde el punto de vista de todos los personajes del cuento.
   - **B.** El narrador no dice cuáles son sus opiniones.
   - **C.** El narrador no es un personaje del relato.
   - **D.** El narrador usa pronombres como *me*, *mí* y *mis*.

3. ¿Qué enunciado sobre el viaje en diligencia es más probable que haga el narrador?
   - **A.** Mi viaje en diligencia fue bastante confortable.
   - **B.** Mis compañeros de viaje eran muy amigables.
   - **C.** Mi viaje en diligencia fue incómodo y enojoso.
   - **D.** La señora me trató con amabilidad y dulzura.

4. Si el relato se narrara desde el punto de vista de la señora mayor, ¿qué pensamientos y sentimientos se expresarían?
   - **A.** solo los pensamientos y sentimientos del conductor de la diligencia
   - **B.** solo los pensamientos y sentimientos de los dos caballeros
   - **C.** los pensamientos y sentimientos de todos los pasajeros
   - **D.** solo los pensamientos y sentimientos de la señora mayor

Práctica de escritura

Instrucciones: Escribe una escena breve desde el punto de vista de primera persona acerca de un encuentro tenso entre dos personajes. Después, escribe la misma escena desde el punto de vista del otro personaje. Compara las dos escenas. Por último, escribe algunas oraciones en las que describas cómo el cambio de punto de vista modificó la escena.

LECCIÓN 5.4

Lenguaje literal y figurado

Objetivos de la lección

Serás capaz de:

- reconocer la eficacia en la elección de palabras y estructura de las oraciones.
- identificar cómo incide el uso del lenguaje en la escritura.

Destrezas

- **Destreza principal:** Analizar la elección de palabras
- **Destreza de lectura:** Analizar la estructura del texto

Vocabulario

connotación
denotación
emoción
figurado
literal

CONCEPTO CLAVE: El lenguaje literal y el lenguaje figurado ayudan a crear una elección de palabras eficaces y expresivas en la escritura.

¿Qué quieres decir realmente cuando le dices a un amigo: "¡Voy volando!"? Le estás diciendo que irás lo más rápido que puedas. "Voy volando" comunica el significado. Tu amigo sabe qué quieres decir. Este es un ejemplo de lenguaje figurado. Para expresar la misma idea en lenguaje literal, dirías: "Voy rapidísimo". Los autores usan lenguaje literal o figurado según el tono que quieran crear.

Lenguaje literal y figurado

En la siguiente conversación, un grupo de estudiantes hablan sobre un examen importante. Joe y Antonio usan lenguaje figurado para expresar sus sentimientos. El lenguaje **figurado** se usa para que podamos visualizar algo mentalmente.

JOE: Estoy hecho un manojo de nervios con este examen. ¿Tú no estás preocupada, Janelle?

JANELLE: Claro que no. Estuve estudiando.

ANTONIO: A ti nunca se te cae el mundo encima, Janelle. En cambio, yo estoy temblando como una hoja.

Joe no se convirtió en un "manojo de nervios" ni Antonio tiembla igual que una hoja. Y el mundo no se cae realmente encima de nadie, nunca.

Si Joe y Antonio dijeran exactamente lo que quieren decir, usarían lenguaje **literal**. Pero decir "estoy nervioso" y "tú siempre estás tranquila" no es tan interesante como la elección de palabras de los dos amigos. El lenguaje figurado es una poderosa manera de mostrar **emoción**, es decir, sentimientos.

APLICA LA LECTURA

Instrucciones: Empareja cada expresión figurada con su significado.

Expresiones figuradas

_______ 1. venirse el cielo abajo
_______ 2. con la cabeza en las nubes
_______ 3. con los pelos de punta
_______ 4. como un cadáver andante
_______ 5. sacarse la lotería
_______ 6. como dos gotas de agua
_______ 7. ir al grano
_______ 8. no te sulfures

Significados

A. visiblemente atemorizado
B. con apariencia muy enfermiza
C. idénticos
D. llover muchísimo
E. decir algo directamente
F. obtener algo muy ventajoso
G. poco práctico
H. mantén la calma

HACER CONEXIONES CON TEXTOS

Los personajes, el ambiente y la trama son los elementos que conforman una obra de ficción. Cuando leas, trata de relacionar esos elementos con tu vida o con personas, lugares y sucesos que conozcas. Al hacer esas conexiones, a menudo puedes visualizar una escena en tu mente. Eso no solo te ayuda a comprender el texto, sino que también te ayuda a comprender el lenguaje figurado.

Aquí hay tres tipos de conexiones importantes:

- ***Conexión entre el texto y el lector:*** una conexión entre lo que estás leyendo y algo que ocurrió en tu vida. Pensar en algo que te ha pasado puede ayudarte a comprender qué hacen, piensan y sienten los personajes.
- ***Conexión entre textos:*** una conexión entre lo que estás leyendo y otro texto que conozcas. Puede ser un texto pero también una película, una canción o un programa de TV. La conexión podría ser un tema o ambiente similar, o una semejanza en las acciones o sentimientos de los personajes.
- ***Conexión entre el texto y el mundo:*** una conexión entre lo que estás leyendo y algo que ocurre en el mundo. Lo que sabes de lugares o sucesos reales puede ayudarte a interpretar sucesos del relato.

Lee el siguiente pasaje. Piensa en las conexiones que puedes hacer con el texto. Visualiza lo que describe el autor para comprender el lenguaje figurado.

> Un zapato al costado del camino es una historia sin contar. ¿Dónde está su par? ¿Cómo llegó hasta allí? Un zapato al costado del camino siempre despierta curiosidad. A veces alguien elabora una teoría para explicar por qué el zapato está donde está. Pero nadie sabe exactamente qué ocurrió con el zapato. Esos zapatos solos al costado del camino mantienen el silencio. No cuentan sus secretos.

¿Hiciste una conexión con una experiencia personal? ¿Encontraste una conexión con otro relato que hayas leído? ¿Qué lenguaje figurado usa el autor?

Destreza principal
Analizar la elección de palabras

La **denotación** de una palabra expresa el significado de la palabra tal como se la encuentra en un diccionario. Por ejemplo, literalmente, un zorro es un mamífero pequeño. Esta es una definición de diccionario de la palabra *zorro*

> **zorro** sust. masc. Mamífero cánido de menos de un metro de longitud, de hocico alargado y pelaje muy espeso.

La **connotación** de una palabra es el sentido sugerido. Una connotación puede ser positiva o negativa. En el siguiente párrafo, *zorro* se usa de manera figurada. La palabra tiene una connotación negativa.

Juan a veces es muy zorro. Es muy astuto cuando quiere salirse con la suya. No me parece confiable.

Escribe dos oraciones con cada una de las siguientes palabras. En la primera oración, usa la palabra literalmente; en la segunda, úsala de manera figurada.

- oro
- estrella
- gallina

Destreza de lectura
Analizar la estructura del texto

El pasaje de esta página describe un acontecimiento que tuvo lugar durante la Gran Depresión, en la década de **1930**. Muchos trabajadores rurales se quedaron sin empleo porque había nuevas máquinas que podían reemplazarlos en sus tareas. Además, la sequía estaba destruyendo las tierras de cultivo.

A medida que lees, piensa en las conexiones que puedes hacer para entender el texto.

- ¿Los personajes me recuerdan a personas que conozco o sobre las que he leído?
- ¿Con qué otro acontecimiento histórico puedo hacer una conexión?
- ¿Conozco algo semejante que ocurra en el mundo actual?

Comparte tus respuestas con un compañero. Conversen sobre las conexiones que pudieron establecer.

ESCRIBIR PARA APRENDER

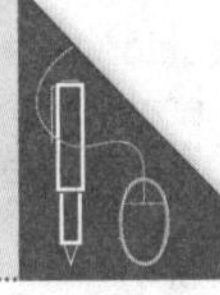

En un cuaderno, usa ideas de la conversación que mantuviste con tu compañero para escribir un párrafo sobre una conexión específica que hiciste con este pasaje.

Instrucciones: A medida que lees el pasaje de abajo, subraya (o resalta) ejemplos de lenguaje figurado.

Los tractores toman el poder

Los tractores llegaron a las rutas y entraron en los campos, caminando y moviéndose como enormes insectos, con la fuerza increíble de los insectos. Caminaban por el suelo abriendo el surco, apisonándolo, levantándolo. Tractores diesel que hacían un poco de todo mientras ellos se (5) quedaban inmóviles; tronaban al arrancar para luego normalizarse en un rugido monótono. Monstruos de nariz respingada que levantaban polvo y metían el hocico en la tierra, yendo campo abajo, campo traviesa, pasando por los cercos, por jardines delanteros, saliendo y entrando en línea recta de las hondonadas. No andaban por el suelo sino por sus propias vías, (10) indiferentes a colinas y barrancos, a las corrientes de agua, a los cercos y a las casas.

El hombre sentado en la silla de acero no parecía un hombre: enfundado en sus guantes, equipado con gafas, protegido con su máscara de goma para que no le entrara el polvo en la boca y la nariz, formaba (15) parte del monstruo, era un robot en el asiento. El trueno del cilindro resonó en todo el campo, se hizo uno con el aire y con la tierra hasta que el aire y la tierra retumbaron al unísono con él en la misma vibración. El conductor no podía controlarlo: cruzaba el campo cortando camino a través de decenas de granjas, ida y vuelta.

—Extracto de *Viñas de ira*, de John Steinbeck

APLICA LA LECTURA

Instrucciones: Responde las siguientes preguntas.

1. ¿Qué describe este párrafo?
   A. monstruos
   B. tractores
   C. insectos
   D. robots

2. En la primera oración, ¿qué indica la frase "moviéndose como enormes insectos" acerca de las máquinas?
   A. Volaban sobre el suelo.
   B. Levantaban polvo.
   C. Caminaban por el suelo
   D. Se movían rápidamente.

3. El autor describe al conductor del tractor como "parte del monstruo", "un robot en el asiento". ¿Qué piensa el autor de ese conductor"?
   A. Es frío e insensible.
   B. Está haciendo un buen trabajo.
   C. Tiene la inteligencia de usar el tractor para plantar más granos.
   D. Es una máquina robótica.

4. El autor escribe: "tronaban al arrancar". (línea 5) ¿Eso es lenguaje literal o figurado? Explica tu respuesta.

____

____

Repaso de vocabulario

Instrucciones: Usa estas palabras para completar las siguientes oraciones.

connotación denotación emoción figurado literal

1. Cuando algo te despierta fuertes sentimientos, demuestras ______________.
2. Usas lenguaje ______________ cuando eliges palabras que crean una imagen mental.
3. La ______________ es el significado sugerido por una palabra, no su significado real.
4. La ______________ es la descripción de la palabra que encontrarías en un diccionario.
5. Cuando usas lenguaje ______________, llamas a las cosas por su nombre.

Repaso de destrezas

Instrucciones: Lee este pasaje de *El viento en los sauces* y responde las preguntas que siguen.

De entrada no vio nada inquietante. Había ramitas que crujían al quebrarse bajo sus pies, troncos que le hacían zancadillas, tocones cubiertos de hongos que parecían caricaturas y a lo sumo lo sobresaltaban un poco por su semejanza con algo familiar y lejano; pero en definitiva
5 todo lo divertía y lo fascinaba, animándolo a seguir. Fue internándose [metiéndose] en la zona donde había menos luz y donde los árboles se agazapaban cada vez más amontonados, con agujeros que le hacían muecas horribles a ambos lados del camino.

Ahora todo estaba en silencio. La noche inminente avanzaba sobre él
10 a paso firme y acelerado, acumulándose por delante y por detrás, mientras la luz parecía escurrirse hacia lo lejos como las aguas que bajan después de la inundación.

Entonces empezaron las caras.

Primero le pareció ver una por encima de su hombro, no demasiado
15 nítida: una carita malvada, en forma de cuña, que lo observaba desde un agujero. Cuando se volvió para confrontarla, ya no había nada.

Apuró el paso, aconsejándose alegremente no comenzar a imaginarse cosas, porque eso sería algo de nunca acabar. Pasó junto a otro agujero, y luego otro, y luego otro, y entonces... ¡sí!, ¡no!... ¡sí!, no cabía duda de que
20 una carita delgada, con ojos duros, había destellado por un instante desde un agujero para desaparecer de inmediato. Él vaciló, pero hizo un esfuerzo por recomponerse y siguió adelante a paso resuelto. Después, de repente, como si hubiera sido así todo el tiempo, cada agujero, cercano o distante –y había centenares de ellos– parecía tener su propia carita, que
25 afloraba durante apenas un instante, clavándole una mirada llena de odio y de malicia: caritas con ojos duros, penetrantes y perversos.

CONEXIÓN CON LA TECNOLOGÍA

Recursos de Internet

El lenguaje figurado es uno de los aspectos más difíciles de cualquier idioma. Conocer el significado literal de las palabras individuales no te ayuda a comprender una figura retórica como *venirse el cielo abajo*.

Por suerte hay muchos recursos disponibles. Para hallar el significado de una figura retórica, escribe la frase en un motor de búsqueda de Internet.

Además, en Internet puedes hallar sitios web que indiquen ejemplos de lenguaje figurado.

¡Inténtalo tú mismo! Busca tres ejemplos de lenguaje figurado de esta lección. Escribe los significados de esas frases en un cuaderno.

Pensó que si tan solo se alejara de los agujeros a ambos lados del camino, ya no habría más caras. Se apartó resueltamente del sendero para adentrarse en lugares menos trillados [menos pisados] del bosque.

30 Entonces empezaron los silbidos.

La primera vez fue un sonido agudo y sumamente débil, que venía desde muy lejos a sus espaldas; no obstante, algo le hizo apurar el paso. Después, todavía muy débil, lejano y agudo, el silbido llegó por delante, desde lejos, haciéndole pensar en volver sobre sus pasos. Al detenerse, indeciso, oyó silbidos que llegaban desde ambos costados y parecían alcanzarse
35 y contagiarse unos a otros por todo el bosque, hasta los límites más remotos. Quienesquiera que fueran, era evidente que estaban preparados, resueltos y en estado de alerta. Y él... él estaba solo, desarmado, lejos de todo auxilio, con la noche cayéndole encima.

Entonces empezaron las pisadas.

—Extracto de *El viento en los sauces*, de Kenneth Grahame

1. ¿La frase "con la noche cayéndole encima" es un ejemplo de lenguaje literal o figurado? Describe lo que quiere decir el autor con esa frase.

___

2. ¿De qué manera el uso que hace el autor del lenguaje literal y figurado mejora la descripción de lo que siente el personaje?

___

3. En este pasaje, el personaje experimenta una creciente sensación de miedo a medida que sigue caminando. ¿Alguna vez te asustaste por una noche oscura, un ruido extraño o una forma rara? Conecta este pasaje con un momento de tu vida en el que hayas sentido miedo.

___

___

4. Si fueras el personaje de este relato, ¿habrías respondido a tus temores de la misma manera? Explica por qué.

___

___

Instrucciones: Elige la mejor respuesta a la pregunta.

5. En el párrafo 5 del pasaje, el autor escribe: "¡sí!, no cabía duda de que una carita delgada, con ojos duros, había destellado por un instante desde un agujero para desaparecer de inmediato" (líneas 19 a 21).

   ¿Qué connotación tiene la palabra *duros* en esta oración?

   A. una connotación positiva
   B. una connotación negativa
   C. algo que tiene una superficie dura
   D. algo que es blando y flexible

Práctica de destrezas

Instrucciones: Lee el pasaje y responde las preguntas.

Meme Ortiz se mudó a la casa de Cathy cuando la familia de Cathy se mudó a otra parte. En realidad no se llama Meme. Se llama Juan. Pero cuando le preguntamos cómo se llamaba, dijo Meme, y así es como lo llama todo el mundo salvo su madre.

Meme tiene un perro de ojos grises, un ovejero de dos nombres, uno en inglés y otro en español. Es
5 un perro grandote, como un hombre con traje de perro, y corre como su dueño, igual de torpe y desbaratado, con las extremidades flameando por todas partes como zapatos con los cordones desatados.

El padre de Cathy construyó la casa adonde se mudó Meme. Es una casa de madera. Por dentro, los pisos están inclinados. Algunas habitaciones van cuesta arriba y otras van cuesta abajo. Y no hay placares. Afuera hay veintiún escalones, todos chuecos y salientes, como dientes torcidos (hechos así a
10 propósito, dijo Cathy, para que se escurra la lluvia), y cuando la mamá de Meme lo llama desde la puerta, Meme sube despatarrado los veintiún escalones, con el perro de dos nombres despatarrándose atrás.

En la parte trasera hay un patio, casi todo de tierra y con un montón de tablones grasientos que alguna vez fueron un garaje. Pero lo que se recuerda más inmediatamente es el árbol, inmenso, con brazos gordos y vastas familias de ardillas en las ramas más altas. Por todos los alrededores está el barrio
15 con sus techos, alquitranados y a dos aguas, y en sus desagües están todas las pelotas que jamás regresaron a tierra. Abajo, a los pies del árbol, el perro de dos nombres ladra al aire vacío, y allá, al final de la cuadra, luciendo aun más pequeña, se encuentra nuestra casa, con las patas plegadas como un gato.

Ese es el árbol que elegimos para el Primer Concurso Anual de Saltos de Tarzán. Meme lo ganó. Y se quebró los dos brazos.

—Extracto de *La casa en Mango Street*, de Sandra Cisneros

1. ¿Qué frase tiene lenguaje figurado?

A. "El padre de Cathy construyó la casa"
B. "Meme tiene un perro de ojos grises"
C. "Por dentro, los pisos están inclinados"
D. "el árbol, inmenso, con brazos gordos"

2. ¿Qué está diciendo la autora sobre el perro cuando dice "como un hombre con traje de perro" (línea 5)?

A. El perro es pequeño.
B. El perro es gracioso.
C. El perro es enorme.
D. El perro es juguetón.

3. ¿Qué frase usa lenguaje literal?

A. "con las extremidades flameando por todas partes como zapatos con los cordones desatados"
B. "veintiún escalones, todos chuecos y salientes, como dientes torcidos"
C. "Meme tiene un perro de ojos grises, un ovejero de dos nombres, uno en inglés y otro en español"
D. "luciendo aun más pequeña, se encuentra nuestra casa, con las patas plegadas como un gato"

4. ¿Qué técnica de la autora es la más eficaz para desarrollar el personaje de Meme?

A. usar lenguaje figurado
B. usar lenguaje literal
C. usar oraciones largas y complejas
D. usar referencias a animales

Práctica de escritura

Instrucciones: Escribe una descripción de algo que hayas experimentado recientemente. Usa lenguaje figurado para realzar la atmosfera de tu descripción.

LECCIÓN 5.5

Tema

Objetivos de la lección

Serás capaz de:

- identificar e interpretar temas.
- comprender la conexión de un tema con el ambiente, el personaje y la trama.

Destrezas

- **Destreza principal:** Determinar el tema
- **Práctica principal:** Comparar temas en distintos géneros

Vocabulario

conclusión
estrategia
motivar
relación
universal

CONCEPTO CLAVE: El tema es la idea central o mensaje en una obra de ficción.

¿Alguna vez aprendiste algo importante sobre la vida mirando una película o leyendo un libro? ¿Recuerdas el mensaje de un cuento que te haya enseñado una lección de vida? Ese fue el mensaje del autor, es decir, el tema de su cuento. A veces los autores tienen un mensaje sobre el que quieren que los lectores piensen mientras leen.

Tema

El **tema** de una obra de ficción es un mensaje sobre la vida que el autor quiere transmitir al lector. Algunos relatos tienen un tema explícito. Pero en la mayoría de los casos un relato tiene un tema que no está expresado directamente: se revela a través de la trama, los personajes, el ambiente o el punto de vista.

Algunos temas son **universales**. Son relevantes para todos, en todos los tiempos y lugares. Estos temas universales aparecen una y otra vez en la literatura y en el cine. Estos son algunos de los temas universales más frecuentes:

Ejemplo	Tema
Huckleberry Finn	La vida es una lucha entre lo que está bien y lo que está mal.
El Señor de los Anillos	El bien vencerá al mal.
Lo que el viento se llevó	Las situaciones difíciles pueden superarse con determinación.

Hay muchos otros temas, por supuesto. A veces los escritores combinan varios temas en una sola novela o un solo cuento. Estas sugerencias pueden ayudarte a descubrir el tema de un relato:

- Piensa en el título del relato. ¿Te ayuda a comprender el mensaje del escritor?
- Repasa lo que le ocurre al personaje principal. ¿Cambia el personaje a lo largo del relato? ¿Qué aprende el personaje acerca de la vida?
- Selecciona frases clave que digan algo en general sobre la vida o las personas.

ENTENDER RELACIONES ENTRE IDEAS

Cuando lees, es importante que identifiques conexiones entre ideas. Hacer conexiones es una **estrategia**, es decir, un plan, que puedes aplicar cuando lees materiales nuevos.

A medida que lees, piensa en las **relaciones,** es decir, las conexiones, entre ideas. Aquí hay algunos ejemplos de relaciones que puedes encontrar mientras lees:

- La idea principal está apoyada por detalles. Esta conexión entre la idea principal y los detalles enlaza partes del texto.
- Un suceso puede causar otro suceso. Esto se llama relación de causa y efecto.
- Las comparaciones y los contrastes pueden conectar ideas. Saber en qué se parecen o en qué se diferencian las personas, los lugares o las cosas te ayuda a comprender qué cosas son importantes para el autor.
- A lo largo de la vida puedes hallar ideas similares. Haz conexiones entre lo que estás leyendo y lo que ya has aprendido o lo que ya has experimentado. Pregúntate en qué se parecen y en qué se diferencian las ideas.

Para descubrir el mensaje del autor, pregúntate: *¿Qué tiene que ver una idea con otra?* Comprender cómo se conectan las ideas puede ayudarte a determinar el tema o mensaje de un relato.

Lee el siguiente párrafo. Piensa en las relaciones entre ideas. ¿Qué conexiones puedes establecer?

> Durante toda su vida, Antonio tuvo que trabajar arduamente para ganarse el sustento. Solo conocía a una persona que al parecer no necesitaba trabajar: el dueño de la tienda donde trabajaba él. Cuando Antonio se enteró de cuánto dinero necesitaba para abrir una tienda propia, se obsesionó con el ahorro. De hecho, se volvió bastante tacaño y miserable. Incluso aunque sus propios hermanos necesitaban su ayuda, Antonio rechazaba sus pedidos y se negaba a ayudarlos.

En este pasaje hay una relación de causa y efecto. Antonio quiere abrir una tienda: esa es la causa. Antonio se vuelve tacaño y miserable: ese es el efecto. ¿Cuál crees que es el tema de este pasaje?

Conocimientos de medios
Comparar temas

De la misma manera en que sucede con los libros, también las películas y los programas de TV tienen temas. El escritor tiene un mensaje acerca de la vida que los espectadores deben captar. Los espectadores usan elementos audiovisuales (es decir, sonoros y visuales) para identificar el tema.

Por ejemplo, las adaptaciones cinematográficas de *El Señor de los Anillos*, de J. R. R. Tolkien, contienen el tema "el bien vence al mal".

En un cuaderno, nombra una película o un programa de TV favoritos. Después, escribe una oración en la que enuncies el tema. ¿Qué mensaje sobre la vida quiere trasmitirte el autor?

Instrucciones: Lee el pasaje de abajo. Presta atención al lugar donde se desarrolla la escena y a lo que el narrador opina de la guerra.

Reanudó enseguida su marcha hacia adelante. La batalla era para él como una inmensa y terrible maquinaria de pulverización. Sus complejidades y poderes, sus macabros procesos, le resultaban fascinantes. Necesitaba acercarse y verla producir los cadáveres.

Llegó a una valla y la trepó. Del otro lado había armas y ropas esparcidas por el suelo. En el barro yacía un periódico doblado. Había un soldado muerto, extendido, con el rostro oculto bajo el brazo. Más allá se veía un grupo de cuatro o cinco cuerpos acompañándose en su descanso fúnebre. Un sol abrasador había lanzado sus llamas implacables sobre aquel lugar.

El joven se sintió un invasor. Esa parte olvidada del campo de batalla era propiedad de los muertos. Apuró el paso, con el vago temor de que una de esas formas hinchadas pudiera levantarse para expulsarlo de inmediato.

Finalmente llegó a una carretera desde donde divisó a la distancia tropas oscuras y agitadas, recortándose contra el humo. En el camino había una multitud ensangrentada que se dirigía en tropel hacia la retaguardia. Los hombres heridos maldecían, refunfuñaban y gemían. El aire estaba cargado de un estruendo constante que parecía capaz de sacudir la Tierra. Con las bravas palabras de la artillería y las rencorosas oraciones de los mosquetes se alternaban las rojas expresiones de ánimo. Y de esta región de sonidos llegaba la constante corriente de los heridos.

Uno de los heridos tenía un zapato lleno de sangre. Iba saltando en un pie, como un niño que juega en la escuela. Y reía histéricamente.

Otro juraba que su herida del brazo se debía a la mala administración militar del comandante en jefe. Uno iba marchando con aires de emular a algún sublime jefe de tambores. En sus facciones se dibujaba una escandalosa mezcla de júbilo y agonía.

—Extracto de *La roja insignia del valor*, de Stephen Crane

APLICA LA **LECTURA**

Instrucciones: Responde a las siguientes preguntas:

¿Cuál de los siguientes enunciados expresa mejor el tema de este pasaje?

A. Si no estás preparado para la batalla, serás gravemente herido.
B. La victoria otorga gloria y honor.
C. La guerra provoca dolor y sufrimiento.
D. Una victoria no decide una guerra.

Instrucciones: A medida que lees este relato, piensa acerca del tema, es decir, el mensaje que el autor quiere comunicar a los lectores.

Estara caminaba con cuidado entre los abismales cráteres de Novos. Instantes atrás, su cohete burbuja había hecho un aterrizaje de emergencia en una cresta de blanda arena volcánica. Poco y nada quedaba de la vasta lluvia de meteoritos que la había desviado de su trayecto, arrojando su cohete hacia este extraño lugar.

Estara clavó la mirada en el agujero negro del espacio. En algún lugar había una ceniza ardiente, o tal vez un remolino de escombros humeantes. Eso era todo lo que había quedado del planeta Tierra. A causa de la Gran Guerra Nuclear, ella y miles como ella habían buscado una vía de escape a la aniquilación. Los famosos cohetes burbuja fueron la respuesta, pero muy pocas personas pudieron conseguirlos. Estara estaba segura de que el resto había perecido.

¿Dónde estaban los demás?, se preguntaba. ¿Habrían llegado al planeta Geos, el planeta gemelo de la Tierra, o también se habían perdido en el camino?

Frente a ella, Estara vio rocas de muchos colores que resplandecían. Oyó un extraño sonido, como de agua corriendo entre las rocas. Aguzó los oídos para ver si escuchaba algo más. De repente oyó una especie de chillido, tal vez de un ser humano, pero posiblemente de un animal. Estara no podía determinarlo. Extrajo su pistola láser y se detuvo otra vez a escuchar. ¿Estaba a salvo, o estaba a punto de enfrentarse a un alienígena? Estara no lo sabía, pero tampoco estaba dispuesta a arriesgarse.

Destreza principal
Determinar el tema

Por lo general, el tema de un libro o de un cuento no se expresa abiertamente. Es el mensaje que captas al leer "entre líneas". Distintos lectores pueden encontrar diferentes mensajes en el mismo libro.

Para determinar el tema debes sacar conclusiones, es decir, hacer enunciados generales sobre las personas, los lugares, los sucesos y las ideas de un relato.

Los lectores activos a menudo sacan conclusiones a partir de lo que hacen o piensan los personajes. Se preguntan qué **motiva** (alienta) a los personajes a actuar de determinada manera. Por ejemplo, sacar una conclusión acerca de por qué un personaje se siente infeliz puede ayudarte a descubrir el tema de un relato.

A medida que lees el pasaje de esta página, fíjate en qué lugares te detienes a sacar conclusiones que te ayuden a comprender el mensaje general. *¿Qué le ha ocurrido a Estara? ¿Dónde está? ¿Qué pasó con los demás? ¿Qué podría suceder a continuación?*

En un cuaderno, anota las conclusiones que sacas sobre Estara a medida que lees.

APLICA LA LECTURA

Instrucciones: Responde la pregunta.

¿Cuál es el tema de este pasaje?

____

____

____

Destreza de lectura

Comparar temas en distintos géneros

Los pasajes de las páginas **223** y **224** representan diferentes géneros. El pasaje de la página **223** es ciencia ficción. El pasaje de esta página es ficción realista.

A veces dos textos tienen personajes o ambientes similares. A veces tienen temas similares, aun cuando los textos sean muy distintos.

En un cuaderno, compara o contrasta los temas de ambos pasajes. Si son diferentes, ¿por qué lo son? Si son iguales o similares, explica cómo es que dos relatos tan distintos pueden tener temas similares.

Instrucciones: A medida que lees el pasaje de abajo, observa el ambiente, la trama y los personajes. Estos elementos te ayudarán a identificar el tema.

Ya se veía en una casa nueva, con un bonito jardín trasero, lindos árboles, un buen césped, un patio con parrila... esas cosas que nunca había tenido, nunca había añorado. Pero ¿por qué no? Un buen garaje con un pequeño taller, como los que salen todo el tiempo en las revistas gringas. No estaría nada mal.

Cuanto más lo pensaba, más le gustaba la idea. Lo que más disfrutaba era la capacidad que tenía ahora –la libertad debida a su éxito económico– que le permitía tomar la decisión de mudarse adonde quisiera. Era un lujo que pocos conocían en su entorno. Y en sus viajes de regreso a casa desde sus diversos empleos fuera de la ciudad, comenzó a detenerse para mirar las casas de las nuevas urbanizaciones.

Era una vieja historia, pero era nueva para Pete. El gueto protege tanto como encarcela. Al pasar con su carro por los florecientes [crecientes] suburbios, veía una urbanización tras otra, con letreros que publicitaban casas a lo largo de millas en todas las direcciones.

Pete casi se lo creyó cuando el vendedor de la primera oficina donde se detuvo le dijo que no había casas disponibles. No tenía ganas de discutir. Pero unos días más tarde, cuando se detuvo en la quinta o sexta oficina, ya estaba un poco mejor preparado. No mucho, pero un poco.

–No, lo lamento, señor Sandoval. Las casas están todas tomadas.

–Pero la de la esquina tiene un letrero de venta. Quiero esa.

–Está tomada. No hemos tenido oportunidad de quitar el letrero.

–No le creo. Muéstreme el nombre del tipo que la compró.

–Espere un momento. –Y el vendedor fue a consultar a un hombre más experimentado.

El otro hombre se acercó a Pete.

–Todas nuestras casas están tomadas –se limitó a decir.

–Entonces, por qué...

–Piense lo que quiera, señor. Pero no tenemos ninguna para usted.

–Extracto de *Chicano*, de Richard Vasquez

APLICA LA LECTURA

Instrucciones: Responde estas preguntas.

1. ¿Qué está haciendo Pete?
   - **A.** cortando el césped
   - **B.** buscando una casa
   - **C.** ofreciéndose para un empleo de vendedor
   - **D.** explorando una nueva ciudad

2. ¿Cuál es la expectativa de Pete al principio?
   - **A.** Las buenas casas estarán todas vendidas.
   - **B.** El vendedor tratará de venderle algo.
   - **C.** Su dinero le comprará todo lo que él quiera.
   - **D.** A su esposa no le gustará su elección.

3. ¿Cuál es la actitud del vendedor frente a Pete?
   - **A.** evitación
   - **B.** miedo
   - **C.** amabilidad
   - **D.** hostilidad

4. ¿Cuál de los siguientes enunciados expresa mejor el tema de este pasaje?
   - **A.** Todos sueñan con una vida mejor.
   - **B.** Es fácil superar los prejuicios.
   - **C.** El éxito económico no es garantía contra la discriminación.
   - **D.** Para conseguir lo que quieres, solo necesitas trabajar.

5. ¿Qué detalles del relato te ayudan a descubrir el tema?

____

____

____

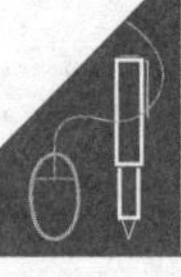

ESCRIBIR PARA APRENDER

Escribe tres párrafos sobre tu obra de ficción favorita, ya sea una novela o un cuento.

En el primer párrafo, describe el ambiente. En el segundo, resume la trama. En el tercero, identifica el tema.

Asegúrate de dar al menos un ejemplo específico de cómo el ambiente, la trama o los personajes te ayudan a determinar el tema.

Destreza del siglo XXI
Destrezas interculturales

Algunos temas son tan comunes que aparecen una y otra vez en obras de todo el mundo. Los mitos, las leyendas, los textos sagrados y los cuentos folklóricos de diversas culturas contienen mensajes similares. Todos esos relatos enseñan las mismas lecciones. Por ejemplo, el tema "La lucha del ser humano con la naturaleza" aparece en relatos de muchas culturas.

Selecciona un tema frecuente en la literatura. En un cuaderno, enumera tres ejemplos de la literatura o el cine que tengan ese tema. Después, haz una búsqueda en Internet para encontrar textos de otras culturas que compartan ese tema universal.

Comparar temas en distintos géneros

Toda obra de ficción tiene un tema, cualquiera sea su género. La ficción realista, la ficción histórica, la ciencia ficción, los cuentos de hadas, las obras de teatro, los cuentos: todos tienen al menos un tema. Algunos temas son universales, es decir, tan comunes que aparecen en casi todos los géneros y culturas. Dado que los temas más potentes son los que reflejan nuestras experiencias, es lógico que aparezcan una y otra vez.

El método para determinar el tema es el mismo en todos los géneros: usar detalles y claves que brinda el autor acerca de los personajes, el ambiente y la trama para sacar conclusiones sobre el mensaje del autor.

Debido a que "tema" significa lo mismo en todos los géneros, es posible comparar y contrastar temas entre distintos géneros. Busca semejanzas y diferencias entre los mensajes de diferentes relatos. ¡Los distintos géneros pueden tener más cosas en común de lo que crees!

Instrucciones: A medida que lees el pasaje de abajo, piensa en su género y en su tema. Escribe un párrafo en el que describas ambos usando evidencia del texto para apoyar tus ideas.

Oigo a América cantar, los diversos cantos oigo;

los de los mecánicos, cada uno con el suyo, alegre y vigoroso;

el carpintero, que canta el suyo mientras mide su tabla o su viga;

el albañil, que canta el suyo mientras se alista para el trabajo, o cuando sale del trabajo;

el botero, que canta el suyo en su bote; el marinero, en la cubierta del vapor;

el zapatero, que canta sentado en su banco; el sombrerero, que canta de pie;

la canción del leñador; la del joven labrador, por el camino a la mañana, en el descanso del mediodía o al anochecer;

el delicioso canto de la madre, o el de la recién casada en sus tareas, o el de la muchacha mientras cose o lava;

cada cual canta el que es suyo y de nadie más;

el día lo que es del día; y por la noche, el grupo de jóvenes, robustos, amigables,

cantan, con la boca bien abierta, sus cantos potentes y melodiosos

—"Oigo a América cantar", de Walt Whitman

Instrucciones: A medida que lees el pasaje de abajo, piensa en su género y en su tema. Identifica las semejanzas y las diferencias entre este pasaje y el de la página anterior.

WALTER *(Tomando a Travis entre sus brazos):* ¿Sabes una cosa, Travis? Dentro de siete años tendrás diecisiete. Y las cosas van a ser muy distintas para nosotros en siete años, Travis... Un día, cuando tengas diecisiete, yo voy a volver a casa... voy a volver a casa desde mi oficina, en pleno centro...

TRAVIS: Tú no trabajas en una oficina, papi.

WALTER: No... hasta esta noche. Después de lo que tu papi va a hacer esta noche, va a haber oficinas, un montonazo de oficinas...

TRAVIS: ¿Qué vas a hacer esta noche, papi?

WALTER: Ahora no lo entenderías, hijo. Pero tu papi va a hacer una transacción... una transacción de negocios que nos va a cambiar la vida... Así es como un día, cuando estés por cumplir diecisiete años, yo voy a venir a casa y voy a estar muy cansado; ya sabes, después de un día de conferencias y secretarias que hacen mal las cosas, como lo suelen hacer... porque la vida del ejecutivo es un infierno, hombre. *(Cuanto más habla, más se aleja).* Y voy a estacionar el carro en la entrada... un simple Chrysler negro, creo, con tapizado blanco... no... con neumáticos negros. Más elegante. Los ricos no necesitan andar ostentando... aunque tendré que conseguir algo un poquito más deportivo para Ruth... Podría ser un Cadillac convertible, para que haga las compras... Y voy a subir la escalera para entrar a la casa, y el jardinero va a estar recortando los setos y va a decir "Buenas tardes, señor Younger". Y yo voy a decir "Hola, Jefferson, ¿cómo anda esta tarde?". Y voy a entrar, y Ruth va a bajar la escalera para recibirme en la puerta, y nos vamos a besar, y ella me va a tomar del brazo y vamos a ir a tu cuarto, para verte sentado en el piso, con los catálogos de todas las mejores universidades de Estados Unidos a tu alrededor... ¡Todas las mejores universidades del mundo! Y... y yo voy a decir, bueno, hijo, hoy cumples diecisiete años, ¿qué es lo que has decidido?... Solo dime a qué universidad quieres ir, y a esa irás. Solo dime qué es lo que quieres ser, y eso serás... Lo que sea que quieras ser, ¡sí, señor! *(Abre los brazos para recibir a TRAVIS).* Solo dilo, hijo... *(TRAVIS salta a sus brazos).* ¡Y pongo el mundo en tus manos!

(WALTER eleva la voz cada vez más, en tono y en histeria, y en la última línea alza a TRAVIS). (Bajan las luces).

—Extracto de *Un lunar en el Sol*, de Lorraine Hansberry

APLICA LA LECTURA

Instrucciones: Responde las preguntas.

1. ¿Cuáles son los géneros de estos dos pasajes?

   ____

2. Estos pasajes tienen un tema en común. En una oración, identifica el tema de los dos pasajes.

   ____

3. ¿Qué detalles de los pasajes usaste para determinar el tema?

   ____

   ____

Repaso de vocabulario

Instrucciones: Empareja cada palabra de vocabulario con su definición.

1. ______ conclusión	A. conexión entre ideas o personas
2. ______ motivar	B. enunciado general sobre ideas o personas
3. ______ relación	C. común a todo el mundo
4. ______ universal	D. alentar a alguien a actuar de determinada manera

Repaso de destrezas

Instrucciones: Lee el pasaje de abajo. Después, responde las preguntas que siguen.

La mayoría de esas personas no tenían la menor idea de lo que era ser rico. A Benny Briggs no le entraba en la cabeza que alguien pudiera ser el dueño de un lago entero. Un lago es algo que está ahí y no debería ser de nadie, tal como el océano Atlántico no es de nadie. Claro que él sabía que supuestamente no debía nadar *ahí*. Había muchísimas cosas que las
5 personas como los Briggs supuestamente no debían hacer. Pero ellos las hacían igual si suponían que no los pescarían.

Yo también sabía cómo era eso, porque cuando era chico y vine a vivir a la portería de la hacienda Winchester, tenía miedo de hacer casi todo. Entendí que no podía andar en bicicleta por el camino de entrada ni jugar a la pelota en el pasto. Ni se me ocurría meterme en la casa
10 grande a menos que alguien me lo indicara, y tampoco entraba por la puerta del frente, sino siempre por el lavadero.

Las cosas cambiaron mucho cuando empecé a juntarme con Ernest, que podía hacer todo lo que le viniera en gana e ir adonde quisiera. Pero aun así no se me pasaba por la cabeza entrar en la casa grande a menos que tuviera un motivo para hacerlo, y aun así siempre
15 entraba por el lavadero, a menos que estuviéramos en Navidad o en Acción de Gracias y yo fuera con mamá y los mellizos, vestido de punta en blanco, con traje y corbata.

Así que sabía cómo se sentía Benny Briggs. Pero Ernest no lo sabía. Él no tenía la menor idea de cómo era Benny Briggs. Ernest sabía que algunas personas tenían más dinero que otras, pero no podía imaginarse realmente cómo era eso. No podía imaginarse que algunos
20 chicos no tuvieran su propia habitación y tuvieran que compartir una con sus hermanos y hermanas. No podía imaginarse que algunos chicos nunca hubieran estado en una lancha a motor ni hubieran ido a hacer esquí acuático. Por lo tanto, no era mera mezquindad lo que lo llevaba a querer echar a Benny y a los otros chicos del lago. No podía imaginarse que ellos no tuvieran un lugar decente donde ir a nadar.

—Extracto de *Los Winchester*, de James Lincoln Collier

Repaso de destrezas (continuación)

1. ¿Cómo describe el narrador la relación entre las ideas de ser rico y no ser rico?

____

____

____

2. ¿Cuál es la relación entre el personaje del narrador y el personaje Ernest? ¿En qué se parecen? ¿En qué se diferencian?

____

____

____

3. Completa esta red de ideas con las ideas que te vienen a la mente cuando piensas en la palabra *rico*.

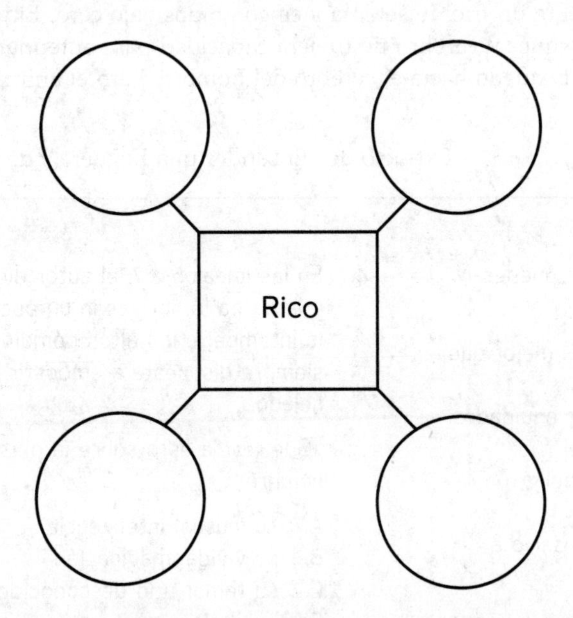

4. ¿Qué conclusión puedes sacar sobre el personaje Benny Briggs a partir de la información que te da el pasaje?

____

____

____

Práctica de destrezas

Instrucciones: Lee el pasaje y responde las preguntas.

Se adentró en el bosque de grandes abetos. La senda estaba casi imperceptible. Había caído un pie de nieve desde que pasara el último trineo, así que se alegró de estar viajando a pie y ligero de equipaje. De hecho, no llevaba más que el almuerzo envuelto en el pañuelo. Pero el frío sí que lo agarró por sorpresa. Hacía frío en serio, se dijo, mientras se frotaba la nariz y las mejillas
5 entumecidas con la mano enfundada en la manopla. El bigote y la barba lo abrigaban un poco, pero dejaban a la intemperie los altos pómulos y la ávida nariz, siempre dispuesta a embestir contra el aire helado.

Pegado a sus talones trotaba un perro esquimal, el auténtico perro lobo. Tenía el pelaje gris, y no se diferenciaba ni en apariencia ni en temperamento de su hermano mayor, el lobo salvaje. El
10 animal avanzaba abrumado por el tremendo frío. Sabía que no era momento de viajar. Su instinto era más certero que el raciocinio de su compañero humano. No era simplemente que hiciera un frío por debajo de cincuenta grados bajo cero: era un frío por debajo de sesenta grados bajo cero, e incluso de setenta grados bajo cero. Era un frío de setenta y cinco grados bajo cero. El perro no sabía nada de termómetros. Y puede que su cerebro no tuviera capacidad para entender el concepto del frío extremo con la claridad con la que lo hacía el cerebro del hombre. Pero el animal tenía su
15 instinto.

—Extracto de "Encender una hoguera", de Jack London

1. ¿Cuál de las siguientes conclusiones puedes sacar del pasaje?
   - **A.** El raciocinio humano siempre es mejor que el instinto animal.
   - **B.** Los seres humanos están mejor equipados que los perros para enfrentar el frío.
   - **C.** El hombre y el perro están en peligro a causa del frío extremo.
   - **D.** El hombre y el perro llegarán a salvo a destino.

2. ¿Cuál es la caracterización más correcta del hombre?
   - **A.** audaz
   - **B.** cauteloso
   - **C.** cruel
   - **D.** errado

3. ¿Qué enunciado expresa el tema del pasaje?
   - **A.** Los seres humanos y los animales tienen diferente conciencia de la naturaleza.
   - **B.** Los seres humanos están más capacitados que los animales para sobrevivir a la intemperie.
   - **C.** Una hoguera no puede ayudar a nadie a sobrevivir en el frío extremo.
   - **D.** El frío extremo puede abrumar.

4. En las líneas **5** a **7**, el autor dice que "El bigote y la barba lo abrigaban un poco, pero dejaban a la intemperie los altos pómulos y la ávida nariz, siempre dispuesta a embestir contra el aire helado".

   ¿Qué revela esto sobre la personalidad del hombre?
   - **A.** su inusual inteligencia
   - **B.** su vívida imaginación
   - **C.** su temor a lo desconocido
   - **D.** su espíritu aventurero

5. ¿Cuál es el propósito del autor en este fragmento?
   - **A.** mostrar que un hombre es más inteligente que un animal
   - **B.** mostrar que un lobo es más inteligente que un perro
   - **C.** mostrar que el instinto animal puede ser más acertado que el juicio humano
   - **D.** mostrar que no se puede confiar en un animal

Práctica de escritura

Instrucciones: A veces los escritores eligen los temas que quieren incluir en su texto, pero otras veces los temas surgen sin un plan previo. Elige un tema que te interese. Escribe un relato con ese mensaje. Pide a un compañero que lea tu trabajo e identifique el tema. Ten en cuenta que cada persona puede encontrar un mensaje diferente en el mismo texto.

LECCIÓN
5.6 Estructura del texto

Objetivos de la lección

Serás capaz de:

- analizar la estructura del texto.
- analizar cómo contribuye cada parte del texto a la obra total.

Destrezas

- **Destreza principal:** Identificar el tono
- **Destreza de lectura:** Comparar la estructura del texto

Vocabulario

capítulo
escena
estrofa
estructura del texto
género
tono

CONCEPTO CLAVE: La información de un texto puede organizarse de diversas maneras. El patrón de organización que elige un autor es la estructura del texto.

¿Cómo te ayudan los encabezados en negrita y los puntos numerados a leer los textos de referencia? ¿Qué características especiales son propias de un manual de instrucciones? Así como los escritores de textos de no ficción organizan, es decir, estructuran, sus textos de determinadas maneras, también lo hacen los escritores de textos de ficción que crean poemas, cuentos y obras de teatro.

Estructura del texto

El término **estructura del texto** hace referencia al patrón organizacional que usa un autor para presentar la información de un texto. Los autores eligen las estructuras del texto más apropiadas para el **género**, es decir, el tipo de escritura, que estén usando.

Las obras de ficción pueden organizarse de distintas maneras. Por ejemplo, los cuentos se dividen en párrafos. Las obras más largas pueden dividirse en secciones, cada una con un nuevo encabezado. Las novelas y algunos cuentos largos se dividen en **capítulos**. Las obras se dividen en **actos** y **escenas**. Muchos poemas se dividen en **estrofas**. Esta división en pequeñas secciones ayuda al autor a organizar con claridad las escenas y los sucesos. También facilita la lectura y la comprensión de los textos.

La escritura de ficción tiene menos reglas que la escritura de no ficción. Sin embargo, la ficción –ya sea una novela, una obra de teatro, un poema o un cuento– suele seguir una estructura **narrativa** (es decir, del relato) básica. Cada obra de ficción tiene un comienzo, un desarrollo y un final. La trama, el ambiente, los personajes, el punto de vista y el tema ayudan a determinar una estructura del texto.

Tono

Otro elemento importante de los textos de ficción es el **tono**, es decir, la actitud del autor con respecto al tema. El tono de un relato puede ser serio, gracioso, formal o triste. El tono de un cuento, un poema o una novela suele provocar una respuesta emocional en el lector. Si el tono de un texto es edificante, es posible que te sientas feliz al leerlo. Si el tono es gracioso, es posible que te rías. Los autores establecen el tono –e influyen en tu respuesta emocional– mediante su selección del ambiente, el vocabulario y otros detalles.

COMPARAR LA ESTRUCTURA DEL TEXTO

Los diferentes géneros de los textos de ficción se estructuran de distintas maneras. Las novelas se dividen en capítulos. Los autores pueden centrar cada capítulo en personajes o sucesos específicos. Los capítulos suelen ordenarse cronológicamente. La combinación de los capítulos constituye el relato entero. En una novela, el autor puede usar el diálogo, la narración y el lenguaje descriptivo para transmitir ideas y emociones. El autor puede describir los pensamientos o los sentimientos de un personaje.

De la misma manera en que ocurre con los capítulos de una novela, los actos y las escenas de una obra teatral ayudan a organizar los sucesos y la acción. Podemos pensar en los actos de una obra teatral como sus "capítulos", mientras que las escenas son "subcapítulos" más pequeños que componen los actos. A menudo la aparición de un nuevo acto o una nueva escena indica que ha cambiado el momento o el lugar de la acción.

Una obra teatral no está hecha solo para la lectura, sino para la representación ante un público. Por eso, el dramaturgo, es decir, el autor de la obra, debe insertar el mensaje y las emociones en un **diálogo**, es decir, una conversación entre personajes. A veces un actor brinda información al público "pensando en voz alta", es decir, hablando directamente con los espectadores en lugar de dirigirse a otro personaje. El autor suele indicar en itálica y entre paréntesis cómo debe moverse o hablar un personaje.

La acción de una obra teatral se limita al movimiento que puede tener lugar en el escenario. Cuando una obra se convierte en película, a veces se agregan escenas al guión, porque el director y los actores de cine no están restringidos al espacio de un teatro.

En un poema, las estrofas son grupos de versos, es decir, líneas, que se leen juntos. Puedes pensar en las estrofas como los "párrafos" de un poema. Los poemas suelen ser mucho más breves que las novelas y las obras de teatro. Por eso, los autores usan lenguaje figurado en lugar de largas descripciones para crear imágenes en la mente del lector.

Los capítulos, las estrofas y los actos son como los ladrillos de los textos de ficción. Los escritores enlazan un capítulo, estrofa o acto con el siguiente para construir un texto que tenga un mensaje o un relato.

Destreza del siglo XXI
Conocimientos de medios

Los libretos de las obras teatrales y los guiones de las películas tienen estructuras diferentes. Si comparas un libreto teatral y un guion de cine, notarás a simple vista que el director de teatro y el director de cine tienen distintas tareas que llevar a cabo.

Busca en línea un libreto teatral y un guion de cine. Observa cómo se estructura cada uno. Fíjate en la fuente (tipo de letra) usada para indicar el ambiente, las acotaciones (es decir, las indicaciones de escena) y el diálogo.

En un cuaderno, responde estas preguntas:

- ¿Cuáles son algunas semejanzas y diferencias clave entre el libreto y el guion?
- ¿Qué conclusiones puedes sacar sobre las razones de las diferencias?

Destreza de lectura
Comparar la estructura del texto

Compara los primeros cuatro versos del poema de Morris "¡Deja en pie ese árbol, leñador!" con el siguiente fragmento del poema "Canción del camino abierto", de Walt Whitman.

El poema de Whitman es de verso libre, es decir, los versos no riman ni tienen un ritmo constante.

¿Por qué hay árboles bajo los que nunca ando sin que desciendan sobre mí grandes pensamientos melodiosos?

(Creo que penden de ellos en invierno y en verano, y que siempre dejan caer sus frutos cuando paso).

¿Qué es lo que intercambio tan súbitamente con extraños?

¿Qué, con un conductor, cuando viajo sentado a su lado?

En un cuaderno, compara y contrasta los fragmentos de los poemas de Whitman y Morris. Enumera las semejanzas y diferencias que encuentres en la estructura. También, explica en qué se asemejan y en qué se diferencian los significados de ambos poemas.

Instrucciones: Mientras lees los dos textos que siguen, observa el aspecto de cada uno. Después, enumera características que usaron los escritores para estructurar sus textos.

¡Deja en pie ese árbol, leñador!
de George Pope Morris

¡Deja en pie ese árbol, leñador!
¡No te atrevas a tocarle ni una rama!
que él de joven me brindó su protección
y ahora soy yo quien lo cuida y lo ama.
Fue la mano de mi antecesor
que lo sembró cerca de su guarida.
Déjalo en pie donde está, leñador.
Tu hacha no le infligirá una herida.

¿Ese viejo árbol familiar,
cuya gloria y cuyo esplendor
se propagaron por tierra y por mar,
quieres derribar tú, leñador?
¡Abstente de dar ese golpe!
No cortes su unión con la tierra.
Deja en paz ese añoso roble
que hoy a los cielos sus ramas eleva.

Cuando yo era un muchacho ocioso
buscaba siempre su fragante sombra,
y mis hermanas, con gran alborozo,
bajo él disfrutaban de juegos y rondas.
Aquí mi madre me cantó canciones;
aquí mi padre me estrechó la mano.
Disculpa que el recuerdo me emocione,
pero mis lágrimas no son en vano.

¡Viejo árbol! ¡Mi querido amigo!
Mi alma te abraza como tu corteza.
Los pájaros harán aquí sus nidos
y agitará tus ramas la tormenta.
Y tú, leñador, ya no regreses,
que mientras mi mano pueda salvarlo
tu hacha no hundirá sus dientes
en el tronco de mi viejo árbol.

Un enemigo del pueblo
de Henrik Ibsen

PERSONAJES

Doctor Thomas Stockmann, médico del balneario municipal

Señora Stockmann, su esposa

Petra (hija de ambos), maestra

Hovstad, director de *La Voz del Pueblo*

Billing, redactor del mismo periódico

(El DOCTOR STOCKMANN vuelve de su despacho con una carta abierta en la mano).

DOCTOR STOCKMANN *(agitando la carta)*: ¡Ahora sí que la ciudad va a tener una novedad interesante de la que hablar!

BILLING: ¿Una novedad?

SEÑORA STOCKMANN: ¿A qué te refieres?

DOCTOR STOCKMANN: ¡Un gran descubrimiento, Katherine!

PETRA: Pero, padre, dinos de qué se trata.

DOCTOR STOCKMANN: Sí, sí, solo denme tiempo y lo contaré todo. ¡Si estuviera aquí Peter! Esto demuestra a las claras cómo andamos por ahí tan conformes con nuestras opiniones cuando en verdad somos tan ciegos como un topo...

HOVSTAD: ¿De qué está hablando, doctor?

DOCTOR STOCKMANN *(deteniéndose al lado de la mesa)*: ¿No opina todo el mundo que nuestra ciudad es un lugar muy saludable?

HOVSTAD: Ciertamente.

DOCTOR STOCKMANN: Un lugar inusualmente saludable, de hecho. Un lugar muy recomendable tanto para enfermos como para sanos...

SEÑORA STOCKMANN: Sí, pero, mi querido Thomas...

DOCTOR STOCKMANN: Y todos hemos elogiado la localidad sin reservas. Yo mismo he escrito en *La Voz del Pueblo* y en otros sitios...

HOVSTAD: Sí, ¿y qué?

DOCTOR STOCKMANN: Y al balneario lo han llamado "la arteria de la ciudad", "el nervio vital de la ciudad" y sabe el diablo cuántas cosas más...

BILLING: En una ocasión importante me permití llamarlo "el corazón palpitante de la ciudad".

DOCTOR STOCKMANN: Así es. Bien, ¿sabe usted qué es en realidad este magnífico balneario tan cacareado y donde se ha invertido tanto dinero? ¿Lo sabe?

HOVSTAD: No, ¿qué es?

SEÑORA STOCKMANN: Acaba ya. ¿Qué es?

DOCTOR STOCKMANN: Un foco de infección.

Destreza de lectura

Identificar el tono

El tono es la actitud del autor respecto del tema. Para establecer el tono del texto, los autores seleccionan palabras que transmiten emoción. Por ejemplo, en "¡Deja en pie ese árbol, leñador!", el hablante muestra su pasión hablándole directamente al leñador. Expresa órdenes, tales como *deja en pie, no te atrevas a tocarle ni una rama* y *ya no regreses.*

Lee el fragmento de *Un enemigo del pueblo*. En un cuaderno, responde estas preguntas: ¿Qué emoción transmite el tono del autor? ¿Qué palabras ayudan al autor a transmitir ese tono? ¿Cómo te ayuda la puntuación a interpretar (comprender) el tono?

APLICA LA LECTURA

Instrucciones: Escribe la respuesta a cada pregunta.

1. ¿Qué género de ficción es "¡Deja en pie ese árbol, leñador!"? ¿Cómo se organiza el texto?

____

____

2. ¿Qué género de ficción es *Un enemigo del pueblo*? ¿Cómo se organiza el texto?

____

____

3. Imagina uno de estos textos presentado en forma de novela. ¿De qué manera el autor organizaría la información y describiría los sucesos? ¿En qué se asemejaría la novela al texto original? ¿En qué se diferenciaría?

____

____

Usar palabras clave

Muchas obras literarias están disponibles en sitios de Internet. Puedes hallar en línea los textos completos de libros, poemas y obras de teatro.

Busca en Internet los textos completos de "El incidente del Puente del Búho" y "El cuervo". En tu búsqueda, usa como palabras clave el título y el autor de cada texto junto al término "texto completo".

Instrucciones: A medida que lees, haz una lista de palabras que describan el tono del cuento.

El incidente del Puente del Búho
de Ambrose Bierce

Sobre un puente ferroviario del norte de Alabama, un hombre contemplaba las aguas que fluían velozmente seis metros más abajo. Tenía las manos en la espalda, con las muñecas amarradas. Una soga le rodeaba el cuello. La soga estaba atada atada a un grueso tirante perpendicular por encima de su cabeza y pendía formando una comba a la altura de sus rodillas. Algunas tablas flojas colocadas sobre los durmientes de las vías suministraban un punto de apoyo para él y para sus verdugos: dos soldados rasos del Ejército Federal a las órdenes de un sargento que a todas luces había sido un subcomisario en la vida civil. ...

El hombre a punto de ser colgado tenía unos treinta y cinco años. Era civil, a juzgar por el atuendo [las ropas] típico de un propietario de plantación. ...

Cerró los ojos con el propósito de fijar sus últimos pensamientos en su mujer e hijos. ...

Abrió los ojos y vio de nuevo el agua bajo sus pies. "Si lograra desatarme las manos", pensó, "quitarme la soga y saltar al río; nadando bajo el agua esquivaría las balas y, si me impulsara con fuerza, alcanzaría la orilla, me internaría en el bosque y podría huir en dirección a mi casa ... "

Mientras en la cabeza del condenado destellaban estos pensamientos que aquí se han reproducido por escrito, el capitán inclinó la cabeza y miró al sargento. El sargento dio un paso al costado. ...

Mientras caía por entre los dos durmientes, Peyton Farquhar perdió el conocimiento y fue como si ya estuviera muerto. ... Después, de un solo golpe, terriblemente súbito, la luz ambiental salió disparada hacia el cielo con un estruendoso choque de aguas; en sus oídos sonaba un rugido aterrador, y todo era frío y oscuridad. Recuperada la conciencia, el hombre supo que la soga se había roto y él había caído al río. ...

Sintió las pequeñas ondulaciones del agua contra su cara, e incluso oyó el ruido que hacía cada una por separado al chocar contra él. Miró el bosque a orillas del río y vio los árboles uno por uno, el follaje y cada hoja con sus nervaduras; vio hasta los insectos sobre las hojas: las langostas, las moscas de cuerpo brillante, las arañas grises que tejían sus telas de ramita en ramita. Divisó los colores prismáticos [del arco iris] en todas las gotas de rocío posadas sobre un millón de briznas de hierba. ...

De repente se sintió atrapado en un remolino: giraba como un trompo. ... Instantes después salió disparado sobre la grava que cubría la margen izquierda del río –la margen del sur– y detrás de una saliente que lo ocultaba de sus enemigos. ...

De un salto se puso de pie, escaló a toda prisa la pendiente de la costa y se internó en el bosque. ...

No cabe duda de que, pese al sufrimiento, se quedó dormido mientras caminaba, porque ahora ve una escena nueva; tal vez se haya recuperado de un delirio. Ahora se encuentra frente al portón de su propia casa. Todo está como lo dejó, todo rezuma belleza bajo el sol matinal. Seguramente ha caminado sin parar durante toda la noche. Mientras empuja el portón enrejado y sube por la gran avenida blanca, ... su esposa, fresca, dulce y radiante, baja desde la veranda para reunirse con él. ... ¡Qué bella es! Él se lanza hacia ella con los brazos abiertos. Cuando está a punto de abrazarla, siente un golpe bestial en la nuca. Una luz cegadora lo envuelve en su blanco resplandor con un estruendo como de cañonazo... Después, todo es silencio y oscuridad.

Peyton Farquhar había muerto. Su cuerpo, con el cuello roto, oscilaba suavemente de un lado a otro bajo las tablas del Puente del Búho.

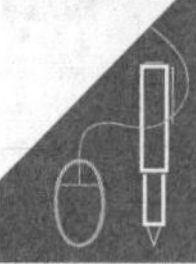

ESCRIBIR PARA APRENDER

Elige un cuento o una novela que te guste. Selecciona una página donde haya dos o más personas que conversen y reescríbela en forma de poema. Incluye lenguaje figurado. Usa estrofas para dividir el poema en secciones.

Muéstrale los dos pasajes a un amigo. Debatan sobre cuál de las versiones ofrece una lectura más entretenida.

El cuervo
de Edgar Allan Poe

En una noche sombría, cavilaba y discurría
sobre un vetusto volumen que me hundía en el sopor,
cuando, al cabecear, dormido, oí un súbito sonido:
golpecitos repetidos cual redobles de tambor.
"Ha llegado una visita", dije, dándome valor,
"es solo eso; sí, señor".

Era diciembre –estoy seguro–, mes inhóspito y oscuro.
Los rescoldos dibujaban sus espectros de dolor.
Yo anhelaba el nuevo día y con mis libros pretendía
menguar la terrible pena de haber perdido a Leonor...
a la bella que los ángeles del cielo llaman Leonor...
y aquí ya no tiene nombre; no, señor.

APLICA LA LECTURA

Instrucciones: Responde estas preguntas.

1. ¿Cómo está organizado el cuento "El incidente del Puente del Búho"?
   A. estrofas
   B. párrafos
   C. capítulos
   D. escenas

2. ¿Cuál es el tono del autor en "El cuervo"? ¿Qué palabras del poema lo ayudan a transmitir el tono?

____

____

____

Repaso de vocabulario

Instrucciones: Empareja cada término con su definición.

1. ______ capítulo	A. sección de una obra de teatro
2. ______ escena	B. sección de una novela
3. ______ estrofa	C. patrón organizacional
4. ______ estructura del texto	D. sección de un poema
5. ______ tono	E. actitud del autor respecto de un tema

Repaso de destrezas

Instrucciones: Lee la siguiente obra de teatro. Después, responde las preguntas que siguen.

Peter Pan, el niño que no quería crecer
de J. M. Barrie

PETER *(en un murmullo)*: Campanita, ¿estás ahí? *(Un frasco se ilumina)*. Vamos, sal del frasco. *(CAMPANITA destella aquí y allá)*. ¿Sabes dónde la pusieron? *(La respuesta llega en forma de retintineo [...])*. ¿Qué caja grande? ¿Esta? ¿Pero en qué cajón? Sí, muéstrame. *(CAMPANITA se introduce en el cajón donde está la sombra. [...] Feliz por haber hallado su sombra, [...] PETER se sienta en el suelo [...] [y] trata de pegársela con jabón del baño [...]. Esto despierta a WENDY, que se incorpora y se muestra gratamente sorprendida e interesada por el extraño)*.

WENDY *(con cortesía)*: ¿Qué te ocurre? ¿Por qué lloras?

(PETER *se incorpora de un salto, se acerca a los pies de la cama y le hace una reverencia. WENDY, impresionada, le hace una reverencia desde la cama)*.

PETER: ¿Cómo te llamas?

WENDY *(con aire satisfecho)*: Wendy Moira Angela Darling. ¿Y tú?

PETER *(lamentando la brevedad de su nombre)*: Peter Pan.

WENDY: ¿Eso es todo?

PETER *(mordiéndose el labio)*: Sí.

WENDY *(amablemente)*: ¡Oh, lo siento mucho!

PETER: No importa.

WENDY: ¿Dónde vives?

PETER: En la segunda a la derecha y después derecho hasta la mañana.

WENDY: ¡Qué dirección más extraña!

PETER: No es extraña.

WENDY: Quiero decir, ¿eso es lo que se pone en los sobres de las cartas?

PETER: No recibo cartas.

Repaso de destrezas (continuación)

WENDY: Pero... ¿tu mamá no recibe cartas?

PETER: No tengo mamá.

WENDY: ¡Oh, Peter!

(WENDY salta de la cama para abrazarlo, pero él retrocede; no sabe por qué, pero sabe que debe retroceder).

PETER: No debes tocarme.

WENDY: ¿Por qué?

PETER: Nadie debe tocarme nunca.

WENDY: ¿Por qué?

PETER: No lo sé.

1. ¿Qué género de ficción es *Peter Pan, el niño que no quería crecer?*

____

____

2. Este pasaje forma parte de un texto más largo. ¿Cómo debería estar organizado ese texto?

A. estrofas
B. párrafos
C. capítulos
D. escenas

3. Teniendo en cuenta los sucesos y el diálogo que acabas de leer, ¿crees que este pasaje está situado al principio, en el medio o al final de ese texto? ¿Qué evidencia apoya tu opinión?

____

____

____

____

4. Imagina que el mismo diálogo entre Peter y Wendy se presentara en forma de novela. ¿Cómo estaría organizada la información? ¿Qué sería semejante? ¿Qué cambiaría?

____

____

____

____

____

Práctica de destrezas

Instrucciones: Lee el siguiente pasaje. Después, responde las preguntas que siguen.

Peter Pan

de J. M. Barrie

–Campanita –llamó en voz baja, después de comprobar que los niños estaban dormidos–. Campanita, ¿dónde estás?

Campanita estaba en un frasco en ese momento, loca de contenta de estar ahí, porque nunca antes había estado en un frasco.

–Vamos, Campanita, sal de ese frasco y dime si sabes dónde pusieron mi sombra.

La respuesta llegó en forma de un tintineo tan bello que parecía salir de campanitas de oro. Es el idioma de las hadas. Ustedes, los niños comunes, nunca lo oyen, pero si alguna vez lo oyeran, sabrían que ya lo han oído antes.

Campanita había dicho que la sombra estaba en la caja grande. ... En un instante, Peter había recuperado su sombra y, presa del deleite, olvidó que había encerrado a Campanita en el cajón.

Si pensaba algo (pero no creo que en general pensara), era que él y su sombra, una vez reunidos, al acercarse se unirían como dos gotas de agua, y cuando vio que no lo hacían, quedó consternado. Trató de pegarse la sombra con jabón del baño, pero ese intento también falló. Peter sintió que le corría un escalofrío por el cuerpo, se sentó en el suelo y rompió a llorar.

Sus sollozos despertaron a Wendy, quien se incorporó en la cama. Lejos de asustarse al ver a un extraño llorando en el suelo de la habitación, Wendy se sintió gratamente sorprendida y curiosa.

–¿Qué te ocurre? –preguntó cortésmente–. ¿Por qué lloras?

Peter también podía actuar con suma cortesía y, puesto que había aprendido modales exquisitos en las ceremonias de las hadas, se puso de pie y le hizo una preciosa reverencia. A Wendy le encantó, de modo que también le hizo una preciosa reverencia.

–¿Cómo te llamas? –preguntó él.

–Wendy Moira Angela Darling –replicó ella con cierta suficiencia–. ¿Cómo te llamas tú?

–Peter Pan.

Wendy ya estaba segura de que ese debía de ser su nombre, pero le pareció demasiado breve en comparación con el suyo.

–¿Eso es todo?

–Sí –respondió él, con tono un poco cortante. Por primera vez había sentido que su nombre era demasiado breve.

–Oh, lo siento tanto –dijo Wendy Moira Angela.

–No pasa nada –dijo Peter tragando saliva.

Ella le preguntó dónde vivía.

–En la segunda a la derecha –dijo Peter–, y después derecho hasta la mañana.

–¡Qué dirección más rara!

Peter se apesadumbró. Por primera vez sintió que quizá era una dirección rara.

–No es rara –dijo.

Práctica de destrezas (continuación)

1. ¿A qué género de ficción pertenece el segundo pasaje de *Peter Pan*? ¿Qué estructura del texto emplea el escritor?

____

____

2. Usa un diagrama de Venn para comparar este pasaje con la obra teatral *Peter Pan* de las páginas **238** y **239**.

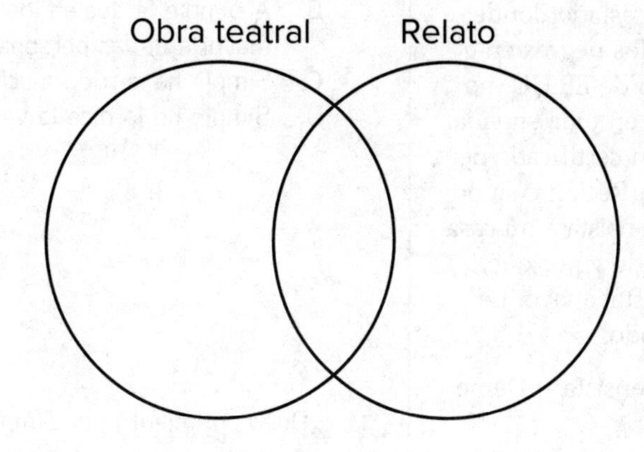

3. ¿Cómo inciden las distintas estructuras del texto en el tono de las dos versiones de *Peter Pan*?

____

____

____

____

4. ¿Qué estructura del texto prefieres para *Peter Pan*? Explica tu respuesta.

____

____

____

____

Práctica de escritura

Instrucciones: Relee el poema "¡Deja en pie ese árbol, leñador!". Después, escribe una escena de una obra teatral con los personajes, el ambiente y los sucesos descriptos en el poema. Usa diálogo y acotaciones para transmitir la emoción y la acción de la escena.

CAPÍTULO 5

Repaso

Instrucciones: Para las preguntas **1** a **3**, consulta el siguiente pasaje.

"He pasado tantas privaciones en esta vida", dijo Simple, "que va a ser un milagro vivir hasta que me muera. Nací joven, negro, sin derecho al voto, pobre y hambriento, en un estado donde los blancos ni siquiera ponían a los negros en el censo. Mi papá decía el gobierno de EE.UU. no lo había contado ni una sola vez en toda su vida. Y nadie pudo encontrar jamás un certificado de mi nacimiento en ninguna parte. Recién cuando llegué a Harlem vino un día el censista a mi casa y me preguntó dónde había nacido y por qué, cuántos años tenía y si todavía estaba vivo. Le dije: –Sí aquí estoy a pesar de todo.

–¿Todo qué? –preguntó el censista–. Deme los datos.

–Todos mis callos y mis juanetes, en primer lugar –le dije–. Yo nací con callos. Los callos le salen tan pronto a la mayoría de la gente de color que me juego que son hereditarios. En cuanto a los juanetes, no podría ser de otra manera, en vista del tiempo que pasamos parados. Estos pies míos han estado parados en todo, desde las colas para la sopa hasta la oficina de reclutamiento. Han sostenido de todo, desde un baúl de equipaje hasta una mujer hambrienta. Mis pies han caminado diez mil millas haciendo recados para gente blanca y otras diez mil tratando de seguirle el ritmo a la gente de color. Mis pies se han parado ante altares, en mesas de apuestas, en bares, en tumbas, en puertas de cocinas, en ventanillas de bienestar y en pasamanos de seguridad social. No deje de incluir mis pies en ese censo que está haciendo –le dije al hombre.

Después le expliqué cuánto habían ayudado mis pies a la prosperidad de la industria del calzado estadounidense, gracias al dinero que he gastado en mis pies. –He gastado setecientos pares de zapatos, ochenta y nueve zapatillas deportivas, cuarenta y cuatro sandalias de verano y doscientos dos mocasines. Con las medias que han comprado mis pies se podría poner una fábrica textil. Las hojas de afeitar que he usado para sacarme los callos podrían financiar una fábrica de afeitadoras. Ah, sí, mis pies han contribuido a la riqueza de Estados Unidos, y aquí me tiene todavía, parado sobre ellos."

–Extracto de "Census", en *Simple's Uncle Sam*, de Langston Hughes

1. ¿Cuál es el tema principal de este pasaje?
   - **A.** Simple ha gastado mucho dinero en zapatos.
   - **B.** A Simple le duelen los pies, como a la mayoría de las personas de Harlem.
   - **C.** Simple ha sufrido mucho.
   - **D.** Simple no le dice la verdad al censista.

2. ¿Qué sentimiento por Simple transmite el autor de este pasaje?
   - **A.** compasión
   - **B.** vergüenza
   - **C.** desdén
   - **D.** afecto

3. Simple dice "Con las medias que han comprado mis pies se podría poner una fábrica textil". (líneas **40** a **42**) ¿Qué quiere decir Simple?
   - **A.** Simple trabajó alguna vez en una fábrica textil.
   - **B.** Simple tenía que comprar medias especiales.
   - **C.** Simple ha llevado una vida larga y difícil.
   - **D.** Simple está ayudando a poner una fábrica textil.

Repaso

CAPÍTULO 5

Instrucciones: Para las preguntas 4 a 6, consulta el siguiente pasaje.

El domingo, en el desayuno, su abuela le pregunta:

—¿A qué hora llegaste?

Él sabe que ella sabe. Tenía la luz del dormitorio encendida cuando él estacionó frente a la casa, y apagada cuando él subía las escaleras. 5

—No sé. ¿A las doce? ¿A las doce y media?

—A la una y media —dijo ella.

10 —A la una y media, entonces —asiente él afablemente mientras se sirve la tostada que ella le ha mantenido caliente en el horno.

El rinconcito del desayuno está bañado de sol. La luz se filtra por las claras cortinas amarillas de la ventana y destella en el frasco de miel apoyado en la mesa. En su cabeza resuena una intrincada melodía. ¿Telemann? ¿Marais? ¿John Bull? No puede acordarse, pero ama esos instrumentos raros y frescos: la flauta dulce, el clavicémbalo; sus sencillas declaraciones de la verdad. Se pregunta cómo está el tiempo en Dallas. Soleado, espera. Cálido. 15 20

—¿Cómo pretendes dormir bien si llegas a esas horas? —La abuela lo mira con el ceño fruncido desde el otro lado de la mesa. 25

—Me rindo. ¿Cómo?

Ella suspira.

—Todo es una broma para ti, ¿verdad?

—¿Sabes una cosa, abuela? Estoy loco por ti —dice él alegremente. 30

—Siempre estás en campaña. Me parece genial. Tendrías que ser candidato a la presidencia. En serio.

Él se pone de pie, empujando la silla hacia atrás. 35

—¿Adónde vas?

—Afuera, a lavar el carro.

—Bueno, no tomes frío. Ya no estamos en verano, ¿sabes?

40 —¡Lo sé, lo sé!

Fragmento de *Gente corriente*, de Judith Guest

4. ¿En torno a qué gira la acción de este pasaje?
   - A. una conversación de desayuno
   - B. intereses musicales compartidos
   - C. una elección presidencial
   - D. el lavado de un auto

5. ¿Qué revelan las palabras y acciones del joven acerca de su personaje?
   - A. Está deprimido.
   - B. Está enojado.
   - C. Es sarcástico.
   - D. Es afectuoso.

6. Basándote en la información de este pasaje, ¿qué conclusión puedes sacar sobre los sentimientos de la abuela por su nieto?
   - A. No le cae bien.
   - B. Se preocupa por él.
   - C. No está interesada en él.
   - D. Lo considera muy gracioso.

CAPÍTULO 5

Repaso

Instrucciones: Para las preguntas **7** a **9**, consulta el siguiente pasaje.

Según la tía Francine, todos habían consentido demasiado a Alex.

—Si pidieras la Luna —dijo Francine—, el abuelo Paul la colgaría de tu cuello, resplandeciente, en un minuto. Pero todos te hemos malcriado. Nosotros tenemos la culpa de haberte colmado de amor hasta el punto de que ahora lo esperas como si fueras de la realeza.

—No seas ridícula, tía.

—Es verdad —dijo Francine, atrayéndola hacia ella para besarle el pelo—. Siempre estuviste destinado a algo especial. Está muy bien, pero no dejes que se te vaya a la cabeza.

Tres noches después de que el abuelo llamara por la oscuridad, Alex estaba afuera con Selena Fitzpatrick, Andrea Larkin y Jeremy Huntinghawk en el parque nevado al final de la calle. Era el único lugar cercano donde podía sentir el solaz del campo en medio de la ciudad. En aquella noche invernal de la pradera, sumida en el durmiente corazón de enero, hacía veintiséis grados bajo cero. La única luz era la Luna, que reverberaba en la nieve.

Jugaron a la mancha por toda la catedral de árboles helados. Y después Jeremy digo:

—Bien, ahora, a la cuenta de tres, todos aullamos.

Echaron atrás la cabeza y contaron, y después aullaron. Como criaturas salvajes. Como abatidos lobos solitarios. Y era una sensación tan maravillosa correr por la nieve gritándole "¡Auuu!" a la luna voladora. "¡A-uaa-uaa-uuu!".

Alex se detuvo a mirar cómo aullaban y saltaban los otros. Y fue en ese momento cuando supo que su abuelo se había marchado, sin decir adiós, completamente fuera de su alcance. Con absoluta certeza, con el corazón palpitándole en el pecho, supo que él se había ido más allá de ella, de todos, del oscuro invierno y la medianoche y la conciencia y la comida y el sueño y el cariño. Después observó cómo su propio aliento se elevaba frente a sus ojos azorados, cobraba forma y flotaba como la mano de un espíritu en el aire de cristal.

—Extracto de *Bone Dance*,
de Martha Brooks

7. ¿Cuál de las siguientes frases es un ejemplo de lenguaje figurado?

A. "todos habían consentido demasiado a Alex"
B. "Jugaron a la mancha por toda la catedral de árboles helados"
C. "Echaron atrás la cabeza y contaron"
D. "Después observó cómo su propio aliento se elevaba frente a sus ojos"

8. La tía Francine dice: "Siempre estuviste destinado a algo especial. Está muy bien, pero no dejes que se te vaya a la cabeza" (líneas **11** a **13**). ¿Qué te dice esta oración acerca de sus sentimientos por Alex?

A. desprecio y desconsideración
B. enojo e irritación
C. preocupación y recelo
D. afecto y cariño

9. ¿Cómo se organiza *Bone Dance*?

A. en capítulos
B. en párrafos
C. en estrofas
D. en escenas

Repaso

CAPÍTULO 5

Comprueba tu comprensión

En la siguiente tabla, encierra en un círculo las preguntas que hayas respondido de forma incorrecta. En la tercera columna, verás las páginas que puedes repasar para responder las preguntas correctamente. Presta particular atención a las áreas en las que no respondiste correctamente la mitad o más de la mitad de las preguntas.

Repaso del Capítulo 5

Lección	Número de pregunta	Páginas de repaso
Trama y ambiente	4	188–197
Personaje	5, 6, 8	198–205
Punto de vista	2	206–213
Lenguaje literal y figurado	3, 7	214–219
Tema	1	220–231
Estructura del texto	9	232–241

CAPÍTULO 5

Repaso

PRÁCTICA DE ESCRITURA DE ENSAYOS

Ficción

Instrucciones: Escribe un pasaje de ficción en respuesta a las instrucciones de abajo. Repasa las lecciones **5.1**, **5.2** y **5.4** para reforzar tus conocimientos sobre trama, ambiente, personajes, lenguaje literal y lenguaje figurado.

FICCIÓN

Todos los estudiantes de tu clase están escribiendo un pasaje de ficción que será incluido en el anuario. Puede ser un poema, una escena de una obra o un cuento de tres párrafos.

Elige uno de estos temas o crea uno propio.

- Algo que ocurre mientras el personaje principal se traslada en el transporte público impide que llegue a su lugar de trabajo.
- El personaje principal comete una equivocación que cambia el curso de la historia.
- Reescribe la fábula de Esopo "Pedro y el lobo" desde el punto de vista del lobo. Busca la fábula en Internet.

http://www.gutenberg.org/files/21/21-h/21-h.htm#link2H_4_0075

Incluye lenguaje literal y figurado en tu escrito.

Repaso

CAPÍTULO 5

PRÁCTICA DE ESCRITURA DE ENSAYOS

EXAMEN FINAL

Lectura

Este Examen final te permitirá evaluar si estás listo para avanzar al siguiente nivel de preparación para los exámenes. El Examen final consiste en 40 preguntas de opción múltiple que pondrán a prueba tu capacidad de entender textos informativos y literarios.

Instrucciones: Lee cada pregunta con atención. Luego elige la mejor respuesta para la pregunta.

Cuando hayas terminado el Examen final, mira las respuestas y explicaciones en las páginas 261 y 262 para verificar tu trabajo. Usa la Tabla de evaluación que aparece en la página 263 para determinar qué áreas tiene que repasar.

Lectura

EXAMEN FINAL

Instrucciones: Para responder las preguntas **1** a **5**, consulta el siguiente pasaje.

Detuvo el carro y estudió el claro con sus binoculares. Luego, le hizo una señal al conductor para que avanzara, y el carro se desplazó lentamente; el conductor evitó las guaridas de los jabalíes y los castillos de barro (5) que habían construido las hormigas. Luego, mirando al otro lado del claro, Wilson se dio la vuelta de súbito y dijo:

—¡Por Dios, ahí están!

(10) Y al mirar en la dirección en que él apuntaba, mientras el carro daba saltos hacia adelante y Wilson le hablaba al conductor en swahili, Macomber vio tres animales negros y gigantes que parecían casi cilíndricos y de gran (15) peso, como vagones cisterna grandes y negros que se movían al galope, al otro lado de la pradera. Galopaban con el cuello rígido y el cuerpo duro, y él veía los cuernos amplios y negros, elevados, con la cabeza en alto mientras (20) cabalgaban; no movían la cabeza.

—Son tres toros viejos —dijo Wilson—. Los detendremos antes de que lleguen al pantano.

—Extracto de "La breve vida feliz de Francis Macomber", de Ernest Hemingway

1. En las líneas **1** y **2**, el autor dice: "Detuvo el carro y estudió el **claro** con sus binoculares". ¿A qué definición hace referencia **claro** en esas oraciones?

A. una grieta o un agujero grande en la calle
B. una oportunidad para empezar algo
C. el principio de una obra
D. un área con terrenos cubiertos de verde y unos pocos árboles

2. ¿Con qué compara a los tres toros el autor?

A. caballos de cuello duros
B. vagones cisterna grandes y negros
C. barriles redondos
D. castillos de tierra

3. ¿Cuál de las técnicas del autor es más efectiva para ayudar al lector a imaginar el camino?

A. compartir lo que piensa el conductor mientras conduce
B. comparar la calle con la pradera
C. indicar qué evita el conductor en la calle
D. incluir un diálogo entre dos personajes

4. "Wilson se dio la vuelta de súbito y dijo: —¡Por Dios, ahí están!" (líneas 7 a 9)

¿Qué palabra describe cómo se sintió Wilson?

A. preocupación
B. entusiasmo
C. energía
D. curiosidad

5. ¿Cuál es el propósito del autor en el párrafo que empieza "Y al mirar en la dirección en que él apuntaba..."?

A. ayudar a los lectores a visualizar los toros
B. describir la reacción de Macomber ante los toros
C. dar hechos sobre animales de la pradera
D. explicar qué le dijo Wilson al conductor

Lectura

Instrucciones: Para responder las preguntas 6 a 12, consulta el siguiente pasaje.

Las estadísticas son la columna vertebral de la leyenda de Babe Didrikson Zaharias. Eso sucede con casi todos los atletas: los resultados de los eventos deportivos son finitos [medibles], casi nunca abstractos. En la mayoría de las demás empresas humanas, en el arte, la música, la literatura y demás, la grandeza está en lo intangible. Pero en los deportes hay ganadores y perdedores, los resultados son inequívocos y las estadísticas son inmutables [no cambian]. En el caso de Babe, las estadísticas que definen su grandeza son tan impresionantes que parecen demasiado buenas para ser reales.

Entre 1930 y 1932 mantuvo la mejor marca en Estados Unidos, en las Olimpíadas y a nivel mundial en cinco disciplinas de atletismo distintas. Durante el encuentro de la Unión nacional de atletas (A.A.U., por su sigla en inglés) de 1932, participó como única representante de los *Golden Cyclones*, un equipo patrocinado por la empresa Employers Casualties de Dallas; Babe anotó treinta puntos en la competición. El siguiente mejor equipo, *Women's Athletic Club*, de Illinois, tenía veintidós miembros que anotaron un total de veintidós puntos.

En las olimpíadas de Los Ángeles ganó medallas de oro y consiguió las mejores marcas mundiales en los 80 metros con vallas y jabalina, donde superó la marca mundial por unos sorprendentes once pies. Consiguió el primer puesto en salto en alto con otra marca mundial, pero los oficiales determinaron que el último salto que dio fue ilegal y le dieron la medalla de plata en lugar de la de oro.

—Extracto de *Whatta Gal: The Babe Didrikson Story*, de William O. Johnson y Nancy P. Williamson

6. ¿Qué título expresa mejor la idea principal del pasaje?

A. Las olimpíadas de Los Ángeles: Ganar la medalla de oro
B. Los mejores logros de Babe Didrikson
C. Babe Didrikson: Maravillas estadísticas
D. Cómo definir la grandeza con las estadísticas

7. En las líneas 6 a 8, los autores dicen que "en el arte, la música, la literatura y demás, la grandeza está en lo intangible".

¿Qué expresión define **intangible** como se usa en esa oración?

A. cosas que son medibles
B. cosas que no se miden fácilmente
C. disciplinas increíbles
D. ganadores y perdedores en los deportes

8. En salto en alto en las olimpíadas de Los Ángeles, ¿por qué Babe Didrikson ganó una medalla de plata en lugar de una de oro?

A. Dio el segundo mejor salto de la disciplina.
B. Anotó una marca mundial con su gran salto.
C. Los oficiales determinaron que el salto había sido ilegal.
D. Obtuvo el primer lugar en la disciplina.

Lectura

9. A partir del fragmento, ¿qué palabra describe mejor a Babe Didrikson?
   A. insegura
   B. holgazana
   C. inteligente
   D. competitiva

10. ¿Qué técnica es la más efectiva para reforzar la afirmación "Las estadísticas son la columna vertebral de la leyenda de Babe Didrikson Zaharias" (líneas **1** y **2**)?
   A. describir sus victorias
   B. incluir sus ideas y sentimientos personales
   C. compararla y contrastarla con otros atletas
   D. anotar las opiniones de otras personas sobre ella

11. Babe Didrikson se convirtió en la primera celebridad del golf de Estados Unidos. ¿Cuál de los siguientes datos sobre Babe Didrikson podrían haber usado los autores para apoyar la idea principal del artículo?
   A. Nació el **26** de junio de **1914** en Port Arthur, Texas.
   B. Ganó **82** campeonatos de golf; **17** de ellos fueron consecutivos.
   C. Compró un campo de golf en Tampa, Florida.
   D. Jugó a varios deportes, como el béisbol y el golf.

12. A partir del fragmento, ¿con qué enunciado es más probable que estén de acuerdo los autores?
   A. Los deportes son más importantes que las artes y la literatura.
   B. A veces se malinterpretan los resultados de los eventos deportivos.
   C. Es más fácil destacarse en las artes que en atletismo.
   D. La grandeza es más fácil de medir en los deportes que en las artes.

Lectura

Instrucciones: Para responder las preguntas 13 a 17, consulta el siguiente formulario.

FORMULARIO DE EVALUACIÓN DE DESEMPEÑO Y EVOLUCIÓN
DEL EMPLEADO DE LA FÁBRICA GRANT

Nombre del empleado ______________________________

Identificación # ______________ Fecha de revisión ______________

Puesto ______________________________

Período evaluado: de ______________ a ______________

Gerente ______________________________

La evaluación de su desempeño en su puesto de trabajo se basa en el puntaje que le asigna su gerente (o supervisor), que compara su desempeño con las responsabilidades y obligaciones que se mencionan en la descripción de sus tareas. El objetivo de una evaluación de desempeño es brindar a los empleados y supervisores un registro claro y permanente del desempeño del empleado en el transcurso de un año.

El sistema de evaluación de desempeño de la fábrica Grant usa el siguiente sistema de puntuación para evaluar a cada empleado.

EJEMPLAR	El desempeño del empleado supera las expectativas y los objetivos a diario.
BUENO	El desempeño del empleado alcanza y con frecuencia supera las expectativas y los objetivos.
PROMEDIO	El desempeño del empleado es promedio y en ocasiones supera las expectativas y los objetivos.
INSUFICIENTE	El desempeño del empleado es insuficiente y no cumple con las expectativas y los objetivos.

Evaluación de desempeño del empleado

(Gerente: Marque una casilla en cada categoría).

	EJEMPLAR	BUENO	PROMEDIO	INSUFICIENTE
PRODUCTIVIDAD				
TRABAJO EN EQUIPO				
CREATIVIDAD				
ACTITUD				
PROFESIONALISMO				
ASISTENCIA				

Lectura

13. ¿Por qué la empresa usa el formulario de evaluación de desempeño?
    - A. para proporcionar evidencia del mal desempeño de un empleado para poder despedirlo
    - B. para simplificar la labor del gerente de ayudar a los empleados
    - C. para recompensar a los buenos empleados con incentivos financieros
    - D. para llevar un registro anual del desempeño de un trabajador

14. ¿Qué significa que "el desempeño de un empleado supera las expectativas y los objetivos a diario"?
    - A. El empleado hace lo que se expresa en la descripción de sus tareas, ni más ni menos.
    - B. El empleado espera que la empresa se desempeñe bien todos los días del año.
    - C. El empleado trabaja mucho, más tiempo y con una mayor producción que lo que se le pide.
    - D. El empleado tiene objetivos que espera que la empresa cumpla.

15. Según la escala de evaluación, ¿qué puntuación recibirían los empleados si normalmente hicieran solo el trabajo que se espera de ellos?
    - A. Ejemplar
    - B. Bueno
    - C. Promedio
    - D. Insuficiente

16. ¿Qué consecuencia esperaría un trabajador si lo calificaran como Insuficiente en Productividad, Actitud y Asistencia?
    - A. Si la empresa necesita reducir el personal, lo despedirán.
    - B. Cuando entreguen las bonificaciones, el empleado recibirá una suma de dinero importante.
    - C. Después de tres años, ascenderán al empleado a gerente.
    - D. El empleado trabajará en un proyecto importante de alta prioridad.

17. ¿Qué categoría adicional podría agregarse a la evaluación de desempeño?
    - A. EDAD DEL EMPLEADO
    - B. CALIDAD DEL TRABAJO
    - C. FECHA DE CONTRATACIÓN
    - D. PERSONALIDAD

Lectura

Instrucciones: Para responder las preguntas **18** a **23**, consulta el siguiente pasaje.

—¿Dónde consiguen verduras como estas? —preguntó Minnie. Vio que otra mujer tocaba los tomates y probaba los racimos lustrosos de uvas—. Los precios son los mismos, pero ¡qué
5 diferencia!

La señora Jameson se rio un poco. —Vale la pena conducir hasta aquí, ¿no es cierto? Antes vivíamos cerca. Por eso lo conozco —Pero Mariana sospechaba que esta tienda no era
10 única, que en los barrios gringos todo era mejor.

En el mostrador de la carne, Minnie se impresionó incluso más. Examinó detenidamente toda la carne que había detrás del mostrador y luego le pidió al carnicero que
15 cortara un poco de filet mignon. Mariana no recordaba haber escuchado nunca a su madre pedir eso, y se dio cuenta de que era el corte de carne más caro. Pensó que entendía por qué su madre lo había pedido.

20 De regreso a Los Ángeles, a Mariana le pareció que su madre estaba a la defensiva y tal vez un poco ofendida porque la gringa le había mostrado una manera mejor de hacer algo; le había mostrado que comprar cerca de casa no
25 era tan bueno para alguien con buen gusto.

Oyó que su madre decía: —La semana que viene, Pete me comprará un Cadillac nuevo. Así que te llevaré de compras conmigo —Y Mariana no había visto nunca a la madre sonreír tan
30 falsamente.

—Sí, qué bueno —respondió la señora Jameson.

—Extracto de *Chicano*, por Richard Vasquez

18. Minnie, Mariana y la señora Jameson están en la tienda. Según el pasaje, ¿qué enunciado acerca de la tienda es verdadero?

A. La tienda está en el este de Los Ángeles.
B. La tienda está donde Minnie compra a menudo.
C. La señora Jameson es la dueña de la tienda.
D. La tienda está en un barrio gringo.

19. ¿Por qué Minnie dice "pero ¡qué diferencia!"? (líneas **4** y **5**)

A. La tienda tiene un nuevo mostrador de carne.
B. Los compradores tocan los tomates.
C. La fruta y las verduras están frescas.
D. El precio de las comida es más caro.

Lectura

20. ¿De qué manera las mujeres llegan a la tienda?

A. Toman un autobús en su barrio.
B. Minnie lleva a todas en su Cadillac.
C. El señor Jameson lleva a Minnie y a Mariana.
D. Caminan juntas por la ciudad.

21. Según este pasaje, ¿por qué Minnie decide pedir filet mignon?

A. Minnie quiere impresionar a la señora Jameson.
B. El filet mignon es la comida favorita de Mariana.
C. A menudo Minnie compra carne cara.
D. El carnicero dice que es el corte más delicioso.

22. Según este pasaje, ¿por qué Minnie se siente a la defensiva y ofendida?

A. Se da cuenta de que su Cadillac es un carro caro para ir de compras.
B. Se da cuenta de que las personas con buen gusto compran en las tiendas que tienen mejor comida.
C. Se da cuenta de que el filet, los tomates y las uvas son muy caras.
D. Se da cuenta de que Mariana no quiere ir de compras con ella la semana que viene.

23. ¿Cuál de las técnicas del autor es la más efectiva para desarrollar el personaje de Minnie?

A. usar la tienda como escenario del pasaje
B. incluir un diálogo entre Mariana y Minnie
C. hacer que el narrador comparta las ideas de Mariana
D. comparar y contrastar a Mariana y la señora Jameson

Lectura

Instrucciones: Para responder las preguntas **24** a **29**, consulta los fragmentos de los dos editoriales de abajo.

Editorial 1

Las bicicletas son el mejor medio de transporte

La congestión de tránsito en la ciudad de Hancock se duplicó en los últimos cinco años. Eso se debió, en parte, al desarrollo del centro de la ciudad. La construcción de edificios altos trajo puestos de trabajo a la ciudad, así como trabajadores para esos puestos. Luego, los nuevos edificios se llenaron de oficinas, tiendas y empresas. Ahora hay personas que viajan ida y vuelta al trabajo y compradores que inundan la ciudad a diario, y los semáforos se han convertido en algo cotidiano.

Algunos estudios han demostrado que hay menos problemas de tránsito en las ciudades cuando se usan las bicicletas como medio de transporte. Por eso, la ciudad de Hancock debería alentar a los ciudadanos a viajar en bicicleta en lugar de conducir carros. Esta solución disminuirá el número de carros en la ciudad; por lo tanto, habrá menos congestión. Esta solución también animará a quienes viajan a llevar un estilo de vida saludable. Las personas pueden hacer su cuota de ejercicio diario cuando van y vienen del trabajo.

Para alentar el tránsito seguro en bicicleta, la ciudad debe ocuparse de que haya carriles exclusivos para bicicletas. Los carriles para bicicletas definen el espacio de la calle. También les recuerdan a los motociclistas que los ciclistas tienen derecho a ir por la calle. Además, los carriles para bicicletas favorecen hábitos ciclistas seguros. Es más probable que los ciclistas sigan las reglas de tránsito cuando circulan por los carriles para bicicletas.

Editorial 2

Demasiado tránsito

La ciudad de Hancock necesita disminuir el tránsito. Las calles para entrar y salir de la ciudad, en especial en horas pico, están atestadas de carros. En las calles del interior de la ciudad, los carros van pegados uno al otro, parachoques con parachoques. Todo el tránsito produce contaminación del aire y sonora.

Hay personas que creen que los carriles para bicicletas son la solución a este problema. Dicen que si la ciudad instala carriles para bicicletas, disminuirá el tránsito de los automóviles. Los carriles para bicicletas pueden ser una respuesta, ¡pero no son una respuesta satisfactoria! Es posible que los carriles para bicicletas alienten a más ciclistas, pero eso no reducirá el tránsito de automóviles de manera sustancial. En las calles de la ciudad no solo habrá carros, camiones y autobuses, sino también bicicletas en todas las direcciones. A los conductores les resultará difícil esquivar todas las bicicletas. Los accidentes estarán a la vuelta de la esquina.

La mejor solución para el problema del tránsito es mejorar el transporte público. Con autobuses adicionales y servicio de trenes más económicos, habrá más personas que opten por viajar y dejen el carro (y las bicicletas) en casa para ir al trabajo en transporte público. Yo, por ejemplo, preferiría ver el dinero de los impuestos invertido en transporte público en lugar de en carriles para bicicletas.

Lectura

24. ¿Quiénes son los lectores a los que se dirige el editorial 1, "Las bicicletas son el mejor medio de transporte"?

    A. personas que hacen las compras
    B. residentes de la ciudad
    C. motociclistas
    D. empleados de oficina

25. ¿Qué información adicional podría agregar el escritor del editorial 1, "Las bicicletas son el mejor medio de transporte"?

    A. estadísticas de un informe sobre las bicicletas como medio de transporte
    B. datos y cifras acerca del costo de comprar una nueva bicicleta
    C. instrucciones para instalar carriles para bicicletas en las calles de la ciudad
    D. una lista de reglas de la calle que tienen que seguir los motociclistas y los ciclistas

26. La ciudad de Hancock organizará una reunión para comentar los puntos a favor y en contra de los carriles para bicicletas. ¿Qué es lo que probablemente haga el escritor del editorial 2, "Demasiado tránsito"?

    A. planear una presentación sobre el dinero que se gasta y se ahorra en impuestos en la ciudad
    B. escribir un informe donde se detalle el sistema público de transporte
    C. quedarse en casa porque no tiene ninguna opinión acerca de los carriles para bicicletas en la ciudad
    D. asistir a la reunión y dar razones en contra de crear carriles para bicicletas

27. El escritor del editorial 2, "Demasiado tránsito", dice que "Los accidentes estarán a la vuelta de la esquina" (párrafo 2). ¿Qué quiere decir el escritor?

    A. Como resultado de la congestión, los accidentes automovilísticos aumentarán.
    B. Instalar carriles para bicicletas aumentará el número de accidentes en la ciudad de Hancock.
    C. Las personas que viajen dejarán accidentalmente sus bicicletas en el carril para bicicletas.
    D. Será peligroso que los ciclistas no sigan las reglas de la calle.

28. ¿Qué enunciado describe ambos editoriales?

    A. El propósito del escritor es persuadir.
    B. El tono del editorial es humorístico.
    C. El escritor cree en usar dinero de los impuestos para el transporte público.
    D. Los carriles para bicicletas se promueven como una manera de reducir los problemas de tránsito.

29. ¿Qué enunciado describe una diferencia entre los editoriales?

    A. Un escritor cree que la congestión del tránsito es un problema en la ciudad de Hancock; el otro escritor no está de acuerdo.
    B. Un escritor cree que las personas que viajan al trabajo no deberían conducir al trabajo a diario; el otro cree que conducir es la mejor manera de ir a la ciudad.
    C. Un escritor cree que el transporte público es la mejor solución; el otro cree que más personas deberían ir al trabajo en bicicleta.
    D. Un escritor aboga por caminar como una manera saludable de ir al trabajo; el otro aboga por ir en bicicleta como solución saludable.

Lectura

Instrucciones: Para responder las preguntas **30** a **35**, consulta el artículo de periódico de abajo.

Rastrear la tormenta

El 1.º de junio empieza la temporada de huracanes de la costa este de Estados Unidos. Ahora, al final de agosto, la temporada está casi terminada. Hasta hace poco ha sido una temporada tranquila. De hecho, hasta la semana pasada, no hubo tormentas importantes. Ninguna de las tormentas tuvo vientos tan fuertes como para ser consideradas tormentas tropicales o huracanes. Dos se han disipado, 5 pero la tercera, con vientos de hasta 105 millas por hora, califica como huracán de categoría 2.

Apenas ayer, viernes, las Bermudas se preparaban para que las azotara la tormenta con todas sus fuerzas. Anoche el huracán pasó por las islas Bermudas después de que unos vientos y lluvias muy fuertes causaran daños masivos por toda la isla. Incluso así los bermudeños sienten que tuvieron suerte de que el ojo de la tormenta los haya esquivado. "Podría haber sido mucho peor si nos hubiese azotado 10 el ojo de la tormenta. Evitamos el desastre por muy poco margen", dijo uno de los observadores locales de huracanes.

Mientras tanto, el huracán viaja por las aguas abiertas de la costa del este de Estados Unidos y Canadá. Aunque se espera que la tormenta se mantenga en el mar, el Centro Nacional de Huracanes dijo que los vientos de los huracanes llegan hasta un radio de 85 millas del ojo de la tormenta. Los 15 vientos de las tormentas tropicales llegan a alcanzar un radio de 275 millas.

El Servicio Meteorológico Nacional está advirtiendo a quienes vayan a la playa y a navegar desde Carolina del Norte hasta Maine que 20 estén preparados para las consecuencias de la tormenta, como olas gigantescas, correntadas impetuosas y grandes crecidas. Se esperan olas de quince pies en las 25 playas de la Costa Nacional, en Massachusetts. Se ha cerrado el acceso a muchas playas de la costa durante el fin de semana, porque puede haber correntadas 30 impetuosas fuertes. Estas corrientes de agua fuertes que se dirigen al mar pueden arrastrar a los nadadores más experimentados.

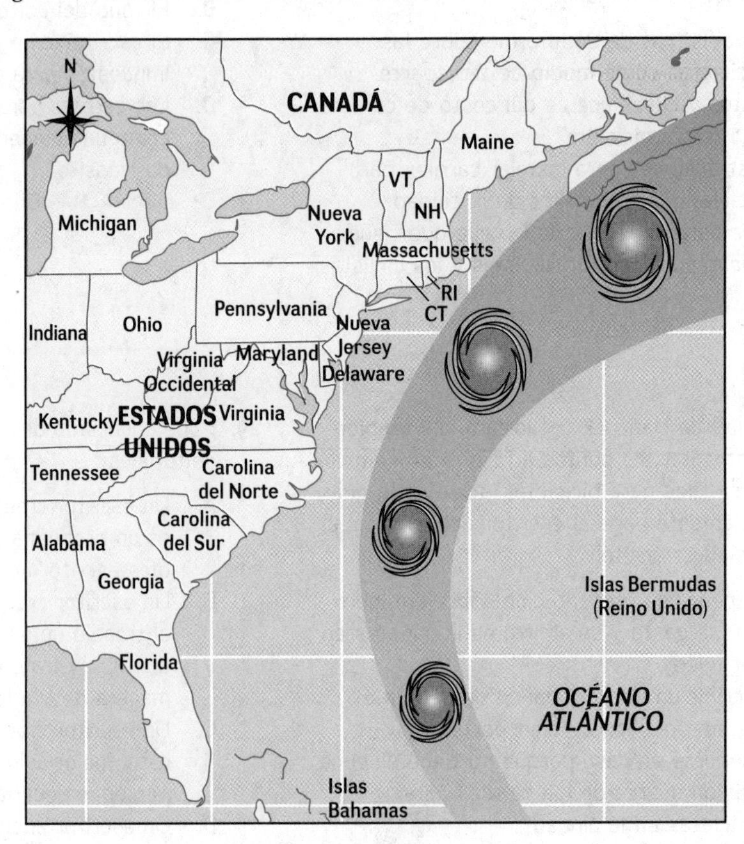

Para el domingo por la noche, 35 el huracán habrá pasado por Massachusetts.

Lectura

30. Según la información del artículo y el mapa, ¿dónde están las playas que probablemente permanezcan cerradas el lunes?

- **A.** Islas Bermudas
- **B.** Carolina del Norte
- **C.** Florida
- **D.** Canadá

31. La semana pasada se les puso nombre a tres tormentas. Antes de eso no había tormentas con nombre. ¿Por qué se les puso nombre a las últimas tres tormentas?

- **A.** El Centro Nacional de Huracanes decidió que estas tormentas causarían mucha lluvia a lo largo de la costa este de Estados Unidos.
- **B.** Los vientos fueron lo suficientemente fuerte para clasificar las tormentas como tropicales o huracanes.
- **C.** Las tormentas estaban lo suficientemente cerca de las masas de tierra, como las Bermudas, para provocar daños extensos.
- **D.** El Centro Meteorológico Nacional advirtió que las tormentas provocarían grandes oleadas.

32. Imagina que la tormenta aumentará su magnitud y los vientos soplarán a más de **110** millas por hora cuando llegue a Canadá. ¿Qué supones que sucederá?

- **A.** Los empleados de una planta de energía que se encuentra mar adentro serán evacuados y traídos a la costa.
- **B.** Los nadadores saldrán al océano para montar las grandes olas que crea la tormenta.
- **C.** La tormenta pasará sobre el océano a **75** millas de la costa, así que no habrá consecuencias en la costa.
- **D.** Los botes pequeños y los barcos navegarán por el mar para experimentar las correntadas y las crecidas.

33. ¿Por qué el escritor da esta información del Centro Nacional de Huracanes: "los vientos de los huracanes llegan hasta un radio de **85** millas del ojo de la tormenta. Los vientos de las tormentas tropicales llegan a alcanzar un radio de **275** millas"? (líneas **14** y **15**)

- **A.** para explicar por qué el ojo del huracán no pasó por las Bermudas
- **B.** para explicar qué son las corrientes impetuosas y las grandes crecidas y por qué son peligrosas
- **C.** para advertir que un huracán es peligroso incluso si no pasa directamente por un lugar
- **D.** para definir qué es un huracán y explicar qué lo diferencia de otras tormentas

34. ¿Qué lectores se benefician más de la información de este artículo?

- **A.** las personas que vacacionan en la costa este de la Florida
- **B.** los lectores que viven tierra adentro en el norte del estado de Nueva York
- **C.** las personas que viven tierra adentro en la costa de Massachusetts
- **D.** los pronosticadores del Centro Nacional de Huracanes

35. El escritor menciona correntadas impetuosas dos veces (líneas **22-23** y **29-30**). ¿Qué es una correntada impetuosa?

- **A.** un huracán con vientos de entre **100** y **250** millas por hora
- **B.** una tormenta tropical que se queda sobre el agua
- **C.** una ola de entre **10** y **15** pies de altura
- **D.** una corriente de agua que vuelve al mar

Lectura

Instrucciones: Para responder las preguntas **36** a **40**, consulta el siguiente pasaje.

El Parque Nacional del Gran Cañón ofrece muchas opciones de paseo. Se permite el ingreso de vehículos privados por las partes asfaltadas. Los turistas podrán estacionar en el (5) Centro de Visitantes y usar el sistema de autobús gratuito para las visitas guiadas. Durante el día, quienes decidan caminar pueden andar por los senderos. Se permite circular en bicicleta por la Vía Verde. Los más aventureros (10) pueden programar una excursión de varios días o una cabalgata en burro por el cañón. En algunas áreas se permite el ingreso con mascotas, con algunas restricciones.

Se alienta a los visitantes a participar del (15) proyecto de sustentabilidad del parque a través del uso de cestos de reciclaje y estaciones de agua.

Los refugios, los sitios de campamento y las aldeas del parque se quedan sin lugar (20) enseguida, así que es mejor reservar con varios meses de anticipación, o incluso un año antes. Las ciudades cercanas también ofrecen una variedad de hospedajes para pasar la noche.

Los parques nacionales Bryce Canyon y (25) Zion quedan relativamente cerca. Considere hacer una visita a la reserva india Kaibab, en el lago Meade, o a la ciudad de Sedona.

36. ¿Qué opción es el mejor recurso para usar si queremos planear un recorrido desde el Gran Cañón a otras atracciones cercanas?

A. un glosario
B. un manual
C. un diccionario de sinónimos
D. un atlas

37. ¿Qué información acerca del Gran Cañón se podría encontrar en un artículo de enciclopedia?

A. la cantidad de visitas que recibieron el último año
B. la historia geológica
C. las ventas actuales en las tiendas de regalos
D. los nombres de los guardabosques

38. ¿Qué opción es el mejor recurso para buscar las políticas del parque sobre los perros?

A. un directorio de hospedajes
B. el manual para empleados
C. un mapa de senderos
D. la guía del parque

39. Quieres usar un diccionario para buscar el significado de la palabra *sustentabilidad* (línea 15). ¿Qué palabras guía habría que usar para hallar la página?

A. suspenso – susto
B. suavidad – suelto
C. simpatía – sistema
D. sol – solución

40. ¿Qué información brindaría un mapa político del área?

A. el clima y el estado del tiempo
B. los horarios de los autobuses
C. los límites del parque
D. los valores de las entradas y los pases

Guía de respuestas

1. **D.** Macomber está mirando un claro. Luego, señala a los animales que ve. El autor describe tres toros en la pradera. El claro debe ser la pradera, que es un área extensa cubierta de pasto.
2. **B.** En la línea 15, el autor compara los toros con vagones cisterna grandes y negros.
3. **C.** El autor describe las guaridas de los jabalíes y los castillos de barro de las hormigas que evita el conductor. La descripción ayuda al lector a visualizar el camino.
4. **B.** Wilson estaba mirando los animales cuando dijo "¡Ahí están!". Es probable que esté entusiasmado de verlos.
5. **A.** El autor usa palabras descriptivas para hablar de los toros y explicar qué hacen. El autor quiere que el lector sea capaz de imaginar los toros.
6. **C.** Todos los detalles del pasaje tratan sobre Babe Didrikson y las estadísticas que comprueban su habilidad atlética.
7. **B.** Las líneas 3 y 4 afirman que los resultados de los eventos deportivos son medibles. Luego, los autores contrastan los deportes con el arte, la música y la literatura. Por lo tanto, las cosas intangibles son las que no se pueden medir. Son abstractas.
8. **C.** El último párrafo afirma que aunque Babe Didrikson consiguió el salto más alto, recibió el segundo lugar porque uno de los saltos fue ilegal.
9. **D.** A partir de las estadísticas del texto, se puede concluir que Babe Didrikson ganó muchas competencias. Muchas personas que compiten y ganan son competitivas. Es probable que Babe haya sido inteligente, holgazana o insegura, pero el fragmento no da datos que apoyen esas descripciones.
10. **A.** Los párrafos 2 y 3 describen los eventos que ganó Babe Didrikson. Las estadísticas apoyan la opinión de que Babe Didrikson era una gran atleta.
11. **B.** Como los autores creen que las estadísticas demuestran la grandeza de un atleta, incluirían otras estadísticas. La cantidad de torneos de golf que ganó Babe Didrikson es una estadística.
12. **D.** El primer párrafo dice que "la grandeza está en lo intangible" en el arte, en la literatura y en la música, pero las estadísticas (los puntajes y las medidas) definen la grandeza en los deportes.
13. **D.** El formulario funciona como "un registro claro y permanente del desempeño del empleado" (párrafo 1).
14. **C.** *Superar* significa "conseguir más de lo esperado". Si el empleado supera las expectativas, la persona trabaja mucho más de lo esperado.
15. **C.** La definición de Promedio del formulario implica que el empleado no siempre supera las expectativas. Eso significa que el empleado a menudo hace el trabajo esperado pero muy poco más.
16. **A.** Un empleado calificado como Insuficiente no cumple con las expectativas de la empresa. Si la empresa necesita menos empleados, los primeros empleados que despedirá serán los que hayan sido calificados como Insuficientes en la evaluación de desempeño.
17. **B.** El formulario evalúa el desempeño. La calidad del trabajo, es decir, cuán bueno es el trabajo del empleado, es parte del desempeño. Las otras opciones no evalúan el trabajo.
18. **D.** Las mujeres tienen que conducir para llegar a la tienda. Mariana cree que "en los barrios gringos todo era mejor" (línea 10), así que la tienda debe estar en un barrio gringo.
19. **C.** En la línea 1, Minnie dice "¿Dónde consiguen verduras como estas?" cuando ve la calidad de los tomates y las uvas. Se da cuenta de que cuando va de compras a las tiendas de su barrio, paga lo mismo por frutas y verduras que no son tan frescas como las que se venden en esta tienda.
20. **C.** La señora Jameson dice que "Vale la pena conducir hasta aquí" (líneas 6 y 7). Minnie dice que llevará a la señora Jameson de compras la semana siguiente después de que reciba su Cadillac (líneas 26 a 28). Por lo tanto, se puede inferir que esta semana, la señora Jameson condujo hasta allí y llevó a Minnie.
21. **A.** Minnie quiere que la señora Jameson crea que está acostumbrada a comprar cosas caras en tiendas bonitas.
22. **B.** La señora Jameson "le había mostrado que comprar cerca de casa no era tan bueno para alguien con buen gusto" (líneas 23 a 25). Minnie probablemente crea que la señora Jameson se considera superior a Minnie.

Guía de respuestas

23. **C.** El narrador describe lo que Mariana cree que su madre siente sobre la tienda gringa y sobre lo que dijo la señora Jameson de que la tienda era mucho mejor que las tiendas del barrio de Minnie.
24. **B.** El escritor se dirige a los residentes de la ciudad. El escritor quiere que los residentes consideren agregar carriles de bicicleta en las calles de la ciudad.
25. **A.** El escritor menciona que los estudios apoyan el argumento a favor de los carriles para bicicletas (párrafo 2), así que podría incluir estadísticas de esos estudios.
26. **D.** El escritor del editorial 2 no cree que los carriles para bicicletas resolverán el problema del tránsito. El escritor preferiría ver que se mejora el transporte público. Por lo tanto, es probable que el escritor asista a la reunión para dar su opinión.
27. **B.** El escritor cree que habría más bicicletas en la ciudad si hubiese carriles para bicicletas. Es difícil para los motociclistas ver las bicicletas. Por lo tanto, el escritor está preocupado por la seguridad de los ciclistas.
28. **A.** Ambos escritores quieren persuadir a los lectores de que apoyen su opinión sobre cómo reducir los problemas de tránsito en la ciudad.
29. **C.** Ambos escritores están de acuerdo en que el tránsito es un problema de la ciudad. El primer escritor cree que una buena solución es agregar carriles para bicicletas. El segundo quiere mejorar el transporte público.
30. **D.** El artículo dice que el huracán habrá pasado por Massachusetts. Canadá está al norte de Massachusetts, así que el huracán pasará por la costa de Canadá.
31. **B.** Cuando los vientos de una tormenta son lo suficientemente fuertes para que las tormentas sean clasificadas como tropicales o huracanes, el Centro Meteorológico Nacional les pone nombre.
32. **A.** El artículo dice que incluso si la tormenta no pasara por tierra, el área del agua cercana y las playas podrían ser peligrosas. Es probable que las personas que trabajan en el agua no estén a salvo, así que deberían ser evacuados. Los nadadores y las pequeñas embarcaciones no estarían a salvo durante la tormenta.
33. **C.** Las personas podrían pensar que un huracán no es peligroso si se mantiene en el mar. Pero no es cierto. Los datos del Centro Nacional de Huracanes convencerían a las personas de los peligros posibles.
34. **C.** Las personas que viven en la costa de Massachusetts son las que más se beneficiarían de esta información, porque viven donde habrá consecuencias tras la tormenta. A partir del mapa se sabe que la tormenta no llegará a Florida y no afectará la zona terrestre del interior de Nueva York tanto como afectará la costa.
35. **D.** En las líneas 30 a 33, el escritor define a las correntadas impetuosas como "corrientes de agua fuertes que se dirigen al mar y pueden arrastrar a los nadadores más experimentados".
36. **D.** Un atlas tiene mapas que muestran las rutas a las distintas atracciones.
37. **B.** Una enciclopedia brinda información general. Un artículo de enciclopedia sobre el Gran Cañón incluiría una historia geológica del parque.
38. **D.** La guía del parque explica todas las políticas, incluidas las reglas para llevar perros al parque.
39. **A.** La palabra *sustentabilidad* viene después de *suspenso* y antes que *susto* en el diccionario.
40. **C.** Un mapa político muestra los límites del parque y los límites de los estados cercanos. También muestra la ubicación de las ciudades y pueblos del área.

Tabla de evaluación

Comprueba tu comprensión

En la siguiente tabla, encierra en un círculo las preguntas que hayas respondido de forma incorrecta. Junto a los números de las preguntas, verás las páginas que puedes repasar para responder las preguntas correctamente. Presta particular atención a las áreas en las que no respondiste correctamente la mitad o más de la mitad de las preguntas.

Capítulo	Número de pregunta	Páginas de repaso
Textos funcionales	13, 14, 15, 16, 17, 36, 37, 38, 39, 40	12–83
Textos expositivos	30, 31, 32, 33, 34, 35	86–113
Textos persuasivos	24, 25, 26, 27, 28, 29	116–152
No ficción literaria	6, 7, 8, 9, 10, 11, 12	156–185
Ficción	1, 2, 3 4, 5, 18, 19, 20, 21, 22, 23	188–247

CAPÍTULO 1

Guía de respuestas

CAPÍTULO 1 Textos funcionales

Lección 1.1

Aplica la lectura, página 17

1. **C.** El propósito de este formulario es pedir una evaluación del comportamiento de un empleado. El título del formulario indica esto.
2. **B.** Si un gerente presenta el formulario, solo se necesita una firma. Esta información se indica en el párrafo introductorio.
3. **C.** Revelar información confidencial es la única opción que no está mencionada en la Sección B.
4. fecha, hora, contexto del incidente, testigos, instancias anteriores en que se llamó la atención
5. Completar la Sección D, Comentarios adicionales, es opcional, así que esta sección no necesita completarse.

Repaso de vocabulario, página 18

1. categorías
2. funcional
3. opcional
4. falta

Repaso de destrezas, páginas 18–19

1. **C.** La última oración del primer párrafo indica que un empleado que ha trabajado seis meses en el zoológico puede tomar una licencia por razones de salud.
2. **A.** A un empleado que esté en licencia por razones de salud no se le pedirá que concurra a sesiones de terapia física.
3. Un manual para empleados es el lugar donde los empleadores pueden establecer sus políticas sobre varios temas. De esa manera los empleados pueden saber qué se espera de ellos.
4. El formulario de licencia por razones de salud debe incluir el nombre del empleado, la razón de la licencia, la duración de la licencia, las fechas de la licencia, la fecha de empleo, la firma del empleado y la firma del gerente.

Práctica de destrezas, páginas 20–21

1. **B.** Este documento es una circular de una empresa que describe la política de la empresa sobre los ladrones.
2. **D.** Los empleados deben seguir las instrucciones de su gerente. No deben seguir al ladrón.
3. **D.** Peyton es la propietaria de la empresa. Esta información está en la línea "De" de la circular.
4. **A.** Los empleados deben desalentar a los ladrones mostrándose a la vista de los clientes. Pero no deben poner en riesgo su propia seguridad enfrentándose a los ladrones.
5. **C.** El propósito principal de la circular es informar a los empleados de una política. Las circulares no se escriben para entretener, confundir o criticar.

Práctica de escritura, página 21

Se debe usar la circular de la página 14 de esta lección como guía para escribir la circular.

Ejemplo de respuesta

A: Todos los empleados

De: Beverly Griswold, Presidenta

Fecha: 1.º de enero de 2014

Asunto: Excelentes noticias

Como resultado de sus esfuerzos, nuestra empresa se ha mantenido libre de accidentes por seis meses. Agradecemos el cuidado que tienen por la seguridad. El cuidado adicional que tienen con las máquinas nos beneficia a todos. Como resultado de sus extraordinarios esfuerzos, cada empleado recibirá 8 horas adicionales de vacaciones que podrán usarse en cualquier momento del año.

Lección 1.2

Aplica la lectura, página 24

1. **B.** La opción A es incorrecta porque se debe quitar el tapacubos antes de aflojar las tuercas de la rueda. La opción C es incorrecta porque hay que bajar el carro antes de ajustar las tuercas de la rueda. La opción D es incorrecta porque hay que encender las balizas después de llevar el carro a un costado del camino.
2. dónde colocar el gato antes de usarlo

Aplica la lectura, página 25

1. intentar localizar el lugar donde se produjo el atasco de papel.
2. Si el atasco de papel no se ha solucionado o si la fotocopiadora se atasca de nuevo, se deben repetir estos pasos.

Repaso de destrezas, páginas 26–27

1. Se debe escribir el nombre, la dirección, el número telefónico y la dirección de correo electrónico en la parte superior de la página. Esto es importante porque le indica al empleador cómo contactarse con el solicitante.

Guía de respuestas

CAPÍTULO 1

2. El objetivo le indica al empleador qué tipo de empleo quiere el solicitante.
3. Se deben listar las habilidades especiales.
4. El diagrama muestra cómo debe verse un currículum vítae.
5. Después del objetivo viene la experiencia laboral.

Repaso de vocabulario, página 27

1. el diagrama
2. un currículum vítae
3. la secuencia
4. las instrucciones

Práctica de destrezas, páginas 28–29

1. **D.** La palabra clave primer indica que lo primero que hay que hacer es ordenar a las personas. Todas las otras opciones vienen después de ese paso.
2. **C.** Si no dejas lugar para ti mismo, podría no haber lugar para ti en la fotografía. El primer paso no se relaciona con el foco de la cámara o el temporizador.
3. **A.** El párrafo 3 explica que oprimir el disparador hasta la mitad pone la imagen en foco. Si se oprime el disparador hasta el final, no se puede comprobar si la imagen está en foco. Se debe usar otro botón para accionar el temporizador. El uso del disparador no influirá en el hecho de salir o no en la fotografía ni en el hecho de situar la cámara sobre una superficie plana.
4. **C.** Luego de oprimir el disparador hasta la mitad, hay que comprobar que la imagen se ve como uno quiere. No se debe oprimir el disparador hasta el final hasta no estar seguro de que la imagen está en foco. Situarse en el lugar prefijado de la foto es lo último que hay que hacer. Colocar la cámara en una superficie plana debe hacerse antes de oprimir el disparador.

Práctica de escritura, página 29

Se debe tener presente la secuencia de pasos a medida que se escriben las instrucciones. Al terminar, el estudiante debe preguntarse si alguien podría seguir sus instrucciones.

Ejemplo de respuesta

Cómo preparar tu jardín para plantar flores en primavera

1. Asegúrate de que no quede nada de hielo ni escarcha en la tierra.
2. Corta los tallos secos que veas.
3. Limpia la tierra de hojas, ramitas y otros desechos.
4. Cava al menos 6 a 8 pulgadas. Usa una horca o un arado, lo que te resulte más conveniente para el espacio que tienes.
5. Cubre el área con fertilizante. Mételo en la tierra.
6. Agrega una capa de tierra si es necesario.

Lección 1.3

Aplica la lectura, página 31

1. Un sitio web cuya dirección termina en *.com* pertenece a una empresa. Su propósito es vender algo o información sobre la empresa.
2. Los sitios web cuyas direcciones terminan en *.edu* o *.gov* serán las fuentes de información más confiables.

Aplica la lectura, página 32

1. El párrafo de la parte inferior de la página web indica que se puede hacer clic en los enlaces para aprender más sobre el Observatorio de ciencias de Anytown. Se debe hacer clic en el enlace Observatorio.
2. *Ejemplos de respuestas:* pestañas (en la parte superior de la página web), encabezados, columna del margen izquierdo

Aplica la lectura, página 33

1. *Ejemplo de respuesta:* Se puede aprender sobre la historia de la Casa Blanca.
2. La Sala Azul es el lugar donde los presidentes suelen recibir formalmente a los invitados. Usaría el enlace "Salas de la Casa Blanca" para aprender más sobre las salas de la Casa Blanca.
3. El sitio web es confiable. Su dirección termina en *.gov*, lo cual significa que es un sitio web oficial del gobierno.

Repaso de vocabulario, página 34

1. C.
2. A.
3. B.
4. D.
5. E.

Repaso de destrezas, páginas 34–35

1. Hay siete grupos de perros. El autor numera los grupos de manera que sea fácil hallar los distintos tipos de perros.
2. *Respuestas posibles:* perros pastores, sabuesos, perros que no son de deporte, perros de deporte, terriers, perros miniatura, perros de trabajo
3. Conviene usar el primer sitio. Provee datos e información general sobre muchos tipos de perros.
4. **A.** Los dos sitios web dicen que los boxers, que no son perros de deporte, deben ser entrenados.

Práctica de destrezas, páginas 36–37

1. **C.** Naismith es famoso por ser el creador del básquetbol, de manera que la fecha en la que inventó el juego sería la información más importante que debe incluirse.

CAPÍTULO 1

Guía de respuestas

(Lección 1.3, continuación)

2. **A.** El sitio web 1 da información general sobre la historia del básquetbol. Esto hace que sea el sitio más útil para un informe sobre el básquetbol. La información sobre el fútbol no sería útil. El sitio web 2 no sería una buena fuente para un informe, porque su propósito es vender pelotas de básquetbol.
3. **B.** El sitio web 2 publicita una variedad de pelotas de básquetbol, como pelotas de colores, pero no ofrece pelotas de básquetbol autografiadas. Tampoco vende otro equipamiento.
4. **D.** El propósito del sitio web 1 es dar información sobre el básquetbol. Si alguien quiere aprender las reglas del juego, comprar una pelota de básquetbol o aprender cosas sobre otros deportes, debe visitar otro sitio web.

Práctica de escritura, página 37

El estudiante debe asegurarse de que su carta cumpla con todos los requisitos. Debe incluir tanto pensamientos positivos como negativos sobre el sitio web.

Ejemplo de respuesta:
Señor Grant:
Hace poco navegué por el sitio web de su empresa. Creo que la página de inicio es prolija y en general es fácil de leer. Pero sería útil poner la dirección de correo electrónico de la empresa y el número telefónico en un lugar más visible. Ahora se encuentran en la parte inferior de la página en una tipografía pequeña, y no es fácil hallarlos. Los enlaces a otras páginas funcionan bien. Las fotos son realmente interesantes. Todos los empleados parecen estar orgullosos de su trabajo.

Sinceramente,
Rhonda Leven

Lección 1.4

Aplica la lectura, página 40

El propósito de este documento es describir el trabajo de un asistente administrativo. El documento indica qué destrezas debe tener alguien con este empleo. La audiencia podría ser alguien que tiene este empleo o alguien que quiere el empleo.

Aplica la lectura, página 41

El propósito de este documento es pedir una reserva de la sala de conferencias. El formulario da información a los empleados para que puedan hacer planes de antemano sobre cómo usar el espacio y sobre qué equipo será necesario reunir. También da información de contacto que los empleados pueden usar si surgen dudas.

Aplica la lectura, página 43

1. **B.** Este correo electrónico es de un supervisor a un empleado. El propósito es debatir con el empleado acerca de una próxima reunión.
2. **D.** Las preguntas tienen la intención de ayudar a Brian a planear por anticipado qué equipo necesita para la presentación que hará en la reunión.
3. **C.** Un correo electrónico es un mensaje escrito, no un mensaje oral. Generalmente los correos electrónicos son formas de comunicación casuales y cotidianas.
4. Las líneas que se encuentran debajo del nombre de Carolyn indican que ella es la Directora de Recursos de ABC Corporation en Nueva York. A partir de las preguntas que ella hace, se puede inferir que probablemente sea la supervisora de Brian.

Repaso de vocabulario, página 43

1. C.
2. G.
3. D.
4. E.
5. A.
6. B.
7. F.

Repaso de destrezas, páginas 44–45

1. El propósito del primer documento es comunicar la política de seguridad de la empresa. La audiencia incluye a todas las personas que trabajan en la Compañía ABC.
2. Ambos documentos tratan sobre la seguridad en el trabajo. El primer documento es una circular de la dirección de la compañía a todos los empleados. Esta carta explica que la seguridad es importante. El segundo documento lista las reglas de seguridad de la compañía. Comunica las reglas de trabajo a los empleados.
3. El primer documento dice que la Compañía ABC quiere desarrollar altos estándares de seguridad. La compañía valora la salud y la seguridad de los empleados y espera que estos sean responsables por su propia salud y seguridad. El segundo documento lista las reglas de seguridad que se describen durante la orientación. El trabajo debe realizarse de manera responsable y segura. Todos los accidentes deben reportarse.
4. El primer documento es una carta. Comunica la información de manera rápida y personal. El segundo documento está organizado como un boceto. Las viñetas hacen que sea fácil leer las reglas.

Guía de respuestas

CAPÍTULO 1

Práctica de destrezas, páginas 46–47

1. **B.** El nivel de escolaridad requerido para este empleo se describe en la sección "Educación". La experiencia laboral del solicitante, la necesidad de confidencialidad y la variedad de tareas no se relacionan con la escolaridad requerida.
2. **C.** Este documento es un anuncio de empleo. Su propósito es describir un puesto en el que podría estar interesado alguien que está buscando un nuevo empleo.
3. **D.** La sección "Habilidades especiales" menciona que el solicitante debe tener la habilidad de llevar registros y seguir procedimientos departamentales. Estas tareas requieren destrezas de organización. La habilidad para hablar en público, la experiencia avanzada en computación y la habilidad para hablar una segunda lengua no se mencionan en el anuncio.
4. **C.** Esto es un anuncio de empleo, así que está escrito para alguien que está buscando un nuevo empleo. La audiencia esperada es un empleado futuro. Este anuncio no está escrito para un supervisor.

Práctica de escritura, página 47

El resumen debe indicar los puntos principales del documento. En un segundo párrafo se debe indicar el propósito del autor para escribir el documento y se debe explicar qué acción debe tomarse luego de leer el documento.

Ejemplo de respuesta

El documento de trabajo de la página 44 es una circular de una empresa. El autor lista las reglas de seguridad de la empresa relativas a la seguridad general, al manejo de maquinarias y al comportamiento en el trabajo.

El autor escribió el documento para que los empleados tengan cuidado con todo lo relativo a la seguridad en el trabajo para así prevenir accidentes. Se espera que los empleados lean las reglas y las sigan en el ámbito laboral.

Lección 1.5

Aplica la lectura, página 51

1. La señal de primeros auxilios y la señal del extinguidor incluyen imágenes y texto. Ambas se usan para mostrar la ubicación de cosas que se necesitan para la seguridad en un ámbito laboral.
2. **A.** La gráfica 2 debe situarse arriba de un extinguidor, puesto que de otra manera la señal no tendría sentido. El significado de las gráficas 3, 5 y 6 no depende de su ubicación.
3. Las gráficas 3 y 6 son señales de seguridad. Ambas incluyen texto y un símbolo de persona.
4. Estas señales de seguridad son eficaces porque pueden ser leídas y comprendidas rápida y fácilmente por cualquiera.
5. *Las respuestas variarán.* El estudiante debe pedir a un compañero que "lea" su señal para asegurarse de que el mensaje pueda entenderse rápida y fácilmente. Si las personas tienen dificultades para determinar el mensaje, se debe revisar el trabajo.

Aplica la lectura, página 53

1. **D.** La gráfica 4 muestra cómo está organizado un lugar de trabajo. El gerente está por encima de todos y los empleados junior están en la parte inferior. Las gráficas 1, 2 y 3 no representan la estructura de un grupo.
2. **C.** El propósito de la gráfica 2 es mostrar cómo se toma una decisión. Al preguntarse una serie de preguntas, una persona puede tomar decisiones atinadas. Las gráficas 1, 3 y 4 no hacen una serie de preguntas.
3. Ambas gráficas categorizan un conjunto de datos en partes más pequeñas. La gráfica 1 categoriza las ventas según el territorio donde ocurrieron. La gráfica usa barras para representar la cantidad de estudiantes. Cuanto más alta sea la barra, mayor será la cantidad. La gráfica 3 usa una gráfica circular. Cuanto más grande sea el pedazo, mayor será el porcentaje de ventas en la zona.
4. Estos documentos muestran información compleja de una manera sencilla. Un documento escrito que provea la misma información sería más largo y más difícil de comprender. Estos documentos gráficos proveen mucha información rápidamente.

Repaso de vocabulario, página 53

1. B.
2. F.
3. E.
4. G.
5. A.
6. D.
7. C.

Repaso de destrezas, páginas 54–55

1. Ambos documentos gráficos usan imágenes y texto para proveer información. "Campo de juego de fútbol" tiene rótulos, pero estos no están explicados. "Sólidos y líquidos" presenta más información en palabras.
2. "Campo de juego de fútbol" muestra el plano de un campo de juego de fútbol. "Sólidos y líquidos" compara y contrasta sólidos y líquidos.

Guía de respuestas

(Lección 1.5, continuación)

3. Ambas gráficas presentan información de manera fácil, clara y concisa. "Campo de juego de fútbol" ayuda a que el lector visualice el campo de juego. "Sólidos y líquidos" hace que sea fácil ver cuáles son las características comunes a los sólidos y los líquidos.
4. *Ejemplos de respuestas para el diagrama de Venn:*
   Características de los teléfonos celulares: se pueden llevar a todos lados, son livianos, pueden tener características especiales, pueden enviar mensajes de texto.
   Características de los teléfonos de línea: tienen rango limitado, generalmente son mas confiables que un teléfono celular.
   Características que comparten los dos tipos de teléfonos: se usan para enviar y recibir llamadas.

Práctica de destrezas, páginas 56–57

1. **A.** Este documento gráfico usa imágenes y texto. Los mapas, como este mapa de evacuación, a menudo tienen una leyenda que explica lo que representa cada símbolo.
2. **C.** El título del mapa dice que el propósito de este documento es ayudar a las personas a evacuar el edificio en caso de emergencia. Si bien el documento es un mapa útil y puede ayudar a los empleados a hallar los extinguidores y las oficinas, estos no son los propósitos principales del mapa.
3. El dibujo puede "leerse" rápidamente. Un plan de evacuación escrito puede tener más detalles pero también sería menos eficaz. En una emergencia, las personas deben entender rápidamente lo que deben hacer.
4. El mapa debe mostrar todas las salidas posibles y el camino que una persona debe seguir para hallar cada salida.

Práctica de escritura, página 57

Después de describir uno de los documentos gráficos de la lección, el estudiante debe pedir a un compañero que lea su párrafo sin mirar la señal. Si el lector tiene dificultades para comprender las direcciones escritas, el estudiante debe revisar su trabajo.

Ejemplo de respuesta

El propósito de la señal "Incendio / Use las escaleras" de la página 49 es dar instrucciones de qué hacer si se produce un incendio.

Si se produce un incendio en el edificio, no se debe usar el ascensor. En lugar de ello, hay que usar las escaleras.

Lección 1.6

Aplica la lectura, página 61

Ejemplo de respuesta: Una enciclopedia dará información sobre la historia, las industrias más importantes, las instituciones educativas y la población de una ciudad. Un atlas mostrará características como las ciudades más cercanas, los ríos, los lagos y los parques.

Aplica la lectura, página 63

1. **C.** Un directorio contiene nombres y direcciones de personas y organizaciones. Un manual no ayudaría para hallar un doctor. Un mapa puede mostrar la ubicación de los hospitales, pero no tiene una lista de los nombres y números telefónicos de los doctores.
2. **D.** El propósito de un manual técnico es proveer detalles e instrucciones sobre cómo armar, usar o reparar un producto.
3. La información sobre políticas y procedimientos de una empresa, así como la información sobre un producto, puede modificarse con el tiempo. Los manuales viejos pueden contener información incorrecta o desactualizada.

Repaso de vocabulario, página 63

1. G.
2. B.
3. C.
4. D.
5. A.
6. F.
7. E.

Repaso de destrezas, páginas 64–65

1. crepúsculo, cresta, crescendo, cría
2. el significado 2
3. crepitante, crepuscular
4. *Ejemplo de respuesta:* El fuego hace crepitar a la madera.
5. tres
6. Como un diccionario, un glosario lista palabras en orden alfabético y provee sus significados. Un diccionario provee más detalles, como el tipo de palabra. Un glosario solo incluye las palabras usadas en el texto en el que aparece el glosario.
7. Un diccionario se usa para hallar el significado de una palabra y otro tipo de información sobre ella. Un diccionario de sinónimos se usa para hallar un sinónimo cuando ya se sabe el significado de la palabra.

Guía de respuestas

8. **C.** Una palabra clave es útil para hallar información en el índice de una enciclopedia. Un diccionario no tiene índice. Los diccionarios de sinónimos y los atlas pueden tener índices, pero no hace falta una lista de temas para usar estas fuentes.
9. **D.** Los títulos son características del texto que ayudan al lector a hallar la información que está buscando. Leer todo el artículo o analizar todas las ilustraciones podría llevar un tiempo largo, y tal vez muy poca de esa información se relacione con el tema. Es poco probable que el primer párrafo o el último den la información necesaria.
10. **A.** Los mapas políticos muestran las fronteras entre los estados y entre los países. Las otras referencias probablemente no ayuden al lector a saber qué estados limitan con un estado particular.
11. **C.** Los directorios listan nombres y direcciones de personas y de organizaciones. Las otras referencias proveen otro tipo de información.
12. **B.** Las personas usan directorios para hallar empresas. No es obligatorio que las empresas aparezcan en los directorios. Los impresores de directorios no pagan a las empresas para que aparezcan; en realidad a las empresas a veces se les paga para aparecer en el directorio. Cualquier empresa puede aparecer en un directorio.

Práctica de destrezas, páginas 66–67

1. glosario
2. diccionario de sinónimos, sinónimo
3. volúmenes, alfabético
4. saber rápidamente qué palabras o información aparece en cada página
5. atlas
6. *Ejemplo de respuesta:* ver los límites entre países, las capitales, las ciudades más importantes y las carreteras
7. manual técnico
8. su dirección y número telefónico
9. *Ejemplo de respuesta:* A menudo los manuales incluyen horas de trabajo, formularios de evaluación de desempeño, procedimientos de emergencia, beneficios laborales como períodos de vacaciones, números de contactos para el Departamento de Recursos Humanos y cronogramas de vacaciones.
10. Tanto los diccionarios impresos como los diccionarios en línea proveen definiciones, partes de palabra e información sobre la historia de la palabra. Los diccionarios digitales podrían ofrecer información sonora sobre la pronunciación de las entradas. Podrían ofrecer enlaces a sinónimos.

Práctica de escritura, página 67

El párrafo debe incluir datos sobre la historia del lugar, las personas, las características físicas, el clima, las atracciones turísticas y la cultura.

Ejemplo de respuesta

Me gustaría visitar el área del Triángulo Histórico de Yorktown, Jamestown y Williamsburg en el estado de Virginia. Jamestown es el sitio del primer asentamiento permanente inglés en Estados Unidos. Williamsburg fue la capital de la colonia de Virginia por varios años. Yorktown es el sitio de la batalla que finalizó la Guerra de Independencia.

Lección 1.7

Aplica la lectura, página 70

Ejemplo de respuesta: Creo que la versión audiovisual es más eficaz que la versión impresa, porque el video muestra a los trabajadores llevando a cabo una variedad de tareas y muchos tipos de lugares de trabajo.

Aplica la lectura, página 73

Ejemplos de respuestas:

1. Puedo llevar mi bicicleta en el tren y luego usarla desde la estación hasta la escuela. O puedo guardar mi bicicleta ya sea en la Estación Big Lake o en la Estación Fridley y luego caminar desde la estación hasta la escuela.
2. No puedo hacer trasbordo de trenes para llegar al desfile. El Día de los Caídos es feriado, y los trenes no funcionan ese día.
3. Hay un sector para estacionar vehículos personales gratis en la Estación Big Lake.
4. El mapa muestra las direcciones de las estaciones y las carreteras más importantes que están cerca de las estaciones.

Repaso de vocabulario, página 73

1. B.
2. E.
3. D.
4. F.
5. C.
6. G.
7. A.

Guía de respuestas

(Lección 1.7, continuación)

Repaso de destrezas, páginas 74–75

Ejemplos de respuestas:

1. La versión audiovisual de la receta muestra los ingredientes. La cocinera explica por qué la salsa casera es más sana que la salsa que se compra en una tienda. Ella hace que la receta parezca fácil, y parece un plato que yo podría servir a mi familia. Mirar el video aumenta mi interés en preparar la receta.
2. La versión audiovisual da más información sobre cómo hacer cada paso de la receta. Muestra qué equipo usar y provee sugerencias de cómo servir el plato, por ejemplo, agregando una ensalada. La versión impresa provee las cantidades de todos los ingredientes para que yo pueda cocinar la receta de manera adecuada.
3. Usaría la idea de agregarle queso parmesano al plato. Le agregaría aceitunas negras picadas y carne picada a la salsa.
4. Las personas que leen un texto usan su imaginación para "ver" y "escuchar" lo que se describe. Pero las personas que ven un video ven un cocinero real, comida real y equipo de cocina real. Escuchan sonidos reales. Estos aspectos muestran de qué manera el director del video interpreta el texto.
5. El director de televisión generalmente necesita reducir la demostración, de manera que el período de tiempo en el que algo se cocina o algo se enfría debe eliminarse. El director pasa directamente al plato terminado para mostrar los resultados de la receta. A veces el programa de televisión termina con las personas comiendo el plato.
6. La versión impresa puede dar instrucciones claras que pueden leerse fácilmente una y otra vez. Pero agregar material sonoro o audiovisual puede hacer que sea más fácil comprender cómo seguir los pasos e imaginar cómo quedará el plato.

Práctica de destrezas, páginas 76–77

Ejemplos de respuestas:

1. Un video sobre la feria podría mostrar todos los eventos que el cartel simplemente menciona. Las personas verían las atracciones, oirían cómo el público se ríe y se divierte y verían el desfile y el rodeo. Esto los inspiraría a ir a la feria.
2. Deberían estar el desfile, la carrera de neumáticos, el rodeo y los fuegos artificiales.
3. Tanto el cronograma de trenes impreso como el cronograma de trenes en línea muestran los horarios en los que los trenes llegan a las estaciones. El cronograma en línea tiene un enlace a un mapa de caminos detallado que incluye las ubicaciones de las estaciones e información sobre estacionamiento, bicicletas y días en los que los trenes no funcionan.
4. En un mapa de carreteras impreso hay caminos, pueblos, ciudades y características geográficas como lagos o ríos. En un mapa interactivo en línea aparecen las mismas carreteras, pueblos, ciudades y características geográficas. Un mapa interactivo también podría tener información adicional, como cierres de carreteras y sugerencias para caminos alternativos.

Práctica de escritura, página 77

Se deben seguir las instrucciones para describir un documento funcional. Primero el estudiante debe indicar qué documento está describiendo, establecer el propósito y describir la audiencia. Luego debe resumir el documento en sus propias palabras. No debe indicar sus opiniones. Finalmente debe describir de qué manera el mensaje podría ser más eficaz si estuviera en otro medio.

Ejemplo de respuesta

Elijo la versión en línea de los consejos para viajes de la página 69. El propósito de la autora es dar información sobre las condiciones de las carreteras durante una tormenta. La audiencia es cualquier persona que esté conduciendo en las carreteras.

El documento describe las condiciones actuales de las carreteras en varias áreas. También indica cómo serán las condiciones del tiempo al día siguiente.

El texto sería más eficaz como un documento multimedia, porque los integrantes de la audiencia podrían ver mapas que los ayudarían a ubicar las áreas con problemas y a planear caminos alternativos.

Capítulo 1 Repaso del capítulo

Capítulo 1 Repaso, páginas 78–80

1. **A.** Es más fácil devolver un artículo con un recibo porque se tiene la prueba de que se lo compró. Distintas tiendas tienen distintas reglas sobre la devolución de artículos sin recibo.
2. **C.** Dirigirse directamente al servicio de atención al cliente cuando uno quiere devolver al artículo evita que los empleados crean que uno tomó el artículo en la tienda sin pagar por él. Esto no es una garantía de que se obtendrá un reembolso de que uno será atendido rápidamente, pero puede prevenir un malentendido.
3. **C.** Este artículo da sugerencias a personas que no tienen un recibo. Un cliente que tiene un recibo o que está conforme con lo que compró no necesitaría estos consejos.
4. **D.** El paso 1 aconseja asegurarse de que se tienen todas las partes del artículo que se quiere

Guía de respuestas

devolver. Sin tener todas las partes, tal vez no sea posible devolver el artículo para obtener un reembolso o crédito para la tienda.

5. **B.** El compromiso de la empresa es vender "colchones rentables y de alta calidad".
6. **D.** La meta de la empresa es ser la mejor empresa de colchones del mundo. Las opciones A y C mencionan solo Estados Unidos. La empresa no está intentando vender el colchón más barato del mundo.
7. **C.** La meta de la empresa es usar la innovación y los nuevos diseños para hacer mejores colchones. En ningún lugar se dice que los colchones se producirán de manera barata por fuera de Estados Unidos.
8. **A.** La última oración de la sección "Nuestro profesionalismo" establece lo que la empresa espera de sus empleados.
9. **C.** Este sitio web no es el mejor lugar para obtener datos del juego porque da las opiniones de un fanático de los Sonics. El sitio web dice que el árbitro cometió muchos errores. Los fanáticos de los Tornadoes podrían no estar de acuerdo con esto.
10. **A.** Todas las opciones son enlaces a más información, pero *www.citysonicsnews.com* es el único enlace.
11. **C.** El sitio web usa tipografía en negrita para que el lector pueda hallar información importante rápidamente.
12. **B.** La página web tiene una serie de viñetas en la parte superior. El mejor lugar para hallar una lista de juegos sería la viñeta "Horarios".

Práctica de escritura de ensayos

Práctica de escritura de ensayos, páginas 82–83

Las respuestas variarán. Aquí hay algunos puntos a tener en cuenta.

Circular

- La circular debe empezar estableciendo la información que contiene. Por ejemplo: *Estos son los detalles de nuestro Picnic del Día en Familia del sábado 10 de junio.*
- El cuerpo de la circular debe proveer todos los detalles que los empleados necesitarán para asistir al picnic. Por ejemplo, incluye la hora de inicio y la posible hora de finalización; sugiere el equipo que necesitarán los empleados; describe el menú; indica el lugar con una descripción de las instalaciones disponibles; y provee instrucciones de cómo llegar. Incluye información de contacto por si surgen dudas.
- Edita tu ensayo. Al hacerlo, usa tu corrector de ortografía para verificar que no haya errores. Vuelve a revisar la ortografía y el uso de mayúsculas en los nombres de personas y lugares.

Instrucciones

- Las instrucciones deben empezar estableciendo el propósito. Por ejemplo: *Este es nuestro proceso para tomar pedidos de los clientes. Se ha desarrollado con el tiempo, y en nuestra experiencia es altamente eficaz.*
- Los pasos del proceso deben estar numerados. Deben incluir detalles que ayudarán a la persona a completar la tarea de forma independiente. Por ejemplo: *Para verificar si hay suministros disponibles, ingrese el código de orden del artículo en el recuadro de búsqueda del formulario de pedido del cliente. Si no hay disponibilidad de este artículo, pregunte al cliente si lo quiere dejar como pedido pendiente.*
- Edita tus instrucciones. Al hacerlo, usa tu corrector de ortografía para verificar que no haya errores. Vuelve a revisar la ortografía y el uso de mayúsculas en los nombres de personas y lugares.

Documento de trabajo

- Tu resumen de la reunión debe empezar indicando la fecha y el propósito de la reunión. Por ejemplo: *El gerente de ventas se reunió conmigo el 4 de marzo para debatir las estrategias para nuevos proyectos.*
- El resumen debe indicar cada punto de la agenda de la reunión y describir qué decisiones se tomaron sobre cada uno. Incluye nombres de personas que seguirán cada una de las decisiones.
- Edita tu resumen. Al hacerlo, usa tu corrector de ortografía para verificar que no haya errores. Vuelve a revisar la ortografía y el uso de mayúsculas en los nombres de personas y lugares.

Textos de referencia

- Los textos de referencia que elijas dependerán de tu tema. Por ejemplo, las enciclopedias dan información básica sobre una amplia variedad de temas. Los manuales proveen instrucciones.
- Para explicar la ventaja de cada tipo de texto de referencia, mira textos de referencia de ejemplo en línea o en una biblioteca. Haz una pequeña investigación sobre tu tema para ver qué tipo de de información hallas en varios tipos de textos de referencia.
- Edita tu lista de textos de referencia y tu descripción de los textos. Al hacerlo, usa tu corrector de ortografía para verificar que no haya errores. Vuelve a revisar la ortografía y el uso de mayúsculas en los nombres de personas y lugares.

CAPÍTULO 2

Guía de respuestas

CAPÍTULO 2 Textos expositivos

Lección 2.1

Aplica la lectura, página 87

2 Hazte preguntas.

5 Escribe las respuestas a tus preguntas.

1 Inspecciona los títulos, los subtítulos y las palabras en negrita.

3 Lee buscando los datos y las ideas.

4 Vuelve a leer las ideas principales, los detalles y los conceptos.

Aplica la lectura, página 88

1. *piedad filial* y *familia extensa*
2. ¿Qué tan importante es la familia en China?
3. La familia era la unidad básica y más importante de la sociedad china.

Aplica la lectura, página 89

1. El tema es la sociedad egipcia y la vida cotidiana.
2. Las palabras **escribas** y **jeroglíficos** están escritas en negrita.

Repaso de vocabulario, page 90

1. C.
2. D.
3. A.
4. E.
5. B.

Repaso de destrezas, páginas 90–91

1. Puesto que el título es "La religión en el Imperio Bizantino", se puede deducir que el pasaje tratará de las religiones del Imperio Bizantino.
2. Se debe subrayar la segunda parte de la oración 1. Enuncia la idea más importante acerca de los desacuerdos que se produjeron en torno a la religión.
3. D. "También había disputas en torno al poder de Roma sobre las iglesias orientales."
4. casta, miembros, trabajo
5. brahmanes, kshatriyas, vaishyas, sudras e intocables
6. brahmanes

Práctica de destrezas, páginas 92–93

1. D. La palabra **codificar** aparece en negrita, lo cual indica que es una palabra importante o una palabra de vocabulario.
2. B. Esta sección trata acerca de lo que sucedía si se transgredía la ley y cuánto poder tenía la ley en la sociedad. Las otras opciones se mencionan en el pasaje, pero son detalles, no la idea principal.
3. C. La idea principal del primer párrafo es que Hammurabi creó un imperio. Las otras opciones apoyan los detalles.
4. A. El título explica que la tabla muestra los logros de la Mesopotamia.

Práctica de escritura, page 93

El estudiante debe elegir un tema que le resulte interesante. Se debe asegurar de usar conectores para relacionar sus ideas.

Ejemplo de ensayo

Desde que vi un documental sobre Everglades en la televisión, tengo muchas ganas de aprender más acerca de este interesante lugar. Hice una lista de las cosas que quiero investigar en la que incluí la historia del lugar, los tipos de animales y la vegetación que hay allí y cómo la vida moderna está afectando a la zona. El primer recurso que voy a utilizar es el sitio web del Parque Nacional Everglades. Leeré la sección "Preguntas frecuentes" y echaré un vistazo a algunos de los enlaces. También puedo utilizar un motor de búsqueda en línea para encontrar más sitios web relacionados con el tema. Luego, voy a hablar con la bibliotecaria de la biblioteca local. Ella siempre es muy amable y puede ayudarme a buscar libros para consultar. Además, tengo un amigo que vivía en Florida, así que también voy a hablar con él.

Lección 2.2

Aplica la lectura, página 96

1. El artículo trata sobre la posibilidad de que Napoleón haya sido envenenado. El título muestra que ese es el tema del artículo.
2. La prueba más sorprendente fue que el cuerpo de Napoleón se conservaba en buen estado. Esta información se puede encontrar en la sección "Pruebas sorprendentes".
3. Es una pintura de Napoleón. El epígrafe informa al lector quién está retratado en ella.

Aplica la lectura, página 97

1. "La experiencia cuenta"
2. entre 18 y 19 años

Guía de respuestas

CAPÍTULO 2

Repaso de vocabulario, página 98

1. E.
2. A.
3. C.
4. D.
5. F.
6. B.

Repaso de destrezas, páginas 98–99

1. En "Tomar mejores decisiones", el autor explica cómo los menús que incluyen la cantidad de calorías de sus platos influyen en las decisiones de los clientes en los restaurantes.
2. Los títulos muestran tres ideas importantes del artículo: la importancia de incluir información nutricional en los menús, el derecho a saber y la toma de mejores decisiones.
3. cómo reaccionan las personas a los menús que incluyen información nutricional.
4. A. El gráfico muestra que 76% de las personas (que es la mayoría) tomaría mejores decisiones.

Práctica de destrezas, páginas 100–101

1. D. Las personas que provienen de países tan diferentes como estos tendrían culturas muy diferentes. Pero este hecho no significa necesariamente que tengan diferentes niveles de educación ni que procedan de diferentes clases económicas. No tendrían idiomas ni experiencias similares.
2. A. "Sueños rotos" es la mejor opción, ya que el párrafo dice que la mayoría de los mineros no cumplieron con su sueño de hacerse ricos. El párrafo menciona cómo eran los viajes a California, pero no es la idea principal. El párrafo es sobre California en el pasado, no en el presente.
3. B. Muchas personas de diversos orígenes se asentaron en California, por lo que la población se hizo más diversa. Muchas de ellas se quedaron definitivamente en California aunque no hubieran encontrado oro. Si bien el pasaje menciona que los mineros extranjeros debían pagar impuestos, no dice que estos impuestos hicieron que se fueran de California.
4. C. El propósito de este artículo es dar información acerca de la fiebre del oro. Las fechas, las cifras y los hechos mencionados son indicios de que el propósito es informar.
5. C. La gráfica muestra que los mexicanos/sudamericanos conformaban el segundo grupo más numeroso en California en 1852.

Práctica de escritura, página 101

La reseña de un artículo de periódico o de revista debe incluir un resumen del artículo, la opinión del estudiante sobre el artículo y ejemplos para apoyar esa opinión.

Ejemplo de respuesta

Un artículo reciente publicado en una revista de cocina explica los beneficios que algunos aceites de cocina aportan a la salud. El artículo es útil e informativo. Una tabla simple y fácil de leer muestra qué aceites son mejores para cocinar y hornear y cuáles son mejores para aderezar ensaladas. El artículo incluye recetas en las que se utilizan varios tipos de aceites. La última parte del artículo describe los beneficios de diversos aceites. También se mencionan y recomiendan varias marcas. Después de leer este artículo, quisiera comprar algunos de esos aceites.

Lección 2.3

Aplica la lectura, página 105

1. A. *Monitorear, inspeccionar, requerir* y *permitir* son palabras que tienen que ver con la elaboración y aplicación de normas. Las otras palabras podrían encontrarse en manuales de instrucciones, documentos de información al consumidor y diagramas de flujo de proceso.
2. C. Las secciones numeradas muestran el orden y la importancia de la información. Los diagramas de flujo utilizan símbolos para mostrar sucesos que se repiten, mientras que los reglamentos generalmente usan la estructura del esquema. El lenguaje poético no se utiliza en documentos técnicos.

Repaso de vocabulario, página 106

1. D.
2. A.
3. C.
4. B.

Repaso de destrezas, página 106

1. *Ejemplo de respuesta:* Esta información puede encontrarse en un manual de instrucciones o en un artículo que explique cómo colocar un piso de madera. También podría estar en un manual de instrucciones para la colocación de pisos o en las instrucciones que vienen con los materiales para pisos.
2. La ilustración muestra cómo y dónde colocar la primera tabla larga.
3. *Ejemplo de respuesta:* escombros, línea de tiza, tabla larga, agujeros, base sólida, longitudes diversas, ranuradas

CAPÍTULO 2

Guía de respuestas

(Lección 2.3, continuación)

Práctica de destrezas, página 107

1. **D.** Un documento técnico se escribe para proporcionar información sobre un tema especializado. Los textos que persuaden, entretienen y hablan de la vida de una persona tienen otros fines.
2. **B.** El formato de un texto técnico varía según el motivo por el que texto fue escrito. Un texto técnico podría incluir diagramas, una secuencia de pasos numerados y encabezados en negrita, por ejemplo.
3. **A.** Buscar claves de contexto en las oraciones es una buena manera de averiguar el significado de una palabra desconocida. Omitir la palabra o eliminarla no sería útil. Sustituirla la palabra por otra es algo que puedes hacer después de estar seguro de que conoces el significado de la palabra desconocida.
4. *Ejemplo de respuesta:* Los consumidores necesitan información clara acerca de cómo utilizar los productos que compran. El uso de productos de forma incorrecta puede ser peligroso. También puede dañar el producto.

Práctica de escritura, página 107

El estudiante debe elegir un documento que describa una tarea que no le sea familiar para poder evaluar la eficacia del formato, la explicación de los términos técnicos y las gráficas.

Ejemplo de respuesta

Elegí un texto que da instrucciones para programar las funciones remotas de mi DVR para controlar el volumen y el encendido del televisor. Las instrucciones se presentan en pasos numerados con ilustraciones que muestran los botones del control remoto. Las viñetas dan detalles que facilitan ir siguiendo las instrucciones. Dado que el lenguaje era sencillo, pude entender las palabras técnicas y abreviaturas como "vol." y "enc.".

Capítulo 2 Repaso

Repaso del Capítulo 2, páginas 108–113

1. **C.** Halcón Negro creía que los caciques estaban ebrios cuando firmaron el contrato de cesión de sus tierras. La caza, el contrato del gobierno y las tierras de los fox no fueron las causas de su negativa a irse de su tierra.
2. **A.** Él luchó por su tierra para protegerla. Renunció a su tierra sólo después de perder la guerra. No firmó ningún contrato.
3. **B.** La Guerra de Halcón Negro tuvo lugar en 1832. Ninguno de los otros hechos mencionados ocurrió en 1832.
4. **D.** Halcón Negro luchaba por su tierra. Si hubiera ganado la guerra, probablemente habría conservado la tierra.
5. **C.** Según el artículo, el 85% de la publicidad que aparece en los periódicos es realizada por empresas y particulares locales. Por lo tanto, tendría sentido hacer publicidad de un refrigerador en el periódico local.
6. **A.** El objetivo de la compañía es hacer publicidad a nivel nacional. En el artículo se informa que la televisión y las revistas son buenos medios para comunicarse con el público nacional. Como las revistas no están dentro de las opciones, la televisión es la mejor respuesta.
7. **A.** Según la gráfica, cada año se gastan aproximadamente 4 mil millones de dólares en publicidad en la vía pública en Estados Unidos. Es el porcentaje más bajo de la lista.
8. **B.** La idea principal de esta sección es que la publicidad es importante para la economía.
9. **C.** El artículo explica que el aumento de las temperaturas está derritiendo los bloques de hielo en donde viven los osos polares. Por esta razón, cada vez más osos polares mueren ahogados.
10. **B.** La cita se incluye para demostrar que un experto apoya el argumento del autor acerca de lo que está ocurriendo con los osos polares.
11. **C.** El artículo afirma que el uso de carbón y petróleo libera dióxido de carbono. El dióxido de carbono ayuda a elevar las temperaturas. Si las personas utilizaran menos carbón y petróleo, habría menos dióxido de carbono en el aire. Las otras opciones no disminuirían la cantidad de dióxido de carbono en el aire.
12. **C.** La gráfica muestra que la cantidad de dióxido de carbono en el aire ha aumentado a lo largo del tiempo.

Guía de respuestas

CAPÍTULO 2

Práctica de escritura de ensayos

Práctica de escritura de ensayos, páginas 112–113

Las respuestas pueden variar. Estos son algunos puntos que el estudiante debe considerar.

Libros de texto y otros materiales educativos

- Antes de comenzar a escribir tu guía, sigue las instrucciones para acceder al sitio. Toma notas sobre cada uno de los pasos. Por ejemplo: *el enlace "Historia de Estados Unidos" está organizado por períodos que van desde el año 1492 hasta el presente.*
- Para elegir un tema, selecciona un período de tiempo y haz clic en el enlace de una colección que te interese. Aprovecha los enlaces "Explorar más" para ver una amplia variedad de temas.
- Edita tu guía. A medida que corriges la guía, asegúrate de que cada oración comience con mayúscula y termine con un punto.

Artículo de revista o de periódico

- Tu artículo debe comenzar con una descripción clara de una misión de la NASA, incluyendo los objetivos que fijó la NASA para la misión. Por ejemplo: *La NASA está trabajando con la Agencia Espacial Europea (ESA) en la misión Euclides. Esta misión será lanzada en 2020. Se colocará un telescopio nuevo en el espacio para explorar los misterios de la energía oscura y de la materia oscura.*
- Tus párrafos deben explicar cómo la misión de la NASA contribuye al desarrollo de la ciencia y describir cómo se llevará a cabo la misión. Por ejemplo: *Los científicos de la misión quieren comprender la naturaleza de la materia oscura, una sustancia invisible que tiene una atracción gravitatoria sobre otra materia. Se analizarán las formas de las galaxias para encontrar materia oscura.*
- Edita tu artículo. A medida que corrijas el artículo, asegúrate de que cada frase comience con mayúscula y termine con un punto.

CAPÍTULO 3

Guía de respuestas

CAPÍTULO 3 Textos persuasivos

Lección 3.1

Aplica la lectura, página 118

1. Las oraciones 1, 3 y4 son hechos. Nombran las tiendas y dan detalles específicos de los precios.
2. Las oraciones 3 y 5 son opiniones de los clientes.
3. Las palabras *creo* y *mejor* son indicios de opiniones personales.

Aplica la lectura, página 119

1. H
2. O
3. O
4. H

Aplica la lectura, página 120

1. C. Se puede demostrar que las viviendas Anti-tormenta se construyen a una altura considerable. Las demás opciones con opiniones.
2. A. El propósito de este enunciado es persuadir al lector de que necesita una vivienda Anti-tormenta porque su casa no sería segura si hubiese una tormenta fuerte.
3. "¡Pregúntele a cualquiera!" no ofrece evidencia de que las viviendas Anti-tormenta sean las más resistentes. La mayoría de las personas no sabrían si las viviendas Anti-tormenta han sido resistentes en la práctica.

Repaso de vocabulario, página 121

1. hecho
2. publicidad
3. eslogan
4. argumento
5. opinión
6. logo

Repaso de destrezas, páginas 121–122

1. B. Mirando el bolígrafo se puede determinar si tiene un aplicador. Las otras opciones son opiniones que no se pueden demostrar.
2. C. El anuncio te asegura un futuro brillante si usas Bien Blanca. No muestra una celebridad que usa el producto. En ningún momento el anuncio sostiene que el producto te hará ahorrar dinero.
3. *mejor* y *más*
4. El anuncio intenta convencer de que las personas están felices con este producto y que da buenos resultados. Pero no hay manera de saber cuántas personas estarían de acuerdo con esta opinión.
5. *Ejemplo de respuesta:* El anuncio no dice cuánto más blancos tendrás los dientes con Bien Blanca ni presenta información sobre otros blanqueadores. El anuncio presenta mayormente opiniones. Por lo tanto, es imposible determinar si Bien Blanca es el mejor blanqueador disponible y el más efectivo.

Práctica de destrezas, página 123

1. B. Es posible que haya personas que no estén de acuerdo en que el pan, los espaguetis y el pastel representan todo lo bueno de la vida. Por lo tanto, esta parte de la oración es una opinión.
2. C. La primera oración es una pregunta dirigida a alguien que quiere hacer una dieta nueva. Las personas satisfechas con otras dietas no necesitarán Dieta fácil. En el anuncio se mencionan preocupaciones, pero se trata de una referencia casual a las personas preocupadas por perder peso.
3. D. La información más útil serían datos que muestren cuánto peso perdieron las personas que consumieron el producto. Una gráfica creada por la FDA, una agencia gubernamental independiente, sería más confiable que una gráfica creada por la empresa que quiere vender el producto.
4. A. Muchas personas que leen el anuncio ya hacen dieta. El anuncio quiere que los lectores prueben Dieta fácil. No intenta convencer a las personas de que determinados alimentos son malos. El anuncio dice que Dieta fácil tiene el sabor de un batido pero no dice que Dieta fácil es un batido.

Práctica de escritura, página 123

El estudiante debe asegurarse de que su anuncio incluya hechos y opiniones con eficacia. Debe lograr que el anuncio sea interesante e informativo.

Ejemplo de respuesta

Servicio de fiestas de cumpleaños M & L

¿Necesitas ayuda para pensar en un tema atractivo para la próxima fiesta de cumpleaños de tu hijo? ¡Déjanos ayudarte! Somos dos abuelas llenas de entusiasmo a las que les gustan los niños y tienen un montón de ideas creativas. Hemos organizado más de 100 fiestas con temas desde baile, disfraces, experimentos científicos, artes y manualidades y caminatas en la naturaleza. Un joven nos dijo que su fiesta fue "la mejor fiesta a la que había ido". Una niña de cuarto grado nos dijo: "¡Esta fiesta me demuestra que la ciencia es genial!". Un invitado a una de las fiestas le pidió a su mamá que nos contratara para su próxima fiesta. Los padres nos alaban por nuestra preocupación y creatividad. Llama al 555-1111 y pregunta por Martina o Lisa.

Guía de respuestas

CAPÍTULO 3

Lección 3.2

Aplica la lectura, página 125

Al leer editoriales se debe tener en cuenta la opinión de quien se expresa y qué evidencia respalda la opinión del escritor.

Aplica la lectura, página 126

A. En los últimos dos párrafos del editorial, el autor sostiene que los ciudadanos quedarán indefensos si se prohíbe el uso de armas.

C. El autor dice eso en el párrafo 6. Los otros enunciados pertenecen al editorial pero no apoyan la conclusión del autor.

Aplica la lectura, página 127

1. Los dos hablan sobre la prohibición de armas.
2. El primer editorial está en contra de la prohibición de armas y el segundo editorial apoya la prohibición.

Aplica la lectura, página 128

1. Las cartas son menos formales que los editoriales. Tienen un tono de conversación.
2. *Ejemplo de respuesta:* Creo que la primera carta es más persuasiva, porque incluye hechos y estadísticas de fuentes confiables.

Repaso de vocabulario, página 129

1. B.
2. E.
3. F.
4. C.
5. A.
6. D.

Repaso de destrezas, páginas 129–130

1. C El autor de este artículo sostiene que habría que reducir la edad mínima para conducir para brindar a los adolescentes más experiencia al volante. El autor no está de acuerdo con las demás opciones.
2. B El autor da estadísticas del Instituto de seguridad vial que demuestran que aumentar la edad mínima para conducir salva vidas. Las demás opciones no apoyan la conclusión del autor.
3. El autor de "¿16 años es una edad muy temprana para conducir?" no menciona hechos para apoyar su argumento. Lo único que incluye son opiniones. Una de las opiniones del escritor es "Creo que se trata de falta de experiencia".
4. El autor de "Es hora de elevar la edad mínima para conducir" menciona estadísticas que comparan el número de muertes relacionadas con accidentes en Nueva Jersey (donde la edad mínima para conducir es 17 años) y en Connecticut (donde la edad mínima para conducir es 16 años).
5. C Las opciones A, B y D son mencionadas por alguno de los autores, pero no por ambos.
6. B Uno solo de los autores cree que habría que elevar la edad mínima para conducir. El otro autor cree que habría que reducirla.

Práctica de destrezas, página 131

1. A. El editorial incluye detalles sobre la vestimenta moderna de Palmer y su carro costoso y explica que los granjeros pidieron dinero prestado para conservar sus tierras. El editorial no sugiere que los granjeros no trabajen mucho ni que no mantengan sus promesas. Los granjeros piden dinero prestado y trabajan mucho, así que les preocupa su futuro.
2. B. El editorial muestra parcialidad contra la diputada Palmer. Los detalles sugieren que le preocupa más la reelección que la agricultura. El autor no está en contra de la agricultura, de ir de picnic ni de los alimentos de cosecha propia.
3. B. Al no encontrarse con los granjeros de la granja Powell, Palmer demuestra que no le importan mucho los granjeros. Las personas suelen tomarse el tiempo para encontrarse con aquellas personas que les importan.
4. C. Es probable que los granjeros estén de acuerdo con este editorial, pero la diputada Palmer y sus seguidores probablemente no estén de acuerdo. Los votantes tienen que tomar sus propias decisiones a partir de las ideas del editorial.

Práctica de escritura, página 131

El estudiante debe asegurarse de que su opinión esté respaldada por hechos y estadísticas.

Ejemplo de respuesta

Miembros de la Junta de supervisores:

Hace tres meses pusieron fin a las recolecciones semanales de residuos reciclables en nuestra comunidad y empezaron a hacer recolecciones mensuales. Creo que cometieron un error. Muchas personas en la comunidad están de acuerdo conmigo. Son demasiados los casos en que se dejan los residuos reciclables en el cesto de siempre en lugar de guardarlos durante cuatro semanas. La medida para ahorrar dinero implica que se está reciclando menos. Por favor, consideren implementar recolecciones semanales o quincenales para que todos hagamos lo mejor que podemos para cuidar el medioambiente.

Sinceramente,
Cheol Kim

CAPÍTULO 3

Guía de respuestas

Lección 3.3

Aplica la lectura, página 133

1. V
2. V
3. F
4. F

Aplica la lectura, página 134

1. Era dinámica, decidida e incansable.
2. agradecer a Lavinia y a Walter por su visión del centro

Aplica la lectura, página 135

1. *increíbles* y *¡No se desilusionarán!*
2. **C.** La tienda vende Jabones y exfoliantes Stella Marie. La autora de esta entrada es la creadora de esos productos. Ella se beneficiará si las personas compran Elisia en Broadway.
3. **A.** El autor está intentando persuadir a las personas de comprar sus jabones en Elisia en Broadway. No intenta informar, entretener ni describir.

Repaso de vocabulario, página 136

1. respaldar
2. blog
3. calificaciones
4. persuadir
5. juicio

Repaso de destrezas, página 136–137

1. **B.** El autor se refiere a los tableros de anuncios como un "artilugio". No le parece necesario indicar a los fanáticos cuándo alentar. No le agradan los tableros de anuncios y no cree que Fenway Park deba usarlos. Nunca dice que le gusta cómo se oyen los gritos.
2. **C.** "¡Así se habla, Howie!" indica que el autor siente que Rose dice la verdad. Las otras opciones son enunciados que expresan hechos. No revelan la opinión del autor.
3. El autor está de acuerdo con la opinión del presentador según la cual indicar a los fanáticos cuándo alentar es un artilugio. Dice que Fenway Park, el estadio de los Red Sox, nunca hizo eso. De eso se puede inferir que el autor es fanático de los Red Sox.
4. La palabra *alborotarse* significa "enloquecer, hacer ruido, salirse de control".

Práctica de destrezas, páginas 138–139

1. **A.** El autor quiere que el superintendente le permita tomarse el lunes libre aunque eso vaya en contra de la política oficial. No espera que el superintendente planee su viaje ni le conceda dos días personales. El superintendente no tiene ningún control sobre la fecha del juego.
2. **C.** El autor quiere que se considere su solicitud justamente. Sabe que el superintendente puede hacer excepciones a la política oficial. Presenta su argumento sobre por qué necesita un día libre. También ofrece sugerencias de negociación.
3. **D.** Es más probable que el autor muestre parcialidad a favor de una regla que permita a los docentes usar los días francos en cualquier momento.
4. **B.** El autor dice que estaría dispuesto a escribir sobre su viaje para el periódico escolar. Esta opción sería la que tendría un beneficio más directo para la escuela.
5. **D.** El lector que tiene en mente el autor es cualquiera que lea el blog. El autor no sabe si los miembros del Manchester United, el superintendente o los colegas docentes leen su blog.

Práctica de escritura, página 139

El estudiante debe revisar el contenido de un blog y hacer comentarios acerca del estilo de escritura del blogger.

Ejemplo de respuesta

Estuve leyendo el blog de Emily, *A todo verde*. Ella participa de las medidas que implementa el gobierno municipal para mejorar lo que hacemos por la ecología. El estilo de escritura de Emily es simple y fácil de leer. A veces es graciosa; nunca es injuriosa ni critica a otros. Brinda sugerencias útiles acerca del reciclaje y la reutilización de materiales. En una entrada publicó un mapa de todas las rutas para bicicletas que hay en la ciudad. En otras entradas publicó reseñas de restaurantes locales que están colaborando para ayudar al medio ambiente. Comí en algunos de esos lugares. La comida es deliciosa y los empleados apoyan nuestros esfuerzos por promocionar un estilo de vida ecológico. Seguiré leyendo este excelente blog.

Guía de respuestas

Lección 3.4

Aplica la lectura, página 142

1. La poesía puede ser una herramienta muy útil para explorar la personalidad. El párrafo 1 sostiene que los estudiantes usan la poesía para explorar quiénes son.
2. La premisa creativa de Grimes atrapará a los lectores. El autor de la reseña no hace comentarios negativos acerca de la poesía.
3. *Ejemplo de respuesta:* "Como siempre, Grimes les da a los jóvenes exactamente lo que están buscando: personajes reales que les muestren que no están solos".

Aplica la lectura, página 143

Ejemplos de respuestas:

Lo que sé: Las personas trabajan mucho por las cosas que aman o que creen importantes.

Inferencia: Aldo Castillo cree que es importante exhibir el arte latino.

Repaso de vocabulario, página 144

1. criticó
2. implícita
3. comentario
4. reseña
5. análisis

Repaso de destrezas, página 144–145

1. **A.** Al principio de la reseña, el autor dice que el escritor recopiló sus ideas de más de 40 años de trabajo con líderes de muchas áreas, así que se puede inferir que el autor tiene mucha experiencia.
2. Esta oración significa que hay que evitar los problemas antes de que sucedan. De esa manera, no habrá problemas que resolver.
3. **C.** Es evidente que el autor de la reseña cree que la obra de teatro es buena y las actuaciones son excelentes.
4. *Ejemplo de respuesta:* El autor de la reseña está recomendando la obra de teatro y sugiere que las personas deberían ir a ver teatro local para apoyar el teatro comunitario.

Práctica de destrezas, páginas 145–146

1. **B.** La reseña presenta una opinión acerca de la muestra, así que se podría usarla para decidir si ir a ver la muestra o no. No describe los pasos para convertirse en escultor ni las habilidades de Davis como barbero.
2. **D.** El autor cree que Davis era tan talentoso que no se lo puede categorizar de una sola manera. Las otras opciones indican hechos sobre Davis en lugar de opiniones sobre su trabajo.
3. **A.** Los anuncios se escriben para persuadir a las personas. La opción A es la mejor opción porque presenta una buena razón para ver la muestra.
4. **C.** La opinión del autor de la reseña es que la muestra es *excelente*. *Amo* describe lo que Davis piensa de ser barbero, *tesoros* es parte del nombre de la muestra y *cita* no expresa ninguna opinión.

Práctica de escritura, página 147

El estudiante debe responder a una reseña de un libro o una película que conozca. Debe incluir explicaciones sobre por qué está de acuerdo o en desacuerdo con el autor de la reseña.

Ejemplo de respuesta

La reseña que leí sobre la película *Lincoln* dice que el escenario es auténtico y está bien logrado. Ciertamente estoy de acuerdo con esa afirmación. También estoy de acuerdo con la idea que señala que el director acertó al incluir únicamente personas reales en la película; no se agregaron personajes ficticios. Pero no estoy de acuerdo con la opinión del autor de que algunas escenas son excesivamente dramáticas. Creo que las escenas relacionadas con la 13.º Enmienda crean suspenso.

CAPÍTULO
3
Guía de respuestas

Capítulo 3 Repaso del capítulo

Repaso del Capítulo 3, páginas 148–150

1. **B.** El autor usa la descripción para recordar a los lectores acerca del desorden en sus hogares. Descubrir lo que necesitan los lectores o recordarles que tienen que ordenar no son los objetivos de una publicidad. El párrafo sería demasiado largo para usarse como eslogan de una empresa.
2. **C.** El autor vende servicios de organización y quiere que los lectores los contraten. No hay evidencia de que el autor quiera que los lectores limpien y organicen su casa por su cuenta.
3. **D.** "La mayoría de los clientes descubren que su hogar es un 25% más efectivo" parece una estadística, pero la efectividad no es algo que se pueda medir; es una opinión. Ese número es engañoso y no tiene sentido.
4. **D.** El artículo describe tanto las ventajas como las desventajas. Pone atención en ambos aspectos del tema de la estación nuclear.
5. **B.** Bill Kerby participa de un grupo que quiere asegurarse de que la planta sea segura. Es muy probable que una persona preocupada por los peligros de la radiación esté de acuerdo con él.
6. **D.** Stanley Novak es presidente de la empresa que es dueña de la planta. Por lo tanto, la apoyará.
7. **B.** El autor presenta dos opiniones acerca de la inauguración de la planta nuclear, así que el propósito es comparar opiniones. El autor no dice que la planta no debería abrir ni tampoco se centra en por qué es beneficiosa la planta nuclear.
8. **C.** La autora habla acerca de por qué le gusta escribir un blog y cuenta sobre su abuela, pero su verdadero objetivo es animar a quienes escriben un blog a mantenerse a salvo.
9. **C.** La comida y el pastel son detalles que compartiría la autora. La autora no aconseja dar la dirección ni los nombres de los niños. También desaconseja escribir cosas que puedan ser "dañinas".
10. **C.** La autora no aconseja dar la dirección, porque sería muy fácil que los lectores te encontrasen. Las otras opciones no se relacionan con la dirección.
11. **B.** A la autora le gusta estar conectada. No está de acuerdo con ninguna de las otras opciones.

Práctica de escritura de ensayos

Práctica de escritura de ensayos, página 152

Las respuestas variarán. A continuación se enumeran algunos puntos a considerar.

Editorial

- Tu editorial debe empezar con un enunciado claro de lo que quieres expresar. Por ejemplo: *Habría que prohibir los videojuegos violentos.* En la introducción puedes incluir una anécdota, es decir, una historia, para atraer el interés de los lectores.
- Los párrafos del cuerpo del editorial deben ofrecer hechos y razones que apoyen tu opinión. Eso puede incluir citas de expertos o personajes famosos. También puedes usar estadísticas, es decir, datos, de apoyo. Usa lenguaje persuasivo.
- Reconoce opiniones opuestas. Incluye hechos para mostrar por qué tu opinión es mejor. Termina tu editorial con un breve resumen que vuelva a expresa tu opinión. Anima a los lectores a tomar una actitud positiva que apoye tu opinión.
- Edita tu editorial. A medida que revisas tu editorial, comprueba que hayas escrito correctamente los nombres y los cargos de todas las personas que hayas citado. Asegúrate de haber escrito correctamente los títulos de las publicaciones que hayas mencionado.

Guía de respuestas

CAPÍTULO
4

CAPÍTULO 4 No ficción literaria

Lección 4.1

Aplica la lectura, página 157

1. El autor observa lo sucede en las calles del gueto en el que vive. Podría estar mirando por una ventana o sentado en un banco del parque.
2. Está enfadado con los policías, que visten ropas nuevas y actúan de forma insolente.

Aplica la lectura, página 158

1. *Ejemplo de respuesta:* "estoy todavía casi muerto", "Acabo de dormir dieciséis horas de un tirón", "Me siento bien de nuevo", "Mis ojos todavía están cansados".
2. *Ejemplo de respuesta:* A pesar de estar enfermo, Van Gogh trabajó con mucha energía y un objetivo en mente.

Aplica la lectura, página 159

Este extracto está escrito de tal forma que suena como el habla normal, por lo que es prosa. Se trata de personas reales y eventos reales, así que es un texto de no ficción.

Aplica la lectura, página 160

1. **C.** El escritor Stephen King parece sorprenderse por la cantidad de dinero que recibirá por publicar su libro. Esto indica que es la primera vez que vende un libro a una editorial importante.
2. **D.** Él dice: "Mis piernas flaquearon" y "No me caí directamente al suelo, pero fui deslizándome hasta sentarme en la puerta". Todo esto implica que la noticia fue una gran sorpresa para él.

Repaso de vocabulario, página 161

1. no ficción
2. prosa
3. género
4. ensayo
5. diario
6. memorias

Repaso de destrezas, páginas 161–162

1. **B.** El problema de Elizabeth era que sus faldas se levantaban con el viento. Cuando cosió los pesos a sus faldas, pudo caminar cerca del puesto (fortaleza militar) incluso en los días ventosos. "Burlar" debe significar "engañar".
2. En el pasaje, el autor menciona la Guerra Civil, por lo que el evento debe haber ocurrido después de la Guerra Civil. Además, señala que las faldas de las mujeres eran muy amplias, tal como las llevaban las mujeres después de la Guerra Civil.
3. **C.** Adams se refiere al correo postal cuando dice que la entrega de la carta demoró más de lo habitual.
4. **B.** Adams dice que estaba muy feliz debido a "las detalladas y auspiciosas noticias que me das de toda la familia".
5. **C.** Es una carta. Está escrita la fecha en la parte superior, y el autor dice que está respondiendo a una carta de su esposa que acaba de recibir.

Práctica de destrezas, página 163

1. **B.** El propósito de este extracto es informar. La editora de las memorias de Alcott quiere que las personas sepan que aunque la familia de Alcott sufrió circunstancias financieras difíciles, no se dejó vencer por ellas. No está criticando, persuadiendo ni entreteniendo.
2. **B.** Louisa May Alcott es optimista. Nunca se "dejó vencer por su entorno". El ideal de vida de las niñas se mantuvo "siempre en alto, dulce y noble". No hay nada en el pasaje que sugiera que ella suela lamentarse de sus penurias, tome muchos riesgos o sea tacaña.

Práctica de escritura, página 163

El estudiante debe comenzar eligiendo una experiencia que haya vivido y que pueda ser interesante para otras personas. Debe explicar por qué eligió un género en particular.

Ejemplo de respuesta

Elegí una entrada de diario porque me gusta anotar detalles sobre mis experiencias.

Estaba detenido en el semáforo más cercano al aeropuerto cuando varias motocicletas de la policía bloquearon el tráfico por completo. Escuché un estruendo fuerte y cuando miré hacia arriba vi al Air Force One a punto de aterrizar. ¡Fue impresionante! Unos minutos más tarde, la comitiva del presidente ya estaba en la calle y pasó frente a mí. ¡Qué día!

CAPÍTULO
4
Guía de respuestas

Lección 4.2

Aplica la lectura, página 164

1. F
2. V
3. F
4. V

Aplica la lectura, página 166

Ejemplo de respuesta: Creo que el autor piensa que Mandela era un líder bueno, amable y justo. Las citas y la información del texto muestran que Mandela respetaba a las personas y a sus opiniones y que era compasivo.

Aplica la lectura, página 167

1. **B.** La información incluida en este extracto muestra que Derek comenzó a dedicarse al béisbol desde que era un niño. Le encantaba jugar al béisbol y ver la liga profesional.
2. **B.** Este extracto muestra que Derek Jeter fue especial desde niño. No describe su técnica de béisbol ni su rutina de calentamiento.

Repaso de vocabulario, página 168

1. biografía
2. autorizado
3. no autorizada
4. enfatizarla
5. cronológico

Repaso de destrezas, páginas 168–169

1. **A.** F
   B. V
   C. V
2. **A.** El fragmento comienza con la palabra *política* en mayúsculas. El autor hace esto para enfatizar la importancia de la política en la vida de Clinton.
3. **B.** Un atlas incluye mapas que podrían mostrar dónde se encuentra Park Ridge, Illinois. Un almanaque, una enciclopedia o una revista no ayudarían a localizar Park Ridge.
4. **D.** Las revistas incluyen hechos actuales y entrevistas a personajes famosos. Probablemente no se hallaría este tipo de texto en un almanaque, un atlas o una enciclopedia.
5. **C.** Una enciclopedia tiene artículos sobre una variedad de temas, incluyendo artículos sobre personajes famosos y sobre hechos históricos. Un almanaque, un atlas y una revista no serían los mejores recursos para buscar este tipo de información.

Práctica de destrezas, páginas 170–171

1. **C.** Harriet vio que su madre se resistió a que vendieran a su hermano. Esto podría haberla ayudado a comprender que la resistencia era una opción. Harriet se fue de Maryland, estuvo rodeada de personas que habían sido esclavizadas durante la mayor parte de su vida y regresó al condado de Dorchester muchas veces, por lo que las otras opciones no son correctas.
2. **D.** Harriet estaba convencida de que su pueblo debía tener la libertad que ella encontró en St. Catharines. Estaba dispuesta a hacer todo lo que pudiera por las personas que amaba.
3. **A.** Podemos inferir que cuando Harriet viajó entre Canadá y la costa oriental de Maryland, ayudaba a los esclavos fugitivos a encontrar la libertad.
4. **C.** La autora cree que Harriet Tubman era valiente y trabajadora. Incluye detalles de las situaciones difíciles a las que se enfrentó Tubman, así como sobre los muchos trabajos que hacía para poder mantenerse. Tubman no era tonta y tampoco era una funcionaria del condado. Ella comprendía plenamente el sentido de la libertad.

Práctica de escritura, página 171

El estudiante debe describir un hecho que despierte el interés de los lectores por conocer más sobre el tema de la biografía.

Ejemplo de respuesta

Erma Rombauer (1877-1962) fue la autora de *La alegría de cocinar*. En 1995 la Biblioteca de Nueva York incluyó el libro en su lista de los 150 libros más influyentes del siglo XX. Cuando se casó, Rombauer no era una buena cocinera. Después de que su esposo muriera de forma repentina, decidió escribir un libro de cocina para sobrevivir. Reunió las recetas que ella y su hija habían probado. Su hija ilustró las recetas y publicó por su cuenta la primera edición del libro de cocina. En 1936 Bobbs-Merril se hizo cargo de la publicación. *La alegría de cocinar* sigue siendo uno de los libros de cocina más populares en Estados Unidos.

Guía de respuestas

CAPÍTULO 4

Lección 4.3

Aplica la lectura, página 174

1. Las palabras *yo* y *mi* muestran que este pasaje fue escrito desde el punto de vista en primera persona.
2. *Ejemplo de respuesta:* El narrador cuenta lo que estaba pensando y utiliza el orden cronológico para contar los hechos que ocurrieron en su vida. Estas son las características de una autobiografía.

Aplica la lectura, página 175

Ejemplo de respuesta:

Lo que hace el personaje	Lo que esto muestra sobre el personaje
Quiere viajar sin saber manejar el dinero.	No es práctico.
Acepta de buen grado una tarea desafiante.	Tiene la convicción y la dedicación necesarias para lograr su objetivo.

Aplica la lectura, página 176

Ejemplo de respuesta: Orman podría haber tratado de ocultar el hecho de que tenía dificultades para aprender lenguas extranjeras.

Repaso de vocabulario, página 177

1. patrón
2. perspectiva
3. subjetiva
4. características
5. autobiografía

Repaso de destrezas, páginas 177–178

1. *Ejemplo de respuesta:* Cuando dos niños escaparon de Vietnam en 1982, vieron a su padre por última vez.
2. DIAGRAMA DE SECUENCIA
   1. Los dos niños tuvieron que levantarse a las cuatro de la madrugada.
   2. Sus padres les dijeron que debían actuar de manera natural, así nadie descubriría que estaban escapando.
   3. Llegaron a la estación de autobuses.
   4. Su padre les compró boletos para el viaje.
   5. Los niños se sentaron en sus asientos; el narrador estaba triste.
   6. El narrador vio a su padre alejarse mientras el autobús marchaba.
3. *Ejemplo de respuesta:* Los dos niños se escaparon de Vietnam en 1982. Sus padres los despertaron temprano y su padre los llevó a la estación de autobuses. Trataron de actuar de manera natural para que nadie supiera que estaban escapando. Su padre les compró boletos de autobús y se despidió. Tanto los niños como el padre estaban tristes y temían no volver a verse nunca más.
4. Si esta historia fuera una biografía, no podría haber incluido los detalles de los pensamientos y sentimientos de Kim-Hue Phan mientras observaba a su padre desde el autobús.

Práctica de destrezas, página 179

1. **D.** El autor y su madre tenían una relación cercana y cariñosa. Pasaban tiempo juntos y hablaban de sus sentimientos y deseos. El autor describe a su madre con amor.
2. **B.** El carro estaba "herrumbrado", por lo que probablemente era viejo. Si "sonaba como un cañón de la guerra civil", significa que era ruidoso. No pudo haber sido fabricado durante la Guerra Civil, y no era brillante ni nuevo.

Práctica de destrezas, página 179

El estudiante debe incluir detalles acerca de lo que aprendió de su experiencia. Estos son detalles que nadie más podría conocer.

Ejemplo de respuesta

Nací en Nueva Jersey en 1974. Mis padres estaban en el ejército, así que nos mudábamos con frecuencia. Cuando me gradué en octavo grado, había vivido en Corea del Sur, Japón, Alemania e Italia. Aprendí idiomas con facilidad, y me gustaba hablar en un idioma extranjero, aunque solo fueran unas pocas palabras. Mis padres tenían muchos amigos locales, y a mí me encantaba aprender sobre diferentes comidas y culturas. Pasamos mis años de escuela secundaria en California, y también fui a la universidad allí.

CAPÍTULO
4

Guía de respuestas

Capítulo 4 Repaso

Repaso del Capítulo 4, páginas 180-182

1. **B.** Para Maya Lin, el paisaje es un elemento importante en el diseño. Quería que su diseño formara parte del hermoso parque en el que se construiría el monumento.
2. **C.** Ganar el concurso fue el mayor logro de Lin. Las otras opciones señalan cómo se preparaba para concursar y lo que hizo después de ganar.
3. **A.** El propósito del monumento es honrar a las víctimas. El diseño de Lin fue elegido porque ayudaría a las personas a recordar a los hombres y mujeres que perdieron la vida combatiendo en Vietnam.
4. **C.** Las palabras *aullido, muu, quejidos* y *rugido* son palabras relativas al sonido. La autora las incluye para mostrar los sonidos del rancho.
5. **A.** La autora incluye detalles vívidos y descriptivos para ayudar a los lectores a imaginar el paisaje y los sonidos del rancho. No dice cómo es la vida en un rancho ni indica a los lectores cómo encontrar el rancho. No incluye lenguaje persuasivo.
6. **A.** La autora valora claramente la cultura y las tradiciones de los ojibway. Ella hablaba con sus hijos cuando eran pequeños y continúa contándoles historias sobre su cultura.
7. **D.** Los detalles que la autora comparte muestran que cree que conocer el pasado es importante.
8. **A.** La autora dice que sus hijos quieren que cuente historias sobre el pasado y que planea hacerlo, por lo que es probable que ella le cuente historias a sus nietos.
9. **B.** La autora utiliza la imagen de la cadena para mostrar que ella está vinculada al pasado, porque piensa que el pasado es importante. No es una prisionera del pasado, y no quiere liberarse de él. No es posible viajar al pasado.

Práctica de escritura de ensayos

Práctica de escritura de ensayos, páginas 184-185

Las respuestas pueden variar. Estos son algunos puntos que el estudiante debe tener en cuenta.

Biografía

- Tu biografía debe comenzar con una historia interesante con la que muestres a los demás por qué esa persona es importante para ti.
- Tus párrafos deben organizarse en orden cronológico. Cada hecho debe apoyar una idea central. Por ejemplo, si tu idea central es que esa persona es un ejemplo para ti, puedes contar historias en las que la persona demuestre las cualidades que valoras en ella, como su coraje y tenacidad.
- Edita tu biografía. A medida que corrijas la biografía, revisa las oraciones para asegurarte de que los sujetos y los verbos concuerden en número. Por ejemplo: *Ella ha ayudado a muchas personas,* o *Muchos miembros de la familia colaboraron con él.*

Autobiografía

- Tu autobiografía debe comenzar con una historia interesante con la que atraigas la atención de otras personas para que lean sobre tu vida.
- Tus párrafos deben organizarse en orden cronológico. Usa detalles de imágenes y sonidos para mantener el interés de tus lectores: *Cuando me sumergí en el agua azul de la inmensa piscina, todos mis problemas se alejaron flotando. No me di cuenta de que había ganado la carrera hasta que escuché a mi madre gritando mi nombre.*
- Edita tu autobiografía. A medida que corrijas la biografía, revisa las oraciones para asegurarte de que los sujetos y los verbos concuerden en número. Por ejemplo: *Los niños me alentaban,* o *Yo también alentaba.*

Guía de respuestas

CAPÍTULO 5 Ficción

Lección 5.1

Aplica la lectura, página 190

1. Bill y Mary, quienes fueron novios hace muchos años, se encuentran en Washington Square, en la ciudad de Nueva York.
2. Mary y Bill no saben bien qué decirse.
3. Mary y Bill se despiden cuando Mary sube a un autobús.
4. Mary advierte que Bill y ella no tienen información para ponerse en contacto, de modo que es improbable que vuelvan a verse.

Aplica la lectura, página 193

1. El relato se desarrolla en una isla solitaria. "Debía explorar la isla sin demora"
2. El tiempo es el pasado. "Pentaquod empujó su canoa"
3. La atmósfera es tranquila, pero requiere cautela. "Con extrema cautela se puso en marcha hacia el interior de la isla, fijándose en todo"

Repaso de vocabulario, página 195

1. C.
2. E.
3. B.
4. A.
5. D.

Repaso de destrezas, páginas 194–195

1. **A.** La exposición contiene información sobre los personajes (una anciana y Tom), el ambiente (la casa de la anciana) y el conflicto (la anciana está buscando a Tom). Los momentos en los que la tía Polly encuentra a Tom y se vuelve hacia atrás forman parte de la complicación. La risa de la tía Polly forma parte de la resolución.
2. **B.** El punto más alto de la trama tiene lugar cuando Tom se escapa de la tía Polly. Los otros tres sucesos forman parte de la exposición y la complicación.
3. **B.** La mayor parte del pasaje se desarrolla en la casa de la tía Polly. El dormitorio, el armario del dulce y el jardín de tomates forman parte de la propiedad.
4. **C.** Las palabras, acciones y reacciones de la tía Polly crean una atmósfera cómica en el relato. No hay enojo, misterio ni nada que dé miedo.
5. **D.** Tom trepa por un alto cerco de tablas. Es probable que la anciana tía Polly no pueda perseguirlo tras el cerco. Los otros detalles no se relacionan con la huida de Tom.

Práctica de destrezas, páginas 196–197

Exposición: Gwen (una pasajera), Anson Harris (el piloto) y varios otros pasajeros en un avión dañado.

Trama: Los pasajeros van perdiendo la conciencia a medida que el avión pierde oxígeno. El piloto hace un descenso en picada para llegar a una altitud menor.

Nudo: El avión alcanza los 10,000 pies en dos minutos y medio.

Resolución: El descenso en picada restablece el oxígeno en el avión. Todos los pasajeros, menos Gwen, recuperan la conciencia.

1. El relato se desarrolla en un avión dañado. La acción ocurre en tiempos modernos.
2. El avión dañado requiere que el piloto se ponga en acción.
3. La atmósfera es tensa y tiene suspenso.

Práctica de escritura, página 197

El estudiante debe asegurarse de que su relato contenga todos los elementos de una trama.

Ejemplo de respuesta:

Una tarde, hace unos años, le pedí prestado el carro a mi papá para ir al cine con Larry y Sergio. Pero las localidades de nuestra película estaban agotadas, y tuvimos que decidir qué hacer durante las próximas horas.

—Vayamos a Elmdale —sugirió Larry—. Ahí siempre pasa algo.

Elmdale quedaba bastante más lejos de lo que papá me habría permitido ir con el carro. Pero Larry y Sergio insistieron, así que accedí a regañadientes. Con la radio a todo volumen, emprendimos el camino a Elmdale por la interestatal.

—Vamos, Ken, déjate de remilgos —protestó Sergio al poco rato—. Aprieta un poco más el acelerador.

—Sí, Ken, a este ritmo no llegaremos nunca a Elmdale —se sumó Larry.

—¿Por qué no dejan de decirme todo lo que tengo que hacer? —protesté.

Pero igual aceleré, y el auto salió disparado hacia adelante.

No tardó mucho tiempo en ocurrir lo previsible. Las luces del patrullero estallaron como un repentino espectáculo de fuegos artificiales

Cuando el agente se acercó al carro, Larry se hizo el vivo con un comentario que no ayudó a la situación. Pronto nos encontramos en la comisaría, esperando que llegaran nuestros padres para que los fuegos artificiales comenzaran otra vez.

CAPÍTULO 5

Guía de respuestas

Lección 5.2

Aplica la lectura, página 201

1. **D.** Nos damos cuenta de que el hablante es un personaje del cuento porque usa pronombres como *me* y *mi* y verbos en primera persona, como *pregunté*.
2. **A.** En el párrafo 5, cuando le recuerda a Estella acerca del día en que se conocieron, el narrador dice: "¿No recuerdas que me hiciste llorar?".
3. **B.** Estella es fría y distante con el narrador. Le dice: "yo no tengo corazón" y "Ahí no albergo ternura, no albergo... compasión... sentimiento... bobería". No hay evidencia de que sea cálida y tierna, ni amable y amistosa, ni de que esté resentida y enojada.
4. Estella no parece lamentar su falta de corazón. Se acepta a sí misma como una persona fría e insensible.

Aplica la lectura, página 202

1. Phoenix Jackson es una afroamericana vieja y arrugada. Es menuda y camina despacio, con un bastón. Tiene el cabello negro y sus ojos se ven azules. Lleva un harapo rojo en la cabeza y ropas sencillas. Aunque hace frío, no lleva abrigo.
2. Es orgullosa y fuerte. Mira al frente cuando camina. Hace un golpeteo constante con el bastón mientras avanza a paso resuelto.
3. Phoenix Jackson lleva un delantal hecho con bolsas de azúcar. Esto sugiere que es una mujer pobre que sabe cómo arreglárselas con lo que tiene. Aunque sus ropas son pobres, "todo en ella era aseado y pulcro". Esto demuestra que le importa su apariencia.

Repaso de vocabulario, página 202

1. ajustar
2. predicción
3. razonable
4. familiar
5. personaje

Repaso de destrezas, páginas 203–204

1. *Ejemplo de respuesta:* La madre enviará a Pepé otra vez. Si el padre se enferma, no hay otra persona que pueda ir a buscar medicamentos.
2. *Ejemplo de respuesta:* Puede encontrarse con un conocido en el camino. Esto podría demorarlo y preocupar a la mamá.
3. La mamá se preocupa por Pepé y está orgullosa de él. Pepé se siente confiado y está impaciente por emprender el viaje.

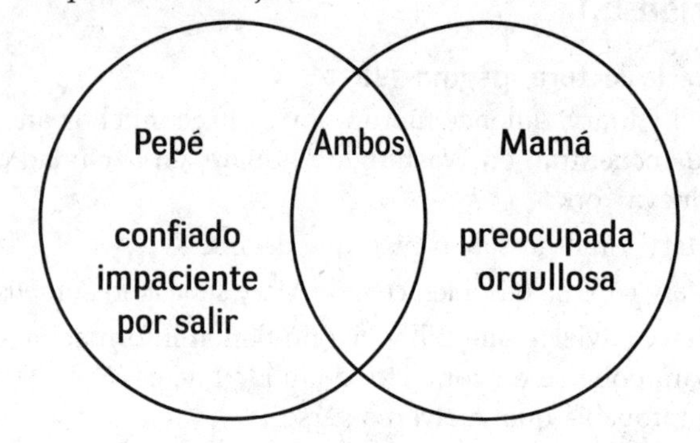

Práctica de destrezas, página 205

1. **D.** Hacer que un personaje hable consigo mismo sobre sus sentimientos es la técnica más eficaz. El viejo trata de darse ánimos diciendo: "No tengo calambres [...]. Este estará pronto arriba y puedo aguantar. Tienes que resistir. Ni se te ocurra".
2. **A.** El cuento dice que el viejo está cansado. Echarse agua en la cabeza lo refrescaría. No hay ninguna indicación de que intentaba hacer otra cosa.
3. **B.** Está decidido a atrapar al pez. Tal vez esté cansado, pero no está mareado. No está enojado ni triste.
4. **B.** El viejo está intentando atrapar el pez. Ese es su único propósito. No está intentando virar el bote y no está queriendo dejar que el pez se aleje.

Práctica de escritura, página 205

El estudiante debe describir un personaje favorito y explicar por qué le gusta ese personaje.

Ejemplo de respuesta

El Sr. Spock, de la saga *Viaje a las estrellas*, es uno de mis personajes favoritos. Spock es el oficial científico de la Flota Estelar. Es parte humano y parte vulcano. Me gusta cómo se esfuerza por combinar las dos partes de su ser.

Lección 5.3

Aplica la lectura, página 208

1. P
2. E
3. P
4. E
5. P

Aplica la lectura, página 209

El relato está contado desde el punto de vista de primera persona. El narrador usa verbos en primera persona, como *fui* y *supongo*, y pronombres como *yo, me* y *mí*. Describe el suceso tal como lo vio.

Guía de respuestas

CAPÍTULO 5

Aplica la lectura, página 210

1. **A.** La clave para determinar que el punto de vista es de primera persona es el uso de verbos en primera persona, como *quería*, y los pronombres *yo* y *me*.
2. **C.** El narrador siente inquietud con respecto a lo que "papi" quiere hacer. También teme que lo manden de regreso con la viuda.
3. Es muy independiente. No quiere volver con la viuda porque allí lo obligan a seguir reglas (civilizarse) y el quiere ser libre. También se nota que no tuvo educación formal, porque utiliza a su manera las palabras y expresiones que no conoce bien.

Repaso de vocabulario, página 211

1. primera persona
2. lógica
3. tercera persona
4. perspectiva

Repaso de destrezas, páginas 211–212

1. **C.** En el primer párrafo, la tía Rosie dice que "La ira no es más que una herida encubierta". Esa es la idea principal del pasaje.
2. **B.** El consejo de la tía Rosie fue bueno. Eso demuestra que es una mujer sabia. En el relato no hay detalles que apoyen las otras opciones.
3. **D.** La tía Rosie dice: "permanece en contacto con la herida". Cuando uno está molesto, se siente herido. Ella habría aconsejado decirle al vecino que uno se siente herido.
4. La narradora ha aprendido una gran lección gracias al consejo de la tía Rosie. Es probable que no cambie de opinión.
5. *Ejemplo de respuesta:* El consejo de la tía Rosie es importante, porque le enseña a la narradora a vérselas con su enojo en lugar de encubrirlo. Al hablar sobre su enojo, la narradora evita una pelea con Leandro, y Leandro puede decirle que entiende sus sentimientos.

Práctica de destrezas, página 213

1. **B.** El relato tiene un punto de vista de primera persona. El narrador cuenta cuán desdichado se sintió durante el viaje en diligencia.
2. **D.** Cuando un relato está contado desde el punto de vista de primera persona, el narrador usa pronombres en primera persona para hablar de un suceso tal como lo recuerda.
3. **C.** El viaje fue incómodo y enojoso. El narrador estaba apretado entre dos hombres y tenía que acomodar las piernas sobre la canasta de una señora.
4. **D.** Si el relato se contara desde el punto de vista de la señora, los lectores se enterarían de los pensamientos de la señora sobre el chico movedizo que ocupaba espacio en la diligencia.

Práctica de escritura, página 213

Al menos uno de los relatos debe estar narrado desde el punto de vista de primera persona.

Ejemplo de respuesta

Escena 1

Corrí por el pasillo tratando de hacer el menor ruido posible. Sabía que llegaba tarde y que la reunión no comenzaría sin mí. ¡Tengo que recordar el tiempo que lleva tomar el elevador desde el cuarto piso al primer piso y desde allí otro elevador hasta el piso 44!

Cuando entré, Mykaila estaba mirando hacia la puerta con expresión de furia. Los demás parecían contener el aliento, tal vez rogando que la jefa, famosa por su impaciencia, no comenzara a lanzar improperios. Mientras me sentaba, Mykaila empujó una carpeta hacia mí. Luego comenzaron a lloverme preguntas, y yo tenía más ganas de esconderme bajo la mesa que de mirar los números del informe.

Escena 2

Era la reunión regular de los martes por la mañana, programada para comenzar a las nueve. Ocho jefes de departamento analizarían las ventas de la semana anterior. La nueva empresa hacía todos los esfuerzos posibles, pero las ventas eran flojas.

Eran importantes los aportes de todos, de modo que la reunión no empezó a tiempo porque faltaba Jonah. La puntualidad se valoraba mucho en esa empresa. No era aceptable que siete personas tuvieran que esperar a otra que llegaba tarde. Finalmente, Jonah llegó, con el pelo al viento y la camisa fuera del pantalón. La jefa comenzó la reunión sin esperar a que se sentara.

La primera escena está narrada desde el punto de vista de Jonah, que llega tarde y está nervioso. Sabe que todas las miradas están puestas en él y desearía poder esconderse. La segunda escena está narrada desde el punto de vista de tercera persona. El narrador reconoce que Jonah está creando un problema, pero no cuenta cómo se siente el personaje en relación con el problema.

CAPÍTULO 5

Guía de respuestas

Lección 5.4

Aplica la lectura, página 214

1. D.
2. G.
3. A.
4. B.
5. F.
6. C.
7. E.
8. H.

Aplica la lectura, página 216

1. **B.** El primer párrafo describe tractores que están arando la tierra.
2. **C.** Los insectos descriptos caminan por el suelo, de modo que las máquinas están desplazándose por el suelo.
3. **A.** El narrador usa lenguaje figurado para describir al conductor como si fuera una máquina. Cree que al conductor no le preocupan las personas cuyos empleos está destruyendo.
4. Este es un ejemplo de lenguaje figurado. Los tractores en realidad no crean truenos al moverse. Pero sí hacen mucho ruido.

Repaso de vocabulario, página 217

1. emoción
2. figurado
3. connotación
4. denotación
5. literal

Repaso de destrezas, página 217–218

1. Este es un ejemplo de lenguaje figurado. La oscuridad de la noche y los sonidos del bosque parecen estar comprimiendo el espacio que lo rodea.
2. A medida que el personaje continúa caminando, se atemoriza cada vez más. Comienza a ver caras con ojos "duros". Cuando apura el paso, comienza a oír ruidos y pasos.
3. *Las repuestas variarán.*
4. *Las repuestas variarán.*
5. **B.** La frase "ojos duros" tiene una connotación negativa. El personaje se atemoriza al ver los ojos y dice que las caras lo miran con odio y malicia.

Práctica de destrezas, página 219

1. **D.** Los árboles en realidad no tienen brazos, de modo que esto es lenguaje figurado. Las otras expresiones significan exactamente lo que dicen.
2. **C.** Esto significa que el perro era grande como un hombre. Un perro que se ve como un hombre no puede ser pequeño. La expresión tampoco implica que sea gracioso o juguetón.
3. **C.** El ovejero tiene realmente dos nombres, de modo que esto es lenguaje literal. Las otras expresiones son figuradas: las extremidades no flamean, los zapatos no son dientes y las casas no doblan las patas como gatos.
4. **A.** El lenguaje figurado es la mejor manera de desarrollar el personaje de Meme. Por ejemplo, dice que su perro y él corren "con las extremidades flameando por todas partes como zapatos con los cordones desatados".

Práctica de escritura, página 219

La descripción debe incluir lenguaje figurado.

Ejemplo de respuesta

Esperé afuera, rogando que pasara un taxi y me llevara. Al ver que los trenes estaban suspendidos, los peatones deambulaban confundidos, como vacas expulsadas del corral. Había innumerables personas del lugar y turistas en busca de un faro que los guiara a su casa. Si no me apresuraba, me tragaría la multitud.

Finalmente, una brizna de esperanza envuelta en metal amarillo llegó rodando por la calle. Cuando las luces del taxi se aproximaron más, agité los brazos y me abrí camino a empujones entre la masa de personas. Ese era mi taxi, y lucharía por él.

Lección 5.5

Aplica la lectura, página 222

C. La guerra provoca dolor y sufrimiento. El texto describe los cadáveres y el aspecto y los sonidos de los heridos.

Aplica la lectura, página 223

El tema del pasaje es: enfrentarse a lo desconocido requiere valentía.

Aplica la lectura, página 225

1. **B.** El párrafo 1 dice que Pete "Ya se veía en una casa nueva". El pasaje describe el esfuerzo de Pete por comprar una casa nueva.
2. **C.** El párrafo 2 dice que Pete creía que podría vivir donde quisiera porque estaba ganando un buen salario (tenía "éxito económico").

Guía de respuestas

3. **A.** El vendedor evita decirle la verdad a Pete: que no es bienvenido en la urbanización por su raza. Sus respuestas no responden la pregunta de Pete.
4. **C.** Aunque Pete puede pagar una casa donde él quiera, la discriminación racial lo deja fuera de este vecindario.
5. *Ejemplo de respuesta:* Los pensamientos de Pete nos dicen que él tiene capacidad económica para comprar una casa fuera del gueto. Su conversación con el vendedor deja en claro que nadie le venderá una casa. Si Pete ahora vive en un gueto, probablemente pertenezca a una minoría racial. Por eso nadie le vende una casa.

Aplica la lectura, página 227

1. El pasaje 1 es poesía y el pasaje 2 es una obra de teatro.
2. La libertad es el "sueño americano".
3. "Oigo a América cantar" es una lista de personas que cantan mientras realizan sus tareas. Todos tienen la libertad de hacer lo que quieren. En *Un lunar en el Sol*, Walter tiene la libertad de soñar que se convierte en un ejecutivo de negocios y envía a su hijo a la mejor universidad.

Repaso de vocabulario, página 228

1. **B.**
2. **D.**
3. **A.**
4. **C.**

Repaso de destrezas, página 229

1. El narrador dice que a los ricos les cuesta entender que algunas personas no tienen habitación propia ni un lugar donde ir a nadar. A los pobres les cuesta entender que alguien sea el dueño de un lago.
2. El narrador vive en la portería de una hacienda, lo cual indica que sus padres trabajan para los ricos padres de Ernest, de modo que el narrador es pobre y Ernest es rico. Los dos chicos crecieron andando en bicicleta y jugando a la pelota juntos. Ernest no entiende las diferencias entre los pobres y los ricos, pero el narrador entiende que hay líneas divisorias entre pobres y ricos en la sociedad.
3. *Ejemplo de respuesta:*

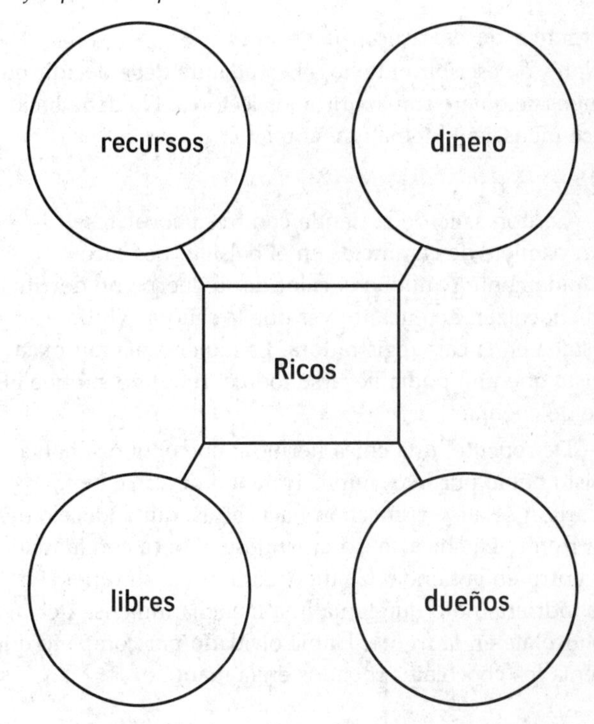

4. Benny Briggs es un conocido del narrador. Benny y su familia no son ricos. No entiende que haya cosas que los pobres no puedan hacer, como nadar en un lago donde nadan los ricos.

Repaso de destrezas, página 230

1. **C.** El pasaje dice que el hombre no se da cuenta de cuánto frío hace, que no lleva provisiones ni tiene refugio y que sus mejillas y nariz están desprotegidas. El perro sabe por instinto que hace demasiado frío para viajar. Usando esta información, se puede concluir lógicamente que el hombre y el perro están en peligro.
2. **D.** El hombre no es cruel ni demasiado cauteloso. Aunque el hombre pueda creerse audaz, el narrador deja en claro que se engaña o está errado al estar afuera con tanto frío.
3. **A.** El perro sabe que este tiempo es peligroso, pero el hombre sigue avanzando. Los seres humanos reaccionan frente a la naturaleza de distinta manera que los animales.
4. **D.** La nariz del hombre es "ávida" y "embiste". Esto demuestra que el hombre no le teme a nada y es aventurero.
5. **C.** El mensaje del autor dice que el instinto animal puede ser más acertado que el juicio humano.

CAPÍTULO 5

Guía de respuestas

(Lección 5.5, continuación)

Práctica de escritura, página 219

Antes de escribir el texto, el estudiante debe decidir qué mensaje quiere transmitir a los lectores. No debe incluir ese mensaje (el tema) en su relato.

Ejemplo de respuesta

Carlton salió de la tienda con tres chocolates y un paquete de caramelos en el bolsillo. Los sacó rápidamente para que el calor de su cuerpo no derritiera el chocolate. Le encantó ver que la señora Whitmore estaba en la caja registradora. La mujer tenía tan mala vista que uno podía llevarse todo el revistero sin que ella se dé cuenta.

De repente, una chica hermosa que él nunca había visto dobló por la esquina. Tratando de verse bien, Carlton se alisó el mechón hacia atrás, quitándoselo de la frente. La chica se rio tapándose la boca con la mano y entró en la tienda. Cuando Carlton vio su reflejo en la vidriera, notó que tenía una mancha inmensa de chocolate en la frente. Había olvidado por completo que tenía los chocolates robados en la mano.

Lección 5.6

Aplica la lectura, página 235

1. Este texto es un poema. Está organizado en cuatro estrofas. Cada estrofa se centra en una idea diferente sobre el carbol.
2. Es una obra de teatro. Cada conjunto de líneas está dicha por un personaje distinto.
3. *Ejemplo de respuesta:* Si "¡Deja en pie ese árbol, leñador!" fuera una novela, el autor podría incluir un capítulo acerca del bisabuelo que plantó el árbol. Otros capítulos podrían describir los encuentros familiares cerca del árbol. En el capítulo final, el autor podría hablar sobre la necesidad de proteger los bosques de quienes quieren talarlos para hacer negocios. Las ideas y los sucesos del poema y la novela podrían ser similares, pero la novela tendría espacio para incluir más detalles.

Aplica la lectura, página 237

1. **B.** Los cuentos se organizan en párrafos. Las novelas tienen capítulos, los poemas tienen estrofas y las obras de teatro tienen escenas.
2. *Ejemplo de respuesta:* El tono es triste. El autor usa las palabras *sombría, me hundía, inhóspito, oscuro, espectros de dolor, terrible pena* para dar ese tono al poema.

Repaso de vocabulario, página 238

1. B.
2. A.
3. D.
4. C.
5. E.

Repaso de destrezas, páginas 238–239

1. Esta es una obra de teatro. El escritor usa la estructura del texto de una obra de teatro: el nombre del hablante está seguido de las palabras que este pronuncia. Las acotaciones de escena están escritas en itálica.
2. **D.** Las obras teatrales se organizan en escenas. A menudo una nueva escena implica que la acción se desarrolla en otro lugar o en otro momento.
3. Esto probablemente esté situado al principio de la obra. Peter y Wendy se preguntan los nombres, de modo que recién se conocen.
4. La información estaría organizada en párrafos. Las palabras de los personajes probablemente serían similares pero aparecerían precedidas o encerradas por rayas de diálogo. Las descripciones serían más detalladas. El autor podría incluir más pensamientos de los personajes.

Práctica de destrezas, página 240–241

1. Este pasaje pertenece a un cuento largo o una novela. El texto se organiza en párrafos.
2. *Ejemplo de respuesta:*

3. *Ejemplo de respuesta:* La obra se centra en las palabras de los personajes. Su tono es ligero y alegre. El relato incluye más lenguaje descriptivo y narración. Su tono es más serio.
4. *Ejemplo de respuesta:* Me gustó leer la novela porque el escritor dice lo que los personajes están pensando y porque las descripciones me ayudan a visualizar mejor la acción.

Guía de respuestas

CAPÍTULO
5

Práctica de escritura, página 241
Se debe seguir la estructura de las obras teatrales de esta lección.

Ejemplo de respuesta
Personajes:

CHICO, 11 años

HERMANA 1, 9 años

HERMANA 2, 8 años

MADRE, una persona cariñosa

PADRE, un hombre bueno y generoso

(ESCENA: día soleado en el jardín trasero de una casa familiar. Un alto roble da sombra a la casa y el jardín. En la mesa hay una jarra de limonada y cinco vasos. MADRE y PADRE están sentados a la mesa, bebiendo limonada. HERMANA 1 y HERMANA 2 juegan a la mancha.

HERMANA 1 (*alcanzando a la HERMANA 2*): ¡Ajá! ¡Eres la mancha!

HERMANA 2 (*jadeando y riendo*): Ay, Sissy, hace mucho calor para jugar. No voy a correrte otra vez.

MADRE: ¡Chicas! No se vuelvan locas corriendo. Descansen y vengan a tomar limonada.

HERMANA 2 (*abanicándose con ambas manos mientras se acerca a la mesa*): ¡Uf! ¡Tengo una sed! (*MADRE le da un vaso lleno*). Gracias, mami, ¡está riquísima!

PADRE (*dándole un vaso a la HERMANA 1*): Aquí tienes, Sissy. Ahora refrésquense, chicas.

HERMANA 1 (*tomando un buen sorbo*): ¡Gracias, papi!

CHICO: Traigan sus vasos y siéntense aquí, que hay sombra.

(*HERMANA 1 y HERMANA 2 van hacia el árbol y se sientan junto al CHICO*).

CHICO (*a las chicas*): ¿Vieron? ¿No está más fresco aquí? Nuestro viejo roble es un excelente lugar para descansar.

PADRE: Bueno, pueden agradecerle a su bisabuelo por eso. ¿Sabían que él plantó ese árbol antes de que yo naciera?

MADRE, CHICO, HERMANA 1 y HERMANA 2 (*riendo*): Sí, ya sabemos. ¡Ya nos lo has contado antes!

PADRE (*sonriendo de oreja a oreja*): ¿Y? ¿Qué se dice?

CHICO, HERMANA 1 y HERMANA 2 (*riendo al unísono*): ¡Gracias, bisabuelo!

Capítulo 5 Repaso

Repaso del Capítulo 5, páginas 242–244

1. **C.** Este pasaje trata sobre la larga y sufrida vida de Simple. Nada en el pasaje indica que Simple esté mintiendo o que la mayoría de las personas de Harlem sufran dolor de pies.
2. **D.** El autor parece sentir mucho afecto por Simple y comprender sus problemas. Simple es un personaje muy simpático.
3. **C.** Simple tuvo que trabajar mucho y arduamente. Por eso gastó muchas medias. Simple exagera cuando dice que habría podido poner una fábrica de medias, pero lo hace para dar énfasis.
4. **A.** Los párrafos 1 y 6 dejan en claro que este relato se desarrolla en la cocina a la hora del desayuno.
5. **C.** Las palabras del joven tienen un tono sarcástico cuando le dice a la abuela: "Estoy loco por ti".
6. **B.** La abuela se preocupa por su nieto y lo cuida. Se queda levantada hasta que él llega, le mantiene el desayuno caliente, se preocupa porque duerma bien y no quiere que pase frío.
7. **B.** La autora dice que los árboles helados son una catedral. Usa estas palabras para crear una imagen mental.
8. **D.** La tía Francine ama y cuida a Alex. En este pasaje, la atrae hacia sí y le besa el cabello.
9. **B.** El pasaje se organiza en párrafos. Forma parte de un relato más largo.

CAPÍTULO 5

Guía de respuestas

Práctica de escritura de ensayos

Práctica de escritura de ensayos, páginas 246–247

Las respuestas variarán. A continuación hay algunos puntos que el estudiante debe considerar:

Ficción

Ya sea que se escriba un poema, una escena teatral o un cuento, el trabajo debe incluir los siguientes elementos:

- La estrofa o párrafo del inicio debe presentar los personajes y el ambiente. Si se escribe una escena teatral, la descripción del ambiente y los personajes debe incluirse en las acotaciones.
- La trama debe avanzar en etapas de dramatismo creciente. El pasaje debe llegar al punto máximo cuando el personaje principal encuentra la solución del problema.
- El pasaje debe incluir lenguaje literal y figurado. Ejemplo de lenguaje literal: *El niño corrió velozmente calle abajo.* Ejemplo de lenguaje figurado: *El niño voló como un galgo.*
- Edita el pasaje, verificando también la puntuación. En un poema o cuento, debes usar rayas de diálogo para citar las palabras exactas de los personajes. En una obra teatral, las palabras van precedidas por el nombre del personaje que las dice, y las descripciones de la apariencia o las acciones van entre paréntesis.

Glosario

A

acto una de las partes de una obra teatral
adaptar cambiar
advertencia de seguridad representación visual de un ambiente potencialmente peligroso
agenda lista de cosas para hacer
ajustar cambiar las propias ideas
alternativa sustituto o reemplazo
ambiente lugar, momento y atmósfera en los que ocurre una historia
análisis estudio cuidadoso de algo
analizar estudiar cuidadosamente
animación movimiento
aplicar usar
argumento razón a favor o en contra de algo
atmósfera tono de una historia
audio versión sonora de un texto o una performance
autobiografía historia de la vida de una persona contada por esa misma persona
autorizado que cuenta con permiso

B

biografía historia real de la vida de una persona escrita por otra persona
blog página web personal cuya finalidad es expresar las opiniones del escritor acerca de un tema

C

capítulo sección de un libro
característica cualidad que pertenece a una persona o a una cosa
categoría grupo de ítems que tienen algo en común
categoría gramatical categoría de palabras; por ejemplo, sustantivo, verbo o adjetivo
circular documento utilizado para compartir información
clasificar organizar información en categorías
comentario reseña o ensayo que presenta opiniones
comparar examinar dos o más cosas para ver en qué se parecen
complicación eventos de una historia que llevan al nudo
conclusión decisión alcanzada tras reunir información
concreto real
conexión relación entre un texto y los eventos del mundo, la experiencia personal u otro texto
conexión entre el texto y el lector relación entre lo que lee una persona y algo de la vida de esa persona
conexión entre el texto y el mundo relación entre lo que lee una persona y algo que ocurre en el mundo
conexión entre textos relación entre lo que una persona lee en dos o más textos
conflicto lucha entre fuerzas que se oponen en una historia
connotación sentimientos positivos o negativos asociados a una palabra
connotar sugerir un significado
consumidor alguien que compra cosas
contexto palabras u oraciones que rodean a una palabra o expresión y ayudan a comprender su significado
contrastar examinar dos o más cosas para ver en qué difieren
criticar expresar lo que te gusta y lo que no te gusta acerca de algo
cronológico presentado en orden temporal
currículum vítae documento que describe la experiencia educativa y laboral de una persona

D

dato enunciado verdadero que puede ser probado
defender hablar, escribir o actuar para respaldar una posición
denotación significado de una palabra tal como se lo encuentra en un diccionario
desarrollarse cambiar y crecer
desenlace eventos que ocurren después del nudo de una historia, donde se atan los cabos sueltos
detalles palabras y frases que aportan información
detalles sensoriales uso del lenguaje que apela a alguno de los cinco sentidos
diagrama dibujo que se utiliza para representar una idea o concepto
diagrama de trama organizador gráfico que muestra los puntos clave de la trama de una historia
diálogo palabras que dicen los personajes de una historia
diario registro de los pensamientos, actividades y sentimientos de una persona
diccionario libro que contiene los significados de las palabras
digital electrónico
diseño manera en la que se ve algo
documento texto formal

E

editorial columna en un diario o revista en la que se expresa una opinión
elemento visual información en forma de fotografía, ilustración, tabla o gráfica
emoción sentimiento fuerte
emoticón símbolo hecho mediante la combinación de teclas o caracteres
en línea en Internet
encabezado título de una sección de un texto

enfatizar destacar o dar importancia
ensayo escrito de no ficción que trata acerca de un único tema
entrada palabra listada en un diccionario
escena parte de una obra teatral
escriba persona que escribe o copia textos
eslogan frase o lema utilizado por compañías o grupos
especializado que se centra en una sola área temática
estrategia habilidad o plan
estrofa versos o conjunto de líneas que forman una unidad en un poema o canción
estructura manera en la que está organizado algo
estructura del texto manera en la que está organizado un texto
evaluar hacer un juicio acerca de la veracidad, precisión o valor de algo
evidencia información que ayuda a realizar una inferencia o llegar a una conclusión
examinar mirar de cerca
explícito dicho de forma directa en palabras
explorar inspeccionar rápidamente
exposición comienzo de una historia, donde se introducen los personajes y el marco

F

familia extendida todos los miembros de una familia
familiar fácil de reconocer por ser similar a algo conocido
fiabilidad precisión o confiabilidad de una fuente de referencia
fiable digno de confianza
firma línea que indica quién escribió un artículo de revista o de diario
formulario documento utilizado por los empleadores para reunir información
fortaleza edificio que puede soportar tormentas
fuente de referencia documento que contiene información
funcional que tiene un uso o un propósito específico

G

género categoría literaria o artística
glosario parte de un libro de no ficción en la que se identifican las palabras y frases de vocabulario más importantes
gráfica elemento visual que muestra o compara información
gráfica circular tipo de gráfica dividida en fracciones, como un pastel
gráfica de barras tipo de gráfica que utiliza barras para comparar dos o más valores
gráfica lineal tipo de gráfica con puntos conectados por una línea para mostrar cómo un valor cambia con el tiempo

I

idea principal tema del que trata mayormente un libro, un capítulo o un párrafo
identificar reconocer o nombrar
ilustrar mostrar
implícito sugerido sin ser mencionado directamente
impulsar mover hacia adelante
índice lista alfabética de temas al final de un libro
inferencia conclusión a la que se llega al combinar claves del texto con información ya conocida
inferir descubrir
instrucción explicación acerca de cómo hacer algo
interactuar trabajar en conjunto
Internet sistema global de redes de computadoras
interpretar entender el significado
itálica fuente de tipografía inclinada

J

jeroglífico sistema de escritura que utiliza dibujos
juicio opinión o decisión acerca de algo

L

leer interpretar el material escrito
lenguaje figurado palabras elegidas por el efecto que producen, no por ser literalmente verdaderas, para expresar el mensaje del emisor
leyenda clave de una gráfica, tabla o mapa que ayuda a los lectores a comprender lo que se está mostrando
límite línea que divide dos áreas
literal significado tal como se lo puede encontrar en un diccionario
lógico que usa un razonamiento sensato
logo símbolo de una compañía u organización

M

manual de gramática libro que enumera las reglas de uso del lenguaje
manual para empleados libro que explica las reglas de la compañía
manual técnico texto de referencia que contiene detalles e instrucciones acerca de cómo reparar algo
mapa físico mapa que muestra accidentes geográficos, océanos y otras formaciones naturales
mapa político mapa que muestra las fronteras entre países
margen columna angosta en el costado de una página
medios sistemas de comunicación
memorias historia de las experiencias personales de un autor

metáfora comparación hecha sin el uso de la palabra *como*

motivación razón para hacer algo

motivar hacer que alguien se comporte de una manera determinada

motor de búsqueda código de *software* que busca información en Internet

multimedia presentación que hace uso de dos o más tipos de medios

N

narrativa texto que relata eventos reales o imaginarios

negrita fuente de trazo grueso

no autorizado sin permiso

no ficción tipo de texto que se centra en personas y eventos reales

nudo punto de quiebre en una historia; punto de mayor interés o mayor suspenso

O

opcional no requerido

opinión juicio o creencia personal

oración del tema oración en la que se expresa la idea principal de un párrafo

organigrama gráfico que muestra los roles o funciones de los empleados de una compañía

P

palabra guía cualquiera de las dos palabras que aparecen en la parte superior de una página de diccionario

palabras clave palabras centrales para la idea principal de un documento, tales como definiciones, fechas, encabezados y ejemplos específicos

parafrasear replantear ideas usando tus propias palabras

parcialidad opiniones personales de un autor que hacen que un texto tenga un enfoque positivo o negativo

patrón arreglo u orden repetido

personaje persona, animal u otro ser que realiza acciones en una historia

perspectiva punto de vista desde el cual se relatan los eventos de una historia

persuadir convencer

piedad filial responsabilidad mutua de los miembros de una familia

plano distribución de los espacios en un piso

predicción enunciado que cuenta lo que ocurrirá después

presentación demostración

proceso serie de acciones para realizar algo

pronunciar decir

prosa lenguaje común utilizado por las personas en la escritura y al hablar

publicidad mensaje persuasivo que intenta convencer a las personas de comprar o usar algo, de pensar en algo o de hacer algo

punto de vista manera en la que un individuo en particular percibe un evento o una serie de eventos; perspectiva desde la que se narra una historia

punto de vista de primera persona perspectiva de una historia que es contada por un personaje que es parte de la historia y utiliza los pronombres *yo, mí* y *nosotros*

punto de vista de tercera persona perspectiva de una historia que es contada por alguien que no está presente en ella y utiliza los pronombres *él, ella* y *ellos*

R

razonable que demuestra sensatez

recitar decir en voz alta

regulación regla

relación conexión

reseña crítica personal de una película, libro, obra teatral o programa de radio o televisión

resolución punto en el que se resuelve el conflicto o problema de una historia

respaldar brindar apoyo a una posición o a un producto

resumir mencionar solo la información más importante acerca de una historia, artículo o experiencia

S

secuencia orden temporal lógico

sinónimo palabra con el mismo significado (o un significado parecido) a otra palabra

sintetizar combinar ideas para crear una idea nueva

Sistema de Posicionamiento Global (GPS) dispositivo que utiliza satélites para rastrear una ubicación

subjetivo que se ve afectado por las opiniones personales

suposición conclusión no comprobada

T

técnica proceso o método para hacer algo

técnico que pertenece a un área especializada

tema mensaje general de un trabajo de ficción o un poema que le da significado al texto

testimonio declaración acerca de la alta calidad de un producto

texto de referencia fuente de información

título elemento textual que expresa una idea importante o el tema principal de una sección de un texto

tono emoción en un texto o en la voz de un personaje

trama todos los eventos que ocurren en una historia, desde que comienza hasta que finaliza

U

universal general, usual

URL dirección de una página web

V

variar cambiar

versión relato acerca de algo

visualizar formarse imágenes mentales

volumen un libro de una serie de libros

Índice

D

E

F

G

H

I

J

L

M

N

O

P

R

S

T

U

V